千古大变局

曾纪鑫————

著

九州出版社
JIUZHOUPRESS

图书在版编目（CIP）数据

千古大变局 / 曾纪鑫著. -- 北京 ： 九州出版社，
2022.12

ISBN 978-7-5225-1541-0

Ⅰ．①千… Ⅱ．①曾… Ⅲ．①历史人物－生平事迹－
中国－近代 Ⅳ．①K820.5

中国版本图书馆CIP数据核字(2022)第227110号

千古大变局

作　　者	曾纪鑫　著	
责任编辑	李黎明	
出版发行	九州出版社	
地　　址	北京市西城区阜外大街甲 35 号 （100037）	
发行电话	（010）68992190/3/5/6	
网　　址	www.jiuzhoupress.com	
电子信箱	jiuzhou@jiuzhoupress.com	
印　　刷	三河市兴博印务有限公司	
开　　本	880 毫米 ×1230 毫米　32 开	
印　　张	12.5	
字　　数	330 千字	
版　　次	2023 年 4 月第 1 版	
印　　次	2023 年 4 月第 1 次印刷	
书　　号	ISBN 978-7-5225-1541-0	
定　　价	88.00 元	

目录

> 一个老迈昏聩、日薄西山、风烛残年的老
> 大帝国，除了凤凰涅槃、脱胎换骨、死而复生
> 外，难道还有别的出路与选择吗？

楔子：千古大变局

一

暴风骤雨就要来了，可屋内的人浑然不觉。自古以来，号称曾经"出产"过那么多通天达灵、先知先觉的巫仙神怪，如今，却没有一人产生哪怕一星半点儿的预感。真的没有，一个也没有！

由多子多福之家、三世同堂之家，到家族宗族之家、家国同构之家，经家庭而家族到国家，最终形成"家天下"的大一统模式——一间伸张无际的"屋子"，一个庞大无比的"家国"，便是囊括一切的"天下"了。"天不变，道亦不变。"尽管"天下"之人一代又一代、后浪推前浪生生不息，却始终依照固定不变的模式，循着一以贯之的轨道，保持从容不迫的淡定。不知不觉间，几千年的光阴就这样转瞬即逝。几千年呵，什么天灾人祸、惊涛骇浪、艰难险阻、坎坷挫折没有经历过？可大家就这么过来了，不仅过得挺好，而且形成了绵延不绝的悠久历史与熠熠生辉的灿烂文化。因此，安之若素、泰然处之、游刃有余、傲视天下，不仅是一种自我陶醉的天朝心态，也是一种自适自足的理想境界。"车到山前必有路，船到桥

头自然直。"什么都不必担心，不必忧虑，不必张皇，后人循着前人的足迹，前人依着先人的传统，先人傍着古人的经验，尽管走下去就是了。哪怕少有的"先天下之忧而忧"，也并非是当下人们视野里的忧患意识，并非是追寻美好的社会制度、探索理想的发展之路，而是如何求取"居庙堂之高"与"处江湖之远"的为官从政之道，如何保持统治者与人民之间的平衡、稳定与和谐，如何因循过去的推力与惯性维护旧有的传统范式……

然而，"狼"来了，说来就来，来得那样迅猛凌厉，出人意料！

昔日之"狼"，源于边关陆地——西南不足虑，只要防着铁骑奔突、为患最烈的北狄西戎即可。

而今之"狼"，却来自大海，乘着高大的铁甲坚船，由东南沿海奔袭而来。漫漫千里海岸，军力有限，捉襟见肘，防不胜防；即使布阵对垒，八旗绿营使用的大刀长矛，又怎能抵挡英军的洋枪洋炮？原始与现代抗衡，过去的经验不灵了，传统的模式不行了，几千年不变的"天"说变就变，刹那间乌云密布、狂风劲吹、飞沙走石。而"道"呢？"道"一下子失却根基，突然间眼花缭乱、莫名其妙、找不着北……

是的，而今之"狼"初来乍到之时，从上到下，谁也不知其本性与厉害。

事情得从道光十八年（1838 年）说起。

其时，古老的中国已进入帝制末世，一股衰朽的气息弥漫开来，深入、渗透于社会的内在肌理。而表面呈现的，仍是平安无事，一片祥和。道光皇帝并非此后某些书中描写的那样乏善可陈，集邪恶与昏聩于一身。他虽然平平庸庸，无甚大才，但也算得上忠于职守，勤勉有加。道光的执政总原则就是守成——守住祖辈传下的庞大产业。一般而言，开国皇帝意气风发勇猛精进，而继承者能留住先人的辉煌与梦想，就相当不错了。因此，我们无须苛求道光帝旻宁，况且，他是清朝所有皇帝中最为节俭的一位，有"小气鬼"之称。道光怕花钱，尽可能地将一应开销节省到最低限度，有时简直达到了吝啬的地步，与皇帝的身份极为不符。道光规定"宫中岁入不得超过二十万"，"宫中用膳，每日不得超过四碗"。有人戏言，如今规范官场铺张浪费的"四菜一汤"，其始作俑者便是道光皇帝。他"极崇俭德，平常穿湖绸，裤腿膝上穿破一块，不肯再做，命内务府补之。"堂堂皇帝穿补丁裤子，不唯清朝，恐怕在中外所有皇帝中，也算得上极其少见的典型与模范了。只是后来被一批马屁精弄得扭曲走样，他们揣摩"圣意"，上行下效，以穿补丁裤子为荣。普及开来，当时朝中大臣，人人都穿一条打补丁的裤子。本是一件节俭好事，结果却以一种滑稽的方式流传于世。

国人心中，当皇帝是天下最美的差事，三宫六院、绫罗绸缎、山珍海味，享不尽的荣华富贵，统驭天下，号令一出大地震颤，谁敢不从？皇帝，简直就是为所欲为的同义词。因此，国人的潜意识里，都有一个想弄个皇帝当当、玩玩的欲望与念头。其实，皇帝也有皇帝的苦衷，受制于无形的传统、家法、净谏不说，仅每天上朝听取大臣汇报、批阅公文、处理重大事务，这一马拉松似的无休止劳役就够受罪一辈子的了。风光无比的康熙皇帝就曾诉苦似的写道："皇帝的责任沉重不堪，简直无法规避……臣吏如愿侍奉则侍奉，如愿息止则息止，而为人君者则终生碌碌不已，无处可以休息。"并且有人做过统计，皇帝是所有职业中风险最高的一种，随时都有掉脑袋的可能，善终者的比例微乎其微。这不，道光帝就被国人大量吸食鸦片这一长期无法解决的事情困扰，而寝食不宁心力交瘁。

自乾隆初年起，吸食鸦片成为一种流行的时尚，拖着长辫、迈着裹脚的男男女女、老老少少趋之若鹜。鸦片，这一源于西方的黑褐色凝结物，犹如吸血魔鬼，只要你染上它吸食成瘾，就会耗尽家财变得萎靡不振形销骨立。因此，早在道光之前的一百多年，即雍正七年（1729年），清廷便颁布了禁烟律令。颇具讽刺意味的是，朝廷越是严加查禁，百姓越是吸食成风。雍正七年初禁时，西方输入鸦片两百箱；近百年后道光执政之时，也即道光元年（1821年），输入鸦片四千七百七十箱；道光七年（1827年），达到一万零二十五箱；道光十八年（1838年），数字为二万八千三百零七箱！据有关资料统计，全国吸毒人数超过四百万，其中就有政府文官二十万，清军官兵二十万（清军总计八十万）。因鸦片而造成的国民身体素质之低下，精神之衰疲，道德之败坏，到了不忍正视的程度。对一位节俭皇帝来说，最为担忧与寒心的，更是白银的大量流失，国库空虚，入不敷出。

事已至此，道光皇帝不得不痛下决心，彻底禁烟！

禁烟禁烟，说说容易，真要彻查严禁，实在难之又难。不然的话，何以禁了一百多年，却越禁越泛滥，越禁越猖獗？道光明白，要想禁烟成功，非得有一位办事精干、堪当大任的重臣不可。道光虽然才德平庸，可长于深宫的他挑选人才的眼力却半点也不差，一下子就选中了时任湖广总督的大臣林则徐，并下旨紧急召见。

林则徐由武昌匆忙启程，12月26日抵京，27日一大早就被召入皇宫，可见道光心情之迫切。在京逗留十三天，林则徐八次被召见密谈磋商。第四次召见时，道光特地下了一道手谕，给林则徐以少有的恩典——"紫禁城赐骑"。当林则徐骑在饰满彩缨的高头大马上，缓缓进入皇宫之时，这一被称为"国初以来未有之旷典"的场面，就连道光本人也未曾见过，不由得早早候立殿外，观赏这一由自己亲手导演的稀世奇观。

皇上越是重视，林则徐就越是感到肩头责任的重大。受命临行前夕，林则徐拜访座师沈鼎甫侍郎，面对禁烟任务的艰难、复杂与严峻，师生俩谈至动情之处，不由得"相顾涕下"。林则徐道："死生命也，成败天也。苟利社稷，敢不竭股肱以为门墙！"只要有利于国家社稷，他已将个人生死荣辱置之度外。

尽管林则徐意识到了禁烟危难并决心拼尽全力以报效皇帝的知遇之恩，但怎么也没想到，他所面对的再也不是过去隶属于天下范畴之内的所谓蛮夷，而是一种闻所未闻的新型异质文明，一个最早进入世界资本主义先进文明行列的大不列颠帝国。古老而封闭的中国将由他的禁烟运动而进入一个陌生时代，在血与火的洗礼中以极不情愿的角色与迫不得已的姿态，被纳入世界一体化秩序之中重新定位。这一不可预测的变数谁也没有料到，林则徐本人没有料到，林则徐挚友、学界文坛比肩而立的两颗巨星魏源、龚自珍没有料到，道光皇帝更是不可能预料得到——他对林则徐的要求是既达到禁烟之效，又不可轻启边衅，作为一个苟萮守成的皇帝，稳定压倒一切，他可不愿因此而爆发一场动乱或战争。

清乾隆帝在 1757 年诏告天下，划定广州十三行为唯一对外贸易口岸，史称"一口通商"。这也是中国通向外部世界的唯一通道，不，根本算不上通道，只是一线又狭又窄的门缝，一个又细又小的洞口而已。即使无孔不入的鸦片，由外进入中国，也只有通过广州十三行这唯一孔洞方可。因此，林则徐禁烟的目的地就是广州，目标就在十三行！

1839 年 1 月 8 日，林则徐以一人之下、万人之上的钦差大臣身份，乘坐十六人抬的大轿，离京南下。

历经六十二天行程之后，林则徐刚刚抵达目的地，就开始了一场雷厉风行、前所未有、轰轰烈烈的查烟、禁烟运动。他没有像过去那样不痛不痒地从中国人手中收缴鸦片，因为这些中国人充其量不过是些"二道贩子"而已。真正的毒源在于外国商人，是他们不远万里将鸦片运到中国，利用广州十三行这一清廷许可的特殊渠道，不惜一切手段瞒天过海，将罪恶的种子撒向中华大地。于是，林则徐棋高一着地颁布一条新的查禁手谕：责成外国商人呈缴鸦片！于是，就有了直到今日仍令人回肠荡气不已的虎门销烟——从英商手中收缴两万多箱，总重量约二百四十万公斤的鸦片被林则徐全部销毁。这些鸦片若用现在的四吨载重卡车装运，约需三百辆，足以排成三里长龙。虎门销烟，是人类有史以来规模最大的一次反毒禁毒活动，因制造毒品的技术与毒品的浓缩程度越来越高，估计今后也难有一次性焚毁毒品超过二百四十万公斤的超常纪录了。

　　然而，虎门销烟触及了英国政府的利益，惹恼了一批素以文明自居的英国议员，更为一直对中国虎视眈眈的好战分子找到了借口。他们不惜冒天下之大不韪，不惜践踏人类公正，不惜蒙上永久耻辱，发动一场令人不齿的以保护鸦片贸易为目的的侵略战争。

　　人类历史上，胜利女神时常置公平、善良、正义于不顾，将天平的砝码倾向邪恶一方。鸦片战争即是典型的一例。

　　这是一场双方都自认为不在话下的战争。清廷不仅沉醉于开国以来的赫赫武功，也陶醉在几千年的中华传统文化之中。在清廷眼里，不知从哪儿冒出来的小国岛夷，胆敢与堂堂大清王朝为敌叫板，不是不自量力以卵击石吗？要知道，清自从东北起家，入关南下，指东打西，无往而不胜，还从未遇过真正对手呢！只是天朝国策，先文后武，先礼后兵，先抚后剿而已。既然文、礼、抚不成，自然只有剿灭一途了。而英人在经过前所未有的工业革命之后，殖民地遍及亚洲、非洲、美洲、大洋洲等所有大陆板块，国力之强大，无与伦比，无人敢撄其锋，自称为"日不落帝国"。

　　大清陶醉于昔日的成就与荣光之中，所持有的是一种盲目的自傲。而英人所凭恃的，则是现有的实力与资本，其自信建立在科学的分析、调查与了解之上。两个自负的对手，狭路相逢，互不相让。战争，终于不以个人意志为转移地爆发了。

　　其实，这根本就不是一场实力对等的战争。曾先后十八次到过中国从事鸦片贸易的商人安德鲁在致英国政府的一封信中说：中国"现在是世界上最弱的国家，只靠着系统的谎言、妄诞的谕旨、人民的愚昧来维持……对其勇敢地施用武力，可以收到意外的效果。"早在1832年，英国驻广州商员胡夏米就曾率员七十多人乘阿美士德号英轮由澳门出发，以考察商情为名，对广州、厦门、福州、舟山、宁波、上海、威海等地进行过一番军事侦察，对中国沿海所设炮位、守备兵力、武器装备、战船数量等了解得一清二楚，并测量绘制了沿途航道、河道、海湾的详细地图。在上海，他们发现清军使用的武器还是原始的弓箭、大刀与藤牌，虽有少量火枪，但已成为摆设，因为上面全都生锈了。于是，胡夏米不由得轻蔑地说道："只要有五十名意志坚定、训练良好的士兵，或比这个数字更少，就可以彻底消灭比这五百人更多的军队。"他认为只需三个月，就可武力解决中国。另一随行的德国医生兼传教士甲利更是狂妄地说道："由大小不同的一千艘船只组成的整个中国舰队，都抵御不了一艘战舰。"不幸的是，他们的话在此后的战争中竟多次应验。鸦片战争期间，清军总兵力八十万（八旗二十万，绿营六十万），因兼有警察、内卫、国防三种职能分驻全国，作战时不得不从各地抽调，清廷实际用作作战的部队约十万。侵华英军最初四千，后增至一万多。可就这约占英军总数十分之一的军队，竟打败了十万清朝大军，一比十，可见胡夏米所言并非虚妄。而甲利所言之实就更加令人沮丧不已，因为不仅鸦片战争期间中国水师未能击沉一艘敌舰，就是此后建立了近代化海军北洋舰队之后，直至清朝覆亡，也未能击沉哪怕一艘敌人的舰艇。

不论武器，还是素质，清、英两军都不属于同一档次与层面。在英军杀伤力极强的火炮与来复枪面前，清军的大刀、长矛、箭戟及少量土炮、土铳，实则比手无寸铁强不了多少，与赤手搏狼并无二致。清军的武器装备至少落后两百年，而个人素质也乏善可陈。清朝实行募兵制，一旦进入军营就意味着终生服役。于是，老弱病赢常常充斥其间，眷属也随住兵营。官兵不习文化，不事操练，更有不少吸食鸦片、聚众开赌者。而英军全都经过严格而正规的军事训练，是世界上最为强大的近代化虎狼之师。更要命的是，清兵毫无斗志，刚一交战便被闻所未闻的惊天炮声吓得丧魂失魄，不到几个回合就左右观望，稍一受挫则望风而逃。常言道，两强相遇勇者胜。清军远非强者，又与勇敢绝缘，因此，整个鸦片战争期间，清兵要么惨遭屠戮，要么溃不成军。

版图与人口，再也不是衡量国力的主要因素。说到底，这是一场不同文明——农耕文明与工业文明，之间的交锋与较量，也是一场实力悬殊清军不可能取得胜利的战争。然而，关于这场战争，却出现了许多直到今天仍未彻底澄清的神话。

1840年6月下旬，英国远征军进抵澳门海口，以6月28日封锁珠江口为标志，鸦片战争正式爆发。然而，英军仅留少量兵力围而不打，他们有意绕开广州，在厦门递交战书，主力长驱北上，进犯闽浙沿海，7月6日攻陷浙江定海，8月中旬抵达天津大沽口外。于是，就有了英军惧怕林则徐之说，认为他在广东采取的布防措施使得英军无隙可乘，不敢轻举妄动。不仅他人这样认为，林则徐自己也是如此看法。当他得知定海失陷的消息之后，并未反省己不如人，而是指责浙江方面没有像广东那样严加防范。其实，英军压根儿就没想过害怕谁的问题，只是其着眼点并非广州。英国外交大臣巴麦尊在致海军部的公函中明确强调，在广东"不必进行任何陆上的军事行动"，"有效的打击应当打到接近首都的地方去"。战争不是目的，而是手段，一种外交手段的延伸。英国政府很清楚，只有直捣京津，让清廷震悚，才能达到他们所要达到的有效目的。英军的作战行动，显然是在执行巴麦尊的训令。

此后，南下发动广州战役。面对凶猛而凌厉的攻势，清军经过三天保卫战，以惨败告终，广州城不得不升起求和白旗。对此，英国参战军官麦华生在《在华二年记》中不无得意地叙述道："这个骄傲的城市，我们在此常被藐视，国旗常被侮辱。它的人口有一百万，军队夸称五万，现在它要在仅占它兵力的十二分之一的人面前受辱。"

铁的事实说明，广州并非固若金汤，在英军的枪炮前无力防守。然而，关于林则徐不可战胜的神话却因此而越编越圆，越传越远。因为广州之战爆发前，林则徐便以"误国病民，办理不善"的罪名被革职了。道光皇帝曾一再交代不要轻启边衅，林则徐的违逆显然使他大光其火，予以惩处也属意料中事。由此可见，林则徐被道光选为查禁鸦片的钦差大臣之始，就注定难逃厄运了。既要堵住鸦片源头，杜绝鸦片流入内地，又要保持天下安宁不致发生战乱，这是一个近于悖论的两难，任是谁也无法化解。也就难怪林则徐本人，他的座师还有友人，早就为他的前途与命运而深深担忧了。其实，广州之防守，就建立在林则徐任钦差大臣时的准备之上。广州备战期间，林则徐虽然革职，却没有离开广州，一直协助新任统帅布防，且不时建言建策，并得到了有效采纳。

堂堂天朝竟然败于一个名不见经传的小小岛夷之手，广大民众，包括政府官员、知识分子、普通百姓怎么也接受不了这一严酷的事实。于是，他们将英军北上归于害怕林则徐，将后来广东的战败归于林则徐的革职，将各地战事一败再败归于当地没有林则徐这样的人物。林则徐革职不久，新任闽浙总督颜伯焘及新任浙江巡抚刘韵珂就不顾触犯天颜，要求重新启用林则徐以对付英人，理由之一，就是"该夷所畏忌"。此后，广东民众面对英军进犯，在一份檄文中不禁质问道："汝已称厉害，何以不敢在林公任内攻打广东？"就连鸦片战争结束后撰述的《中西纪事》《夷氛闻记》《道光洋艘征抚记》三部史书，也认为最初英军北上，缘于林则徐在广东严加防守、无隙可乘之故。

从某种角度而言，道光对林则徐的惩处——革职流放，反而成全了他，成就了一个民族不可战胜的神话。这一神话犹如一柄出鞘的双刃剑，既可坚定民族信念，树立民族自尊，却也遮蔽了有关事实真相，继续维持清廷的妄自尊大，迎合国人的盲目自信。

三元里抗英也是一个滚雪球般不断扩大的神话。在此，我们有必要还事实以真相。

三元里抗英，是一次少有的胜利，也是整个鸦片战争期间一个极其闪光的亮点。这场民众自发的保卫家园的战斗之所以能取得胜利，一个最为重要的原因，便是天时、地利、人和。

天时：大雨淋湿了英军的燧发枪与火药，不能发射，使得三元里百姓手中以农具为主的武器上升到与英军武器同等的水平；地利：英军纵深追击不谙地形，被引入全是"烂泥塘"的牛栏冈、唐夏村一带，因迷路而被团团包围；人和：三元里民众为保卫家园奋起抗争，同仇敌忾、万众一心、气贯长虹、令敌丧胆。即便如此，三元里抗英的战绩也并非后来宣传的那样击毙伯麦、霞毕等英军主将，杀敌数十、一百、两百、三百乃至七百四十八人等诸多说法。据英人所述，陆军司令郭富，于1841年5月30日晨，亲率三个步兵团及部分孟加拉志愿军开进三元里追击乡民，不久突遇大雨，郭富急令撤退。因"天气阴霾，辨识道路并不容易，稻田成为一片汪洋"，于下午四时才撤出数以万计的村民包围圈。撤出后却发现三十七团第三连约六十人失踪，郭富急忙调来两个水兵连前去接应。这两连水兵配备装有雷管机、不怕雨水淋湿的"新洋枪"，他们循着枪声及喊杀声找到"在稻田上排列成正方形"的失踪士兵，用排枪驱散围攻乡民，终于在当晚九时左右将其接应归队。

综合各方面资料，英军伤亡的实际数字为死亡五到七人，受伤在二十三到四十二人之间。尽管如此，三元里抗英在鸦片战争期间所进行的诸多战役中，英军伤亡人数排列第四。没有经过军事训练的普通民众与近代化武装的英军对阵，能获得如此战绩，用于宣传鼓舞士气，唤醒普通百姓的民族爱国热情，自然十分必要，但若夸大其作用，认为只要广泛发动民众，就可取得鸦片战争的最后胜利，便有可能陷入另一种迷误。此后慈禧太后利用义和团运动的彻底失败就是一种明证。三元里抗英第二天，一万多民众乘势包围了英军据守的四方炮台，幸而被广州知府余保纯劝退，不然的话，在威力强大的巨炮与射击准确的来复枪面前，当地民众将遭到一场残酷的屠杀。

关于鸦片战争的真相，此外还有许多弄虚作假、篡改伪造、刻意掩饰。

每次战役，各地官员、将帅总是无一例外地夸大战绩，有时达到了不着边际的地步，动不动就是歼敌数百数千，击毁击沉敌舰无数。果真如此，由十六艘海军战舰、四艘武装轮船、二十八艘运输船、五百四十门大炮、一万多官兵组成的英国"东方远征军"，恐怕早就在中华大地消失殆尽了，又何来迫不得已签订的中英《南京条约》？即以广州保卫战为例，1841 年 5 月 26 日，广州城已被英军重重围困不得不升起白旗，靖逆将军奕山还在给道光皇帝的一道奏折中宣称清军连续三日频频获胜，并击沉英军轮船一艘，焚毁英人三桅兵船一艘。

整个鸦片战争期间，英军伤亡的实际情形是，死于疾病的数字远远大于阵亡。纵观历次战役，英军损失最多的一次当属镇江之战，计三十九人死亡，一百三十人受伤，三人失踪。尽管如此，英军仅用一天时间，就攻下了镇江。

镇江陷落，清朝第二大都会南京失去屏蔽，贯通南北的大运河被拦腰截断，江南的大量漕米、税银无法运输北上，供给需以大运河为支撑的北京受到了直接威胁。仗打到这个份上，仿佛咽喉被人扼住，获胜的希望实在是太渺茫了。外患既不可去，而汉人乘机造反的内忧更是弄得道光皇帝寝食不宁，只觉得座下的龙椅在一个劲儿地震颤不已。于是，他不得不发出一声无可奈何的长叹，罢兵求和。

二

中国的优越感由来已久。

由远古至西周形成的中原文化，与周边诸文化相比，有着明显的优势。几乎与疆域扩充同步，华夏文明不断地向周边地区渗透开来，虽不乏武力要挟，但更多的则是倾心向慕、主动皈依。经过长时期地补充与融合，逐渐形成了以中原文化为主导的华夏文化体系，所谓"东夷、北狄、西戎、南蛮"，纷纷归化，纳入其中。至隋唐时期，中国汉文化圈差不多扩展到了整个东亚地带。

华夏文明一枝独秀地在相对封闭的自然环境中形成，从未遇到过真正有力的强劲对手。东汉时期，虽有自成体系、思辨精深、内容丰盈的印度佛教文化传入中国，与华夏文化各有所长、难分伯仲，可并未对传统文化构成明显的优势甚至威胁，反因交流、吸收佛教文化中的有益成分，使得渐趋僵化、沉寂、式微的本土文化焕发出新的活力与朝气。

几千年无与伦比的灿烂文化，既可所向披靡地征服、影响未曾开化的偏远蛮荒之地，也会因过度的自尊自大，造成盲目的自信自负、自我膨胀、目空一切，甚而至于陷入无法收拾的境地。

早在西周时期，华夏文明便形成了一种特殊的礼法制度——畿服制。《尚书·禹贡》具体阐述了"五服"的内容与范围，以王都为中心划分，方圆千里之内名甸服；甸服之外，每五百里为一服，依次为侯服、绥服、要服、荒服。甸服逼近王畿，由天子直接管辖，属文明地带；其余则依地理远近由亲到疏，为半开化、野蛮、夷狄地区。《国语·周语》也有类似记载："先王之制，邦内甸服，邦外侯服，侯卫宾服，夷蛮要服，戎狄荒服。日祭、月祀、时享、岁贡、终王，先王之训也。"《周礼·夏官》则提出了类似的"九服"或"九畿"说，王畿方圆千里，此外每五百里为一服，计有侯服、甸服、男服、采服、卫服、蛮服、夷服、镇服、藩服。对五服、九服之地的统治，实行朝贡制。天子直辖区由百姓缴纳赋税；其他地区，则依次规定每次朝贡的期限为一年、两年、三年、四年、五年、六年，贡品分别为祀物、嫔物、器物、服物、财物、货物等；而那些蛮荒之地，九州之外的番国一世只需入贡一次。先秦典籍中，臣下觐见君主为"朝"，下人给主子献呈物品称"贡"，"朝贡制"逐渐成为天子与诸侯之间的一种隶属关系。此后，五服、九服的具体内容虽有所变更，但朝贡制始终未变，秦汉后成为中原王朝羁縻周边少数民族的一种模式与制度。

"普天之下，莫非王土；率土之滨，莫非王臣。"中国，是位于世界中心的国家，是整个世界唯一的文明世界，中国就是天下，领土疆域、控制范围长期模糊，朝廷为天朝、天廷，最高统治者谓天子、万邦之主。古时中国没有明确的国家、民族、领土概念，只有夷夏之辨、华夷之分，现代意义的国家、民族概念直到 1902 年左右才开始出现。因此，在古人特别是那些士大夫眼里，华夏就是文明的代名词，夷人则是未开化的野蛮人。处于边境之外的所有民族不是"蛮貊"，就是"夷狄"，一律冠以虫、豸、犬之类的标记，不将他们当人看待，至少不是和我们中国人一样的人。

"非我族类，其心必异。"鸦片战争期间，两江总督牛键对英人的动物性曾"活灵活现"地描写道："彼（英人）虽畜类，亦具人形，譬如桀犬狂吠，本不足以论是非，及投以肉食，未尝不摇尾帖服。"不得已而与"蛮夷"交涉时，总认为"犬羊之性"，贪婪狡诈，唯利是图。直到民国初年，湖南名士王闿运批评郭嵩焘即将出使欧洲，仍振振有词地写道："彼夷狄人皆物也，通人气则诈伪兴矣。"

其实，清朝发迹于东北之时，也被明朝视为蛮夷之族。自 1644 年入关，他们虽然摧毁了明朝，征服了汉人，却完全继承了明朝政权机构模式，建立起满汉共同管理华夏的双重统治制度。满人从维护自己的统治与利益出发，主动融入汉族大家庭之中，奉儒家文化为圭臬，逐步汉化，并以华夏正朔自居。道光之时，满人与汉人在文化、生活、习俗方面几乎没有什么差别了。唯一不同之处，可能就在于满族女子仍保持天足，没有像汉族女子那样从小裹脚，成为变态文人欣赏的"三寸金莲"。这也是清朝为什么能比元朝蒙古族更能长期有效地统治、管理中华的主要原因。当然，如果从保持民族的多元性、独特性、原生态这一角度出发，则满人的主动同化是他们在统治中国二百六十多年的时间里付出的一个相当沉重的代价。

尽管如此，我们不能忽略清朝是少数民族统治中国这一特殊因素。原本的部落战士，摇身一变成为高高在上的统治者，除沿袭旧制外，一时间不可能有多大作为。又因为满族人口有限，仅及汉族百分之一，迫不得已而大量重用汉人，又时时严加防范，牢牢掌控要害部门，维护清朝专制极权。加之游牧文明、农耕文明对异质文明——海洋贸易、商业文化的本能排拒，因此，防守与排外，成为清朝政权的主要特征。一句话，由满人统治而形成的故步自封、闭关锁国、颟顸无知、妄自尊大更甚于汉族，乃势所必然。

东汉时期，印度佛教东来，被中华文明吸收融合；唐宋时期，伊斯兰教文化也来了，由海上进入南方口岸，由西部商路传入甘肃陕西，尔后扩展至云南贵州等地，中华依然以博大的胸怀，兼收并蓄了；然而，另一从更西的西方叩关而来的基督教，却以极其另类反叛、桀骜不驯的姿态，引起了上层人士的恐慌，构成了一股潜在的威胁，发生了不大不小的冲突，最终引发了一场鸦片战争，在中华这块古老而板结的土地上，带来了一场极其深刻的社会变革。

所谓的西学东渐，并非始于鸦片战争之后，如果追根溯源，当从1583年意大利耶稣会士利玛窦入居肇庆开始传教时算起。这一被称为"学术传教"的首度西学东渐终结于1775年。在近两百年内，"中西文化交流蔚为巨观。西洋近代天文学、历学、数学、物理、医学、哲学、地理、水利诸学、音乐、绘画等艺术，无不在此时传入。"那一时期，学习西学成为上行下效的一种风气。比如康熙帝就喜爱西洋数学、音乐，不少八旗子弟也习外语、演几何，学界领袖徐光启、顾炎武等人则个个饱读西洋之书，于历学、算学特别用心。对此，利玛窦在一封书信中写道："人们争相拉拢我们，有的刻印我们的作品，有的重印我们的书籍，有的撰述欧洲风土人情的书，有的在自己的著作中引用我们的意见。对我们的教会、伦理、哲学与数学无不钦佩。至论《世界地图》每年都有出版，或单独印刷，或附在讨论地理的书籍之中。"

与此同时，传教士也将中国文化介绍到了西方，使得"中国热"盛行一时。比如法国皇帝路易十四就对中国物事格外喜爱，他喝中国茶，建中国亭子，用中国漆器，看中国皮影戏。经过近两百年的交融努力，终于在西方的东方学中诞生了"汉学"这门新的研究学问。

那是一个中西会通的黄金时期，也是一段被人们遗忘，或者说忽略了的时期。双方的心态是平和的，关系是对等的，交流是积极的，只可惜因为一些偶发的重大事件，导致了此次交流的彻底中断。

就在西学传入中国不久，明末便有一批顽固守旧的士大夫怀着"用夷变夏"的恐惧，掀起了一场排斥天主教与西洋科学的运动，造成明末逮捕、驱逐西方传教士的"南京教案"；清康熙初年，围绕天主教与天文历法而展开的中西之争，最终酿成清初的一次最大教难——"康熙历狱"。

透过"教案""历狱"表面，潜藏的是中西两种有着本质区别的文明之间的内在冲突。西方传教士带来的西方地圆说、五大洲说及欧洲文明，深深地冲击并动摇了中国士大夫传统的夏夷观念。早在春秋之时，《孟子·滕文公上》就有了严格的夏夷之分与相互关系："吾闻用夏变夷者，未闻变于夷者也。"这种被定于一尊的儒家文化优越感，牢牢地支配着士大夫的观念与准则，因此，当传教士所带来的世界地图彻底颠覆了天圆地方的天下观念，当西洋科技的"外夷小技"诱惑人心，当西洋历法优于传统历法，当天主教"盖欲扫灭中国贤圣教统"之时，可以想见该会受到多么强烈的攻击与排拒。

传教士利玛窦的感受比他人尤为深刻，他在《利玛窦中国札记》中写道："今天我们通常称呼这个国家为中国或中华……两个词加在一起就被翻译为'位于中央'。我听说之所以叫这个名称是因为中国人认为天圆地方，而中国则位于这块平原的中央。"因此，他在向中国士人展示世界地图时，不得不有所变通，"抹去了福岛的第一条子午线，在地图两边各留下一道边，使中国正好出现在中央。这更符合他们的想法，使得他们十分高兴而且满意。"恐怕连利玛窦也没有想到的是，我们今天仍然沿用着这一变更后的中国化"世界地图",而不是真正通用的世界地图。地理的优越自然形成文化的优越,对此,利玛窦在该书中以一种表面客观,实则无奈的态度写道:"中国人把所有的外国人都看作没有知识的野蛮人,并且就用这样的词句来称呼他们。他们甚至不屑从外国人的书里学习任何东西,因为他们相信只有他们自己才有真正的科学和知识……甚至他们表示外国人这个词的书面语汇也和用于野兽的一样。"

清初反西学人士杨光先在《不得已》一书中,因汤若望刻印"舆地图宫分十二幅"反驳西方地圆说时写道:"果大地如圆球,则四旁与在下国土洼处之海水,不知何故得以不倾?试问若望,彼教好奇,曾见有圆水、壁立之水,浮于上而不下滴之水否?"真如西人所言,那么"四旁与在下之国"就会居于水中,"则西洋皆为鱼鳖,而若望不得为人矣"。哪怕以主观直觉的经验主义思维方法浅薄无知地加以反驳,也不忘讥讽西人一句"不得为人",因处水中,便不好说他们是野兽了,就说是鱼鳖,而鱼鳖则比野兽更为低级。

1707年2月7日,罗马教廷特使多罗在南京公布教皇致在华传教士公函,天主教徒不许祭孔、祭天、供奉祖宗牌位,不许以天或上帝称天主。本来天主教徒的礼仪活动就在孝敬父祖、祭祀孔子、男女有别等方面,违背了儒家传统伦理道德而遭抨击,早有士大夫提出铲除天主教的建议。而由罗马教廷发难的礼仪之争则将双方的矛盾推向高潮,达致无法调和的地步。康熙针锋相对,对凡不尊重中国风俗的西方传教士一概驱逐,解送澳门。

以1775年在华耶稣会接到罗马教廷命令正式解散为标志,近两百年的欧洲天主教在中国传播基督福音的努力宣告结束,这也意味着明清之际西方文化大规模输入中国的最后终结。

令人扼腕的是,这是一场真正意义的终结。随着传教士身影的消失,东渐的西学如一闪即逝的星星之火,对中国传统社会并未产生多大影响。

一场不成功的革命与努力带来的结果，往往是腐朽势力的更加反动，更加得势与更加强大。专制的大清帝国，也因此而变得比过去更加封闭，更加停滞，更加衰朽。

历史，又回到了原来的起点，甚至有所倒退。

三

1793 年，英国特使马嘎尔尼率领一支庞大的船队来到中国。英人此次前来不是传教，而是带着两国互派使节、商定贸易协议的使命。可他们似乎要了一个不大不小的"滑头"，没有直接道明目的，而是打着庆贺乾隆皇帝八十三岁"万寿"的幌子。

万邦景仰，万国来朝，自然是一件令人十分高兴，足以装点盛世门面的喜事。于是乎，马嘎尔尼一行受到了"最礼貌的迎接，最殷切的接待"。

然而，事情一旦深入，双方的摩擦龃龉立时互现。清廷视英国为化外之地仰慕华夏文明之风不远万里前来朝贡的岛夷与"藩属国"，时时处处，都以臣属身份对待。而英人则希望在双方平等的基础上建立大使级关系，互通商贸，互通有无，进行平等交流。特别是在觐见皇帝必须双膝跪地九叩首的礼节上，更是发生了严重分歧。

数年前，荷兰人为得到通商许可，曾跪倒在清皇脚下，被伦敦的报纸当成滑稽而有趣的头版新闻着实报道了一把。英人对中国的这一传统礼仪实在无法理解，殊不知跪拜是维系中国传统社会等级秩序的一种不可或缺的方式。在国人眼里，人神之间、君臣之间、上下之间、父子之间、夫妻之间……唯有跪拜这一礼仪才得以体现。当然，很少有人想过在膝盖一屈的臣服、认可乃至崇拜中，人格与尊严也随之软化、消失殆尽。所谓"一到殿廷齐膝地，天威能使万心降"，如今轮到英人领教中国这一传统礼仪的威风与滋味了。马嘎尔尼奉行的原则是："尽可能地表示对中国皇帝的敬意，但是坚决反对去做任何把英国解释为中国的藩属国的事情。"在他的坚持下，乾隆皇帝破格答应英国使臣行西礼而不跪地的请求。

据有关资料统计，从1656年至1795年的一百四十年里，荷兰、葡萄牙、俄国等欧洲国家及罗马教皇派遣使节觐见清朝皇帝达十七次之多，唯有英使马嘎尔尼未行三跪九叩之礼。乾隆虽然"宽大为怀"，但内心的不满与愠怒可想而知，马上降旨令其早日出境。至于英人提出的通商贸易请求，根据天朝的古老传统，藩属国敬献贡品，皇帝予以大量赏赐，原本在朝贡体制之内，根本就不存在其他方式与可能。双方认识不一，理解不同，于是，英人此行的结局，只能是受到"最严密的监视，最文明的驱逐"。

清廷怎么也想不到，就是这一被他们视为外夷藩属的英国，经过工业革命洗礼，在大不列颠国土上，有着钢厂、船厂、酒厂、造纸厂、纺织厂、面粉厂、自来水厂等数以万计的工厂，已是"海上霸主""世界第一工业强国"。因此，当马嘎尔尼看到乾隆皇帝《出狩图》中使用的仍是长矛弓箭时，觉得不可思议，主动向清廷将军福康安提出表演欧洲火器。不料福康安将军不以为然地说道："看也可，不看也可，蛮夷小邦会有什么了不得的稀罕之物？那些火器操法，哪有天朝上国的大刀长矛管用？"究其原因，在于"以满洲夙重骑射，不可专习鸟枪而废弓矢"。于是，以福康安将军为代表的清朝官兵普遍认为，弓弩刀矛胜于西洋火器。而马嘎尔尼不远万里献给中国的一份厚礼———批包括天体仪器、光学仪器、铜炮、榴弹炮、连珠炮、毛瑟枪、望远镜等，足以代表西方近代文明与先进技术的贺寿礼物，则被送往圆明园，全部陈放着成了一堆真正的废品，直到近七十年后英法联军攻入北京，侵占圆明园之时，才被英国人重新找到。

到了1814年拿破仑战争结束，英国政府再次将目光投向东方，关注在华市场。经过一番准备，1816年，英国政府派遣阿美士德勋爵第二次出使中国。双方仍在三拜九叩的礼仪问题上发生争执，此时的嘉庆皇帝已没有乾隆的包容大度，不由得在传给英使的诏书上写道："中国为天下共主，岂有如此侮慢倨傲，甘心忍受之理？是以降旨逐其使臣回国，不治重罪。"在经过两百多天的远洋漂泊之后，阿美士德一行于 1816 年 8 月行至圆明园，突接此旨，只得无可奈何地带着女王的国书无功而返。

阿美士德对出使中国遭受驱逐的不公正待遇一直耿耿于怀、愤愤不平，在拜访因兵败滑铁卢而被囚禁在圣赫勒拿岛的拿破仑时，明确向他表示英国准备动用武力征服中国。拿破仑闻言，深感不安，觉得这不是文明人所应做出的文明理智之举，不禁说出了一句我们一直沿引至今的名言："中国是一个多病的、沉睡的巨人，但是当她醒来时，全世界都会颤抖！"

可问题的关键是，她什么时候才能睡醒呢？她一时醒得过来吗？即使醒来，是否伸一个懒腰，打一个呵欠，然后又继续昏睡不已呢？

历史常以惊人的相似面目出现，如果说第一次是喜剧，第二次是正剧，那么第三次就有可能是一出悲剧。

1840 年，英人第三次来到中国，仍是庞大的船队，不过大多都是近代化军舰，军舰上是训练有素的官兵以及准备诉诸武力的洋枪洋炮。此行的目的与前两次仍然一致，要求平等对待、通商贸易、互惠互利，只是附加了赔偿鸦片损失的内容。

鸦片战争就这样爆发了，这是一场无法避免的战争，没有鸦片的查禁，也会以其他借口、理由爆发，只不过时间或迟或早而已。战争的可能与结局，不外乎三种：胜利、失败、和谈。胜利绝无可能，即使打赢，只会使清廷变得更加封闭落后、骄横颟顸、夜郎自大；和谈也不可能，自古以来没有华夷平等的传统，哪怕积贫积弱的宋朝，面对强大的金、辽、夏时，只要一提和谈，就与投降、汉奸画上了等号；于是，唯一的结局便是战败，屈辱地接受强加在头上的条款。以今日观之，其中的条款只求民族间的平等沟通与交流，并无苛刻压迫之意，因为属于强加，所有的一切，便成为不平等。如果中国不是以刀架脖子的被迫方式打开大门，裹挟进世界贸易体系，而是主动开放，沟通交流，就不会产生遭受屈辱、压抑之后导致的一连串狂暴、扭曲乃至失控。

英国政府出兵中国，在他们看来，并不是一次战争，只不过是对清朝政府没收鸦片的一个教训，一次报复，一场武装冲突而已。他们并不想让清廷垮台，也不想将中国变成印度那样的殖民地，割地赔款、打开门户、贸易通商的目的一旦达到，也就意味着战争的结束。

清廷赔款又割地，堂堂天朝，颜面扫地，可仍然继续昏睡不已，就是不肯从昔日的迷梦中挣脱而出，不肯正视自己衰弱的病体，不肯睁开眼睛了解世界。道光皇帝在一道谕旨中指示手下大臣，让其派人告知英人："今汝既有悔罪之意，何不趁此商量，如果能将各船全数退回广东，即刻罢兵，我必奏明大皇帝，将香港一处，赏给尔国……"惨败后不得不割让香港，竟成为大清朝给予的"恩赐"。

大厦在风雨中开始飘摇了，屋里的人开始有所警觉，但只是为数极少者。鸦片战争并未像后人认为的那样惊醒了国人的迷梦，除卷入其中的当事人外，大都浑然无知。即使知之，也抱着一种与己无关、漠然视之的态度。于老百姓来说更是如此，他们忘不了满人对汉人的统治、压榨与欺凌，无论满人还是英人"坐江山"，总归是要交税受统治，二者并无多大差异。但哪怕当事人的骤然惊醒与切肤之痛，也不过是醒来后向周围世界看了几眼，就又安之若素，伤痛也随时间的流逝而慢慢消弭。"都门仍复恬嬉，大有雨过忘雷之意。"当战端平息，峰回路转，阵阵惊涛化为点点水沫，从上到下，又依然死水一潭，又依然在鸦片缭绕的青雾中昏睡不已。正如数十年后王韬所述："其时罢兵议款，互市通商，海寓晏安，相习无事，而内外诸大臣，皆深以言西事为讳，徒事粉饰，弥逢苟且于目前。"

其时，清廷已处于帝国末世，民众不思上进、浑浑噩噩、萎靡不振，才会被鸦片吸引。鸦片也曾流入日本，可当时的大和民族正处于上升期，鸦片打不倒他们；就连鸦片的制造者英国人也不吸食，因为那是大不列颠最为旺盛的"日不落帝国"时代，他们有着无数的占有、开拓等远比鸦片更具刺激的事情要做；只有衰疲、腐朽的清帝国，才需要鸦片提神，而一时的兴奋透支所带来的结果，则是百倍的虚弱与疲惫，不仅仅是无数财富消失于虚空，还有无数生命的青春、健康、道德、活力、激情也随着鸦片的青烟一同化为乌有。

落后并不可怕，先进也不可恃，它们是一对可以相互转换、有着内在辩证关系的概念。只要具有清醒的认识，将落后变成压力与动力，急起直追，迎头赶上并有所超越，落后就转换成了先进。令人不可思议的是，我们的落后，西人的先进，经过儒家文化的"诠释"，就完全变了样，走了形，并且产生了一种互相置换的效果。比如西方先进的器物，在天朝无所不有的傲慢面前，竟成为"坏人心术"的"旁门左道"与"奇技淫巧"；凡介绍海外的书录，一概斥之为"海外奇谈"；贸易经商遭遇农本主义，变为舍本求末；追逐利润在理学仁义面前，实属小人之举；君主立宪比照皇权至上，有如大臣擅权；英国女王主位，西方男女平等，在男尊女卑观念影响下，就成了"牝鸡司晨"之类的所谓"夷俗"……最先进的东西，在儒学教义的"聚光灯"下，却全部变为荒诞可笑的物事。

鸦片战争打了两年多，清军在历次战斗中一败再败，没有打过一次胜仗，却从不吸取教训，想过要去了解对方学习对方；中英《南京条约》刚一签订，道光皇帝便以为天下从此太平，所做的第一件事情就是立即下令沿海各省撤军，以节省浩繁的军费；鸦片战争结束，东南沿海重筑海防工事，各地依照原样修复，从来就没有想到应该加以改进；1842 年 11 月，广东意欲仿造一艘西式战舰，内地工匠不懂技术，想从澳门雇用"夷匠"，道光得知后，连忙下旨阻止，国家宁可不要近代化的军舰，也不能让那些"夷匠"入境伤风败俗扰乱军心民心；1843 年 7 月 31 日，美国众议员顾盛带着总统泰勒的授权缔约证书及呈交清帝的国书乘舰离美，同时带来的，还有送给清朝皇帝的礼品：航海地图、地球仪、六轮手枪、步枪、蒸汽战舰及蒸汽挖掘机模型，关于构筑要塞、造船、海陆军战术、地质、化学等方面的书籍以及《美国百科全书》，还有电话机、望远镜、气压计、温度计，等等。这些呈送的礼品固然有炫耀美国军事科技优势之意，但确属战败后的中国所急需。然而，它们仍被清朝官员视为"奇技淫巧"给谢绝了……

　　鸦片战争虽使国人认识到了西方的船坚炮利、威不可挡，可就是故步自封不肯学习。以致1856第二次鸦片战争爆发时，清朝竟没有丝毫改变，几乎完全重复着过去的失败与错误。十四年时间，无数将士的鲜血，惨痛的教训，竟白白付之东流。五千年的文明历史既是一种辉煌与骄傲，也会形成包袱与惰性。黑格尔说东方文明是一种凝固而静止的文明，虽有以偏概全之嫌，但也道出了部分事实。凝固与静止最为突出的表现之一，就是"祖宗之法不可变"——中国最难办的事情便是改革过去，改变现状。鲁迅先生曾经说过："中国太难改变了……不是很大的鞭子打在背上，中国自己是不肯动弹的。"又说要想将一张桌子由这个房间搬到另一屋子，都会打得头破血流。美国著名学者、世界最负声望的中国问题观察家费正清，对此也作过相当精辟的论述："中国有一种深藏不露的文化优越感。当然，正因为这样，他们在现代落后状态中受到的耻辱感觉，也就格外强烈。总而言之，中国要现代化不得不比多数国家走得更远些，改变得更多些，就是因为停滞不前为时太长了。结果是有一种强大的惰性扼制力，使中国的革命性变革有痉挛性，有时内部抑制住了，有时还带有破坏性。"

四

　　关于英国到底是一个什么样的国家，国人对其认识实在是太模糊了。因为妄自尊大，自认老子天下第一无与伦比，所以从来就没想过要去了解他人，认识那些遥远而陌生的事物。仅有关英国的称谓，就有英伦的、英吉利、底里、兰墩等十多种，致使那些奏议夷务的大臣也错以为它们属于不同的国家。而对英国实际情形的了解，仅知它是一个远隔万里的外夷小国，在西洋诸国中相对富强，而且这种富强也是因为购进中国茶叶转手卖给其他小国从中获利所致。清朝大臣孙玉庭就曾得意非凡地对嘉庆皇帝说："如果天朝禁止茶叶出洋，则英国会穷得没法活命。"嘉庆皇帝一听，自然是大笑不已。抱这种观念的清人并非少数，他们从英商大量进口中国茶叶、大黄的事实出发，想当然地认为英人吃的是牛羊肉磨成的粉，食之不化，离了茶叶、大黄，就会"大便不通而死"。

国人根据远道而来的西人外形，更是推导出许多啼笑皆非、一厢情愿的"事实"，比如从紧身裤与打绑腿的装束习惯得出所有西方外夷都是"腿足裹缠"；由葡萄牙兵采用踢腿式的"正步"行进方式，推想外夷"屈伸不便"；由英人不愿向皇帝行跪拜礼，误传其膝关节有问题……所有这些附会臆测加在一起，就得出了如下结论：英人不会弯腿，一旦离开舰艇登上陆地，就会不断地摔跟头。当时刚到广州的林则徐也有过如此见识，他在一封呈给道光皇帝的奏折中写道："一至岸上，则该夷无他技能，且其浑身裹缠，腰腿僵硬，一仆不能复起，不独一兵可手刃数夷，即乡井平民，亦尽足以致其死命。"直到英军上岸攻城略地，清军一败再败，道光皇帝还是不太相信英人真的能在陆地打仗而不摔跟头。

其实在当时的中国几亿民众中，真正睁眼看世界的第一人，则非林则徐莫属。到达广州前，林则徐就已掌握了一些有关英国及西方的情报，但显得相当零碎。"知己知彼，百战不殆。"作为一位相当成熟的政治家，林则徐认为"欲制外夷必先悉夷情"，抵达广州后所做的第一件事，就是深入调查，掌握有关英人的第一手材料。他放下钦差大臣的架子，突破官规约束，拜访对"夷情"与沿海形势颇为了解的梁廷枏，获得不少"夷务"方面的知识；他找来外国人询问对外贸易及英国动态，派人打探"西事"，指点"洋商、通事、引水二三十位，官府四处打听，按日呈递"；他亲自前往澳门视察，了解外情；他请来四名英文译员大量翻译外文资料，从英

国自由贸易派商人主办的《广州周报》《广州纪事报》《新加坡自由报》及
美国传教士裨治文主办的《中国丛报》中获取富有价值的信息，将译成中
文的《澳门新闻纸》加工为《澳门月报》，分为论中国、论茶叶、论禁烟、
论用兵、论各国夷情等五辑；他翻译英人慕瑞的《世界地理大全》一书，
定名为《四洲志》，最近又新发现了一份林则徐在广州探求西方知识的珍
贵记录《洋事杂录》；出于对敌斗争及对外交涉的需要，林则徐还着人迅
速编译《国际法》，他也因此而被誉为中国引进国际法的第一人，中国近
代外交事业的先行者，中国国际法学的开山者；特别值得一提的是，时年
五十五岁的林则徐还积极主动地带头学习外语，掌握一些英语及葡萄牙语
词汇……

　　林则徐对西方的了解，主要是欧洲国家的历史、地理、法制、时事、
科学、技术特别是军事方面的知识。他了解得越多，心中原先所具有的
"天朝优越感"就越一点点地消失。林则徐对西方的认识，也经历了一个
相当艰难而痛苦的转变过程，由"通时务"变为"通夷务"，从严禁鸦片
过渡为奖励通商，最后发展为"师夷长技以制夷"。

　　在鸦片战争中，林则徐已敏锐地认识到，中国要想改变政治腐朽、军
队腐败、积贫积弱的现状，要想成为军事强国不受欺凌，唯一的方法，就
是学习、效法西方。为此，林则徐尽其所能地开展了一系列引进、改良军
队装备的活动，集资向葡萄牙购买了百门西式大炮装备沿海炮台，按西方
式样仿造新式兵船，还指令公行商人集资买下一艘西方货船进行改装，配
备三十四门大炮编入水师。在中国军事史上，林则徐是把海战上升到战略
高度的第一人，也是提倡建立近代海军的第一人……林则徐的努力尽管收
效甚微，但这些向西方学习的实践活动，实为此后洋务运动之滥觞。

　　当然，作为"睁眼看世界第一人"，林则徐也免不了自身与时代难以
超越的局限。比如刚到广州时，也持"天朝大国""物产丰饶"等观点，
认为茶叶、大黄是"制夷之大权"，"中国只要闭关绝市，便能置英国于死

地"，夷人若没有中国的茶叶、大黄，"即无以为命"，所以对不法外商果断"封仓"，不让茶叶、大黄外流；他与对手义律交锋近一年，两人却一次面也没见过，可能连交流对谈的想法也不曾有过；一位对中国颇有好感的美国医生伯驾，鉴于中英交恶而中方对世界一无所知，主动向林则徐赠送一本地图集、一部地理书、一架地球仪等有用的礼物，竟遇到了清皇接见英使类似的礼节问题，他的部下说礼物可以接受，但得附上一份请愿书才行。伯驾闻言，不禁大光其火，立马将礼物收回；林则徐前往澳门巡视时，对西洋习俗无法理解，抱着一种鄙夷的态度在日记中写道："可惜夷 ⋯觉不类，其男浑身包裹紧密，短褐长腿，如同演剧扮作狐、兔等兽的⋯⋯多长大胡子，突然见了能叫人惊怕，粤人呼为鬼子。妇女头发发式分梳两道，或三道，都无高髻，衣服则上面露胸，下拖重裙，婚配皆由男女自择，不避同姓，真是夷俗也！"英军准将曾评价道："林则徐先生是一位有着杰出才能和勇气的总督，可惜的只是他不懂得外国的情况。"最为关键的是，林则徐对西方的认识仅限于模糊地"睁眼"，未能洞见藏在器物之后的资本主义经济、政治、法律、文化等方面的内容。

鸦片战争因林则徐禁烟而起，道光皇帝却总是让他不断地远离战争、远离战场，从未参与领导一次重大战役。1840 年 9 月 28 日，林则徐以"误国病民，办理不善"的罪名被革职，留在广东待查。革职待查半年多后，又向林则徐发出一道赏四品卿衔，令其迅速赶赴浙江以候谕旨的命令。林则徐到达浙江镇海的第十八天，新的谕旨下达："革去林则徐四品卿衔，并与邓廷桢从重发往伊犁。"

林则徐虽然对鸦片战争有着较他人更为清醒的认识与深刻的检讨，可令人费解的是，他却有意掩盖相关事实真相。在遭贬谪赴伊犁途中，林则徐在一封致友人的信函中写道："彼之大炮远及十里内外，若我炮不能及彼，彼炮先已及我，是器不良也。彼之放炮如内地之放排枪，连声不断。我放一炮后，须辗转移时，再放一炮，是技不熟也。求其良且熟焉，亦无他深巧耳。不此之务，既远调百万貔貅，恐只供临敌之一哄。况逆船朝南暮北，唯水师始能尾追，岸兵能顷刻移动否？盖内地将弁兵丁虽不乏久历戎行之人，而皆睹面接仗。似此之相距十里八里，彼此不见面而接仗者，未之前闻。徐尝谓剿匪八字要言，器良技熟，胆壮心齐是已。第一要大炮得用，今此一物置之不讲，真令岳、韩束手，奈何奈何！"林则徐在陈述中西差距这些铁的事实之后，却叮嘱朋友，不要将此信传示他人。此举是担心助长英人威风，是明哲保身以免招致士大夫清流派攻击，还是极力塑造自己的高大形象以维护那"不可战胜"的神话？

也许是过于仇恨英人，胸中长期压抑着一股郁闷之气的缘故，晚年退福州故里后的林则徐，在处理与英人关系上，不免有意气用事之处。

依据中英《南京条约》，福州为五处通商口岸之一，英人得以居留福州。这种居留，也带着排外与防范性质，只让他们住在城外。其时，哪怕鸦片战争结束已经八年，在国人眼里，英人仍与禽兽无异。就连对英人的称呼，林则徐也仍一直使用"英夷"一词。既为兽类，岂可与华人同居一地？而驻福州领事馆翻译官、代理领事金执尔，却希望在城内乌石山下的神光寺租借一间房屋，给刚来福州的一名英籍传教士和一名英籍医生居住。在得到侯官县令兴廉的盖印与同意之后，英国传教士和医生得以入住其中，首开五口通商口岸英人进城居住之先例。林则徐闻讯，当即拍案而起，联合当地知名士绅，质问县令兴廉，又带头联名上书福建巡抚徐继畬，要求官方立即驱逐英人。一时间，各书院肄业书童及士民纷纷响应，消息传开，民情激愤，很快形成一股浩大声势。

关于徐继畬，下面我们将有所提及，他并非顽固不化的盲目排外之人，一方面与英人交涉，希望通过外交谈判解决争端，另一方面不动声色暗中筹划，劝说百姓不找英人就医，阻止匠人不为英人修复破旧漏雨的房屋，以迫使英人搬出城外。徐继畬的谈判迂回策略被林则徐视为妥协投降，他再度联名士绅上书，指出英人租居城内，目的就在于染指福州，并呼吁官府采取强硬措施，调兵演炮，招募乡勇，保障省城安全。徐继畬与闽浙总督刘韵珂意见一致，认为林则徐"喜事沽名"，"退居仍复多事"，"不顾后日之隐忧"，并拟上书弹劾。林则徐不为所惧，又飞鸿联络京城福建籍官吏引为外援，终于逼迫英人退居城外。对此，《闽侯县志·林则徐传》有所记载：

> 英夷因广东停其贸易不许入城，改而之闽入省城，住神光、积翠二寺，则徐率绅士倡议驱之，虑其以炮船来海口恐吓，数乘扁舟至虎门、闽安诸海口阅视形势，函商疆吏。与总督刘韵珂、巡抚徐继畬意见不合。

出于当时可以理解的民族情绪，林则徐的行为自然受到普通百姓、广大士绅的热烈拥护与激赏，而从今天的角度视之，他对英人的行为目的、行事准则以及强大实力则并未真正了解。林则徐虽然睁开了眼睛，但并未看清世界格局真相，视野仍局限在天朝版图之内，没有投向广阔的世界，没有中西通融、兼收并蓄、吞吐万象的博大与恢宏。当然，这对林则徐来说，似乎过于苛刻，每一生命个体都会受到时代、环境的约束与局限，哪怕大圣大贤也不例外。然而，如果因之引发一场新的战争，并交由他来领导，可以想见的是，林则徐"不可战胜"的个人神话将彻底破灭。由此产生的多米诺骨牌效应，可早日解构天朝君临天下无往而不胜的虚假神话，于国家、民族而言，或许是一大幸事也未可知。由此，我们似乎多少破译、理解了林则徐那不肯将致友人书信中所描述的真相透露于外的个中因由了。

五

林则徐由浙江镇海流放新疆伊犁，途经江苏镇江时，与好友魏源相遇。

　　两位忧国忧民的有识之士"万感苍茫"，就时局与未来彻夜长谈。然后，林则徐将自己精心收集、组织翻译的手稿《四洲志》《澳门月报》《粤东奏稿》，以及西方的炮船模型图样等有关资料尽数交给魏源，嘱咐他编撰一本系统介绍西方情况、适应时事需要的专著。大漠荒荒，关山迢迢，此一分别，不知何日才能相聚，依依惜别之时，魏源一再叮嘱友人多加保重，林则徐回道："善始者不必善终，如不出逆料，则徐此生无能为也，寄意丹青，徒发清议而已。唯愚兄所托著书之事，望贤弟刻意为之，务使大清臣民早开智慧，舍此则无可御侮也！"

　　魏源不负重托，送别友人之后，便全身心地投入到编纂创作之中。鸦片战争刚一结束，一部洋洋洒洒五十卷，名为《海国图志》的巨著便问世了！

　　《海国图志》是中国学者编写的第一部关于世界各国情况的著作，也是国人正确认识世界的第一扇窗口，不仅叙述了英、美、法、俄等数十个西方、亚洲国家的地理、人口，还详尽地介绍了这些国家的历史、社会政治制度、先进科学技术及武器生产情况。最引人注目的是第一次将哥白尼的地动日心说介绍到中国，人们据此才慢慢相信地球是一个圆形的"球"，并且不停地绕着太阳旋转等常识性的天文知识。《海国图志》明确告诉国人，外洋诸岛不是中国的朝贡国，中国不是世界的"中心王国"，只是世界五大洲的一部分；中国也不是"天朝上国"，而是在许多方面不如西方各国，有待改造完善的国家；中国不能闭关自守、盲目自大，要向他国学习，与世界融为一体，第一次明确提出向西方学习的口号。

　　认识世界、走向世界是一个艰难而漫长的历程，魏源始终以建设性的姿态解读鸦片战争，《海国图志》的编纂宗旨便是"师夷长技以制夷"，他将英人的军事优势概括为"一战舰，二火器，三养兵练兵之法"。只有师夷长技，才能克夷制胜，魏源所强调的，主要是学习西方先进的武器与科学技术。而器物，总是与一定的哲学认识、学术水平、政治制度、经济水平等密切相关。西方文明是一个系统，只有在不断地学习与磨合、痛苦与转型中才会逐渐加深认识。

《海国图志》一出，并没有像魏源及后人所想象的那样引起时人的共鸣，产生强烈的效果，以达到认识世界、富国强民之效。据有关资料统计，当时全国士绅百余万，具有阅读此书能力者三百多万，可最终发行量不过千册左右。人们无法接受书中对西方社会的"赞美"之词，更有不少守旧官吏认定《海国图志》是一本妖言惑众的逆书，欲将其付之一炬。

然而，《海国图志》还是很快就有了"知音"。只是这启蒙最快、获益最大的"知音"不是国人，而是日后时时处处与中国为敌的东邻岛国日本。1851年，《海国图志》通过中国的贸易商船带到长崎，日人如获至宝，顿觉眼界大开，认为这是天照大神送给他们的特别礼物。于是，数年间刊刻二十多种，引发日人大规模的阅读热潮。日本没有沉重的历史包袱，特别善于学习模仿，先是吸收唐朝先进的汉文化，一旦发现西方海洋文化超过华夏文明，又赶紧掉头转向，逐渐西化，"脱亚入欧"。一个早已为中外学者所认同的事实，那就是日本幕府末年有识之士对外国情况的了解，大多源于《海国图志》，此书有力地推动了日本明治维新运动的形成与发展。

历史曾给予华夏民族远远多于大和民族学习西方、追赶西方、超越西方的机会，然而，我们却出于顽固不化的盲目自大，一次又一次拒绝了这些难得的历史机遇。上帝只青睐、眷顾那些有所准备、善于学习、善于吸收世界先进文明成果的民族，清王朝拒绝学习，拒绝开放，故步自封，报应与恶果竟由一个我们从未放在眼里的昔日学生、蕞尔岛国日本强加而来：先是19世纪末彻底败绩的中日甲午战争，接踵而至的便是差点亡国灭种的抗日战争。

继《海国图志》不久，又有了梁廷枏于1846年杀青的《海国四说》，徐继畬于1848年完成的《瀛环志略》。《海国四说》向国人描述西方国家的同时，重点介绍美英两国，其中对蒸汽机的描写大开国人眼界，对基督教的议论也相当到位。而《瀛环志略》则毫无国人惯有的附会臆测，对外部知识的介绍，比魏源的《海国图志》在资料上更为详尽准确，思想上更富创造建树。

徐继畬曾任福建巡抚，不仅与主战派、民族英雄林则徐有过一段过节，还是道光宠臣、内阁学士、军机大臣穆彰阿的门生，而穆彰阿一直被认为是鸦片战争中与林则徐为敌的投降派代表人物；又因《瀛环志略》刚一出版，就遭卫道士的上奏攻击与挞伐，他们说徐继畬将"泰西"说得比天朝还好，是心存"乱心"，结果使得该书初版即封禁多年。因此，徐继畬及其《瀛环志略》，要么被人们忽略忘却，要么被有意曲解。在此，我们有必要对其进行一番客观的审视与描述。

1868年3月29日，《纽约时报》刊登重要文章评述遭皇帝放逐的清朝官员徐继畬，认为"中国历史悠久的地志体系，被这位东方伽利略改革了……对中国人来说，研究夷人历史，肯定险象环生，而这位地理学家，正直勇敢，不怕重蹈伽利略的覆辙"。美国人将徐继畬类比于欧洲黑暗中世纪时期的意大利科学家伽利略，似乎有点不类不伦，但我们只要稍加探究便会发现，他们之间实则有着不少相通相似之处。

鸦片战争爆发时，徐继畬出任汀漳龙道道台，驻地漳州离海防战略重地厦门约七十里。为防英军入侵，闽浙总督颜伯焘花了半年时间着手战争准备，在厦门一带安设了四百位以上的岸炮，部署守军五千六百八十名，另雇乡勇九千二百七十四名各保地方，并以世界上最结实的材料花岗岩在厦门构筑当时中国最为坚固的永久性炮兵工事——石壁。1841年8月26日下午1点45分，英军分别向鼓浪屿及厦门岛南岸发起进攻。在鼓浪屿，经过一小时二十分钟炮战，英舰基本打哑了三座清军炮台，陆军登陆后从清军侧后发起冲击，很快占据该岛。在厦门南岸，清军炮台虽然抵御了英舰炮火两个小时的猛烈轰击，但英军在石壁以东的沙滩登陆后立即扑向清军侧后，仅十五分钟，阵地就陷入敌手。坐镇督战的颜伯焘见此情景，由战前的极端自信变为极度恐惧，率文武官员连夜渡海逃往同安。英军随即兵不血刃地占据厦门全城。

厦门保卫战，是鸦片战争中少有的一场经过精心准备的战斗，也是一场真正惨败的战斗，作为当时清朝疆域内最为强大的海防要塞，几小时内就全部土崩瓦解陷入敌手。置身于厦门仅一水之通、英军旦夕可达的漳州，民众一日数惊，在真切感受、深刻认识到英军凶猛强大的同时，徐继畬也做好了与城共存亡的战斗准备。

随着《中英条约》的签订，西方商人、传教士纷纷涌入五口通商之地。徐继畬受命专办厦门、福州两口通商事务，在战争的强烈刺激下，他开始利用各种机会接触、了解洋人。在厦门，他认识了许多美英传教士与外交官如雅裨理、李太郭、阿礼国等人，其中对他影响最大的当为美国传教士雅裨理。徐继畬不懂英语，也没有经过西方的科学训练，除搜集书籍、报刊等文字图画资料外，他的另一个法子，就是与外国人对谈交流，通过不耻下问的方式获得第一手资料，了解世界大势。雅裨理认为，徐继畬"是我迄今见过的高级官员中最爱寻根究底的中国人。他询问了许多外国的事情后，我们提出，拿一本地图集，向他说明最感兴趣的各个地方和区域。对此，他欣然表示赞同。我们尽量（使语言）简洁，在一个下午时间里，给他介绍了尽可能够的基本情况。"

经过长达五年的精心准备与数易其稿，徐继畬才完成了《瀛环志略》。与《海国图志》初版五十卷，四年后又增补为六十卷相比，《瀛环志略》只有十卷，显得十分单薄。

当然，它们的区别主要不在于纸张的厚薄，更在内容：《海国图志》以编辑整理现成资料为主，是一部探究域外知识的集大成之作，《瀛环志略》除采用书本资料外，还有博采的第一手资料、口头传说等，经过去粗取精、去伪存真，然后综合撰述而成；《海国图志》中的"海国"二字，其实是新形势下的四夷，以中国为天朝、为天下的概念没有根本性的突破与变化，而《瀛环志略》是一部体例严谨的世界地理著作，"瀛环"乃世界之意，说明作者已走出"天下观"的束缚，向世界意识转化，视中国为万国之一；在处理中国与世界关系方面，《海国图志》仍视西洋各国为"夷"，《瀛环志略》除了引语及个别地方，一般不用"夷"字，与各国平等相待，如称英国为英吉利，英领事为英官，而当时无一例外地分别称之为英夷与英酋；《海国图志》的目的是"师夷长技以制夷"，而《瀛环志略》的侧重点，已跳出"技"的约束，着眼于中西制度的差异……一句话，徐继畬的突出与伟大之处，就在于他能站在时代的制高点，通过《瀛环志略》一书，使得国人第一次睁大眼睛，通过认识世界而认识中国，从而客观地了解自己，是最早感受西方对中华大地的冲击，意识到古老中国将面临"古今一大变局"的清醒者。

然而，正如伽利略不得不违心地屈服，宣称自己错了一样，徐继畬为使《瀛寰志略》能够顺利出版，也不得不委曲求全地在引言中写道："坤舆大地，以中国为主。"尽管如此，也未能逃脱书一出版，即遭剿杀的厄运。

特别值得一提的是，在今日美国首都华盛顿，有一座尖塔耸立高约一百六十九米的标志性建筑——华盛顿纪念塔，塔壁镶嵌着一百九十方取自世界各地，全为歌颂美国国父华盛顿的铸文石刻。其中镶嵌在第十级墙壁上的一方石碑为汉字，内容便出自徐继畬的《瀛环志略》一书：

华盛顿，异人也。起事勇于胜广，割据雄于曹刘，既已提三尺剑，开疆万里，乃不僭位号，不传子孙，而创为推举之法，几于天下为公，骎骎乎三代之遗意。其治国崇让善俗，不尚武功，亦迥与诸国异。余尝见其画像，气貌雄毅绝伦，呜呼，可不谓人杰矣哉！米利坚，合众国以为国，幅员万里，不设王侯之号，不循世及之规，公器付之公论，创古今未有之局，一何奇也！泰西古今人物，能不以华盛顿为称首哉！

对民主制度及其代表人物的赞美与向往溢于言表，尽管只是当时极少数优秀代表人物的认识，但足以展示国人睁眼看世界之初的超迈情怀及所能达到的高度。

1998 年美国总统克林顿访华，在 6 月 29 日的北京大学演讲中专门提及此碑此文，认为它是"一百五十年前美中两国关系沟通交往的见证"。

六

如果说林则徐、魏源、梁廷枏、徐继畬睁眼认识世界仅局限于国内，通过搜集资料与进入中国的外人了解世界，那么第一位真正走出国门与西方世界"接轨"的中国士大夫，便是长期遭人唾骂与误解的郭嵩焘。

作为中国第一位远赴欧洲的驻外使节，郭嵩焘在国内任职期间，便经常与外国人打交道，较系统地接触过西方事物。由对"日心说"的颇为怀疑过渡为豁然开朗，由对西方新奇之物的道听途说到前往上海洋泾浜亲眼观看洋行洋楼、风雨表、双眼千里镜、火轮船等西方器物，对印刷机、碾麦的"火轮磨"和所谓"传书铁线"的电报，赞不绝口。

刚开始，郭嵩焘也只是相信、佩服西方的器物与技艺，认为只要稍加引进，与中国传统文化嫁接，就可收到事半功倍之效。而国人半点也不肯开化的顽固守旧及洋务事业受到的阻挠与挫折，使他对中国几千年的政教习俗、传统文化产生怀疑。他发现西方也有两千多年的悠久历史与灿烂文明，并非仅在器物、技艺方面优于中华。当然，他的这种超出同辈的认识在国内还较为模糊，当他出使英法观察西方社会的经济生活，对西方的政治制度、经济理论、法律文化等亲身了解、细加研究、认真考求之后，这才变得清晰与明确。他看到了西方新闻报纸对政府的舆论监督作用，亲赴英国下议院旁听议员对政府的责难，通过英国的两党制体会到西方政体的开明，对西方的议院制更是感受强烈，认为英国的强盛在于议院制的设立，日本的繁荣也是因为仿效了西方议院制的缘故。经过一番比较，郭嵩焘深刻认识到中国与西方属于两种不同的政体：中国崇君，强调德治，皇帝总揽大权，机构的运转依赖有限的官僚体系；西方重民，推重法治，凡事以民为本，庶民可以参政议政……由此而得出的结论是，西方的民主制度要远远优于中国的专制统治。并说："自汉以来，中国教化日益微灭，而政教风俗，欧洲各国乃独擅其胜。其视中国，亦犹三代盛时之视夷狄也，中国士大夫知此者尚无其人，伤哉！"尤为可贵的是，郭嵩焘还深层次地触及到了人的近代化这一命题，将改造国民性、提高民众的内在素质，作为中国近代化转型与实现的一项重要探索内容。

郭嵩焘的见解不仅超越常人，即使与林则徐、魏源、梁廷枏、徐继畲等第一批开风气之先的中国知识分子相比，也走得更远，算得上一只名副其实的"早叫的公鸡"。比如开埠通商，于清廷而言，是鸦片战争失败之后的无奈之举。林则徐虽了解西方世界，但并未明确肯定西方文明，没有彻底摆脱华夷之辨、以华变夷的传统观念羁绊，对开埠通商持保留态度，并在福州神光寺事件中意气用事，给人以排外之嫌。徐继畲虽主张用外交手段解决争端，但其目的与林则徐一致——将英人驱除出城。只有到了郭嵩焘，认识才有实质性的转变，他认为不准各国人民自由出入、游历交往是蔽于一隅之褊狭之见，一再批评各地利用民众狭隘的爱国心理组织的反入城斗争，强调必须坚决劝导制止。他大胆提出与外人开埠通商的主张，在光绪八年（1882年）七月十八日的一道奏折中指出，古往今来治理国家，都要招徕商贾，多开放一个口岸只会对国家有利，这样就可多一个口岸的税收。不仅如此，他还鼓励民间经商，呼吁撤销禁海令，保护商人利益，甚至主张让商人参政。一句话，他希望清廷全面引进、效法西方，大力发展资本主义经济以求富国强民之效。

这些超前认识哪怕在今天，也有着一定的现实意义。然而在一个暮气沉沉、风雨如磐的末世社会，可以想见的是，这种空谷足音不仅无法得到统治者的回响，即使在常以"先天下之忧而忧，后天下之乐而乐"的士大夫中间，也难以引起共鸣。

有人做过统计，从林则徐1841年编译《四洲志》开始，至1861年为止，二十年间共编撰有关世界地理著作二十二部。尽管观察与描述还比较肤浅，展示的世界也不甚清晰，但毕竟象征着中国人凿开了闭目塞听的混沌状态，传统的天下观开始有所突破，正逐步走向一个陌生而新奇的世界。然而，有良知的知识分子的忧患意识却没有得到社会的广泛认同，向西方学习并未形成一种全社会的思潮。朝廷没有反应，普通民众也无知觉。中国传统行政以县治为独立单位，县下并无今日的乡村政权，县衙也只有为数不多的衙役皂吏以供驱使。社会底层、广大民众的治理，全靠当地士绅的自觉承担与调节。也就是说，士绅阶层在中国古代专制政体下对引进新观念、吸收新知识、改造旧社会，有着至关重要的作用。而鸦片战争的教训，学习西方的号召并未在全国广大士绅阶层中形成紧迫的回响，他们在这一决定中华民族命运的生死关头，严重地失语、失职乃至失误。几千年的传统文化已然麻木了他们的神经，封闭了他们走向世界的心灵，窒息了他们正确认知世界的能力。

当郭嵩焘抱着"通察洋情"的目的，不惜拼却身家名声，以年近六旬之病躯，勇敢地担当首任驻外公使之职，踏上七万里远程之时，朝廷内外竟然一片哗然，认为这是卑躬屈膝，"以夏威夷"，乾坤倒悬，丧失"国威"。他家乡的士人更是猛烈抨击，参加乡试的考生集会玉泉山对他进行声讨，一把大火烧了与他相交友善的西枝和尚主持的上林寺。同乡兼好友王闿运更是为他叹息扼腕，"湖南人至耻与为伍"。刘坤一质问他："何面目以归湖南？更何以对天下后世？"更有家乡士人作联讥讽道："出乎其类，拔乎其萃，不容于尧舜之世；未能事人，焉能事鬼，何必去父母之邦。"只有李鸿章一人理解并加以肯定："七万里之行，似尚慷慨。"

作为走在时代前列的精英分子——士人、大臣的认识尚且如此，遑论被皇帝、朝臣视为"愚民"的普通百姓？传统历史视野下的外交，就是其他国家的使者前来中国进贡，因此，华夷之间，要么征服，要么同化，就是没有平等交往，没有世界文明体系中的"外交"。其实，清朝决定派出使节，也并非出于自愿，而是西方压力与诱导的结果。在向欧洲派遣第一批外交官时，国内无一人应征，清廷不得不聘请美国退休外交官作为中国特使前往。

置身封闭的国内，囿于几千年的传统观念，士大夫的偏激与愤慨尚能理解，而走出国门目睹西方先进文明成果之后，仍然顽固不化，就匪夷所思了。刘锡鸿便是这样的一个典型个例。作为与郭嵩焘一同出使英法的副使，近两年的欧洲生活经历，非但没有使他的思想认识发生变化，反而更加坚定了原来的国粹立场。出使期间，刘锡鸿每十天，就要将自己的日记寄回总署，汇报郭嵩焘的一举一动。有人说刘锡鸿专门打"小报告"是受人指使，是清廷顽固派有意安插在郭嵩焘身边的暗探与"定时炸弹"。这不过是一种臆测而已，并无足够的证据予以说明。刘锡鸿原为郭嵩焘任广东巡抚时的部下，且郭嵩焘曾有恩于他，赴英使馆谋职，完全出于刘锡鸿的个人自荐。刘锡鸿这样做，其实也是出于本心，他代表了中国士大夫的另一种类型，一种被传统文化中的负面元素严重扭曲后的反应与自卫。譬如他亲身感受到西方交通的便利之后，竟在清廷围绕建造铁路的利弊之争中呈交一份奏疏，列举二十三条理由极力反对中国建造铁路。

面对与华夏文明完全不同的新奇社会，郭嵩焘产生的是一种强烈的紧迫感，若不学习就会被世界遗弃。刘锡鸿虽然也认为眼前所见优于华夏，但得出的结论则与郭嵩焘截然不同，认为是西方采纳了孔孟之道中"仁"与"义"的缘故，从而更加证实儒家传统是"放之四海而皆准"的理想之道。下面，我们将从他的《英轺私记》中引述一段相关文字，不仅可以反映他的认识与心态，也是所有顽固守旧士大夫的一面心灵之镜——当波斯藩王问及"中国何以不制火轮车"之时，刘锡鸿写道：目前，我们大清政府正计划在朝廷上制造大火车，这种大火车不用煤，不用铁轨，却能一日行驶数万里。那位波斯人正在迷惑不解时，刘锡鸿带着自信的微笑告诉他：根据我们中国圣人四书五经的教导，"正朝廷以正百官，正百官以正万民。"此行之最速，一日而数万里，无待于煤火轮铁者也。

对刘锡鸿这样的回复我们似乎并不陌生，因为这种精神的力量在"文革"时期经过改头换面，又一次发挥到了极致。

历史就是这样"换汤不换药"，以似曾相识的方式不断地循环着，难怪克罗齐要说所有的历史都是当代史。

刘锡鸿将郭嵩焘在欧洲的行状，整理成十大罪状，每条都有言之凿凿的所谓证据。其实这些所谓的罪状，什么"不分内外，诋毁时政"，"刻意模仿洋人，趋媚忘本"等，明眼人一看就知此类指责属"小题大做""上纲上线"的无稽之谈。那些所谓证据，如学洋人用伞不用扇，学洋人听歌剧手捧节目单，参观炮台竟披洋人衣服，叫小妾学习外语四处应酬等等，今日看来，不过徒增笑料罢了。可这些罪状与证据，在当时不仅可以使郭嵩焘去职，还可能会遭受严重惩处。正副使的矛盾不可调和，而国内对郭嵩焘的攻讦更是一浪高过一浪。他遵总理衙门之命写就的《使西纪程》一书，因大力称赞西方政教修明，希望中国急起直追采纳学习，刚一刊刻，便遭翰林院编修何金寿及清流重臣李鸿藻、张佩伦的弹劾，《使西纪程》原版被彻底毁弃，严禁流行，作者本人也落了个"汉奸大佞"的骂名。

面对无法排解的内外交困，在距任期还差一年零七个月之时，郭嵩焘不得不奏请撤差，遗憾地提前结束公使之职。回国后连正常的进京述职也没进行，便称病乞休，且很快就被诏允还乡。当他返回故乡湖南时，乘坐的西洋小火轮受到乡人拦阻，大街小巷贴满了辱骂他"勾通洋人"的标语。

1891 年 7 月 18 日，郭嵩焘于湖南湘阴老家抱病而卒。临终前，尽管孤独郁闷，"谤毁遍天下"，但他相信，只要中国社会不断地向前发展，总有一天，人们会记得他的功绩，赞同他的识见，实践他的抱负，于是，悲怆的心胸不觉"泰然",且涌出一股自信与豪迈,自题小像诗云:"流转百世千龄后,定识人间有此人。"

"千秋万岁名,寂寞身后事。"仿佛为了印证郭嵩焘的预言,在他死后相当长一段时间内,所遭受的仍是冷漠与不公。当时由王先谦等具奏,李鸿章代奏,请宣付国史馆给他立传并赐谥号,诏不准行。最令人痛心的是,在他死后九年,义和团运动风行,庚子年间京城搜杀"二毛子"时,还有京官奏上一本,请戮郭嵩焘之尸"以谢天下"。

难道真的要等到百年之后,走过一段反反复复的弯路,经历一番曲曲折折的磨难,人们才能重新打量、认识、评价他吗?

"早叫的公鸡"在刚发出几声长鸣之时,其悲剧结局就已注定,要么自动闭嘴,要么遭人阉割,要么被人杀掉,这是古往今来无数先知先觉者难以逃脱的宿命。可民族的发展与前途,将由此而不得不付出沉痛的代价。

一个古老而封闭的民族,在没有任何预感与思想准备的情况下被迫敞开大门,千年沉睡一朝醒来,方知天朝只是世界的一个部分,所谓的君临天下、统驭四方,不过是局于一隅的自我陶醉。原先的优势仿佛一夜之间荡然无存,原有的文明体系开始崩溃坍塌。于是,失序与混乱、痛苦与磨难、失落与困惑,紧紧地纠缠着这块土地上的广大民众。昔日的自豪与辉煌,竟成为不堪承受的沉重负担,那迈向未来的步履,是那样蹒跚而彷徨,跟跄而颠踬,实在让人不忍注目与回望。

马克思当年评价封闭的大清王朝时写道:"一个人口几乎占世界三分之一的幅员广大的帝国,不顾时势,仍然安于现状,由于被强力排斥于世界联系的体系之外而孤立无倚,因此,极力以天朝尽善尽美的幻想来欺骗自己,这样一个帝国,终于要在这样一场殊死决斗中死去。"

是的,一个老迈昏聩、日薄西山、风烛残年的老大帝国,除了凤凰涅槃、脱胎换骨、死而复生外,难道还有别的出路与选择吗?

一位名叫洪秀全的落第书生在广州街头获得了一本传教士的布道读物《劝世良言》。正是这基督教的通俗册子，不仅改变了一个书生的命运，而且改变了大清帝国的发展走向，加速了它的崩溃与灭亡，甚至差点改变了一个民族的命运。

洪秀全："天国"的实验与失败

一

鸦片战争的结果大大出乎清朝统治者的意料，不仅没有收到禁烟之效，反而使得鸦片贸易合法化，带来了战争赔款、割让香港、开埠通商、自由传教、协商关税、领事裁判权、片面最惠国待遇等一系列屈辱条款。

《南京条约》签了，西人堂而皇之地来了，战后清廷，不仅没有吸取半点教训，奋起直追，对外开放，对内搞活，而是更加顽固地坚持闭关自守的传统"国策"，一方面不得不在表面上恪守约定，另一方面则敷衍其事，尽可能地将洋人的活动范围与影响限制在五口通商之地。

尽管如此，铁板一块的大清帝国仍被大不列颠帝国凿开了六扇大大的窗口——广州、厦门、福州、宁波、上海五个通商口岸与割让的香港。洋人虽不能进入内地，却可在六地自由出入、自由贸易，最为关键的是，长期遭禁的基督教在这些划定的地盘取得了合法身份，可以修建教堂、自由传教了。

经济与文化，就这样以一种缓慢而顽强的方式，开始一点点地蚕食、改变、重塑古老帝国那已然衰朽的肌体。

基督教曾三次较大规模地进入中国，即唐代初期的"大秦景教"，到元代的也里可温教，然后是明末清初的天主教，最后都免不了以"笙歌散尽花落去"的结局收煞。但因枪炮胁迫而签订的《南京条约》，基督教出现了前所未有的全新变局与机会。一时间，西方传教士纷纷涌入中国，加快传教步伐，尽可能地将影响深入内地。

正是在这样一种背景之下，一位名叫洪秀全的落第书生，在广州街头获得了一本传教士的布道读物《劝世良言》。正是这基督教的通俗册子，不仅改变了一个书生的命运，甚至差点改变了一个民族的命运。

洪秀全是在 1836 年第二次参加科举考试名落孙山后，获赠《劝世良言》一书的。科考落第，本属正常，不少人从小考到老，考了一辈子也没考中秀才，何况洪秀全当时还只二十二岁，这于一般士子而言，根本算不得什么，可对洪秀全来说，却有着不同寻常的意义。

洪氏世代务农，家境贫寒，洪秀全排行老幺，上有两个哥哥，一个姐姐，七岁即入村中私塾就读，除诵读科举考试不得不研习的四书五经外，还自个儿阅读了不少古代历史方面的书籍。据族弟洪仁玕回忆："其天禀聪颖，目不再诵，十二三岁经史诗文，无不博览。"家人、塾师、族人都十分看好洪秀全，认为他前程无量，日后必将发达。"确信他将及时取得功名，甚至成为翰林……这样，整个家族也将因他的高位而得到荣耀。"因此之故，家人哪怕节衣缩食，省吃俭用，也要供他继续念书。特别是父亲洪镜扬，更是对幼子寄予无限希望，将他视为光耀门庭的骄傲。平时聊天，父亲总是喜欢以幼子为话题，每当听到别人对洪秀全的赞许之辞时，洪镜扬便高兴得眉飞色舞，有时还兴犹未尽地将对方邀至家中，继续围绕幼子的聪颖刻苦与美好前程谈论不休。

可以想见，在这种环境与氛围中长大的洪秀全，对科举的一再落第该是多么失望与沮丧。考中秀才、举人、进士，不仅是他个人的期待与光荣，也是整个家族的企盼与荣耀。

就洪秀全的现存诗文及人生谋略而言，平心而论，他并非那种有着特殊天赋的奇才。只是他出生的那个村子十分偏僻，人口也不多，约三百村民，作为其中的佼佼者，洪秀全的确当之无愧。然而，若在更大范围内进行比较，别说在中国古代科举史上，即使与当时的风云人物相比，他在才华上也要略逊一筹。洪秀全的落第，虽有几分遗憾，也并非特别冤。然而，封闭环境的长期生活，乡民"歌功颂德"氛围的熏陶，族人殷切期望的特殊影响，使得洪秀全不可能客观而真实地认识自己、评价自己，他不仅对功名利禄过于敏感，也形成了自视甚高的傲慢与狂悖。

第二次科举落第，洪秀全十分郁闷、痛苦而失望，连个秀才都考不上，更不用说什么举人、进士了。不能高中，又如何能够发迹高升、光宗耀祖？他感到无颜见江东父老，不禁徘徊在广州街头，迟迟不肯回到九十里之外的故乡——广东省花县（今广州市花都区）官禄布村。踯躅之际，他在龙藏街遇见了一名传教士，不由得驻足听了一会儿布道。根本就没有听出什么内容，不过是觉得有趣便稍加关注而已。第二天，惘然而失落的他，仿佛被一种神秘力量牵引，又不知不觉踱到那儿，并且得到了那位传教士赠送的《劝世良言》。

在广州逗留一段时间后，洪秀全强打精神回到家中，他决心继续攻读四书五经，以参加下次科考。整理行李时，自然翻出了那部《劝世良言》，他稍作浏览便搁在了一个木箱之中。

一年后，洪秀全第三次来到广州应试，依然榜上无名，当即病倒在床。友人只好雇了一乘轿子，请了几名轿夫，准备将他抬回花县老家。返乡途中，洪秀全的意识尚较清醒，他吟诗一首道："龙潜海角恐惊天，暂且偷间跃在渊。等待风云整聚会，飞腾六合定乾坤。"洪秀全对自己的期望相当之高，而现实却如冰窖般冷酷无情，他怎么也接受不了几次三番的落第打击，不得不逃避现实，躲在自己构筑的虚幻世界中，做着鹤唳冲天、风卷残云、唯我独尊的迷梦。

回到家中，病情不仅没有好转，反而愈加沉重，进入谵妄与梦魇状态。他梦见自己飘升云天被人剖开肚腹换了五脏六腑，然后去见一位头披金发、身穿黑袍的老人。老人端坐在宝座之上，自称世间人类由他生育，亲手交他一柄斩妖宝剑，嘱他扫除妖魔，但不得妄杀兄弟姐妹；又赐他一块玉玺，此乃帝王权力的象征；同时，老人又回头呵斥站在一旁的孔子，说他撰述的典籍并未清楚地阐述人间真理，孔子唯诺认错不已……

卧病期间，洪秀全神志不清，梦幻不断，他还梦见一位称作"长兄"的中年人助他杀妖。于是，病中的洪秀全，在现实中的举止便显得十分怪异，他时而歌唱，时而训人，时而高呼"斩，斩"，并从病床跳下直扑房门，摘下插在门墙上的菖蒲当作宝剑，挥舞跳跃，作出击斩杀状……偶尔清醒之时，洪秀全不禁悲观到了极点，以为将不久于人世，而他念念不忘的，一是父母含辛茹苦无以回报，二是自己不能一举成名天下知晓。于是，家人以为他真的快要病死了，而乡人则认为村里出了一名疯子。

没有想到的是，四十多天后，洪秀全的病情竟慢慢好转并彻底痊愈。就现有资料来看，洪秀全病重期间，家人的精心照料自不待言，却无延医服药的文字记载，仿佛于不知不觉间，他的病说好就好了。

大病之后的洪秀全，性格发生了明显变化，健谈、喜形于色的他，一时间变得异常内敛、不动声色，由过去的活泼诙谐转为沉静庄严。尽管如此，他对科举仍未死心。科考是古代知识分子的唯一出路，洪秀全虽然在病中看见无数怪诞奇异，日后被认为是神启的幻象，但他的眼前却并未现一条有别于科举的新路。只要还存有一丝希望，洪秀全就不想放弃。于是，在故乡与邻村继续担任塾师的同时，他仍全力准备着参加下次科考。

1843 年，洪秀全第四次，也是最后一次赶赴广州参加秀才考试。面对又一次落第，他虽然悻悻不已，但并无什么过激的反应与表现。回到家中，他将所有用于科考的儒家典籍全部弃掷在地脱口而出："还是等我自己开科，来取天下之士吧！"

科举可以不参加，但日子却不能不过。于是，洪秀全只得重操旧业，设馆于三十里外莲花塘的继母侄子、表兄李敬芳家，以教书为生。一日，读过几年私塾的表兄李敬芳与洪秀全聊天，发现了那套《劝世良言》，借去一阅后，反过来极力向洪秀全推荐。直到此时，放在箱底搁置长达七年之久的《劝世良言》，才引起洪秀全的足够留意与真正重视。

《劝世良言》是一部由中国人编写的基督传教丛书，作者梁发（亦称梁亚发），在洋人开办的印刷厂里当过雕版工人，是基督教在中国的第一位华人牧师。面对基督教及《圣经》难以被中国人接受的事实，梁发从《新约》《旧约》中精选六十多段文字，编写完成了约九万字的《劝世良言》。该书于 1832 年初刊，共计九卷，分订九册。若由今日眼光视之，《劝世良言》语句多处不通，内容也十分浅薄。但它援引儒家典籍阐释国人陌生的概念名称、神迹故事等基督教义，不时穿插一些本土风情的描述，十分切合中国人的生活习惯、思维特点与欣赏口味，深得普通百姓的理解与接受。

《劝世良言》的主要观点有三：一、尊上帝为唯一真神，其余全是必须打倒的邪神、妖魔与鬼怪；二、世间之人都是上帝子女，在上帝面前人人平等；三、忍耐保守，逆来顺受。前两种观点，十分契合洪秀全当时的心理，科举考试的连续失意使他对儒教深恶痛绝，必欲打倒而后快；洪秀全出身贫寒，对社会的贫富、贵贱尤为敏感，一直遭受不平等待遇的他，只觉得人人平等的口号就是他的心声；第三种观点，要求人们逆来顺受，他认为"殊不适用于今时，盖将无以管镇邪恶之世也"。

在对《劝世良言》经过一番认真研读之后，洪秀全发现，书中内容竟与他大病中的幻觉十分吻合。那仿佛死水一潭的内心不禁涌起了阵阵波澜，因科举受挫而长期压抑的苦闷心情顿时豁然开朗，平淡的人生由此峰回路转，进入一个全新的领域与境地。对此，瑞士传教士韩山文在《太平天国起义记》中写道："这时他才明白，那位端坐在宝座之上，为世人所当敬拜者即天父上帝，助他杀妖的中年人即救世主耶稣，魔鬼即偶像，所谓兄弟姐妹即世间人类。"断续的梦境得到明确的印证与清晰的阐释，由此，洪秀全不得不"深信梦兆与该书都是可信的，而他便是由上帝指派让天下（即中国）重新奉真神上帝的人"。

表面看来，洪秀全的梦境显得十分神秘而巧合，神奇而怪诞，其实，只要我们稍加分析，就不难看出外国传教士的布道演说与第一次粗粗翻阅《劝世良言》，在他的潜意识里留下了深深的印痕。与其说是他的梦境证实了《劝世良言》，不如说是《劝世良言》诱发了那些看似荒诞而实有所指的幻象。《劝世良言》是因，梦境是果，当洪秀全再次细阅研读《劝世良言》之后，这一因果关系却完全给颠倒过来了。也正是这一误读、梦境及其获得的自信，支撑着洪秀全建立起一个影响深远的太平天国。

由随意浏览，到心理暗示，到梦境幻象，再到现实世界，洪秀全再次认真研讨《劝世良言》，一个最大的收获，就是"觉已获得上天堂之真路，与及永生快乐之希望，甚为欢喜"。在一种强烈使命感的驱使下，洪秀全决心皈依上帝，传播真理，唤醒世人，清除邪恶，还世界以清平。

洪秀全最早的传教对象，就是表兄李敬芳。两人惺惺相惜，一拍即合，并根据自己的理解，举行了独特的施洗仪式：相互在对方头上洒上一些清水，表示"洗除罪恶，去旧从新"；然后对天跪拜，祈祷不已，发誓今后独尊上帝，不信邪神。

不久，洪秀全又依照大病期间梦中所见上帝亲手给他斩妖宝剑的幻觉，找到著名铁匠"打铁罗"，锻造了一把铸有"斩妖剑"三字的所谓宝剑，一天到晚佩在身边，并赋《吟剑》一首："手持三尺定山河，四海为家共饮和。擒尽妖邪投地网，收残奸宄落天罗。东南西北犹皇极，日月星辰奏凯歌。虎啸龙吟光世界，太平一统乐如何。"

二

接受上帝信仰之后，洪秀全从莲花塘返回官禄布村传教，很快说服与他有着相似经历的表弟冯云山、族弟洪仁玕入教，并为他们施洗。因独尊上帝一神，他们首先去掉各自私塾中的孔子牌位，尔后动员乡亲撤除一切邪神偶像，摒弃一切传统迷信，结果在村里酿出许多纠纷，惹起轩然大波。洪秀全等人不得不做出远走他乡、出游传教的决定。

其实，洪秀全所信、所传之教，并非真正意义上的基督教，而是以《劝世良言》为蓝本，自行理解的上帝教。在传教过程中，洪秀全通过陆续撰写的《劝世真文》《改邪归正》等五十余帙宗教诗文，逐步构建具有"洪氏风格"的宗教理论。这些诗文大多失传，留存至今的仅有《百正歌》《原道救世歌》《原道醒世训》等篇。

洪秀全传播上帝教的影响日增，自然引起了西方基督传教士的关注。美国南浸会传教士罗孝全便让他的中国助手周道行写信致意，邀请洪秀全前来广州他所设立的教堂粤东施蘸圣会。洪秀全也想见识一下真正的西方基督教徒，以验证自我领悟的上帝教知识，于是，他愉快地接受了邀请。1847年3月下旬，洪秀全在洪仁玕的陪同下来到广州罗孝全处，参加了教堂的《圣经》班，这才第一次直接读到《圣经》汉译本，不禁高声念诵不已，每天还聆听两小时的牧师布道。在罗孝全热情诚挚的感化下，洪秀全很快提出正式受洗入教的请求。然而，罗孝全的两名中国助手担心洪秀全入教后成为他们的竞争对手，寻机从中作梗，结果使得洪秀全受洗之事一拖再拖，最后不了了之。

科举落第以及与基督教失之交臂，这两件看似十分偶然的事情，就这样改变了洪秀全的个人命运，也影响了中国近代历史的发展进程。不说科举高中，哪怕仅仅得到一个秀才的功名，洪秀全都不会去信奉、传播什么上帝教了；要是他受洗入教成为一名真正的基督教徒，日后便不可能自行创立另一派上帝会，他即使借教造反，性质也将大为改观，与此后建立的太平天国迥然有别。

其实，洪秀全之名，也并非本名，而是宗教的特殊"产物"。洪秀全原名洪仁坤，小名火秀，秀全是他假托上帝之言自己取的。据《太平天日》记载，洪秀全大病梦幻之时，天父上帝因他与妖魔勇战获胜十分欢喜，封他为太平天王大道君王全，并说道："尔下去凡间时，或称洪秀时，或称洪全时，或称洪秀全。"建都天京后，他又对"秀""全"二字予以特别解释：秀，禾乃，"天国良民之主也"；全，"人王"也。只是洪秀全之名何时叫开，是大病梦幻之后，还是紫荆山传教之时，已无法考证。

未能受洗加入真正的基督教，洪秀全怀着失望懊恼的心情离开广州，前往广西与冯云山会合。作为洪秀全最早、最忠实的追随者，冯云山独自一人在广西紫荆山布道传教，不仅争取了大批教徒，并且一直遥奉洪秀全为教主，使得"每村每处，皆悉有'洪先生'而已，到处人人恭敬"。因此，洪秀全刚刚抵达紫荆山，就受到了当地教众的拥戴与追捧。如果说洪秀全以前只是传教——传播一种根据《劝世良言》自我领悟的上帝教，那么此时，在遭到西方基督传教士的冷遇之后，在众星拱月的朝拜与陶醉之中，洪秀全不由得开始考虑要创立一个以自己为教主的正儿八经的宗教——上帝会了。自我领悟毕竟有限，可巧的是，他刚刚接受了为期数月的正规基督徒训练，于是，便借鉴西方基督教部分内容、教规、礼仪，如祈祷文，十款天条，洗礼仪式，礼拜仪式等，对过去在传教过程中形成的宗教体系加以补充、改进，使之不断完善。由此可见，洪秀全创立的上帝会不是独立的宗教，而是依附基督教而衍生的一种寄生宗教，可视为基督教的一个派别，一条分支，一个变种。

人们一般将洪秀全、冯云山创建的宗教组织称为"拜上帝会"，近来有学者严加考证后认为，这一宗教组织应该称为"上帝会"，而不是"拜上帝会"。"拜"是古人表示恭敬的一种礼节，有拜会、加入、参加之义。拜上帝会，即参加上帝会的意思。笔者深以为然，因此，本文将一改过去工具书、教科书、论著中的相关称呼，称"拜上帝会"为"上帝会"。

上帝会成立之初，洪秀全并未产生使用武力推翻清朝统治的想法。他虽然早就对现实社会抱有强烈不满，并自认为受上帝委派下到凡尘扫除妖孽，却只想通过温和的传教方式，慢慢改变世道人心。此后的金田团营，揭竿而起，实为"逼上梁山"的被迫之举。对此，李秀成在被俘后留下的自述中写道："自教人拜上帝之时，数年未见动静。自道光廿七八年之上下，广西盗贼四起，扰乱城镇，各居户多有团练。团练与拜上帝之人两有分别。拜上帝人与拜上帝人一和（伙），团练与团练一和（伙），各争自气，各逞自强，因而逼起。"

由名落孙山到四处传教而金田起义，循着这条线索，我们清晰地发现，正是现实的逼迫与个人的抉择，使洪秀全一步一步地走上了武力反抗清朝统治，建立太平天国的道路。

就在起义前夕，发生了一桩对此后太平天国内部影响极为深远的重大事件。

如果不是深入研究，一般人实难发现洪秀全的上帝会与西方基督教的内在区别。也正因为如此，上帝会利用清廷弛禁天主教之机，不仅避免了过去拜会结盟屡遭查禁、镇压的命运，而且迅速壮大，信众很快就发展到三万多人，势力直接威胁到地方团练的利益。特别是上帝会捣毁神像等举动，对地方教化与秩序更是构成极大威胁，双方冲突在所难免，结果导致冯云山等人遭县衙拘押。为救出冯云山等人，洪秀全一时奔走无效，便返回广州向外国教会及主持弛禁天主教的两广总督耆英求助。就在洪秀全离开不久，冯云山通过自己的努力获得自由回到了紫荆山，旋即赶往广东寻找意欲搭救自己的洪秀全；而此时的洪秀全在广州活动没有结果，只好重返广西紫荆山。就这样，两人在广西、广东往返途中相互错过。

在冯云山遭到羁押，洪秀全四处求助，两位首领匆匆奔走于道之际，上帝会一时群龙无首，人心涣散，处于失控状态。为笼络人心，不少教徒诡称神灵附体发号施令，其中最突出的当数以烧炭为生的穷苦山民杨秀清与萧朝贵。

民间长期流行着一种降僮巫术，如星宿下凡、死者转生、仙佛附体等，这不仅在当时的广西地区十分盛行，即便今日，也有着一定的"市场"。降僮的人称为僮子，僮子专以此职业为生。僮子降僮时，会进入走火入魔的痴迷状态——此时神灵已降附其身，凡治病、求财、求子、解疑等，都能各取所需地达到一定的效果。普通百姓对此深信不疑。

没有资料、证据表明杨秀清、萧朝贵做过专业僮子，但可以肯定的是，他们两人精通此术，至少是从中受到了启发。先是杨秀清假托天父上帝附体下凡，然后是萧朝贵托称天兄耶稣附身降旨，形式与降僮并无二致，上帝、耶稣附体时呈睡眠或痴迷状，醒来后还原为普通常人。只是他们身上所附，不是僮子降僮时依附的当地神灵，而是天父上帝、天兄耶稣，回归常人后还得宣称自己获得天启，发布天父、天兄圣旨，从而达到预期的目的。

杨秀清、萧朝贵正是通过这种形式，代天父传言，预言灾难即将过去，号召教众团结一心，在一定程度上起到了安定人心、稳定局面的作用。等到洪秀全与冯云山双双返回紫荆山时，他们不仅获得了天父、天兄传言人的特殊资格，还得到了广大教众的信任，担当了主持上帝会日常事务的重任。在为教众的团结与局面的安定感到欣慰的同时，洪秀全对杨秀清与萧朝贵的擅权僭越，不禁感到深深的忧虑。面对木已成舟的事实，他不得不做出一定的妥协，承认杨秀清与萧朝贵的"代言"权，缓和领导人内部的紧张局势，并对"天庭"座次作了相应排定：上帝为天父，长子耶稣为天兄，洪秀全为第二子，冯云山为第三子，杨秀清为第四子，萧朝贵为第五子。

正是这一不得不做出的妥协与让步，为太平天国此后的内讧与失败埋下了祸根。

三

1851年1月11日，从各地赶到广西桂平县金田村团营的男女教众约两万人，隆重庆贺教主洪秀全三十八岁生日，正式誓师起义。

所谓团营，就是将各地会众教徒汇聚在一起，编练成军队。营，即军队的编制单位。团营意味着上帝会在葆有宗教因素的状态下，变成了一支强大的军队，军教由此合而为一。团营之初，太平军有男营、女营之分，皆以军为单位进行编制。“五人为伍，五伍为两，四两为卒，五卒为旅，五旅为师，五师为军。”男营每军计有官兵一万三千一百二十五人。女营组织略有不同，每军计有女兵两千五百人。时人有诗赞女兵道：“绿旗黄袍女元戎，珠帽无龙结束工。八百女兵都赤脚，蛮衿扎裤走如风！”

以深信不疑的宗教信仰为支撑，以井然有序、整齐划一的编制为结构，以铁一般的严明纪律为保障，以教会认定的兄弟姐妹宗族关系为纽带……可以想见，如此结合而成的一支军队，一旦举事，会爆发出多么巨大的能量！

就教主洪秀全本人而言，此时也完成了一次超越性的过渡与转变：由个人的科场失意、压抑痛苦，升华为集团乃至民族的理想诉求。上帝会之所以如磁铁般，吸引广大民众毁家纾难、全身心地投入参与，一个最重要的原因，就是洪秀全的庄严承诺：恢复汉族山河，反清不复明，开创新王朝，建立一个“有田同耕，有饭同食，有衣同穿，有钱同使，无处不均匀，无人不饱暖”的人间理想社会——“太平天国”。

以金田村为起点，一场中国历史上规模最大的农民起义就这样以摧枯拉朽之势勇猛向前地铺排发展开来。

而此时的外部环境与一些极其偶然的因素，也促成着这场起义的燎原与席卷之势。派往广西镇压起义的钦差大臣林则徐，路途染病长逝；率援军赶赴参战的前云贵提督、身经百战的老将张必禄，也在途中病故（一说战死）；而当时在广西主事的巡抚郑祖琛，是一个年老多病、只图粉饰的人物，没有半点威望，根本不能控制、协调部下；尔后派往广西的钦差大臣李星沅与两广总督徐广缙反目，新任广西巡抚周天爵又与广西提督向荣不和，军队不服从调遣，后勤供应不济，军政矛盾重重，文武相互掣肘，剿灭何从谈起？不久，李星沅又病逝于军营，导致清军一片混乱，无心恋战。有史料表明，当洪秀全得知林则徐前来平叛的消息之后，慑于他的威名，有过从海上逃遁的计划。如果林则徐不死，以他的成熟干练以及神奇的吸附力，必能游刃有余，调度有方，即使不能招抚镇压，至少可以阻止、延缓太平军的势头。

多重因素形成一股强大的合力，推动着太平天国以百米冲刺的速度，以风卷残云的凌厉，以排山倒海的力量，向着他们既定的目标进军。

太平军从广西打到湖南，又从湖南打到湖北，占领武昌。尔后旌旗蔽日，浩浩荡荡，顺江东下，一举占领南京。虽然有过诸多失利败绩，但就总体而言，算得上一路前行一路凯歌。

从金田起义到攻占南京，仅用了两年多而已。而从武昌东下攻取南京，全程五百八十九公里，沿途十多座军事重镇，包括行军作战，总共只花了四十天，速度之快真是不可思议。然而，正是这势如破竹的背后，潜伏着诸多当时无法预料的危机。

1851 年 3 月 23 日，金田起义不过两个多月，在局势不甚明朗，前途一片迷惘之际，洪秀全就在东乡登极称王（天王），此后将这一天称为"登极节"，作为太平天国的六大节日之一，每年都要庆祝一番。9 月 25 日攻占永安城后，更是颁布诏令，规定"小功有小赏，大功有大封"。12 月 17 日，洪秀全举行封王大典，发布封王诏令：封杨秀清为东王，萧朝贵为西王，冯云山为南王，韦昌辉为北王，石达开为翼王，"以上所封各王，俱受东王节制"。过早封王，不仅树大招风，而且形成等级制度，带来腐化堕落、贪图享乐、追名逐利的负面效应。如果洪秀全能像朱元璋那样懂得一点韬光养晦之术，就会学学他的"高筑墙，广积粮，缓称王"政治策略，太平天国的结局必然有所改观。

洪秀全在一项移营动员令中曾明确提出建立"小天堂"的理念，至于具体建在哪里，太平天国高层领导人存在着一定的分歧，洪秀全的指向不明，颇有走一步看一步的味道；石达开在贵县训练教徒时高呼"一打南京，二打北京"；杨秀清的目光，则紧紧盯着南京（金陵）。当太平军在湖南益阳获得数千条民船，建立水营之后，领导层似乎达成了"专意金陵，据为根本"的志向。占据武昌之后，关于下一步的攻略计划，领导层又有过一番讨论与动摇，部分将领认为应该"遣兵道襄樊，北犯中原"，洪秀全也有将"小天堂"建在中原之意。而以杨秀清为代表的大部分将领则坚持东进，他们认为"金陵天府，饶富贵，宜踞为根本，徐图进取"。也就是说，先攻下南京作为大本营，然后再慢慢图谋发展。两种进攻方略，孰优孰劣，一时还真难判定。而实际结果是，太平军据守南京后不仅偏安一隅，难有大的发展作为，而且建立的"小天堂"长期成为一个无以摆脱的沉重包袱，最后遭到城破国亡的悲惨命运。

如果太平军挥师北上，以所向披靡之势迅速占领北京，不论当时的清朝统治者、冷眼旁观的西方观察家，还是后来研究太平天国的学者，都会持赞同与肯定观点。太平天国定都南京后派出一支仅有两万多人的北伐队伍，便能横扫江苏、安徽、河南、山西、直隶等地，行程数千公里，曾一度逼近距北京三百余里的保定，使得咸丰帝惊慌失措，一面加强京城防备，一面作好弃守逃跑的准备。如果没有定都南京的延宕，不给清军以喘息机会，数十万太平大军全力以赴直捣京城，真可谓囊中取物也。

令人遗憾的是，太平军不仅未能乘势攻取北京，在进军南京之时，又忽略了武昌的重要战略地位，竟将它主动放弃，全军顺江东下。如果太平军分出一部分兵力守城，并不影响攻取南京。只要守住武昌，就可拥有武昌至南京的千里地带，以享有米粮仓之称的江汉平原之粮食，不仅可以保障天京的后勤供给，还能在版图上割裂清朝统治的完整性："北兵不能渡江而南，两湖、两广、三江、闽浙之兵，不能渡江而北，章奏不克上达，朝命不能下宣。"一招不慎，错失良机，给日后带来许多意想不到的麻烦与损失。

就在太平军东下占领南京之时，各路清军也分头逼来，建立江北大营与江南大营，对南京形成夹击合围之势。因此，建都南京后首要军事任务，就是解除清廷南北两大军事营垒的威胁，将其彻底荡平，收到一劳永逸之效。而实际情形是，天京长期遭受清廷江南、江北大营困扰，每当太平天国有所作为之时，它们就在大本营牵制捣乱。太平天国从1853年建都天京，到1864年覆亡，清廷这一强大的军事压力与威胁一直相伴始终。

成功来得太顺太快，洪秀全、杨秀清等一班领导人被胜利冲昏了头脑，自我意识开始膨胀，以为"依揆情势，须俟三两月之间，灭尽妖清"。于是，在清廷不堪一击，胜利指日可待的欢歌声中，太平天国过于轻敌，只派出两万多人的北伐队伍，不足一万人的西征兵力，就想消灭尚有数十万之众的清军，从而夺取全国政权，简直乐观到了天真的地步，结果铸成一系列无法挽回的军事错误。

北伐失利，请求增援，洪秀全、杨秀清派出的援军又仅一万余人。尽管太平军斗志昂扬、英勇善战，但数量太少，与清军几乎不成比例，无疑虎口投食。因此，北伐部队全军覆没在所难免。而西征军的情况也不美妙，后来虽不断增援，兵力达到四万，在湖北、湖南、江西、安徽等广阔战场取得了不少局部胜利，但就总体而言，也没有达到预期的战略目的。

北伐失败，西征失利，严重消耗了太平军的精锐部队与有生力量。1864 年 7 月 22 日，李秀成兵败被俘，在《自述》中将北伐列为"误国之首"。

四

如果说洪秀全走向反清之路，最初动机不够纯粹，但当他超越个人恩怨之后，以建立人间天国为使命，便具有了为公不凡的性质与气概。他与太平天国其他领袖人物，也确曾以大无畏的反叛精神进行过一番刻意改造现实的努力，但结果却总是背道而驰，令人慨叹深思不已。

太平天国是一个集宗教、军事、政治于一体的统治集团，先有宗教，尔后建立军队，由军队在血与火的攻伐中开辟根据地，从而建立世俗政权。

早在上帝会时，洪秀全就提出了"天下多男人，尽是兄弟之辈；天下多女子，尽是姊妹之群"的主张。金田团营，意味着宗教与军事合一。太平将士，特别是高级将领，都是举家入营，有的甚至全族团营，男女老幼随大部队一同行动。男女严格分营，即使夫妻也要分开，丈夫入男营，妻子归女营，小孩随母亲。一家人七日方能见一次面，哪怕这一周一次的见面，也有人监视，谈话要高声，不能私语，一切透明而公开，不存在任何个人隐私。分营制于起义之初，不仅便于调度，易于管理，适应当时的军事需要，也可保障家属安全，使得将士安心征战，还体现了天国兄弟姐妹相互平等、一视同仁的原则。上帝会早期成员以客家人居多，骨干成员洪秀全、杨秀清、萧朝贵、韦昌辉、石达开等都是清一色的客家人。客家人属中原移民，吃苦耐劳，耕读传家，女不裹脚。起事之地广西偏远闭塞，理学教化未能深入，底层妇女也不裹脚，被人称为"大脚蛮婆"。因此，最早团营的妇女少有生理束缚，她们与男人一样，也能挥刀舞枪，顽强地投入战斗。

太平军占领天京后，这一战时模式不仅严格执行，还掀起了分男行女行，入男馆女馆的高潮。上帝会认为两性关系不纯洁，必须严厉禁止，《天条书》第七条便是"不可奸淫"，而建立的军队政权更是将其绝对化，哪怕是正常的夫妻关系，也属禁止之列，带有浓厚的禁欲主义色彩。

而贵为天王的洪秀全以及其他诸王，与普通将士则形成鲜明对比。金田起义时，洪秀全就有十五名美妃；一年后的广西永安围城战时，已增至三十六人；在湖南道州，洪秀全又接纳何贡生"进献"的美女四人；攻占武昌，选民女"有殊色者六十人"；据有关资料统计，定都南京后，天王府内计有嫔妃一千一百六十九人，又因太平天国不设太监，所以府内另有一千两百名服役"女官"，二者相加，也就是说，天王府内共有两千三百六十九名女人供洪秀全一人驱使。当时的清咸丰帝总共也只有十八名嫔妃，还被人称为有声色犬马之癖。相形之下，天王洪秀全可就比他"风光"多了。其他各王也拥有妻妾多人，他们认为占有女人越多，就越显高贵。为了掩人耳目自圆其说，体现所谓男女平等的观念，太平天国诸王将便将所占女人改换名称，不再有妻妾之分，而是统一称妻。洪秀全的妻子多得连他自己也分辨不清，便以数码为序进行编号。他自称"天王洪日"，即太阳，那么妻子便是月亮了。他眼里的男女平等，就是将不可胜数的妻子统统称为月亮，封为"月宫"。

太平天国从广西一路打到南京，沿途征掳了不少女子，这些女子与早期女营将士最大的区别，就是均有不同程度的裹脚。因此，女营的战斗力渐次丧失，除两广妇女外，大多只能做一些背米负盐、担水搓麻、收割稻麦、抬砖运土之类的事。据统计，南京女馆中妇女人数最多时高达十四万，她们的生活起居受到严格管制，没有半点自由，生理遭到压抑，人性受到扭曲，不满与逃跑时有发生。

民众起初对太平天国抱以热忱欢迎的态度，曾有民谣颂道："洪杨到，百姓笑，白发公公放鞭炮。三岁孩童扶马鞍，乡里大哥吹号角。"当太平天国不仅对将士及其家属实行分营制,对普通民众也按军营方式管理之后,老百姓实在难以忍受苛刻的天条约束,便开始成批逃亡。太平军进入南京时原有百姓八十万,九个月后,仅剩十五万,其中妇女十一万,老弱男子四万。也就是说,行动方便的男子差不多都跑了。

后来,男女分馆的负面作用越来越大,洪秀全不得不下令取消女馆制,准许男女配偶,并设立媒官专门管理。于是,新的规定"出台"了:凡男女十五岁以上至五十岁皆可"报名指配",丞相许配女十人,国宗可配八人,其他职务"以次递减",无职者也可配女一名,由媒官"掣签指婚"。在这一乱点鸳鸯谱的抽签制下,出现了"有老夫得女妻,童子获衰妇者",且不准更换调配。于是,"贞女节妇自裁者,数千余辈,女馆遂空。"对这种人为制造的婚姻悲剧,躲在深宫里的洪秀全很有可能并不知情;即使知之,恐怕也打动不了贵为天王的洪秀全的铁石心肠;即使打动,为时已晚,也于事无补。

太平天国的另一重大举措,就是实行圣库制,天下一切财物,"皆天父所有,全应解归圣库。"起义之初,大多会众就是冲着"公平"二字投奔而来,一切财物归公,然后平均分配。定都南京后,圣库制更是得到了认真切实的贯彻执行,太平军士除大官外,士兵军佐藏银但凡超过五两,一律杀头;民间也不能私藏金银粮食,金银存在水西门灯笼巷的天朝圣库,粮食屯于丰备仓、复成仓、贡院三处。所有百姓都按太平军的军事化模式进行管理,按性别、年龄、特长、职业等分别编入诸匠营、百工营、女营、绣锦营、牌尾馆(或曰老民残废馆),然后一律实行不同等级,仅能够解决温饱的供给制度。

可普通军士百姓生产出来的物质,节衣缩食省下的财富,并没有成为天朝储备,而用来供洪秀全、杨秀清、韦昌辉、石达开、李秀成等少数王侯挥霍享受。洪秀全刚刚进入南京,就开始大规模修建金碧辉煌的天王宫。不久被一场大火吞噬,又拆除明朝宫殿,利用其建材重新修造,竟比以前更加奢华。其他诸王也都建有王府，东王府方圆六七里许，内有五层高楼。因太平天国没有设置中央政务机构，而由天王宫及诸王府分别行使权力，因此各王府的官员、杂役格外庞大。除洪秀全外，杨秀清总揽行政军事大权，东王府的官员杂役多达三千五百六十四人。北王韦昌辉、翼王石达开所修王府规模虽小于天王、东王，但府内均设有六部，只是官阶有所降低，人数相对减少而已。这成百上千名官员，真正从事政务者极少，大多都是服侍的差役。比如杨秀清出门参加一个迎神赛会，前赴后涌的仪仗队伍就多达数千人。由此可见，圣库制的设立，就是榨取军士血汗，聚敛百姓财富，专为高层领导服务，正所谓"破万人之财，聚一人之财"。

严格实行圣库供给，自然得取消商业贸易。于是，南京城内，"既未看到商店，也无任何物品陈列求售，更不可能得到出租的船只、肩舆或马匹。"后来女馆取消，家庭团聚，军士、百姓除粮食等供应物之外，一些无法统一配给的商品物件只有通过市场进行调节。在这种情况之下，太平天国不得不允许南京城外摆摊设点，从事小型小额商品交易活动，但烟酒仍属严厉禁售之物。

太平天国的天条、戒律、忌讳简直多如牛毛，等级制度严厉，繁文缛礼空前。比如各王、各臣的服饰、仪仗都有严格规定，连使用的公文信袋，信封的大小、花边都有等级之别；天王轿夫六十四人，东王四十八人，以下各王递减；诸王出行时，军民人等都得回避，躲闪不及者得毕恭毕敬地跪在道旁，等候仪仗通过。稍有违犯，处罚也重，动不动就是"斩首不留"。

太平天国最为后世所称道向往的，就是洪秀全颁布的《天朝田亩制度》，这也是他"开创天朝"，建立"人间天堂"的总体蓝图与目标。其中最重要的一条，就是废除土地私有制，平均分配土地，不论男女老幼，人人都可得到一份田产。然后建立人无私产、平均分配的公库制度，实行"兵农合一"，设立礼拜堂教化民众。这些制度规划，有的也实验过，但效果都不甚佳。有的根本没有条件，或者说来不及施行，只能永远停留在空想阶段。空想与幻想、理想仅一字之差，退一步可视为幻想，进一步可看作理想，便为后人的诠释留下了广阔空间。比如平分土地，太平天国区域之内无前线后方之分，硝烟弥漫的战场，遑论分田分地？其实，即使诞生了和平安定的环境，将田地划分九等，然后相互搭配分给个人，施行一种绝对的平均主义，恐怕也难以实现。即使分田授地可行，结果又会怎样？私有废除，所产纳入公库，与南京城内曾经实行过的圣库制又有什么区别？"兵农合一"，不就是全民皆兵么，与男女别营又有什么两样？而处处设置礼拜堂，时时拜上帝教，以信仰制约百姓，以宗教凌驾一切，这样神权合一的统治在中国历史上还从未有过。如果以上蓝图全部变成现实，那么一统天下的太平天国，将是一个真正意义上的集政治、宗教、军事于一体的特殊国度，严酷的统治肯定比集中营好不了多少。人们不仅看不到"人间天堂"的快乐与幸福，反而会产生"社会地狱"的恐怖与后怕。

五

1853 年 3 月 29 日，洪秀全乘坐黄绸大轿，在文武官员的跪迎中踌躇满志、前呼后拥地进入南京，直到十一年后病逝，再也没有踏出被他改名为天京的城门一步。大兴土木修建天王府后，洪秀全更是将自己的活动范围缩小在方圆十里的宫墙之内，唯一的一次走出宫门，就是乘坐六十四人抬的大轿，前往东王府探视卧病在床的杨秀清。他不仅自己足不出府，也不允许他人出入，只有东王杨秀清、北王韦昌辉、翼王石达开以及后来特批的燕王秦日纲四人，在获得他的批准之后，方可进入天王府金龙殿内。

洪秀全在天王府内的奢侈腐化令人叹为观止，"各种物品都是金制的"，王冠纯金制成，重八斤；金制项链一串，也重达八斤；绣金龙袍上的纽扣为金；在内宫升殿临朝，要乘坐金车，由美女手牵而前。据《天京游记》

所述，天王进餐时，鼓声、钹声、锣声、炮声突然交作，直至膳毕方告停止。进膳之时，"圣门半开，好些软弱可怜的女子或进或出，各提盘碗筷子及其他用品，以侍候御膳用。"

过去几乎所有资料一致认为，洪秀全在进入南京之后变得意志消沉、腐化堕落，长年躲在深宫之内，贪图享乐。洪秀全接受的传统教育及脚下这块土壤，决定了他的骨子里不可能产生西方意义上的民主、平等、自由等思想，他参加科举的目的就是出人头地，这一目的没有达到，尔后通过立教传教、武力夺取政权等方式，使得昔日遭受严重压抑扭曲的心理得以转化、释放，不禁变本加厉。因此，暴殄天物、挥霍享受、腐化堕落难以避免。然而，若说他就此玩物丧志、意志消沉，那可真是冤枉了他。他自己就曾说过："尔主哪得安乐在宫中？"进入南京之后，洪秀全比过去更忙了，工作量大得惊人，他得时刻设定规划，通盘考虑太平天国的国策、发展与未来。他所做的主要事情，就是狠抓意识形态不放松，完善自己的宗教理论体系，用以指导实践。他一天到晚深深陷入这些工作之中，将天国的一应大事、实事全部交付东王处理，正如时人所说的那样，"是事皆不过问，权柄应逶于军事（杨秀清）便宜行事。"既不露面也不管事，给人的印象就是躲在深宫"宜享天福"。长期没有他的情报信息，致使民间、清廷传说他早已死去，只是为了迷惑骗人，杨秀清才不得不制造一个木偶出来用以服众。

洪秀全躲在深宫不出，既可追求安宁清静以达专心致志之效，也可制造距离增强神秘感，使得笼罩着的光环变得更加炫目。他长年坚持不懈做的，在他看来属于"悠悠万事，唯此唯大"的事情，可用三个字予以概括：删、改、写。

洪秀全通过《劝世良言》受到启发创立教会，而《劝世良言》不过是《圣经》的中国"简写本"而已，因此，上帝教教义的主要依托与来源，就是《圣经》。洪秀全对《圣经》格外重视，定都南京后，很快下令出版管制，认为《圣经》与自己撰刊的书籍是"当今真道书"，并将《圣经》尊奉为上帝教经典大规模赶印，试图将之"颁行天下"；而对其他书刊，特别是儒家经典则予以严厉查禁，"凡一切孔孟诸子百家妖书邪说尽行焚除，皆不准买卖藏读也，否则问罪也。"

但《圣经》的某些教义与洪秀全的上帝教之间，存在着尖锐的矛盾与冲突。比如按《圣经》所言，耶稣是上帝的独子，那么作为上帝次子、耶稣胞弟的洪秀全以及杨秀清等其他儿子又当作何解释？比如《圣经》持上帝纯灵论，"我们既看不见他的形象，也不能听见他的声音"，而洪秀全在梦中不仅看到上帝，还经常与他对话，更是难以自圆其说。为此，洪秀全不得不亲自捉刀上阵，对《圣经》进行大量批注删改，凡符合他本意的，便予以保留，稍不顺心如意的词句，不是批注、删除，就是修改，使其与上帝教内容相互吻合、印证。这一工作看似简单，其实难度非常之大。以当时的印行为准，《圣经》合计七百二十多页，约三十四万八千字，仅认真阅读一遍，就要花费大量时间，而要揣摩理解，逐字逐句删改，其工作量之大可想而知。据有关资料统计，洪秀全批注《圣经》，以注释的方式给《圣经》定下基调，共有八十二条，篇幅长短不一；删改之处多得不可胜数，凡避讳字要改，比如太平天国将上帝名号列为避讳字禁止使用，那么所有《圣经》中僭皇称帝处一律改用"侯"字代替。而天国的避讳字又相当之多，稍不留意，就有所遗漏，作为全军全民奉读的经典读物，不得不慎之又慎；此外，《圣经》中与"十款天条"不符要改，故事与天国法令不符要改，原先翻译中所有使用清朝职官名的要统一改为太平天国的职官名称，西方的一些说法要改为太平天国的文献习用语……

所有修订、编纂工作全由洪秀全一人完成，耗费了他大量的时间精力，使得视力严重减退。经洪秀全脱胎换骨彻底修改之后的《圣经》，由《旧约》《前约》《真约》三部分构成，常常出现文理欠通顺，结构不完整，内容不连贯的情况，个别地方，意思与原著甚至完全相反。它们大量印行之时，封面图案也没有以十字架作为宗教标志，而是采用中国传统的双凤朝阳或二龙捧日。

《圣经》在基督徒眼里是不容改动的真理，洪秀全修订《圣经》，被西方传教士视为大逆不道之举，在南京逗留的西方传教士就此提出质疑与抗议，洪秀全回复说，他是尊奉上帝旨意才这么做的。

删改《圣经》，只不过是洪秀全工作的一个部分而已。此外，他还管理后宫，发布诏令，创作大量的宫闱诗词，删改修订释道儒等其他书籍。

俗话说，三个女人一台戏，几千名女子齐集天王府，可以想见，会出现一种怎样的闹哄哄乱糟糟的无序情形。洪秀全虽不管外事，可眼皮子底下的宫闱内事还是要管的，且经常陷入女人之间纠缠不清的一些麻烦之中。一次杨秀清假托天父下凡，斥责洪秀全对宫内女人打骂不断、处罚过严。1857 年末，太平天国刊印《天父诗》五百首，除辑录天父天兄圣旨的政治诗十首外，其余四百九十首反映宫廷生活的宗教伦理诗全为洪秀全所作，目的就在于规范嫔妃行动准则，便于指挥调教，并要她们认真背诵以作为行动指南。如第十七首写道："服事不虔诚，一该打；硬颈不听教，二该打；起眼看丈夫，三该打；问王不虔诚，四该打；躁气不纯静，五该打。"第十八首曰："讲话有大声，六该打；有喙不应声，七该打；面情不欢喜，八打该；眼左望右望，九该打。"这些所谓的天父诗文辞浅白，类似民谣，全无诗歌美感意蕴，算不上严格意义上的诗歌。但作为努力将宗教伦理、宫廷生活与诗歌艺术结合在一起的创作者洪秀全来说，这活儿干起来并不轻松，肯定要煞费苦心、绞尽脑汁。

洪秀全对待诸子百家严厉查禁，就连秦始皇手下留情的巫筮占卜之类的书籍也在焚毁之列。他这样做的目的，是在广大民众与传统文化之间造成一种割裂，完成上帝教文化的传播与深入。但洪秀全早期接受的全是传统教育，儒家思想已深入骨髓，"四书、十三经，其中阐发天情性理者甚多，宣明齐家治国孝亲忠君之道亦复不少"。在大举焚书的同时，洪秀全刊行了《太平诏书》修订本，其中便引用了不少儒家思想。无法完全禁绝诸子经典学说，洪秀全便改禁书、焚书、毁书为删书，专门成立删书衙，宣布所有经书只要经过删改，便可刊行诵习。这项工作又是洪秀全亲自上阵，他将早年所写《原道救世歌》《原道醒世训》《原道觉世训》及《太平天日》等重新审阅，进行修订刊印，文中所有袭用儒家经典语句，由他全部改写或删除。他还重写《三字经》《千字文》《幼学库》等通俗通物，下发给太平军将士及少儿，以作启蒙之用。随着年岁增加，洪秀全的视力越来越差，要将所有儒家经典全部改过，实在是心有余而力不足，于是，他便专门删改《诗经》一书，发与删书衙，作为删改其他儒教典籍的样板。凡是不能亲自动手删改之书，不论厚薄与否，都得经过洪秀全严格把关，一字一句审读，哪怕出版诏旨、布告之类的汇编本，最后也得由洪秀全亲自拍板审定，"真圣主御笔改正"，"待镌刻后再行诵读"。

洪秀全长年累月所做的这些事情，工作量之大，远远超过古代帝王的上朝拟旨，几乎耗尽了他被女人掏空后的虚弱身子内剩下的全部精力与心血。尽管洪秀全如此走火入魔地紧抓思想意识形态不放，但实际效果却并不佳，某些方面甚至适得其反。可就工作本身而论，说他是一个工作狂一点也不为过，这也足以证明洪秀全进入天京后直至病逝，并非一味贪图享乐、投机躲懒、无所事事，而是相当"敬业"，为他所想象、虚构的理想社会奋斗终生，完全可以称得上"鞠躬尽瘁，死而后已"。

<h2 style="text-align:center">六</h2>

太平天国定都南京，铁板一块的古老帝国，如火山爆发般突然涌出一大批力量强大、主动信奉《圣经》的"太平基督徒"，这一消息传到欧洲之时，西方人士喜不自胜，特别是欧洲教会以为基督圣光普照中华大地的机会终于到来，立即着手教化的具体行动。1853 年，英国基督徒便发起

了一场旨在为中国印刷一百万册汉译《新约》全书的募捐活动。在华西方传教士更是跃跃欲试，他们不惜冒犯《南京条约》中只许在五个通商口岸传教的规定，偷偷潜入内地。然而，要突破清军防范严密的水陆禁区进入天京并非易事。尽管如此，仍有不少传教士通过乔装打扮，或是以翻译身份随同西方使团来到南京。在最初的好感之后，随着了解与认识不断深入，他们不禁失望了。

进入天京后的传教士认为，太平天国是一个半政治半宗教的混合体，政体中没有皇帝只有王，对外国几乎一无所知，自称是全世界的统治者；在宗教方面，没有教会（起义后宗教的成分逐渐淡化了），没有举行礼拜的专用场所，没有类似于牧师的神职人员，有洗礼而无圣餐……美国公理会的裨治文牧师说："尽管他们的宗教信条或许承认《圣经》的全部教义或大部教义，但由于无知或曲解（或两者皆有）而带有谬误，变得一团糟。"最令西方人士难以接受的是，太平天国继承了传统的天朝意识，只承认西方是天国的一部分。"几乎全然不知世界上到底有哪些王国和国家，但他们统治全世界的要求却十分明确。"太平天国视洋人为"蛮夷"，但从上帝教教义出发，双方又是兄弟关系，便十分滑稽地称西人为"夷弟"。还从"天下一家"的角度强调洪秀全是上帝次子，乃万国之真主，因此"全世界人民必须服从并追随他"。在外交文书中，太平天国不是称"尔英人久已拜天，今来谒主"，就是"尔海外英民不远千里而来，归顺吾朝"，内容虽大同小异，但口吻始终一致。美国驻华公使麦莲率团访问镇江、南京、芜湖之后，在一份报告中写道："不管对他们的政治权力制度做出怎样正确的判断，现在再也不能怀疑，我们不可能与他们在平等的条件下建立或维持交往。"

在所有来访教士中，罗孝全是最受礼遇的一位。鉴于他与天王此前的特殊关系，并且洪秀全一直惦记着他，再三念叨他是一个"好人"，不时打听他的行踪，因此，他是唯一受邀访问南京的西方传教士。即使这位曾是洪秀全老师的罗孝全，在天王府拜见时，也得按照天国礼制下跪。作为一名西方人士，罗孝全没有下跪的习惯，他拒绝向任何人下跪。可当他随文武百官进入大殿后，就在群臣向洪秀全行下跪礼的刹那间，一个声音突然大声喊道："罗孝全敬拜上帝！"他稍一犹豫，双膝竟被行了魔法般不知不觉地弯曲在地，但他有意不看洪秀全，而是瞥向他方。这场发生在太平天国，类似于马嘎尔尼朝觐乾隆的礼仪之争，虽然没有引起什么风波，但罗孝全此后一直耿耿于怀。

宗教是太平天国的立国之本与精神支柱，洪秀全自然不许他人染指，更不可能改弦更张信奉正统基督教。洪仁玕作为一名纯正的基督徒，曾直言不讳地说："传教士不应当到这里来，因为彼此教义不同，而天王除了自己的教义外，不允许有别的教义存在。"因此，早期的"蜜月"一过，上帝教与基督教的冲突便在所难免。

罗孝全很快就发现了上帝教与基督教之间的区别，决心劝说天王，以纠正这些"错误"与"偏差"。没想到洪秀全反过来劝说罗孝全改信上帝教，并希望他成为一名新的信徒与传教士，将上帝直接呈示给天王的福音传入番邦。正因为出于信任，洪秀全还以君临世界的口吻下诏，封他为通事官领袖（外务丞相），负责与外国谈判及审理外国人在中国的所有犯罪事件。罗孝全对此十分气恼，自然坚辞不就，随后悄悄离开南京，与太平天国反目。他在《北华捷报》发表的一篇文章中写道："在他们中间生活十五个月以后，我的态度完全转变了。我现在反对他们的程度并不亚于当初我支持他们的程度……他的宗教自由和众多的教堂成了闹剧——不但对基督教毫无益处，而且比无用更坏。他仅仅为了传播自己的政治宗教。"罗孝全还指斥洪秀全"是个狂人，根本不适宜做一个统治者"。其他来访的传教士也持同样观点，英国循道会郭修理牧师曾一针见血地指出："我发现他们唯一的能耐就是作战和破坏，对民法和境内的民生漠不关心，他们又怎么能够成功地建立起一个王朝呢？我简直无法想象。"

　　罗孝全的离去与反目，成为太平天国与西方传教士、基督教彻底破裂的标志与象征。于是，过去曾持同情、观望态度的西方列强，将枪口对准了太平军将士。英、法两国除在上海外围与宁波地区直接出兵进攻太平军外，还准许戈登、日意格等现役或退役军官受雇于清廷，组织常胜军、定胜军、常捷军残酷围剿，给太平天国造成了极大的挫折与损失。

　　西方世界失去，国内百姓失望，令人扼腕的是，另一特殊而重要的阶层——传统文人、地方绅士，在太平天国与满清朝廷的殊死决斗中，不仅未能得到他们的同情、支持与拥护，反而成为不共戴天的死敌。

　　因科举失意导致对孔夫子的逆反，独尊上帝对其他教义的排斥，使得洪秀全极力排孔反孔。而传统士大夫阶层不仅从小浸淫在儒家典籍之中，对儒学有着一种透入骨髓的亲切与认同，而且因为科举考试以儒学为主要内容，士大夫们由此而获得功名利禄，从维护自己的利益出发，他们是孔学、孔教本能而天然的积极支持者与有力拥护者。洪秀全打着灭满兴汉的旗帜，使得四民纷纷归附，同时却又以前所未有的激进打倒孔家店，抽空自己的文化根基。太平天国因基督教而生，对西方文化茫然无知，而对汉文化象征的儒家孔学又激烈排斥，结果中西不靠，虚无悬空，也就难怪有人将其视为一个历史的"怪胎"了。

　　洪秀全敌视上帝教以外的一切人类文化，除极少数需加利用外，其余全在清除扫荡之列，可谓无像不灭，无书不焚，无庙不毁。如寺庙、书院、古迹、文物、书籍等，不是烧掉捣毁，就是改作兵营、仓库与屠场。营造天王府时，为了利用古建筑的部分建材，洪秀全几乎将南京城内六朝以来的古建筑全部拆光毁掉，举世闻名的大报恩寺塔、明代故宫，便毁于此时。

　　太平天国虚无过激的文化政策将天下读书人推向了自己的反面，至少是使他们心存畏忌，望而却步。曾国藩正是以捍卫儒家道统之名，号召士大夫与太平天国为敌，他在《讨粤匪檄》中以充满激情与鼓动的文字写道："士不以诵孔子之经，而有所谓耶稣之说、《新约》之书，举中国数千年礼义人伦诗书典则，一旦扫地荡尽。此岂独我大清之变，乃开辟以来名教之奇变，我孔子孟子之所痛哭于九泉！凡读书识字者，又岂可袖手安坐，不思一为之所也！"太平天国与满清朝廷之争，就此演变为一场汉人与汉人之间你死我活的血腥大屠杀，仿佛当年清军入关夺取天下时的一幕重现。

当然，太平天国也对知识分子采取了一定的招诱举措，如开科取士、征求人才等。但开科取士首先看重的是考生的政治态度，文化程度则在其次，标准也十分宽松。太平军打下南京城不久，百姓大量逃跑，读书人所剩不多，即使那些留在城中者，大多也不愿获取太平天国的功名，参考者更是寥寥无几，因此，"大约应考之人无不中试者"。太平天国官员升迁主要凭军功大小，且十分看重地缘、血缘关系，即使高中状元，也难受重用，仅被授予指挥一职，不能参与机要或跻身领导决策层。作为一个连秀才都没有考上的落第书生，洪秀全表面敬重读书人，但骨子里透出的，却是对天下士人的轻蔑与反感，使用但不重用知识分子，仅让他们做一些辅助性的文字工作而已。

而太平天国的劲敌曾国藩则与洪秀全完全相反，他自己就是进士出身，对天下士人的文韬武略与广泛号召力极其重视，尽可能地将他们纳入自己麾下，进入幕府，参与机要决策，放手重用。曾国藩幕府中四百九十七位幕僚，其中进士七十四人，举人七十三人，贡监生员一百五十四人，士人占幕僚总数的百分之六十。他们之中，除饱读四书五经的传统士人外，还有李善兰、徐寿、华蘅芳等通晓西洋之学的人才。据罗尔纲先生统计，湘军将领中书生出身的比例为百分之五十八，统领一路乃至多路人马的高级将领则达百分之六十七。

太平天国的主要领导人洪秀全、冯云山、杨秀清、萧朝贵等人不是落第秀才，就是大字不识的穷苦农民。读书少，见识与谋略自然短浅。自己没有文化，只要真正重视天下读书之人，为我所用，也可弥补高层领导缺少文化之缺憾。可太平天国阵营中读书人极少，《武昌纪事》对此写道：

"贼中无读书练达之人，故所见诸笔墨者，非怪诞不经，即粗鄙俚俗。此贼一大缺陷，盖天之所不与也。"不仅如此，哪怕太平天国统治区域的百姓之中，也"唯读书人最难度日"。

由此可见，太平天国与清廷的较量，也可视为一群农民与一批士人之间的交锋。时间一长，战局的结果与天平的砝码逐渐失衡，渐渐偏向代表清廷利益的曾国藩一方，也就势所难免了。

七

外部各种反对势力层层围剿、步步紧逼，而太平天国高层内部，又出现了兄弟失和、内讧倾轧的严重失控局面——这就是人所共知的"天京事变"。

早在广西紫荆山传教时期，洪秀全、冯云山与杨秀清、萧朝贵之间，就存在着十分微妙而复杂的关系。其转折点在于冯云山被捕、洪秀全营救，上帝会最高权力出现真空之时，杨秀清与萧朝贵乘虚而入。后又有韦昌辉、石达开二人，以实力、忠诚、勤勉脱颖而出。起义前夕，由洪秀全、冯云山、萧朝贵、杨秀清、韦昌辉、石达开等六名客家人，共同构成上帝会核心领导阶层，并按上帝教解释，由耶稣与他们六人组成兄弟关系，耶稣为上帝长子，其余则以年龄为序分别为第二子到第七子。金田起义后，洪秀全与其他五人既是君臣关系，又是兄弟关系。起义前冯云山一直位列洪秀全之后，因他不仅与洪秀全一同创建了上帝会，而且以一己之力打开了广西传教的艰难局面。而当杨秀清、萧朝贵代天父天兄传言的资格被确定之后，冯云山的地位下降了。太平天国建立之初分封五军主将时，杨秀清为中军主将，萧朝贵为前军主将，冯云山为后军主将，韦昌辉为右军主将，石达开为左军主将，冯云山已位居杨秀清与萧朝贵之后。永安封王时，洪秀全更是发布诏令，明确宣布西王萧朝贵、南王冯云山、北王韦昌辉、翼王石达开俱受东王杨秀清"节制"。

　　表面看来，杨秀清与萧朝贵的崛起只是导致了冯云山地位的下降，事实上则削弱了洪秀全至高无上的领袖地位。太平天国集宗教、军事、政治于一体，作为最高领导人，洪秀全自然也是集宗教教主、军事统帅、天国之王于一身。而当杨秀清、萧朝贵托天父、天兄下凡之时，一种相当奇特的现象出现了，作为上帝次子、耶稣胞弟的洪秀全不得不俯首于杨秀清、萧朝贵两人，恭听由他们口中转述的所谓上帝、天兄之言。

　　洪秀全的最高权力受到了严重挑战！

　　起义之初，因洪秀全、杨秀清、萧朝贵三人之间的相互制衡，加之忠诚厚道的冯云山居中调停，并未形成明显冲突。随着冯云山在蓑衣渡遇袭中炮身亡，萧朝贵攻打长沙遇难，权力平衡的态势就此打破。定都南京后，六王只剩四王，而韦昌辉、石达开资历较浅，于是，权力之争便聚焦在洪秀全与杨秀清两人身上。

　　定都后，洪秀全沉迷于意识形态的把握与主持，除重大事务的最终决策权外，一般不过问军事、政事，统筹全局的实际大权由杨秀清一人执掌。

　　洪秀全与杨秀清之间，纠缠着一些无法厘清的关系与难以解决的矛盾：洪秀全为宗教之主，杨秀清却时不时地代天父下凡干涉干扰；洪秀全是主掌政权的天王，而所有世俗大权却归于杨秀清一人；洪秀全是公认的太平军最高首领，可他却将军权完全下放，规定所有军队全归东王节制，弄得自己没有一支亲自掌控的武装力量可供驱驰，最后平叛之时，也不得不假韦昌辉之手。

　　杨秀清从小生长于闭塞的深山之中，五岁失去父母，由伯父抚养成人，真可谓"零丁孤苦，困厄难堪"。在受尽至贫至苦之磨难的同时，也培养了杨秀清坚韧独立的不屈精神。他虽"失学不识字"，但才智过人，天赋极高，据他自己所言，诗书典籍"但缓读给我听，我自懂得"。在与清军的多次殊死搏斗之中，杨秀清的实践经验、指挥才能得到了较好的发挥，说他是一位军事天才、政治天才一点儿也不为过，有时仅凭一股本能与直觉，就能在具体的取舍中选优弃劣。由广西转战天京，杨秀清指挥作战，无往而不胜。除洪秀全之外的所有太平军将士，他都有权指挥调遣，并握有生杀予夺之权。于是，昔日压抑自卑的心理不仅得到了有力的补偿，而身为孤儿所独有的无羁无绊、我行我素、缺少温情、孤傲残忍等更是暴露无遗，哪怕一人之上的洪秀全，也成为约束他的一块心病，一道阴影。

攻取武昌之后，在进军奠都的重大决策上，作为读书之人的洪秀全，眼光毕竟比他高过一等，力主进军中原。而杨秀清目光短浅，仅仅盯着富庶的南京，认为那里就是人间天国的温柔之乡，凭借实权与谋略，最终迫使洪秀全就范。他还经常以天父下凡的名义，将洪秀全玩弄于股掌之间，动不动就是天父附体，要洪秀全下跪听旨。在定都天京后的三年时间里，杨秀清以天父名义频频"下凡"多达三十余次，借以神化自己，教导、压制、训诫、斥责洪秀全。一次，杨秀清以天父名义指斥洪秀全犯有踢打娘娘、教子无方等过错，欲杖责四十大板，众臣苦苦相劝才告罢休，弄得洪秀全颜面扫地、威风全失。此外，杨秀清还大肆制造舆论，把太平天国的一切功劳归于自己，差不多成为一名前无古人、后无来者的伟人，他授意编写的《行军总要》对他个人评价是："功烈迈乎前人，恩威超乎后世。"

所有这些，洪秀全都忍了。究其原因，一则从全局出发，免得兄弟间伤了和气；二呢，洪秀全陷于自己制造的迷幻之中，久而久之，也真的相信天父附体这么一回事儿了；三者，他的确无意于世俗之权，放手让东王去办，只要不过于离谱、不太僭越就行。

而杨秀清却半点也不懂得适可而止，个人欲望简直膨胀到了极点，竟然上演了一出逼封万岁的把戏。

在杨秀清眼里，洪秀全已成为他随意把玩的一个木偶。如果说占据武昌时两人还在定都及进军问题上有过分歧，那么定都南京之后，一切大事小事，大都是杨秀清一人说了算，哪怕是最重要的大事，高兴了向洪秀全说一声，木偶似的天王从来不敢吐出半个"不"字。要是事情稍不顺心，他就借天父下凡找出一个冠冕堂皇的理由压制整治洪秀全。杨秀清对洪秀全如此，对其他人等，就更不在话下了。同为上帝之子的北王韦昌辉、翼王石达开虽为朝中第三、四号人物，见了杨秀清也要行下跪礼。他曾借机杖责韦昌辉四十大板；惩处顶天侯秦日纲、佐天侯陈承瑢、卫国侯黄玉昆，分别杖责一百、二百、三百大板；天官正丞相曾水源、东王府吏部尚书李寿春被人告密，说他们俩在东王重病期间无动于衷，杨秀清大怒，以"欺天欺东王"罪名向其"推出斩首示众"。

尽管飞扬跋扈到了极点，但杨秀清不得不借助洪秀全的天王权威与笼罩在头顶的神圣光环。他想篡夺天王之位，又恐众人不服，便逼洪秀全亲口封他万岁："东王打江山，亦当是万岁。""东王即万岁，世子亦便是万岁，且世代皆万岁。"在确定了赐封万岁的日期之后，杨秀清便得意忘形地忙着准备登极加冕礼去了。

杨秀清实在是低估了洪秀全的能量与能力，他根本就没有考虑自己为所欲为，对方会作何反应，也就没有采取任何防范措施，真可谓利令智昏，一叶障目。

洪秀全从小个性刚烈，且自视甚高，当他成为上帝教领袖之后，锋芒变得内敛了。对杨秀清一再隐忍，哪怕以天父名义被杖责四十大板，他也忍了。当杨秀清将他的忍耐视作无能，直逼权力峰巅之时，洪秀全再也忍不下去了。非不能也，乃不为也。洪秀全并非一般读物描写的那样昏庸无能，他的活动能力、政治魄力、组织才华、军事才干，特别是在宣传鼓动方面，都远非一般人所能比。只是他一心一意扮演宗教领袖这一角色，忽略了其他方面的发展，将权力完全下放给杨秀清不管不问。但一旦决定采取行动之后，洪秀全便以快刀斩乱麻的决断，全身焕发出特有的活力与能量，借助韦昌辉之手，向毫无防备的杨秀清祭起了锋利的屠刀。

战刀闪过，一片血光。只是这鲜血，不是来自敌对阵营，而是同一战壕的太平军将士。

洪秀全下令将杨秀清的首级悬挂示众，称其"窃据神器，妄称万岁，已遭天殛"。也不知杨秀清被韦昌辉手持天王洪秀全诏书诛杀的最后时刻，是否有过忏悔与醒悟。首恶一旦惩处，洪秀全便想到此为止。没想到韦昌辉为泄私愤，同时担心报复，竟将杨秀清亲属及旧部两万多人全部诛杀。这两万多人都是从金田起义之时，便一直追随天王转战南北，身经百战的两广老兄弟、高层官员，是太平天国最为忠诚的将士、人才。有人做过统计，约有十之八九的太平天国精英死于这次内讧。他们没有倒在疆场，却无辜地惨死于自己人之手，那一颗颗滴血头颅，在血泊中滚动着发出凄厉而无声的呼号。

天京事变因韦昌辉的私心膨胀与惩处过度，使得洪秀全一时间难以控制事态发展，局面差点到了不可收拾的地步：东王已死，另外两王也反目为仇，韦昌辉下令将石达开满门抄斩之后，又以武力围攻天王府，逼迫洪秀全诛杀石达开，其丧心病狂比杨秀清有过之而无不及。内讧步步升级，洪秀全再次忍无可忍，只得下令讨韦。韦昌辉伏诛，事变并未结束。后石达开回朝主政，为防类似杨秀清独揽朝纲、尾大不掉的局面出现，洪秀全封长兄洪仁发为安王、次兄洪仁达为福王予以牵制。石达开时时受掣，无法施展手脚，不禁十分生气。他与洪秀全虽没有闹到翻脸的程度，但不信任的种子已然埋下，为求自保，只得悄然离京出走，并带走了几十万精锐将士，使得太平天国军力骤减，国力衰疲。为此，洪秀全不得不革去两位王兄爵位，以召回石达开及其部众。开弓没有回头箭，不论洪秀全如何许诺一再抛出橄榄枝，石达开直至兵败大渡河被俘处死，也未能回心转意。

尽管敌对势力不断围剿，但最致命的打击并非来自外部，而是不断升级的内讧，太平天国由此元气大伤。

以天京事变为转折，太平天国由盛转衰，进入后期，直至覆亡。

八

天京事变之后，太平天国内部出现了一股前所未有的精神与信仰危机。天兄天弟相互残杀，这对上帝教过去的宣传而言，实在是一个莫大的讽刺。于是，一首"天父杀天兄，江山打不通。长毛非正主，依旧让咸丰"的打油诗在太平天国内部广为流传，使得军心、民心大为动摇。

太平天国之所以势如破竹，就在于上帝教信仰的坚定，在于军心、民心的稳定，大家铆足了劲，拼死效力，要在地上建立一个理想的人间天堂。信仰一失，军心开始涣散，太平军再也没有过去铁的纪律，也少有打硬仗恶仗的精气神韵，从高级将领到普通士兵，投降敌军成了"家常便饭"。

太平天国最初所封六王，冯云山、萧朝贵战死，杨秀清、韦昌辉死于内争，石达开被俘处死，唯余洪秀全一人"硕果仅存"。这时的洪秀全，真的产生了一种孤家寡人的感觉，情绪败坏到了极点，精神郁闷不堪，一时难有振作之象。

正在这时，上帝教的早期创始人之一，洪秀全堂弟洪仁玕从香港来到南京。洪仁玕于1848年因故与洪秀全分别，没能在广西发动会众，也没有亲自参加太平天国起义，但他一直关注着太平天国的发展。1854年取道上海欲往天京未果，直到五年之后的1859年4月22日，历经十个月辗转跋涉，终于如愿以偿。

洪秀全见到阔别十年的族弟，在经过一番倾心交谈与暗中考查之后，发现他见多识广、知识渊博、非同一般。加上难得的亲情、友情，于是，精神不由得为之一振，心境也变得亮堂起来，决心委以重任，依托他的才华大干一番，力挽狂澜，拯救太平天国之危局。

半个月后，洪秀全便拜洪仁玕为军师及总理朝政的首辅，并一改削去安王、福王王爵后"永不封王"的决定，封洪仁玕为"开朝精忠军师顶天扶朝纲干王"。

洪仁玕在英国殖民地香港生活近十年，对西方资本主义社会制度，对真正意义上的民主自由有着深刻了解，比长期待在"屋内"的那些所谓天才不知要高明多少倍，被外籍人士称为"是一个有识见的人""最开通的中国人"。洪仁玕走马上任，果然不负天王厚望，显示出卓越的政治才能。通过一系列改革措施，在短时期内就将涣散的人心重新凝聚在一起，加之涌现出了陈玉成、李秀成这样的优秀军事将领，很快就扭转了天京事变后的被动局面，出现了乱后重建的中兴气象。

洪仁玕长期为后世所称道的，是他留下的一部近万言的《资政新篇》。如果说《天朝田亩制度》带有浓厚的空想色彩，那么《资政新篇》则体现出前所未有的资产阶级新风俗、新道德、新习惯，代表了近代中国改革的理论高峰与突出成就。洪仁玕强调改革变通，提倡引进西方资本主义的物质文明，向国人介绍世界各国情况，主张与其他国家自由贸易、平等交往，提出兴办交通、开办银行、发展工业、奖励开矿等一系列涉及经济、政治、外交、思想、文化等方面的新政策。《资政新篇》虽然因太平天国后期长期处于动荡不安的战争状态而无法贯彻执行，但它在中国农民起义史上显得相当另类而极其闪光，正因为诞生了这部有着不可忽视的进步意义，对后世的启示永远也不会过时的纲领性文件，太平天国在我们眼里才不至于显得过于灰暗而绝望。

然而，洪秀全本人、太平军将士以及太平天国那与生俱来的先天性、本质性缺陷，决定了后期难有大的作为、转变与起色，所谓乱后中兴，不过是回光返照的假象而已。

洪秀全在经历天京事变的噩梦之后，多少有所警醒与振作，经常过问政事，临朝颁旨，接见官员，商量事宜。不久又开始沉溺于个人虚幻的世界之中，且性格更加多疑，心理严重变态。他不仅对异姓将领抱有戒心，时刻防范李秀成等人，哪怕对族弟洪仁玕，时间一长，也担心大权再次旁落，心生疑惧，不敢放手重用，致使洪仁玕不少决策难以实现。越到后来，他就越不相信他人，恨不得将所有权力独自一人抓在手中。而他本人仍像天京事变之前那样，专注宗教，不问政事。在攻打上海受挫，南京上游屏障安庆告急，军需供应得不到保证的关键时刻，洪秀全几乎全不关心这样的大事，还在一个劲地论证他本人是千真万确的受之于天的真命天子。不相信别人，却要别人相信他虚构的谎言。等到安庆被占，天京被围，洪秀全才真的急了，置太平天国的全盘战略于不顾，急命李秀成率军回援。作为晚期主要军事领袖之一的李秀成，对天国不谓不忠，但他做事优柔寡断，为人少有血性，缺少坚忍不拔的精神，且素怀私心，力求保存个人实力，特别看重自己的苏浙地盘。他好不容易凑齐十三个王，勉强组织起一支二十多万人的太平军精锐前来天京，经过四十六天的解围战，竟没有打垮又疲又病的五万湘军。

天京之围无法解除，而作为东南屏障的苏州等地又在接二连三地失陷，于是，李秀成建议洪秀全"让城别走"。要洪秀全离开做了十多年迷梦的温柔富贵之地天京，真比要他的命还难。天京自奠都之日起，就一直遭受清军江北、江南大营的威胁与围困，多少次了，都能化险为夷，转危为安。因此，洪秀全仍相信天京之围总有一天能够解除，且他一直以上帝之子迷惑他人，到了最后，连他也真的相信自己是上帝第二子了。因此，面对李秀成的建议，洪秀全不禁十分愤慨，他理直气壮、精气十足地回道："朕奉上帝圣旨，天兄耶稣圣旨下凡，作天下万国独一真主，何惧之有？不用尔奏，政事不用尔理，尔欲出外去，欲在京，任由于尔。朕铁桶江山，尔不扶，有人扶。尔说地兵，朕之天兵多过于水，何惧曾妖者乎！"此时的洪秀全已无白天与黑夜、现实与梦幻、人间与天堂、此岸与彼岸之分，将它们全然混为一体了。

外敌当前，朝不保夕，而太平天国内部之糜烂，也到了无法收拾的地步。

洪仁玕被洪秀全封以干王，规矩一旦打破，又封陈玉成为英王，李秀成为忠王。安庆失守，陈玉成被贬职削去王位，令人不可思议的是，洪秀全却加封他的部下赖文光、陈得才、梁成富等七人为王。担心李秀成权势过重，为了牵制，又加封童容海、谭绍光、陈炳文等一大批人为王。"自此以后，日封日多，封这有功之人，又思那个前劳之不服，故而尽乱封之。"滥封之风一开，便不可收煞地愈演愈烈，凡两广起义的人都封王，洪秀全的本家亲属全封王，刚出生的婴儿也封王。到1864年6月天京陷落之前，太平天国"竟有二千七百多王"。在滥封诸王的同时，洪秀全又增多官阶，滥设官爵，使得官员数量增加。如此增官封王带来的后果，不仅使得财政开支更加困难，且各王占据地盘拥兵自重，成为当地一霸，修王府、选美人、办仪仗，出门前呼后拥，小官百姓都要回避。正如当时民谣所言："王爷遍地走，小民泪直流。"他们各自为政、拉帮结派、不服调遣、不思进取、欺压百姓，官员与官员、官员与王、王与王之间，层层节制，互相推诿，相互掣肘，互不买账，导致政令不出，行政效率极其低下，由此带来的负面效应不可估量。毫不夸张地说，正是这批王侯官员蛀空了太平天国后期的大厦与肌体。

　　1864年3月，当曾国荃率领的湘军攻克神策门，完成对天京的合围之势后，天京与外界的联系完全断绝，城内出现严重粮荒，许多人饥饿而死。尽管如此，洪秀全仍保持着旺盛的斗志，相信天京之围终有一天能够解除。他命人将苔藓野草之类的东西"取来做好"，美其名曰"甜露"，带头"食之"。因长期服食"甜露"，洪秀全不禁卧病在床，"又不肯食药方"，病情一天天恶化。临终前夕，洪秀全发布了最后一道诏书："大众安心，朕即上天堂，向天父天兄领到天兵，保固天京。"他清楚地知道自己将不久于人世，心中所念，仍是亲手创建的人间天堂，仍相信自己是上帝派下凡尘斩除妖罗的使者。另有一说洪秀全并非病逝，乃服毒而亡。只有陷入绝望之人，才会吞毒自杀。从他带头服食"甜露"，颁布的临终诏书内容来看，洪秀全绝不可能自杀身亡，自愿放弃一生所系的人间天国之大业。

因信奉上帝教创建太平天国，却又因为过于沉溺其中，发展为一种疯狂的迷信而毁掉了太平天国的前程，洪秀全就这样陷于一种神秘的怪圈与自我构筑的二律悖反中难以自拔。

九

1864 年 6 月 3 日，随着洪秀全的病逝，太平天国气数已尽，加速走向穷途末路。

1864 年 7 月 19 日，天京陷落。湘军经过一番大肆劫掠之后，又在天王府点燃一把冲天大火。熊熊火光在吞噬一切的同时，也照亮了一切……

在 1853 年太平天国刚刚起事之初，马克思通过西方媒体获知相关信息，不由得万分高兴，对太平天国寄予热切期望："世界上最古老最巩固的帝国，八年来在英国资产者的大批印花布的影响之下，已经处于社会变革的前夕，而这次变革，必将给这个国家的文明带来极其重要的结果。如果我们欧洲的反动分子不久的将来会逃奔亚洲，最后到达万里长城，到达最反动、最保守的堡垒的大门，那么他们说不定就会看见这样的字样：中国共和国——自由，平等，博爱。"可九年之后，当太平天国的诸多真相被披露之后，马克思不由得十分失望地写道："除了改朝换代以外，他们没有给自己提出任何任务……他们给予民众的惊慌，比给予老统治者的惊慌还要厉害。他们的全部使命，好像仅仅是用丑恶万状的破坏，来对立停滞与腐朽，这种破坏没有一点建设性的苗头……显然，太平军就是中国人的幻想所描绘的那个魔鬼的化身。但是，只有在中国才能有这类魔鬼，这类魔鬼是停滞的社会生活的产物。"对洪秀全及太平天国的认识，一直存在着两种截然不同的历史评价：褒扬者将洪秀全捧上了天，视为彻底的反清反专制的革命领袖；贬斥者则称洪秀全为贼，太平军为"长毛"，对其持以完全否定的态度。

导致这两种不同模式的评价，一个重要原因是有关资料的缺失。太平天国被镇压后，正如洪秀全否定诸子百家一样，有关太平天国的一切物件、史书、典籍等全被清廷焚毁。孙中山曾说道："洪朝亡国距今四十年，典章伟绩，概付焚如。"为推翻满清统治，孙中山十分推崇洪秀全的反抗精神，有意拔高太平天国的作用，并自命为"洪秀全第二"，借以鼓舞广大民众。影响所及，国民党政府一直将洪秀全视为革命前辈，蒋介石虽称颂曾国藩，但对太平天国也赞赏有加："太平天国之战争，为 19 世纪东方第一之大战；太平天国之历史，为 19 世纪在东方第一光荣之历史。"新中国成立，特别是"文革"时期，更是将洪秀全视为值得歌颂的农民起义英雄与正面革命形象，毛泽东认为洪秀全等人"代表了中国共产党出世之前向西方寻找真理的一派人物"。其实，孙中山所赞扬的，只是洪秀全反清的民族革命性一面："起自布衣，提三尺剑，驱逐异胡"；而对洪秀全浓厚的帝王意识，却有着十分清醒的认识，他认为太平天国"只知有民族，不知有民权；只知有君主，不知有民主。即使成功了，也不过是历史上的一个封建王朝而已"。

随着近年来，民间特别是海外有关太平天国原始资料的发现，我们得以窥见洪秀全及太平天国的真相与实质，有助于我们撇开既往的二元模式，客观而真实地认识一段特殊的历史。比如 1919 年梁启超求学欧洲时，在海牙莱登大学图书馆发现了《天条书》《太平礼制》《太平条规》《太平诏书》抄本及《颁行诏书》原刻本，雇人抄录后带回国内，却长年湮没无闻（现庋藏于湖北省图书馆），直到 20 世纪 80 年代才为人所知。又如当年洪秀全颁布刻印的五百首《天父诗》，国内全本早已不见，而通过藏在伦敦不列颠博物院厚厚的完整本，我们至少可以剥除某些伪学者有意曲解的外衣，了解洪秀全当年造神及天王府内的有关真相。

尽管太平天国中西不靠，仿佛从天而降悬置空中，但它实实在在是西方基督教文化与中国专制统治文化相互嫁接，培育出来的一个"怪胎"。

当天王府变成一片废墟任凭野鸟飞来飞去之时，太平天国也如一道云烟飘散消逝：太平将士土崩瓦解，太平天国分崩离析，就连洪秀全创立的上帝教，也随之消解，似乎连半点痕迹也没有留下，真是"其兴也勃焉，其亡也忽焉"。

然而，太平天国给古老而板结的中华大地所带来的影响实在是太深太远了。

清朝的正规军队八旗、绿营腐朽至极，形同虚设，凭他们的力量，怎么也剿杀不了太平天国。于是，清廷不得不利用、倚重汉族大臣组织地方武装团练。曾国藩正是由此脱颖而出，锻炼出一支能打恶仗、硬仗，且带有私人性质的湘军队伍。湘军坐大，成为洪秀全最为凶悍而残忍的对手，并最终导致太平天国的覆亡。

湘军因太平天国而生，曾国藩不仅就此改变了满清政府的传统兵制，使得"兵为将有"，而且牵动了政治格局的演变，在地方上形成"督抚专政"的局面。如此一来，兵政实权逐渐下移，落于汉族督抚之手，构成近代力量分割大格局。表面看来，是曾国藩挽救了清廷，使其苟延残喘多达半个多世纪之久，实则由他掏空了清朝的根基。

为镇压太平天国，清朝统治者不得不在战争中积极变革，大量引进西方军事技术、科技成果，促成中西文化的实质性交流与融合。以曾国藩建立安庆军械所为先导，渐次发展为李鸿章倡导的洋务运动，其源流不得不追溯至太平天国。尽管《南京条约》已经签订，第二次鸦片战争继续重蹈前次失败的覆辙，但清廷并未产生真正的警醒与紧迫。只是由于镇压太平天国这一迫在眉睫的需要，才不得不掀起了一股实质性的学习西方热潮。

太平天国运动作为人类梦想带有缺憾的实践，并未因失败而淡化远去，在遥远的古代历史深处有其回响，在其灭亡之后的日子里也有永久的记忆与复活的迹象——1862年11月23日，以文天祥自比，矢志忠于太平天国的干王洪仁玕，被俘后押至江西南昌遇害，临刑前，他写下一首绝命诗：

"临终有一语，言之心欣慰。天国虽倾灭，他日必复生。"

是的，太平天国虽然灭亡了，但各种改头换面的"天国"在此后的世界确曾不断复活，并上演着一出出大喜大乐、大悲大恸的人间活剧。

人类的潜意识里，总是对未来、前途怀有美好的憧憬，向往着没有剥削、没有压迫、没有邪恶、公平善良、正义纯粹的理想社会。于是，便有许许多多自称为先知，自托为代言人的所谓智者、圣人，比照现实社会的丑恶与想象中的理想世界的完美，推导、构想、设计出一个个天堂般的美景诱惑人们，并许诺只要按照他们的蓝图去做，人类就有福了，就会升入天堂——不必死后就能享受的人间天堂。

以空想、幻想、梦想切入现实，导致的负面效应远甚于正面作用！

救世者的动机无可怀疑，这些推导、设计出来的美好社会也具有难以抵御的诱惑，只是完全忽略了藏于人类心灵深处的邪恶。说到底，人类只是一种理性与非理性、天使与魔鬼兼具的动物。劣根性一旦激活，邪恶一旦释放，将给设计的美好蓝图带来颠覆性的解构效果，给人类带来前所未有的灾难与祸患。

美好的理想社会不可能从天而降，也无法凌空蹈虚，更不可能推翻一切后在一片废墟中建立诞生，只能一步步地改进完善，逐步过渡。

就人类现实生活的本质而言，纯洁无瑕、完美无缺的社会只是一种想象，是数学中的一个无穷值，只能接近、靠近、逼近，永远也不可能达到。

"天国"并不遥远，"天国"并未覆灭，"天国"若隐若现，它留给我们的话题，传给我们的警示，带给我们的启迪，以及可供涂抹、诠释、扩张的空间，实在是太多太多了。

不得不特别提及的是，曾国藩临死前一天，还在阅读《理学宗传》，并写下了最后一篇日记。他死时也不像常人那样躺卧在床，而是端坐椅中而逝。

曾国藩：天降大任的自觉担当者

一

论及曾国藩，免不了将他与洪秀全进行一番比较。

两个从未见面的死对头，人生之初并无多大差异。与洪秀全一样，曾国藩的家族也是世代务农，直到祖父曾玉屏时，曾家情况才略有改观。曾玉屏恪守祖辈留下的"以耕养读"传统，不仅置有大片田地，还以曾氏宗族首领身份，成为湖南湘乡白杨坪一带的地方精英。曾国藩大洪秀全三岁，五岁开始读书，七岁从父课读，九岁读完四书五经，十五岁攻读《周礼》《仪礼》《史记》《文选》。两人从小接受的全是儒家传统教育，所读之书大同小异，且读书的目的十分明确，皆直奔同一"主题"——科举高中。

所谓期望越高，失望越大。洪秀全参加科举考试，连考四次，结果连最起码的功名——秀才也未捞到，这才转而求之西方传来的基督教，从而走上反清、反儒的叛逆之路。曾国藩参加科考，虽然艰难，也有过两次会试不中的记录，但一路走来，也过五关斩六将，考秀才，升举人，并于 1838 年中进士，将三级功名一一纳入囊中。就在洪秀全第四次府试落第的 1843 年，已是翰林院检讨的曾国藩参加翰詹官大考，列二等第一名，升翰林院侍讲。1845 年升翰林院侍讲学士，1847 年擢内阁学士，1849 年授礼部侍郎，此后四年遍兼兵、工、刑、吏各部侍郎，真可谓"春风得意马蹄疾"。出身"寒门"，没有任何背景与荫庇的曾国藩，十年七迁，连跃十级。这在仕途冗乱的清朝末年极为罕见，连他自己都深感意外，在给诸弟的信中写道："湖南三十七岁至二品者，本朝尚无一人。"清政府六个部门，曾国藩便在五部之中任过侍郎，使得他对清廷各部门的情况极为熟悉，见识、才能大为增加。他日后有着广阔的发展空间，与这段任职经历密不可分。

表面看来，曾国藩与洪秀全之间的分水岭在于科举之途。其实，在此之前，两人的发展道路就已显出不同端倪。

曾国藩虽然进京赶考的路费都自他人借来，但其家境要比洪秀全殷实，可以一门心思读书科考，不必为生计担忧。洪秀全则是举全家之力供他一人读书，第一次秀才不中，只好自谋生路，一边开馆授徒，一边准备科考。曾国藩得益于耕读传家的宗族渊源，最先就学于父亲，书也读得扎实而系统；洪秀全祖辈是地地道道的农民，就读于他人，书读得杂，学习方法不如曾国藩得当。两人资质自然都不错，算得上聪颖灵慧，但并非那种所谓的天才、神童之类。只是洪氏家族将洪秀全视为光耀门庭的支柱，洪秀全本人也在期待、吹捧的氛围中飘飘然不知东南西北，从小便生出了一种"救世主"的念头与派头。而曾国藩家教极严，祖父曾玉屏、父亲曾麟书虽务农为生，并不是那种纯粹的农民，父亲曾麟书四十三岁还考了个秀才功名，但他们念念不忘的是"吾家以农为业，虽富贵毋失其业"。祖父曾玉屏常以不少警句似的大白话教育曾国藩："尔的官是做不尽的，尔的才是好的，但不可傲，满招损，谦受益，尔若不傲，更好全了。"鼓励与督责兼而有之，还教他做人处事要留有余地："晓得下河，须晓得上岸。"

这些，都成为曾国藩终生受用不尽的座右铭。因此，与洪秀全相比，曾国藩从小便懂得自我节制、适可而止，他常说自己天性"钝拙"，无超常之处，哪怕位极人臣，也保持着相当清醒的头脑，从未居功自傲。父亲曾麟书留给儿子的是"积苦力学"，以孝治家，并以儒家理念要求后辈，他曾自撰一联道："粗茶淡饭布衣衫，这点福老夫享了；齐家治国平天下，那些事儿曹当之。"曾国藩还从母亲江氏身上继承了敢与困难周旋的倔强之气。这些，都培养了曾国藩克勤克俭、倔强自立、坚持不懈的优秀品格。

当然，科考成败是决定他们走上不同道路的关键。洪秀全哪怕仅仅考中一个秀才，恐怕也不会转向基督创立上帝教揭竿而起。不过，要是曾国藩终生连个秀才也捞不到的话，肯定不会走上信教反清之路。他的故乡湖南湘乡白杨坪村，比洪秀全的故乡更为偏僻封闭，曾国藩当时到得最远的就是省城长沙，长沙不是通商口岸，连个基督教的影子也见不到。加之曾氏家族有着不信医巫、不敬鬼神的传统，祖父曾玉屏教导曾国藩要疏远六种人：风水先生、算命之士、医生、和尚、巫道及寄寓他人家中者。因此，哪怕曾国藩遭受再大的打击，也不会陷入装神弄鬼、走火入魔的地步。以曾国藩的家教及环境而言，如果他未能取得科举功名，也只能是像他的祖辈那样，继续奉行"以耕养读"的传统，一辈子默默无闻地终老故乡。

然而，曾国藩最终走出了大山的环抱与封闭的故乡，成为科举制度的受益者，成为帝国官僚运转机构重要部位上的一颗"螺丝钉"。此后的道路与发展，曾国藩与洪秀全两人，更是泾渭分明判然有别，成为一对悬殊极大、反差强烈的比照：

洪秀全掀倒孔子牌位，焚烧儒家典籍，捣毁庙宇偶像；曾国藩以书生举兵，有意淡化满汉之争，打着维护恢复儒家名教的旗帜，以复兴中国数千年礼义人伦为目的。

洪秀全进军南京建立太平天国后，沉迷于自己的幻想之中，除了删改典籍，写写宫闱诗，发布诏令，其他什么书都懒得看了，从未考虑吸取人类文明先进成果；曾国藩虽然走出书斋，率兵作战，但本质上仍是一介书生，常常手不释卷。他严格规定自己每天温点史书，每天写作，每天习字，孜孜不倦，正如他自己所言："每日稍闲，则取班、马、韩、欧诸家文旧日所酷好者，一温习之，用此以养吾心而凝吾神。""廿三史每日读十页，虽有事不间断。"这种阅读给曾国藩带来一个直接而明显的好处，就是对文字的感受能力相当敏锐。因忙于军务政务，他不得不放弃诗文之类的创作，专写奏章、文告、书信、日记之类的应用文。曾国藩没有留下较为系统的专著，但他的应用文堪称古代此类体裁的典范之作，言之有物，要言不烦，意尽而止，绝不多置一词。以至《曾国藩家书》《曾国藩家书　家训　日记》《曾胡治兵语录》等书籍成为后世畅销之作。

洪秀全金田团营不久，就开始腐化堕落，定都天京后更是深居内宫，躺在无数女人的温柔之乡；曾国藩常以"修身、齐家、治国、平天下"要求自己，在私生活上相当自律，他不近女色，不奢侈，不铺张，一生勤俭朴素，似乎不懂得什么叫享乐。

洪秀全自天京内讧后，不信他人，任人唯亲，只信洪氏一门，先封两位兄长为王，后封洪氏宗亲大王小王无数，他们不仅未能帮助洪秀全建功立业，反而鱼肉百姓，蛀空天国根基，特别是长兄洪仁发、次兄洪仁达，自己本事平平不说，还一味牵制石达开，不断"使绊子"，最终导致石达开离京出走，给太平天国带来了无可挽回的损失；而曾国藩对自己的几个弟弟及其子女的要求十分严格，常常写信督导他们如何学习怎样做人，弟弟曾国潢、曾国华、曾国荃、曾国葆都十分争气，特别是曾国荃率军攻破安庆、天京，为平定太平天国立下了汗马功劳。儿子曾纪泽作为晚清外交史上的重要人物，修改不平等条约，收回被俄国占领的伊犁，利用国际惯例和个人智慧最大限度地维护国家主权，取得的外交胜利在中国近代史上绝无仅有。曾国藩留下的一部《曾国藩家书》，不知感染、教育、勉励了多少后人。

　　洪秀全起事不久即称天王，在他的思想意识里似乎从来就没有"节制内敛"一词。既为"天王"，自然是老子天下第一，什么东方西方，传统现代，文化文明，全都不在话下，只要他心血来潮，就可以随心所欲地以"上帝之子"的名义将所有一切玩弄于股掌之间；而曾国藩一生如履薄冰，时时告诫自己，约束自己，哪怕湘军攻下天京大功告成之时，他的自我意识也没有膨胀，而是谨小慎微，主动裁军，自剪羽翼。

　　……

　　曾国藩与洪秀全的区别我们还可以举出许多，他们之间一个最大的区别，就是不同文化之间的剧烈冲突——洪秀全走不通科举之路，目光不由得转向他方，结果他得到的只是一本《劝世良言》，仅凭这样一本《圣经》中国版普通读物，便在中华大地点燃了一场燎原大火，闹起了一场轰轰烈烈的太平天国运动。洪秀全向西方寻找真理，找到的不是西方的先进精髓，如科学、民主与自由，而是宗教，或者说是西方中世纪的落后与愚昧。限于中国当时的历史条件与社会环境，特别是满清的颟顸、保守与封闭，洪秀全不可能找到西方的伏尔泰、卢梭、洛克、达尔文、孟德斯鸠、马克思等人的先进思想，这不仅是洪秀全的悲哀，也是整个民族的悲哀。曾国藩所代表并与之抗衡的，是植根于中华大地的儒家思想。作为一种经过几千年发展变化的主流思想，儒学免不了鱼目混珠，泥沙俱下，加之本身固有的弊端，儒学也与衰朽的帝国末世一样，身心疲惫、满身疮痍地苦苦挣扎不已。而曾国藩所吸取的，却是儒家思想之精华，正是在去粗取精、去伪存真的基础上，对儒家思想予以积极改造，使之重新焕发出青春活力。由孔子到董仲舒到朱熹，再到曾国藩，我们不难发现他们之间涌动着一股内在的一脉相承的"血肉"关系。

二

有副对联这样概括曾国藩的一生："立德立功立言三不朽，为师为将为相一完人。"

"立德立功立言三不朽"，是中国古代知识分子追求的一种最高理想境界。如果没有洪秀全的反清起义，立德与立言于曾国藩而言，似乎都不在话下。唯有"立功"一项，只有借助剿灭洪秀全的太平天国，曾国藩才有可能做到，集治身、治学、治家、治世、治政、治军于一身，从而达到为师、为将、为相的所谓"完人"。

从某种角度与意义上说，是洪秀全"成全"了曾国藩。

历史有着许多的机缘巧合。咸丰二年（1852年）六月，曾国藩被朝廷派往江西担任乡试主考官，并获准考试结束后两个月的回乡探亲假。当他行至安徽太和县境小池驿时，接到母亲江氏已于一个多月前逝世的讣闻。清廷强调"以孝治天下"，要求官民"移孝作忠"。于是，回乡守制压倒朝廷公务，曾国藩立即换服奔丧，由九江改道西行。行至武汉，得知太平军正猛攻长沙，便从岳州上船改走旱路，取道湘阴、宁乡，经过近一个月的颠簸，好不容易回到故乡白杨坪。这段非同寻常的奔丧经历，使得长期处于和平环境中的曾国藩对战乱有了亲身感受，对太平军的排斥异教、捣毁孔庙、焚烧书籍等文化虚无主义产生了切肤之痛。

就在曾国藩回籍守制的短短几个月之内，太平军势力迅速扩大，兵锋所指，各地清军或一触即溃，或望风而逃。他们占岳州，取武昌，下南京，攻城略地，如入无人之境，大有席卷全国之势。朝野一片惊慌，咸丰帝清醒地认识到，清廷所倚重的国防力量——八旗、绿营，早已不堪平叛重任，不得不加强兴办民间团练的力度。

所谓团练，又称乡兵、练勇、乡团、民壮等，是地方乡绅自行筹办的临时性武装组织。作为正规武装的一种补充，团练负有守卫家乡故土之责。

"八旗子弟，人尽为兵。"清朝入关，问鼎中原，主要依靠八旗兵，不久即腐败钝化，丧失了有效的战斗力。绿营是满清入关后改编、招募的汉人部队。康熙十二年（1673 年）清廷平定三藩之乱，绿营便成了"开路先锋"，已不堪用的八旗只能扮演尾随其后的角色。时间一长，绿营又开始腐化。嘉庆年间镇压川陕白莲教起义，靠的竟是地方团练。面对势如破竹的太平军，绿营更是不堪一击。于是，本属"业余"武装的地方团练，一跃而为与太平军抗衡死拼的主要军事力量。

正是在这种情形之下，丁忧在家的曾国藩接到一份清廷让其帮办湖南团练的谕旨。作为一名科举制度的受益者、清廷器重的政府官员，镇压太平天国运动，恢复帝制道德伦理秩序，是他的职责与义务所在。然而，内心深处又有着一股难以排遣的矛盾与顾虑。权衡再三，曾国藩决定抗旨不遵，马上写就一封奏疏，请求允其在家终制。所谓终制，就是守满他母亲的三年丧期。

作为一介书生，要他马上转换身份带领一群以农为业的普通乡民，与清廷正规军都难以对付的太平军拼杀，其结果只要稍稍想想，就会让人心生战栗。清军与太平军作战，因失败、溃逃被清廷免职、革职乃至杀头的钦差大臣、总督巡抚、都统将军，先后共达三十多人。曾国藩并非贪生怕死之辈，凭着自己的一片"血诚"，他曾多次冒死犯颜，上书皇帝，希望咸丰帝革除自身的骄矜之气、清除朝廷的腐败之政，扭转时风流弊。特别是《敬陈胜德三端预防流弊》一疏上达后，咸丰帝还未阅完，就被其中的尖锐言辞激怒，"怒摔其折于地，立召军机大臣欲罪之"。后在大学士祁隽藻的再三疏解转圜下，才免获其罪。他之所以请辞，一则于服孝守制期间出来任事，在道学家、理学家眼里属大节有亏之举；再则在京为官十三年，他已深刻地认识到清廷的腐败无能，与其日后受制于人事业无成，不如隐其锋芒避而不出。

没想到奏疏正待发出之时，好友郭嵩焘受湖南巡抚张亮基委托，从省城长沙匆匆赶赴曾家，力劝曾国藩出山："今不乘时而出，拘于古礼，何益于君父？且墨绖从戎，古之制也。"曾国藩"本有澄清天下之志"，郭嵩焘的一番话对他触动很大，但奏疏已拟，碍于面子，一时难以改变主意。郭嵩焘见他犹豫不决，又搬动其父曾麟书出面劝说。如此一来，曾国藩心头的所有疑虑涣然冰释——既可保全桑梓，又属遵循父命，可谓忠孝两全也。

明知时局难为，可曾国藩在强烈的道德使命感与文化使命感的驱使之下，满怀一股"天将降大任于斯人也"的豪情壮志，与郭嵩焘一同赶往长沙，投笔从戎，踏上了兴办团练扑灭太平天国的漫漫征程。

中国近代历史的汹涌河流，也因曾国藩这一重大转折而拐了一个大弯。

咸丰帝当时下令兴办团练的在籍政府官员共一百多人，只有三人戴孝任命，可见敢于任事者少之又少。在整个镇压太平天国运动期间，清廷任命的全国团练大臣共计四十五人。也就是说，这四十五名团练大臣都拉起了各自的地方武装奔赴疆场，可影响最大、功绩最著者非曾国藩莫属。特别是战争后期，太平军最为强大而凶悍的敌人，就是曾国藩的湘军。

曾国藩能够脱颖而出，自然不排除偶然的机遇与幸运，但更多则在"人为"——他的确有着不同寻常之处！

曾国藩在京任职十三年，不仅"饱有世故"，且视野自比一般人更为开阔，谋略也高于当时的普通政客，无论是看问题，还是做事情，往往能够抓住关键与核心所在。出任湖南团练大臣，他认为必须对团练进行大刀阔斧的改革，将过去不离家园、不离生产、不食于官的地主武装改编为离开故园、脱离生产、"粮饷取诸公家"的职业兵，才有可能与太平军一决雌雄。在巡抚张亮基的支持下，曾国藩将湖南各地的团练齐集长沙，改为官勇，统一管理，完成了"募勇成军"的第一步设想。

第二步，便是"练勇为兵"，将仓促召集在一起的农民，练成一支真正的能打硬仗的军队。他认为一支军队是否具有战斗力，将领的选任至关重要："今日将欲灭贼，必先诸将一心，万众一气而后可以言战。"他规定的选将制度十分严格，将"忠义血性"放在第一位，然后是廉明为用，简默朴实，智略才识，坚忍耐劳。为此，曾国藩一反古代兵家论将、选将之法，大量提拔书生为将。曾国藩清醒地看到，太平天国砸碎孔家店的做法，已将所有书生推向了自己的反面。据有关资料统计，清末全国绅士约一百四十五万，能进入朝廷为官者约十五万。也就是说，那些闲居乡野的其余一百三十多万绅士，只要具有功名之心、血性之气，都是可堪重用的专制卫道士，是潜在的太平天国死敌。湘军将领中，有名有姓可以考证的书生出身者占百分之五十八。

曾国藩的练军之法，在很大程度上吸取了戚继光的兵法精华：统兵在原籍亲自招募朴实的山野农民，在地缘血缘的基础上，采取"取具保结"法。通过同乡、同族、亲友、师生、同学等多重关系，湘军形成了一个上下隶属、盘根错节、连环相扣的网状结构。这个结构的落脚点与指向，就是全军上下都得严格服从、死心塌地地效命于曾国藩一人。如此一来，湘军不仅体格健壮，吃苦耐劳，善于奔袭，且兵丁因有保结，易于清查，不敢变乱或临阵脱逃，万众一心，战斗力大大提高。

在编制上，曾国藩仿效戚继光以营为基本单位核定兵员。练习的主要阵法，也是戚继光的鸳鸯阵、三才阵，以及《握奇经》中的四面相应阵，还有后来的一字阵、二字阵、方地阵等。曾国藩反复强调技艺阵法之熟练："技艺极熟，则一人可敌数十人；阵法极熟，则千万人可使如一人。"

在纪律方面，曾国藩下决心改变过去"兵不如匪"的形象，强调义理教育，严肃军纪，并亲自写了一首《爱民歌》："三军个个仔细听，行军先要爱百姓。贼匪害了百姓们，全靠官兵来救人。百姓被贼吃了苦，全靠官兵来做主。第一扎营不贪懒，莫走人家取门板。莫拆民房搬砖头，莫踹禾苗坏田产。莫打民间鸭和鸡，莫借民间锅和碗。莫派民夫来挖壕，莫到民家去打馆……"这首深入浅出、情趣盎然、朗朗上口的莲花闹歌词很长，结尾是"军士与民共一家，千记不可欺负他。日日熟唱爱民歌，天和地和人又和"。此后毛泽东的《三大纪律八项注意》，肯定从中吸取了一定的灵感与养料。

作为一名以理学家身份练兵带兵的大臣，曾国藩十分注重官兵的"政治思想"教育，强调义理之法的作用："带勇之法，用恩莫如用仁，用威莫如有礼。"他常在官兵中进行训导，要求将领如父兄般对待士兵，士兵也应视将领为自己的父兄。每次训教后，兵丁们都万分感动，心潮澎湃，恨不得立时投入战场效命。领命出兵时，曾国藩又先声夺人地发表了一份亲拟的《讨粤匪檄》，声讨太平天国的不合国情与为害百姓，不仅使得湘军将士目标明确，同仇敌忾，知道为谁而战，为什么而战，也在民间引起广泛而强烈的共鸣，收到了"一纸檄文，抵兵百万"之奇效。

曾国藩的远见卓识，还在于他初创陆师之后，又大力筹办水师。清廷固然也有水师，但久已废弛，根本不能进行任何水战。太平军在益阳、岳州获得大批民船后，便建立起一支强大的太平军水营。定都南京后，则完全控制了千里长江的水营权。有鉴于此，曾国藩认识到非创办一支力量强大的水师不可。可他一无资金，二无技术，三无人才，真正伤透了脑筋。而没有水师，要想与太平军争雄，不过是一句自欺欺人的空话而已。曾国藩硬是凭着一股韧劲，一步步顽强地施行自己的计划：先是购买钓钩之类的民船进行改造；后奏请到一笔四万两的饷银设立制造总厂，自造战船；然后花重金从广东购置大批洋炮，最终建立起一支拥有大小战船三百六十一艘，大小炮四百七十门，在技术与装备上大大超过太平军的内河水师，真可谓"赤地立军，别开生面"。

曾国藩识见高出他人，付诸行动时又有条不紊，具有不达目的誓不罢休的决心，也就难怪他能够成其大业，达到他人难以达到的高度了。

三

正如当初所料，曾国藩"出山"不久，便受到了来自包括同僚及最高统治者在内的方方面面的制约、掣肘、猜疑、嘲讽与攻讦。

在长沙练勇时，曾国藩所带团练常与绿营官兵发生冲突，最终酿成一出"永顺兵事件"。一群绿营提标兵夜闯曾国藩行辕，枪伤其亲兵，他本人也险些中弹。事发之后，新任湖南巡抚骆秉章既未对肇事的永顺兵进行处罚，也未对其首领鲍起豹予以弹劾。遭受惊吓与羞辱的曾国藩不仅没有奏报朝廷惩办凶手，反而劝阻欲提兵为他报仇雪恨的部下。通过这一给他心灵极大创伤的事件，曾国藩清醒地认识到，绿营已病入膏肓无可救药，要想成事，只有完全甩掉绿营另起炉灶。于是，他主动迁出长沙，移驻衡州，避开不必要的人事纠纷，一门心思埋头训练湘勇。

曾国藩有一句告诫自己的常用名谚，那就是"好汉打脱牙和血吞"。在深沉而无言的压抑与忍受中，分明透出一股直冲云天的血性与豪气。

曾国藩一心一意训练湘勇，欲成就一番大业，可湖南的一帮官吏、同僚、士绅，却总想看他的笑话。曾国藩奉旨出师衡阳，初战不利，湖南官绅议论纷纷，一时间"群疑众谤"，有的骂他无用，有的主张解散湘勇。靖港之战，太平军以少胜多，打得湘勇溃不成军。曾国藩更被推到了风口浪尖，这下可就不是议论了，而是恶毒攻击，那些与他有隙的官吏，更是推波助澜，要求参劾曾国藩。幸而战局很快好转，塔齐布取得湘潭大捷，太平军遭到前所未有的惨败，曾国藩的"募勇成军"获得咸丰皇帝的支持，他才在湖南官场的明争暗斗中逐渐胜出，由弱转强，站稳脚跟。

湘勇挟湘潭完胜之勇，一鼓作气地将太平军逐出湖南，咸丰帝特赏曾国藩三品顶戴。然后，湘勇又沿江而下，出湖南，入湖北，向占据武汉的太平军发起总攻。这也象征着曾国藩统率的团练脱颖而出，由守卫故土的地方业余武装，成为一支超越八旗、绿营的能征善战、最具实力的职业军队。然而，这支实质上的正规军仍称为湘勇，直到七年之后曾国藩攻克安庆，清廷才在上谕中一改成例，直呼湘军，不得不承认早已存在的事实。

曾国藩攻克武昌，咸丰帝总算在困顿糜烂的局势与极度的悲观失望中生出复兴的希望，不禁大喜过望地说道："不意曾国藩一书生，乃能建此奇功。"当即任命他官至二品，署湖北巡抚。首席军机大臣祁隽藻乘机进言道："曾国藩以侍郎在籍，犹匹夫耳。匹夫居闾里，一呼崛起，从之者万余人，恐非国家之福。"一席话说得咸丰帝心惊肉跳，当即吓出一身冷汗。

曾国藩收到署理湖北巡抚的上谕，正为自己替清廷出力卖命整整八年，好不容易才授了一个实职而感到欣慰，谦辞奏疏还未到京，没想到咸丰帝已经改变主意降下新旨："曾国藩着赏给兵部侍郎衔，办理军务，毋庸置理湖北巡抚……"

曾国藩接旨，仿佛兜头被人泼了一瓢冷水，失望之余，犹有一种被人玩弄的羞辱。满人当权，对汉人处处设防，比如六部尚书，虽满汉各设一人，但握掌实权者非满人莫属。清圣祖康熙皇帝曾立下遗训，在宫中勒石立碑道："谕满大臣知悉，本朝君临汉土，汉人虽悉为臣仆，然究非同族，今虽用汉人为大臣，然不过羁縻而已。我子孙须时时省记此意，不可轻授汉人以大权，但可使供奔走之役而已。各部院满大臣等宜时至大内敬谨阅看此碑，不可懈怠。"

面对不可重用汉人的清廷祖制，曾国藩除了认命领受，再次"好汉打脱牙和血吞"，又能怎样？

领兵在外，没有实权，仅受一兵部侍郎虚衔，曾国藩不仅地位身份十分尴尬，且"无土无财，无位无民"，在阿谀奉承、腐败黑暗的晚清官场，不禁时时受掣，事事遇阻。"第一不能干预民事"，"第二不能接见官员"，"第三不能联络绅士"，最为关键的是，湘军的饷银无法落实。依照成例，清廷对民间武装不给官饷。曾国藩自办团练以来，所有饷银都得自筹。随着队伍日渐扩大，活动范围也由湖南转入湖北、江西，以客军的身份与太平军作战。如果没有地方大吏支持，就难以筹集军饷。而没有军饷，湘军将不战自溃。作为清廷唯一倚靠的军事力量，曾国藩不得不寄人篱下，事事仰仗于人。在江西的时间一长，饷银难以到位，曾国藩只有自己聘用官员抽厘筹饷。这便侵犯了江西地方官员的利益，他们除了攻击谩骂外，自然要对曾国藩处处刁难，事事设防。长期处在夹缝之中如履薄冰的曾国藩，感到自己的日子过得实在是太窝囊了，一肚子苦水无处倾泻。

正在这时，他接到父亲曾麟书病逝噩耗，马上向朝廷奏报丁忧，陈请开缺。不待谕旨下达，便离军而去。一向谨小慎微的曾国藩，出于对父亲的孝敬，更主要是太过压抑急需发泄之故，竟犯了清廷之大忌：身负重任的领兵大臣自行委军而去，当从严治罪。幸而湖南巡抚骆秉章、湖北巡抚胡林翼反复上疏说情，才得以开脱：委军一事免于追究，准予三个月开缺假期，假满后仍回江西办理军务。

眼看三月假期将满，只要回想这些年来的艰辛磨难与掣肘羁縻，曾国藩心中就愤愤不平。一向韬光养晦、涵养深厚的他忍无可忍，不禁露出了少有的锋芒，在给咸丰帝的奏折中以替父守制三年相要挟，公然要官："非位任巡抚，有察吏治权者，决不能以治军。"

谁知曾国藩一生中唯一的一次要挟，"出台"的不是时候，正赶上太平天国内讧后处于军事收缩与少有的低潮时期，咸丰帝以为撇开曾国藩，马上便可攻下天京。他本来就对汉人有所疑忌，此时更不可能授予曾国藩实权，便顺水推舟，批准了曾国藩在籍终制的请求。曾国藩以退为进，结果与本意大相径庭，不禁深感意外，更加苦闷惆怅。更令他没有想到的是，他的要挟之举遭到了来自方方面面的指责与非议，不少人都认为他是一个虚伪之徒，与平日所标榜的理学家面目相去甚远。处处碰壁，事与愿违，曾国藩忧心痛苦之余，不由得陷入深深的反思之中。他感到招讥引谤，实则咎由自取，怪只怪自己修养不够，常怀自命不凡之感，导致一叶障目，固执己见，一味蛮干。同时，也缺少超脱出世的潇洒，"歧黄可医身病，黄老可医心病，"他决心多从黄老之学中吸取养料，做到能屈能伸，能出能入，能沉能浮。

就在曾国藩守制反思之时，咸丰帝的日子并不好过。原以为荡灭太平天国指日可待，没想到离京出走的石达开实力尚存，在与清军的战斗中屡屡得手，扼制了皖、赣、浙三省交通枢纽，兵锋指向浙东，使得清廷富裕的后方战略基地严重告急。此时，各地战事正处于胶着状态，咸丰帝环顾四周，已是无兵可用，无将可派，不仅占领天京遥遥无期，就连自己屁股下的宝座也有摇摇欲坠之感。不得已，这才下了一道谕旨，再次起用曾国藩。已在家中闭门思过一年有余的曾国藩得到复出机会，再也不提统兵非任实职之类的要求，匆匆收拾行装，复任效命。

再次出山后的曾国藩变得比过去圆融通达了，他深刻地认识到仅凭一己之力，根本无法扭转官场腐败弊端。为了达到自己所追求的目的，不得不收敛锋芒、委曲求全，变得日趋世故、左右逢源。对自己的这一改变，曾国藩在一封家书中写道："吾往年在官，与官场落落不合，几至到处荆榛。此次改弦易辙，稍觉相安。"

曾国藩复出不久，太平天国新任将领李秀成以其卓越的军事才能，再度攻破清军江南大营。为使湘军竭力效命，咸丰帝不得不做出一定的妥协与让步，授曾国藩兵部尚书衔，署理两江总督。后由署理改为实授，并以钦差大臣身份督办江南军务，大江南北所有水陆各军，尽数归其调遣。

经历千辛万苦，曾国藩终于如愿以偿地成为执掌实权、威震一方的地方诸侯。

四

作为一名从未经历战阵的书生，曾国藩自出山第一天起，就已做好不计成败得失、不顾安危祸福、抛却身家性命的准备。正如他在给江忠源的一封信中所言："大局糜烂至此，不欲复执守制不出之初心，能尽一份力必须拼命效此一分，成败利钝，付之不问。"

在征剿太平天国的历次战阵中，曾国藩两次自杀，多次留下遗嘱，随时做好自杀效命的思想准备，真可谓提着脑袋干革命。正是这种不成功、便成仁的精神，影响了后代无数热血青年。

湘军初从衡阳出师，便遭靖港大败，水陆两千余人被击溃，四十多艘战船大半被损毁。曾国藩在座船上神情沮丧，灰心至极，决定一死了之。他支开随从，纵身跃入水中，幸被机警的幕僚觉察，将他从水中救出。湘潭大捷一举扭转颓势，他才打消了再次自戕的念头。

湘军攻下武昌后，挟胜利之威顺江东下，攻克田家镇，占领黄梅，战事重心由湖北移至江西九江、湖口一带。湘军被一连串胜利冲昏了头脑，弃却了稳扎稳打的战术原则，轻敌骄躁，在九江尚未攻下的情况下，东进湖口，兵力分散，水陆隔绝，犯下兵家之大忌，结果被太平军利用，导致湖口水师惨败。曾国藩的座船遭太平军围攻，管驾官、监印官被击毙，座船被掳，湘军大量文卷册牍、粮台银两尽数落入太平军之手。曾国藩愤不欲生，再次投水自杀，再次被人救起。此次失败，湘军水师被分割，一部退回上游，一部封死在鄱阳湖内无法突围。这也是他平生最为孤立无援、进退两难、痛苦不堪的艰难时期。正当曾国藩日益困窘、无力苦撑的紧要关头，石达开接到杨秀清调令，回军南京，参加第一次会攻江南大营战役。不久，太平军内部又爆发了天京事变的内讧，差点遭受灭顶之灾的曾国藩这才绝处逢生，重获转机。

曾国藩接任咸丰帝命他署理两江总督的圣谕，自是喜不自胜，决定驻节之地时，在展开的地图上一番搜寻，一下便看中了群山环绕的安徽祁门。他认为祁门东连浙江，南达江西，既可有效地节制两江属下的江西、江苏、安徽、浙江四省，周围又有天然大山屏蔽，是一个理想的军营驻扎之地。及至实地勘察，却发现情况并非如此：祁门地势形如釜底，仅一条官马大道、一条蜿蜒小径、一条极狭的小河与外界相通，如果这三条出路被切断，祁门便是一处兵家所谓的绝地。曾国藩后悔不该匆匆做出驻扎祁门的决定，可奏折已上报朝廷，只有硬着头皮暂且住下。幕僚们则纷纷劝说他及时离开祁门，另寻合适之地。正在这时，上谕已经到达，曾国藩认为随意更改决策，会给自己的刚刚接任造成极其不利的影响，便一意孤行，没有采纳幕僚的建议，并对再三劝谏的李鸿章厉声斥责不已。

战事瞬息万变，不久，曾国藩的祁门大营便遭到了太平军威胁，两度陷入险境。1860 年 11 月 30 日，李秀成部将刘官芳率大军攻入安徽黟县羊栈岭，离祁门大营仅六十里。而曾国藩身边只有三千士卒可用，他已写好遗嘱，准备殉职。幸而李秀成的目标并非进攻祁门大营，只是借道羊栈岭而已。1861 年 4 月，祁门大营受到三路太平军围攻，与外界的所有通道联系被切断，曾国藩又一次陷入险境，情绪极度悲观，再次写下遗嘱。自进驻祁门后，曾国藩便将自己置于险象环生、危机四伏之境，一刻也无法轻松，床前始终悬挂一把利剑，随时准备自刎。

胜利于曾国藩而言，来得真是太不容易了！然而，只要存有一分希望与可能，他就会做出十分努力，不达目的誓不罢休。

曾国藩的成功，还与他的个人"定力"密不可分。凡是确定的方向，认准的事情，拟定的决策，他总是尽其所能地排除一切干扰，坚决贯彻执行。

移师衡阳练兵不久，因太平军攻击迅猛，兵锋所指，四处告急。清廷兵源有限，明知湘勇刚刚组建，却一个劲地催促不已，命其出征作战。曾国藩心里十分清楚，一支未经战事且尚未练好的军队，仓促拉出去与势头正健、能征惯战的太平军相搏，无异于虎口投食。与其全军覆没，不如抗旨不遵。因此，面对一份比一份措辞严厉的谕旨，他硬着头皮，以兵勇不足、船炮不齐等各种借口拒绝出征。直到条件基本成熟，才率所练陆军、水师，以整肃的军容从衡州出发，入湘江北上。

曾国藩署理两江总督后，同僚及部下都劝他放手大干，尽快进军东南。而他则坚持自己的进攻方略，将重心放在安庆。只有拔掉安庆这颗"钉子"，才能以上制下，反客为主，掌握两军对垒的战争主动权，最终达到围攻南京，彻底消灭太平天国的目的。为实现自己的战略构想，曾国藩紧紧围住安庆死命不放。太平军为解安庆之围，先是直接救援，被湘军击退。尔后又施行"围魏救赵"的军事行动，陈玉成与李秀成同时进军湖北，纵使武昌危如累卵，曾国藩就是不为所动，不肯撤安庆之围增援。第二次鸦片战争期间，英法联军进攻北京，曾国藩冒着抗旨不遵、革职查办的风险，置咸丰帝命他带兵进京、北上"勤王"的谕旨而不顾，全力攻打安庆。后咸丰帝又下令，要他放弃即将得手的安庆，赶去即将失守的苏州救援，他又一次抗旨坚决不去。哪怕祁门大营危在旦夕，曾国藩置身惊涛骇浪之中，一天到晚提心吊胆，随时做好献身准备，也不肯调动围攻安庆之兵给自己解困。面对曾国藩如此坚韧而强劲的"定力"，尽管安庆城内的太平军将士苦苦坚守，洪秀全、李秀成、陈玉成等高层领导人多次设法营救，历经两年之久的安庆战役终以太平军的彻底失败而告结束。

安庆陷落，太平天国都城天京的最后一道坚固屏障被清除。千里长江门户洞开，曾国藩完全掌握了进攻太平天国都城的战略主动权。湘军挥师东下，围困天京，剿灭太平天国，不过是迟早的事情罢了。

五

1861 年 8 月 21 日，咸丰帝病逝，年仅六岁的载淳继承皇位。两宫皇太后与恭亲王奕䜣联手发动宫廷政变，清除以肃顺为首的"赞襄政务大臣"集团。两宫垂帘听政后，慈禧一改咸丰帝慎用汉族将领的成规，上台仅十二天，就任命曾国藩统辖苏、皖、赣、浙军务，四省所有巡抚、提督、总兵以下各官，均归其节制。两个月后，又加赏协办大学士衔，使得曾国藩成为清朝立国两百年以来外臣权位最高者。

位极人臣，曾国藩惊喜之余，更多的是疑虑与担忧。"皎皎者易污，峣峣者易折。"虽身居高位，他没有半点自傲自大，反比过去更加勤勉谨慎，唯恐无意间招致祸患。他的担忧并非没有道理，当时就有不少权臣向慈禧进言："楚军遍天下，曾国藩权太重，恐有尾大不掉之势。"

1864 年 7 月 19 日，曾国藩率军攻入天京，失去控制的湘军士兵为报久困城下、死伤惨重之仇，他们逢人便杀，遇财就抢，见屋即烧。与清朝整整对峙长达十一年之久的太平天国心脏之所在，就这样成为湘军的一处发泄之地，人性之恶如一头肆虐的恶魔横行无忌，昔日的繁华都会惨遭荼毒，顿时变成一片废墟。

天京陷落，也就意味着剿灭太平天国的目的业已实现，曾国藩的"事功"也由此而达至峰巅。

本该扬眉吐气、高兴陶醉的他，却面临着一连串新的操持、疑惧、忧心、困惑与烦恼。

攻克天京，原以为清廷会加功封赏，而实际得到的却是接二连三的严责与警告。如果说口头的或书面的指责尚能忍受，而军事上的防范之举却令曾国藩怎么也不能接受。就在湘军合围天京之时，清廷以种种借口调动其他军事力量，在长江中下游屯兵布防：僧格林沁屯兵皖鄂交界之处，冯子材、富明阿把守镇江、扬州，官文驻扎武昌。清廷意图昭然若揭，针对的已不是太平军，而是对清王朝忠心耿耿的曾国藩了。一旦湘军轻举妄动，就会遭到其他清军围攻。不仅如此，清廷还暗中支持左宗棠的左系湘军脱离曾国藩，与其分庭抗礼，以收内部瓦解之功。

"狡兔死，走狗烹；飞鸟尽，良弓藏；敌国破，谋臣亡。"历史常以惊人的相似重演过去的一幕幕悲喜活剧，达至事业顶峰的曾国藩同样不得不面临中国古代历史的盲点与困局。

摆在他面前的路无非三条：一、起兵反叛清朝，问鼎中原；二、保持实力，维持现状；三、裁撤湘军，自剪羽翼，以明心志。

此时的曾国藩如若反戈一击，只要他打出"驱除鞑虏，恢复汉人江山"的旗号，草拟一封类似于《讨粤匪檄》的《讨满清檄》，振臂一呼，必能收到豪杰景从，天下归心之效。他麾下所统湘军约十二万人，是一支能打硬仗恶仗，且只忠诚于曾国藩的带有私人性质的军队，清廷没有任何一支军事力量能够与之抗衡争锋。那些驻扎四周的防范力量，除了激怒他外，根本起不到威胁震慑作用。曾国藩只要愿意，兵锋所指，不是归附，就是溃败。

就当时格局、势力而言，一批因湘军而崛起的湖南精英纷纷出任封疆大吏，以曾国藩的模式执掌地方军政大权。就在曾国藩攻克天京的前一年，即同治二年（1863 年），全国总督八人，由湘军将领出任者三人；全国巡抚十五缺，湘军将领任有七缺；曾国藩所辖江、浙、赣、皖四省，其中江、浙二省富甲全国，根本不必为兵饷、粮饷而担忧。如果将这些间接的、隐性的力量计算在内，曾国藩实际上已据有清朝半壁江山。

友人、幕僚、部将开始以各种形式劝说曾国藩了。要说龙袍加身对他没有半点诱惑，肯定是一句假话。受传统文化的熏陶，国人内心深处，都有着浓厚的帝王思想，只是有人表现得十分强烈，有人沉隐于潜意识之中。一生谨小慎微、临事如履薄冰的曾国藩，犹豫再三、权衡不已。当初出山的目的是什么？不仅仅在于为清廷效命打江山，而是恢复中华传统文化，也就是两千年来一以贯之的儒家主流思想。作为理学家的他，曾以要挟咸丰帝伸手要官要权而遭到多方攻诘，如果再行起兵，不更将自己推向不忠不义、虚假伪善的境地吗？曾国藩当初出山想得最多的，是为道义而战，为使命献身，没想到还真的修成了正果。人要知足，位极人臣，更复何求？"尔的官是做不尽的"，想到祖父的训诫，他知足了。

人的欲望是没有止境的，能进能退，见好就收，方为上人。况且起兵反清，也是一桩冒有极大风险的"活路"，弄不好会惹来杀身灭族之祸。即使成功登上九五之尊，又得经历一番战乱，导致生灵涂炭。他对湘军攻入天京后烧杀掳掠的残忍暴行一直负疚于心，认为这支军队已失却当初的朝气与血性，变得暮气深重，无以约束。特别是攻下天京，已是大功告成，将领升官，士兵发财，人心思归，谁还愿意继续卖命？加之湘军内部，除嫡系十二万外，又分出了李鸿章的七万淮军，左宗棠的五万左系湘军，如若起兵，他们会不会像太平天国那样，重演内讧的血腥惨剧？更何况，当皇帝有什么好处？得利者自然是曾氏家族，可后代只要有本事，犯得着先辈为他们捞取吗？历数各朝皇族，一遇改朝换代，没有一朝后代得以善终。表面看是为后代争利益，实则是贻害后人。

其实这都是曾国藩的个人谨慎考虑，湘军如若知道要进军中原攻打北京，只要曾国藩稍加鼓动，肯定会比过去更为凶猛。他还没有鼓动，这天晚上，刚审完被俘的李秀成进入卧室休息，就有三十多员湘军将领集于前厅"逼宫"，要求曾国藩接见表态，打到北京夺下"鸟位"。他良久不语，后命人取来纸墨，写上一副对联："倚天照海花无数，流水高山心自知。"就在众人呈出咋舌、叹息、摇头、颔首、呆然等各种表情之时，曾国藩早已掷笔而去。

曾国藩以一个道学家的身份，似乎显得枯燥古板、面目可憎、索然无味，但也有幽默生动、妙趣横生、精彩纷呈的一面，特别是有着一股内在的人格魅力。李秀成被俘后，面对严刑拷打、威逼利诱，他始终坚贞不屈，算得上一条铮铮汉子。可曾国藩一来，情形就急转直下了，他不仅每天撰写被人讥称为投降书的《自述》，还向曾国藩表明心迹，愿收罗三十多万太平天国余部，听命于曾国藩，为他反满复汉当皇帝效犬马之劳。

然而，曾国藩放弃了中国近代史上一次改朝换代的机会！

这不能不说是一个极大的遗憾，华夏民族也因此而失去了一次难得的超越自我、超越历史，追赶世界发展潮流、融入世界先进文明的复兴机会。

湘军挥戈北向，曾国藩取代清廷，以他的睿智与开放，洋务运动必成正果。因属汉人坐江山，国家政体极有可能很快转向英国似的君主立宪。退而言之，起码不会有义和团的极端排外，不会有慈禧太后歇斯底里地向世界各国宣战，不会有八国联军攻占北京，而日寇的两次侵华史也得重新改写。曾国藩以全身保家为务，维护了自己的道学家尊严，由此而获得了文韬武略、全始全终、圣贤完人之类的美誉，却置天下百姓于不顾，最终丧失了国家的利益与民族的尊严。

如果从宿命的角度而言，这便是华夏民族的劫数——所谓在劫难逃也。当然，如果曾国藩推翻了满清王朝，那也就不是历史的曾国藩，不是我们今天所知道、认识、评说的曾国藩了。

曾国藩最终采取的策略，连保存实力也没有，而是大刀阔斧地自剪羽翼。以他的本意，原想将湘军全部裁撤掉。后经人劝谏提醒，才保留了约两万嫡系精英，一则北方捻军正盛，湘军还有可用之处；二则只有以实力作后盾，才能真正保住自己的利益地位不受侵犯、身家性命免遭伤害。

拥有重兵之人，要么问鼎皇权王位，要么被人打败击溃。像曾国藩这样主动裁剪，自行解散，自古以来，还只有他一人能够做到。那些因他而起的后代军阀，由湘军而分支的淮军，由淮军领袖李鸿章而栽培的袁世凯练出的新军，由新军而分化出的一大帮大大小小的北洋军阀，真可谓每况愈下，一代不如一代。到了北洋时期，各路军阀为了一己之利相互混战，给中华大地带来的深重灾难，真是罄竹难书。这是始作俑者曾国藩所没有料到的，同时也更加反衬出他的高风亮节与不同凡响。

六

越过峰巅，曾国藩就开始走下坡路了。

清军悍将僧格林沁亲王追剿捻军，反被捻军击败全军覆没，朝廷不得不再请曾国藩解困。接旨后他愁肠满腹、心绪不振，再也没有出征太平天国时的热血与激情了。他担心的不是捻军难剿，而是清廷的翻手为云覆手为雨。同时，自己过早裁撤湘军也使得这次出征缺少可用之兵，不得不依赖李鸿章的淮军。

亲临战场后，曾国藩很快就针对捻军飘忽不定的特点，制定出坚壁清野、划河圈地、重点设防、以逸待劳、以静制动的克敌方略。可那些调来的淮军虽出自湘军，但将领皆由李鸿章提拔任命，对曾国藩并不怎么"买账"，在执行命令时，常表现为消极拖延与暗中抵制。于是，曾国藩下令时必得事先征求李鸿章意见，然后由李鸿章将命令传达给淮军将领，军令要比实际军情落后半拍，常常贻误战机。加之其他一些难以克服的弊端，致使曾国藩剿捻一时间难有突破性的进展。于是，他再度受到他人的攻讦与参劾，受到清廷的严厉申饬。

曾国藩心灰意懒，只得奏请开缺。

两年艰辛坎坷的剿捻行动，结果落了个无功而返。曾国藩自然脸上无光，令他多少感到欣慰的是，学生兼幕僚李鸿章接过剿捻这支"接力棒"，并依照他制定的军事方略，终于完成了他的未竟之业，置捻军于死地。

如果说剿捻失败仅是声望受挫的话，那么处理天津教案，则将曾国藩推到无法化解的矛盾与纠纷的"风口浪尖"，落了个"汉奸""卖国贼"的骂名。

天津教案的直接起因，源于一个年仅十九岁，以迷药诱拐幼孩的罪犯武兰珍。他被人扭送官府后当堂供称，是教民王三将他迷入法国天主教仁慈堂，然后由教堂提供迷药，命他诱拐孩童，并称拐一人即付洋钱五元。消息传出，天津绅士、民众群情激昂、义愤填膺，近万市民不约而同齐聚仁慈堂外，要求逮捕主犯教民王三，并将仇恨情绪转移到传教士、修女及一切外国人身上。

一个由罪犯提供的未经核实的谣传，竟然使得天津士民深信不疑，成为炸药包的引信，其深层根源在于民间长期关于教堂一些捕风捉影的胡乱推测与以讹传讹。

因为两次鸦片战争的失败，才有传教士、教会的"登堂入室"，民众对其有着一种本能的反感与敌意，这便决定了传教士、教民与官府、士人、百姓之间的难以沟通、交流与理解，而少数传教士的飞扬跋扈、教民的仗势欺人，更是在相互隔阂的基础上变本加厉、火上浇油。此外，教堂的壁垒森严，也为人们提供了神秘而诡异的想象空间，比如传教士、修女为行"拯救灵魂"的"善举"，常把一些濒临死亡者收入堂中作临终付洗。等到这些人死后，大多埋入教堂墓地。进入教堂的生命，全都变成刻有十字的冷冰冰墓碑，几近百分之百的死亡率，给人产生的联想实在是太丰富了。因此，关于教堂、教士、教民，无论多么荒诞不经的谣言，也会成为毋庸置疑的事实，旋风般吹遍大街小巷与每个角落。

比如教堂内男女教徒同处一室共同礼拜，便为"男女授受不亲"的崇奉者士大夫们提供了恶意攻击的把柄，教堂被诬指为是一个教人淫乱的魔窟；教堂为临死儿童施行洗礼，则被百姓误认为"剖小儿心肝以制药饵"；医院将解剖后的死婴浸于酒精容器内，被士大夫视为"剖孕妇之腹，取胎儿制长生不老之药"……其实，自明末利玛窦入华传教开始，就有关于西方传教士"挖眼剖心""剖腹取胎""炼丹采生"之类的谣传。近三百年来，迷信与谣言不仅没有消解，反而更加强化了：误解越来越深，仇恨越积越厚，矛盾与冲突渐次由隐而显，由暗到明。

颇有意味的是，作为中国传统文化的负面因素，直到21世纪的今天，诸如此类谣言仍有着一定的"市场"。据全国各大媒体报道，2007年1月，重庆市奉节县朱衣镇便流传着一则"高速路建桥要童男童女献祭"的谣言，说是为了确保高架桥的稳固，将在朱衣镇寻找十八名十二岁以下的童男童女献祭，填埋于桥墩下面。如此荒诞的谣传竟然不胫而走，给当地学生、家长、学校带来了不必要的紧张与恐慌。

炽烈的岩浆在地底冲撞奔涌，寻找着薄弱的突破口。

负责调查处理此案的法国大使丰大业，依仗西方强势文明，根本不可能体察、了解中国的"国情"与"民情"。他盛气凌人地视黑压压的围观群众为无物，横蛮暴戾地向清廷官员开枪，击中天津知县刘杰的随从高升，从而酿成一起血案。百姓惧怕清廷官员，清廷官员惧怕洋人，可百姓并不惧怕洋人，他们一拥而上，当场打死丰大业及其秘书西蒙。引信点燃了，嗞嗞作响，随后是炸药包那惊天动地的爆响：愤怒而失控的民众，烧毁了望海楼教堂、仁慈堂、法国领事馆，及十座英美耶稣教堂，杀死了沿途遇见的所有外国人，包括领事馆随从两名、传教士一名、修女十名、法国居民二名、俄国居民三名，另有中国神父一名、中国教民三十多名。

天津教案持续四五个小时，事涉法、英、美、俄、德、比、西七国，他们一面联合向清廷抗议，一面麇集军舰示威天津海面。

正是这种困窘万分、危急四伏的情势之下，曾国藩受命处理天津教案。他接到手中的，无疑是一个滚烫的山芋。岂止烫手，简直就是各种虽为敌对势力，却不谋而合地纠集在一起而设下的一个陷阱，制造的一个悖论，打下的一个死结。表面看来，对立者只有洋人与清廷两方，实际则分别四个错综复杂的层次，除洋人与清廷外，还有士大夫与百姓。这四个集团有着各自不同的认识、观点与利益，都希望通过曾国藩而获得利益的最大化，稍不如意，他就会成为众矢之的。也就是说，指向他的四种力量，除了希冀与索取外，没有哪一种会去理解他、支持他、帮助他。曾国藩不可能让所有敌对集团全部满意，也不可能置某一集团的利益全然不顾，这就决定了无论天津教案处理结果如何，他都免不了要成为祭坛上的一只"替罪羊"。

曾国藩受命临行前，又一次写好遗嘱。到达天津后，明知凶多吉少、事不可为，但仍周旋于各方，尽可能地凭一己之力，妥善解决争端。经过一番调查了解与案情审讯，他很快写出了一份完整的调查报告，指出并无教堂拐骗丁口、挖眼剖心、诱污妇女之事："杀孩坏尸，采生配药，野番凶恶之族尚不肯为。英法各国，乃著名大邦，岂肯为此残忍之行？"并详细分析了之所产生种种谣传的原因。在此基础上，曾国藩顶住法国公使要求处决府县抵命，清廷严厉催逼及凶手或藏匿难缉，或无人招供等多重压力，做出了自己的判决：府县张光藻、刘杰革职发配；判处二十名凶犯死刑，二十九名充军流放；赔偿（包括抚恤）白银四十九万七千两；派特使前往法国道歉，表示中国愿与之"实心和好"。

议结方案一经公布，举国上下顿时一派哗然。法国提出的条件打了折扣，国内不满，甚而至于想调兵前来重理教案，只因普法战争爆发，分身无术，才勉强接受；清廷虽认为"当时事势，舍曾国藩之所办，更无办法"，但为了取悦国人，不得不摆出一副强硬姿态，造成一种朝廷似乎对曾国藩的方案持有异议的假象；老百姓则大骂曾国藩为"汉奸""卖国贼"；士大夫一个劲地攻击不已，特别是那些"清议派"，更是不依不饶，主张严惩曾国藩以谢天下；还有人写出一副对联讥讽嘲笑曾国藩："杀贼功高，百战余生真福将；和戎罪大，三年早死是完人。"那些诋毁他的天津士民，以及贬斥他最甚的湖南同乡，皆属不知外情内形，跟着瞎起哄而已："津人毁之，湖南尤毁之，及询以津事始末，无能知者。"

其实，曾国藩要做一个民族英雄并不难，他本是一个血性之人，也可以将洋人抗议置若罔闻，不问青红皂白地慷慨激昂，振臂高呼，激发广大民众同仇敌忾的爱国情怀，号召国人"战至最后一兵一卒"。

如果曾国藩这样做了，肯定会成为舆论与清议中的民族英雄。他知道这样做给个人带来的利益与好处，可他不愿"弋一己之虚名，而使国家受无穷之累"，而是以一种"我不下地狱谁下地狱"的无畏与担当，化解了一场危机与战争。曾国藩清醒地认识到，当时的清廷，刚刚结束第二次鸦片战争，又平息了太平天国与捻军起义，国力之屡弱已达至极点，一旦与洋人开战，并且是七个西方强国，其结果会怎样？必定是"全局瓦裂"，分割成西方列强的一块块殖民地。况且天津教案的主要过失在于中方，曾国藩只能在诸多不利条件下减少损失，争取更多的民族生存与发展空间。

天津教案之爆发，过失虽有多少、大小之分，但责任在于教会、暴民、天津官府、西人四方。可一等曾国藩到达天津，情势立即发生逆转，中外焦点全部聚集于他一身，应负责任的四方都可透过，本无半点干系的他，得承担来自方方面面的所有愤怒与指责，似乎整个教案由他一手操纵造成。一番赤诚努力不仅没有换来赞赏与理解，反而千夫所指，成为审判席上唯一的受审对象。弄得追求道德完美的他，也仿佛真的犯下一桩不可饶恕的弥天大罪，不得不灰头灰脸、诚惶诚恐地公开承认自己"举措失宜，悔憾无及"。在私人信件中，除引咎自责外，他更担忧的则是未来时局："吾此举内负疚于神明，外得罪于清议，远近皆将唾骂，而大局仍未必能曲全，日内当再有波澜。"哪怕曾国藩再置个人名声于不顾，"拼却生命以顾大局"，又岂能挽回老大帝国故步自封、颟顸愚昧而造成的颓势？

纵观中国历代战争中的所有主和者与谈判者，最后无不落得个汉奸、卖国贼的嫌疑与下场。帝王专制集权政体的一个主要特征，就是天无二日、唯我独尊，没有多元化，没有兼收并蓄，没有平等共存，只有征服屠戮、臣服朝贡。

七

曾国藩对国内外形势能有较为清醒的认识，得益于由他一手促成的洋务运动。

由理学家而洋务派，二者之间看似没有相通之处，但曾国藩很好地吸取了理学中经世致用、讲求实践的积极因素。在剿灭太平天国运动的过程中，他认识到取胜的关键，很大程度上在于武器之精良。于是，曾国藩先是奏请咸丰皇帝支持湘军购买、装备西方新式武器，然后自己在安庆建厂制造火药、子弹，又内设军械所制造洋枪洋炮。

清廷没有主动向外国学习的传统，曾国藩开创中国最早的现代军工企业，算是开了一个先河。由生产弹药、造枪造炮，尔后又制造蒸汽机，建造轮船军舰。军械所先由安庆迁往南京，改名为金陵机器制造局，后又迁至上海，建成江南制造总局。随着规模的不断扩大，一些相应的配套措施与发展需要也在逐步完善，比如办洋务就得新型人才，曾国藩慧眼识珠地引进了徐寿、华蘅芳、容闳等一大批精通西方洋务的精英。

随着洋务实践的深入，自然科学的基础理论便显得十分重要，曾国藩又组织大量人力物力，筹建翻译馆、印书处，通过外人口译、国人笔译的形式，翻译出版了以机械制造学为基础，涉及算学、化学、历史、地理、矿物学、天文学、博物学、医学、法律学、造船学、水陆兵法等领域的大量西方科学著作，不仅培养了自己的科技人才，奠定了近代科学基础，对近代思想也产生了深远影响，康有为、谭嗣同等人正是从江南制造总局的这些译书中开始了解西学、认识西方的。

早期洋务运动中，曾国藩有一项可谓高瞻远瞩的规划，那就是选送幼童赴美留学，为中国培养真正的西学人才。自古以来，只有日本、朝鲜等国派遣留学生来中国学习，从未有过堂堂天朝大国远赴外夷学习之先例。可以想见的是，此项"中华创始之举"该受到多大的非议与阻力。曾国藩虽未见到这项计划的最后施行，留美教育过早夭折，但其先进的教育思想功不可没，成为日后大规模留学运动的先声与基础，选派的一百二十名留美幼童，涌现出了铁路专家詹天佑、北洋大学校长蔡绍基、外务部尚书梁敦彦、民国总理唐绍仪等一大批著名的科学家、教育家、社会活动家。

曾国藩的洋务运动思想，最令人称道的是学习西方而不受制于西方。清廷曾出巨资向英国购买船炮，组成了一支聘任英国皇家海军上校阿思本为总指挥，英国海军官兵六百余人为雇员，大小船只共八艘的中国现代化舰队，以帮助镇压太平天国。时任中国海关总税务司的英人李泰国，未经清廷同意与阿思本签订私下协议，认定他不仅为舰队总司令，所有官兵听其调遣任用，而且除接受中国皇帝的诏令外，不接受中国其他官员命令，即使皇帝命令也由李泰国转达，而李泰国对中国皇帝的命令又拥有否决权。面对英人控制中国军队的野心，积极支持购买舰船，本欲将这支舰队的指挥权掌握在自己手中的曾国藩，为避免日后喧宾夺主、受制于人，乃至产生不堪设想的后果，不得不毅然采取"断臂"措施，马上上书朝廷，要求即刻解散阿思本舰队。清廷为此白白损失了六十六万余两白银，但从维护国家主权的长远利益出发，又是十分值得的。由此也可看出，曾国藩背负的"汉奸""卖国贼"骂名何其冤枉！

关于曾国藩的身后评价，长期以来分成两个极端，正如章太炎所言："誉之则为圣相，谳之则为元凶。"推崇他的人说他是"中兴第一名臣"，"中国历史上最著名人物"，德埒诸葛，功迈萧曹，文比欧韩，尊他为"理学宗师""圣哲""完人"，其文治武功超越前古。其衣钵传人李鸿章说他："威名震九万里，内安外攘，旷世难逢天下才"；梁启超评论他："盖有史以来不一二睹之大人也"，"岂唯中国，抑全世界不一二睹之大人也"；清史学家萧一山在其代表作《清代通史》中评价曾国藩："修内圣外王之学，无忝父母所生，不愧天地完人"；毛泽东早年说："愚于近人，独服曾文正"，即使晚年观念有所改变，也说："曾国藩是地主阶级最厉害的人物"；蒋介石对曾国藩顶礼膜拜不已，他置《曾文正公全集》于案头，终生常读不辍，还将蔡锷选编并作序的《曾胡治兵语录》作为培养高级将领的教科书……骂他者除"汉奸""卖国贼"外，还有"曾剃头""镇压农民运动的刽子手""吾祖民贼""虚伪的道学家"等。

曾国藩之所以毁誉参半，与其行事难脱干系。在湖南长沙帮办团练时，坚决镇压各地会党组织，对那些抓来的所谓会党（实则农民），动不动便"就地正法"，显得相当残忍。他成立的审案局在短短四个月之内，便"立予正法"一百零四人，"立毙杖下"二人，"监毙狱中"三十一人，还不包括他指令湖南各县就地处死的九十二人。湘军攻陷安庆后大量杀俘，占领南京后烧杀掳抢等残暴行为，曾国藩也有不可推卸的责任。由他倡导实行的军队私有，最终演变成北洋军阀的地方割据，相互间长期混战不已，弄得国力衰竭，民不聊生，追根溯源，曾国藩显然难辞其咎。

就个体生命而言，曾国藩是一个相当矛盾的统一体。他严肃刻板，却又幽默风趣。据李鸿章言，曾国藩在军营的饭桌上"最爱讲笑话，讲得大家肚子都笑疼了，个个东倒西歪的"；他推崇仁爱，却滥杀无辜；提倡清廉，对部下的贪赃枉法却睁一只眼闭一只眼；拥有一支虎狼之师，却以愚忠自剪羽翼，结果受制于清廷……特别是面对先进的世界文明大潮，曾国藩以其远见卓识，奋然投身其中，第一个上奏提出"师夷智以制船造炮"，第一个造出轮船，第一个派人出洋购买成套"制器之器"，第一个提出"官商督办"，第一个上奏提出派遣留学生计划……然而，在向西方学习的同时，他又是一个相当守旧之人，他所坚守的传统文化，并非全是精华，有很大一部分是应该丢弃的。比如对西医没有正确认识，子女请西医给夫人看病，心中便十分不快；对厘税征收工作，坚决反对按照西方的科学管理方法；引进并翻译西方自然科学，但对其政治制度、思想体系方面的内容，却视而不见。

曾国藩与普通人并无二致，一样有着七情六欲，有着善恶兼具的本性。难得的是，他总是严格要求自己，克制内心私欲，压抑人性中恶的一面。他小时候心胸并不宽容豁达，甚至睚眦必报；也非老练沉稳之人，稍有成功便沾沾自喜；心情浮躁，常与人争强好胜……这些不足，日后都被他在修身养性的功课中以坚韧的毅力一一克服。他笃信理学清心寡欲，可妻子欧阳氏经常患病，于是，内心便十分羡慕妻妾成群的同僚。一次赴宴见到进士同年的美妾，不禁心猿意马，"目屡邪视"，回家后听见卧病在床的妻子呻吟不已，心绪更是烦躁。等到夜深人静之时，曾国藩开始反省，不由得严厉责骂自己"真不是人，耻心丧尽，更问其他"。他平素有抽水烟的习惯，烟瘾极大，后意识到吸烟的危害，便开始戒烟。可戒烟的痛苦令他万般难受，戒烟中期时有反复，最后咬牙下定决心，经历三次戒烟，才终获成功，后半辈子的三十年间，再也不吃。

"截断根缘，誓与血战"，曾国藩在成就一番伟业的壮志激励下，始终在理性与欲望相互斗争的困境中挣扎不已。他立有"三戒"，即戒烟、戒妄语、戒房闼不敬；写有"三字箴"，即"清字箴曰：名利两淡，寡欲清心，一介不苟，鬼伏神钦。慎字箴曰：战战兢兢，死而后已，行有不得，反求诸己。勤字箴曰：手眼俱到，心力交瘁，困知勉行，夜以继日"；作有"五箴"，即立志、居敬、立静、谨言、有恒。"一日三省，慎之慎之！"他以"不为圣贤，便为禽兽；莫问收获，但问耕耘"为座右铭。曾言："我欲仁，斯仁至矣。我欲为孔孟，则日夜孜孜，唯孔孟是学，人谁得而御我哉！"他将自己居所命名为"求阙斋"，取意于求缺于他事，求全于堂上。他给自己规定，每日必须做十二条课程：敬、静坐、早起、读书不二、读史、谨言、养气、保身、日知所亡、月无忘所能、作字、夜不出门。哪怕戎马倥偬，他都坚持每天写日记，并且写得相当细致。记下白天的一切，也就是不断反省、不断改过、不断求知、不断前进的过程。

他的精神核心，可用一个"诚"字概括，诚心、诚敬、诚恳、诚笃、诚朴、诚实、诚挚，脚踏实地，不投机取巧，不做苟且之事。没有谁去要求他苛责他，可出于修身养性、自我锻铸的内在生命自觉，他为自己定了一系列必须遵循的规矩，并且严格实行，将这些良好的习惯一坚持就是一辈子。

曾国藩留给后人最深刻的印象，就是毅力格外坚韧。队伍从衡阳刚拉出来不久，接连打了几次败仗，幕僚在写给朝廷的奏折中如实供述，称湘勇"屡战屡败"。曾国藩审阅时，当即挥笔改为"屡败屡战"。四字仍在，但位置一经调整，那种不服输、不气馁的刚毅气魄顿时跃然纸上。

曾国藩谦和内敛，以退为进，韬晦有术，从不张扬，没有半点文人的狂傲之气。在清政府的猜忌、地方大吏的排挤中求生存，在多重势力的夹缝中求发展，为人行事不得不如履薄冰、谨小慎微。"有福不可享尽，有势不可使尽。"时时刻刻、事事处处不忘适可而止。

曾国藩常以林则徐为榜样，提倡节俭，要做一名清官。他穿的是又短又小的马甲；睡的是布被草席；不食烟酒，每顿饭通常只有一个菜，"决不多设，虽身为将相，而自奉之啬，无殊寒素"，因他每食仅菜一品，时人谐称为"一品宰相"；随身之物只有两口小木箱，没有一件珍玩贵物；位居两江总督之时，家眷仍维持乡居生活状况，每天晚上，全家长幼女眷全在油灯下纺纱绩麻。对此，容闳在《西学东渐记》中写道："当时，曾国藩无论名义上还是实际上，都是最高权威。虽然权力如此之大，但从未听说过他滥用职权，也没有利用财权中饱私囊，或肥其亲友。他不像李鸿章那样给子孙留下四千万银两的遗产，而是身后萧条，政绩没有受到玷污，留下了受人尊敬的正直、爱国、廉洁的美名。"

从早期担任京官上疏激怒咸丰帝开始，直至生命之终，曾国藩那勤勉严谨的身影，便一直活跃在中国历史舞台上。即使身后，也影响改变着中国军事、政治、社会、文化等诸多方面的发展走向，这就难怪有人说曾国藩做了只有圣人才会做的事业。

就中国古代知识分子所追求的"三立"而言，曾国藩将道德转化为一种内在人格令人敬仰不已；留下的书信之类文字，从中见到的多是金玉良言；唯有事功一项，却是争议多多，可见任何行动都不可能十全十美，在那些美好的言辞面前，总是显得苍白无力、遥不可及。

曾国藩的一生，将社会人生的道义看得太重，主动承担的责任太多，而中西文化的冲撞又将他撕扯得太痛，时代激荡的风云对他的要求太高……如果以当代的休闲生活观视之，曾国藩一辈子，活得实在是太累太累了！

传说曾国藩出生之时，他的曾祖父曾竟希做了一个奇怪的梦：一条巨蟒从天而降，盘旋于曾家宅堂，尔后又进入内庭环绕不已。曾竟希惊悸而醒，这时家人前来报喜，说是孙媳妇生了一个男孩——他就是曾国藩。这个无法证实的神秘之梦，几乎伴随曾国藩度过了富有传奇色彩的一生。

他后半辈子长期为一种无法治愈的牛皮癣病所苦恼，病发之时，全身奇痒难耐，不得不挥舞双手全身抓挠不已，有时抓得全身是血，往往要搔落一层白鳞般的癣屑才告一段落。哪怕是这副因病而癣纹遍布、看似鳞甲的身体，也被视为曾国藩确乃巨蟒投胎转世的依据。这种病症的内在苦痛，无论怎么描述，外人都属皮相，只有患者才能真切感受那种内在的无法忍耐的折磨与痛苦。

曾国藩的体质从小就比较羸弱，自立志成为一个理学家并躬行实践以来，刻刻留心、时时忧惧、天天紧张，心理长期压抑，不禁经常失眠咯血。查办天津教案之后，外压与内疚更是弄得他"寸心焦灼，了无乐趣"，身体愈加虚弱："精神衰惫"，"眩晕之症并发"，"左目久盲，右目亦极昏蒙"，"发疝气疾，右肾坚肿下坠"。正当诸种疾患并发之时，昔日久治不愈的牛皮癣也跑来"凑热闹"，"癣疾大作，彻夜不能成寐。"

同治十一年二月初四日（1872年3月12日），回任两江总督的曾国藩，午饭后至署内西花园散步，突感脚麻，一个趔趄，身子向一旁歪斜。陪同散步的儿子曾纪泽与随从赶紧将他扶住，夹着他继续前行。不一会儿，曾国藩全身就开始抽搐不已，下人搬来一把椅子，让他坐下，然后抬入大厅。在一片惊呼中，家人全都围了过来。曾国藩已不能说话，三刻后与世长辞，走完六十一岁的人生旅程。

在此不得不特别提及的是，曾国藩临死前一天，还在阅读《理学宗传》，并写下了最后一篇日记。他死时也不像常人那样躺卧在床，而是端坐椅中而逝。

曾国藩虽然使得清廷军事大权下移，抽空了满清政权根基，但就当时情形而言，清朝确赖曾国藩而得以苟延残喘。因此，清廷获悉曾国藩死讯，举朝震惊，辍朝三天以示哀悼。又追赠太傅，谥号"文正"，入祀昭忠、贤良二祠，并于湖南湘乡、江宁金陵建立专祠，予以少有的殊荣。

作为中国近代史上最具影响的风云人物，中国本土勇敢坚毅的改革家，中国历史上最具完善人格的士大夫，中国传统文化最理想的化身，曾国藩的逝世，象征着中国古代社会最后一尊精神偶像的消失。

圣贤已逝，大儒已亡，真正意义的儒学已然进入末世，而本质意义的西学欲进入中国却破门而不得其入。一个伟大的转型时代，按说早该到来却如难产的婴儿般仍挣扎于母腹之中，使得中国近代历史前行的步履，变得那么迷惘而惶惑、彷徨而犹疑，蹒跚而踉跄……

在一部屈辱的百年近代史上，李鸿章孤独而寂寞的身影映照在宽大的天幕前，几乎受尽了上自朝廷高官，下至普通百姓，来自方方面面的天底下最多的唾沫与骂名。

李鸿章：国破山河在

一

尽管李鸿章少年得志，十七岁考中秀才，二十四岁便以二甲第十三名的好成绩高中进士，成为安徽省最年轻的翰林，但他的发迹与成功，实与曾国藩密不可分。

李鸿章父亲李文安与曾国藩于同一年（1838年）考中进士，互称年兄年弟。李鸿章以年家子的身份拜曾国藩为师，曾国藩自然对他另眼相待、青睐有加，加之李鸿章聪颖过人，虚心求教，因此进步很快。受教于曾国藩的第二年，李鸿章就考中举人。在长达十年"朝夕过从"的日子里，李鸿章不仅学诗习文、练字读史，还向曾国藩请教经世义理之学，获益颇多。就连他练就的一手好字，也得益于曾国藩的教诲，要求"其落笔结体，以珠圆玉润四字为主"，结果超乎曾国藩之上。

受诸多因素影响，后世之人，只要谈及李鸿章，都认为他一味妥协、崇洋媚外，骂他为"汉奸""卖国贼"，留下的是一幅獐眉鼠眼、猥琐窝囊的漫画相。其实，李鸿章个子高大，一米八左右，风度儒雅，仪表堂堂，颇有几分英俊潇洒的味道，有"云中鹤"之雅称；也并非人们想象的那样胆小如鼠、局促狭隘，早年他作有《入都》诗十首，其中一首写道："丈夫只手把吴钩，意气高于百尺楼。一万年来谁著史，三千里外欲封侯。"仅仅一首短诗，我们即可读到他的远大理想与豪情壮志，看出他的博大胸襟与广阔视野，见出他那汪洋恣肆的文采以及举重若轻、气闲神定的风姿。

与曾国藩一样，李鸿章人生的巨大转折也缘于太平天国。工部侍郎吕贤基奉旨回老家安徽办理团练，1853 年 3 月 4 日这一天，他在咸丰皇帝面前保荐李鸿章等人随同帮办。于是，李鸿章离开京城，回到故乡宿州，入了安徽巡抚周天爵幕府。不久，父亲李文安也奉命回籍办理团练，加上哥哥李瀚章，李家父子三人辗转奔赴于安徽各地，以尽力剿灭捻军与太平军为己任，替清廷效犬马之劳。

李鸿章在安徽帮办团练的五年时间内，或入幕府参与军事谋划，或独立率军作战，虽用力甚多，也打过不少大仗、硬仗、胜仗，但总的来说收效不佳。其间，吕贤基兵败舒城投水自尽；家园两度遭劫，被太平军焚烧一空，夫人、幼子死难；父亲李文安于合肥军中病逝，就在他奔丧暂时离开军营期间，太平军大举反攻，清军全军覆没，李鸿章侥幸逃脱一死。

"国难未除家未复，此身虽去也踌躇。"就在李鸿章身陷困境、茫然四顾之时，正在江西与太平军苦战的恩师曾国藩来信了，希望他能进入湘军幕府。李鸿章接到信，没有半点犹豫，就离皖赴赣赶往曾国藩的建昌大营。

就个人天赋而言，李鸿章居曾国藩之上，更是远远超过太平天国领袖洪秀全。曾国藩深知李鸿章其人，并未把他当一般文员、秘书使用，而是当成助手、顾问，视为左右臂膀，一切重大计划、决策都与他相商。李鸿章也的确才堪大用，批阅公文、起草书牍、建言献策，都甚为得体周全，曾国藩十分赏识。但他也深知李鸿章的先天缺陷与后天不足，总是不失时机地将他敲打、磨炼一番。李鸿章不够严谨刻苦，爱睡懒觉、怕吃苦，而曾国藩无论做什么都循规蹈矩、一丝不苟、勤勉有加。曾国藩每天要早起查营，黎明时分即和幕僚一同进餐。一天早饭时，他没有见到李鸿章，便派人去催。李鸿章懒散惯了，留恋暖乎乎的热被窝，就赖在床上谎称生病头疼。曾国藩自然心知肚明，便接连派人催促。李鸿章也就一个劲儿地耍滑头，找出一大堆堂而皇之的理由，迟迟不肯起床。三请四催，仍不见踪影，曾国藩不禁大为光火，几乎对他发出最后通牒："必待幕僚到齐乃食！"只要你李鸿章不起床，大家就都不动筷，全都坐在桌前傻乎乎地等着你一人吧。李鸿章知道事情弄僵，赶紧披衣起床，踉跄跑步而往。曾国藩板着脸一言不发，其他幕僚自然也不好说什么，李鸿章更是大气也不敢出。在一片沉寂与沉闷的氛围中，大家吃得很不是滋味，唯有咀嚼声与偶尔的碗筷碰击声。早饭终于吃完，曾国藩一字一顿地说道："少荃（李鸿章字），既入我幕，我有言相告，此处所尚，唯一诚字而已。"话音未落，即离席拂袖而去。自此以后，李鸿章逐渐养成了早起习惯，直至病逝，"每日起居饮食均有常度"。

李鸿章才华横溢、卓尔不群，也就免不了几分自负，为人处世落拓不羁。为此，曾国藩不得不"故欲折之使就范也"。曾国藩驻军祁门，因地势如在釜底，正如兵家所说的"绝地"，幕僚们无一不劝曾国藩及早退军，尤以李鸿章劝谏最力。经过一番实地考察，曾国藩也知祁门是处险地，但他早已上奏咸丰帝驻军此地，刚刚接过署理两江总督的圣谕就朝令夕改，会给自己带来意想不到的负面影响。于是，曾国藩只好硬着头皮一意孤行，继续将大本营扎在祁门，并对那些劝说的幕僚道："诸君如胆怯，可各自散去。"为此，李鸿章深感委屈。

正在这时，师生两人又在处置李元度问题一事上发生严重分歧。李元度是湘军元老，对曾国藩有救命之恩，但他在驻守徽州时，却不听曾国藩的再三叮嘱与劝告，轻率出城与太平军交战，致使徽州失陷，祁门危在旦夕。李元度的失误完全打乱了曾国藩的战略部署，令他尤为愤慨，决定上疏弹劾。李鸿章极力反对，认为做人不能忘恩负义，也不能因为一次的失误就抹杀过去的所有功劳。曾国藩从治军用人的全局出发，并不理会李鸿章的求情与指责，不顾个人私情，将李元度弹劾去职。这也看出李鸿章与曾国藩内在的本质区别，作为理学家的曾国藩为人处世以道义责任为重，李鸿章则常怀几分私心，不论对人对己，都有念情营私之嫌。

两件事搅在一块儿，弄得李鸿章既委屈又无奈，觉得难与曾国藩共事，决意离开曾幕，前往正在南昌的兄长李翰章处闲住。李鸿章在祁门危急时离去，曾国藩大为不悦，认为"此君难与共患难"。可事情一过，双方都变得理智而冷静起来。李鸿章深感自己过于冲动，环顾四周，觉得天下之大，唯有曾国藩称得上真正的豪杰志士，自己要想出人头地，非得依附他不可，正如胡林翼为他分析的那样："君必贵，然愿勿离涤生（曾国藩字），君非涤生何以进身？"此时，湘军与太平军酣战正急，曾国藩也急需李鸿章这样难得的人才，便给他一个台阶，主动写信相邀。在离营八个月之后，李鸿章重回曾国藩幕府，过去的任性孤傲、虚骄浮躁几乎被打磨得一干二净。与初次入幕相比，曾国藩对他"特加青睐，于政治、军务悉心训诰，曲尽其熏陶之能事"。

经过一番磨合，两人情谊渐浓，既是师生，又是朋友。李鸿章晚年常说他受曾国藩教益之多，平生受用不尽。据曾国藩孙婿吴永在《庚子西狩丛谈》中所记，李鸿章"平素最服膺曾文正公，启口必称'我老师'，敬佩殆如神圣"。

曾国藩不仅在学问、人格方面给李鸿章以影响，其事业也由曾国藩一手培植提携而成。

湘军攻克安庆，对太平天国取得了战略性的重大胜利，但长江下游的李秀成仍有相当的实力与优势，率军先后占领了江苏、浙江的大部分城市，使得上海成为一座岌岌可危的孤岛。上海官吏、商人大为恐慌，赶紧前来安庆请求曾国藩派兵救援，并许以每月筹措六十万两饷银的丰厚酬报。曾国藩一直为军饷所困，六十万两白花花的银子自然让他心动，但湘军正沿江东进计划进攻南京，并已遣左宗棠自江西援浙，一时间实在无兵可派。

十二天后，户部主事钱鼎铭、候补知县厉学潮，又从上海乘外轮来到安庆，仿春秋时期申包胥向秦朝搬兵求救故事，一见曾国藩，就"声泪俱下，叩头求师"，情词之哀迫，令曾国藩不禁为之动容。曾国藩思虑再三，又与众幕僚反复磋商，决定派曾国荃前往上海救援，命多隆阿、鲍超两军会攻南京。正在家乡募兵的曾国荃接信，对出兵上海半点也不感兴趣，他眼里盯着的，是攻克南京的首功，及传说中城内聚敛的无数金银珠宝，便找出一些冠冕堂皇的理由予以拒绝。曾国藩对他这位相当任性、在家族中排行第九，人称"曾老九"的亲弟不便硬性督责，便想让另一湘军将领陈士杰替代前往。陈士杰正在家乡积极布防，以解除石达开对桂阳的骚扰攻袭，作为大孝子的他恐"惊扰太夫人"，明确表示无法脱身。

这时，另一湘军将领吴坤修主动请缨，愿率兵援沪，曾国藩想都没想，当即回绝。为挑选赴沪合适人选，一向做事谨慎的曾国藩不禁大伤脑筋。他自然早就想到了李鸿章，且知李鸿章比曾国荃、陈士杰等人更具才识卓见，只是舍不得这位大事小事都要与之相商的得力助手，正如他笑言的那样："少荃去，我高枕无忧矣。唯此间少一臂助，奈何？"早就跃跃欲试的李鸿章再也按捺不住，不愿放过这一稍纵即逝的大好时机，不由得毛遂自荐，"坚请赴申"。曾国藩也觉得李鸿章各方面都已成熟，可放手让他独当一面，使劲一搏。于是，他一面上奏保荐李鸿章为江苏巡抚，一面命他招募兵马组建援沪之师。

自离京帮办团练，虽说做了九年相当郁闷的幕僚，可李鸿章初一"出山"，其待遇、实力便远超他人，既有一支属于自己的私人武装——淮军，又是名正言顺、威震一方的地方诸侯——江苏巡抚。这样的优越条件与丰厚待遇，也只有恩师曾国藩才能为他争取得到。不仅如此，曾国藩还将自己组建训练、能征惯战的八个湘兵营，作为"嫁资"送给弟子李鸿章为之壮行，也就难怪李鸿章一辈子都要对曾国藩感恩戴德了。

二

李鸿章初到上海，就像一条出水蛟龙，一时间弄得风生水起，在上海滩这块"风水宝地"写下了国人最早的创业神话。

当然，不论何种创业，都充满艰辛与坎坷，不屈与苦痛，李鸿章也不例外。

六千五百名淮军，雇佣当时世界上最为先进的水上交通工具——七艘洋轮，兵分三次从安庆而下，以近乎大摇大摆的姿态，不费一枪一弹、一兵一卒，竟然神不知、鬼不觉地穿越太平天国铁桶般严密的防区天京及苏皖一带，顺利抵达上海。朝野上下，对"初出茅庐"的李鸿章不禁刮目相看。对这一近乎冒险的行动，李鸿章在一封致友人信中写道："此行险阻艰危，当备尝之，成败利钝所弗计也。"

上海各界盼援兵如久旱之盼云霓，而淮军杂乱的着装与简陋的装备令他们多少感到失望。特别是洋人，更是公开嘲笑不已，说李鸿章的淮军是"叫花子兵"。憋了九年闷气的李鸿章正想着如何扬眉吐气呢，不料以破釜沉舟的气概刚刚踏入上海，迎来的却是一股更加让人压抑的郁闷。他被逼到了墙角，除了拼命与成功，已是别无选择。

李鸿章在上海站稳脚跟，使得中外人士对他刮目相看的首战之功，便是虹桥大捷。

1862 年 6 月 17 日，李秀成率太平军五六万人逼近上海，猛攻虹桥淮军兵营。到上海两个月了，淮军还没像模像样地打过一仗，不唯李鸿章，全军上下，都憋着一股气，攒着一股劲，总想寻个机会好好地打它一个漂亮仗。九年幕僚生涯，李鸿章经历的战阵可谓多矣，足以称得上一位沙场老将，积累了丰富的战斗经验。针对太平军远来奔袭、劳军疲乏的弱点，他决定抓住时机，趁其扎营未定之际主动迎敌。于是，李鸿章亲率各营淮军分成六队，在排炮的掩护下迅速出击。两军相接，很快便处于相互抗衡的胶着状态。太平军毕竟人多，超过淮军近十倍，时间一长，淮军力渐难支。而有过两次交锋失利，已对太平军怀有恐惧的数千洋兵，竟在洋泾浜作壁上观，迟迟不肯加入战阵。李鸿章见状，急得快要吐血了。成败胜负，在此一搏，只见他跃马冲出战阵，不作生还之想地向前冲去。淮军官兵见主帅如此不顾死活地拼命杀敌，全都以一当十，奋勇向前。两军相逢勇者胜，太平军遗下三千多具尸首，被迫后退，逃回泗泾。

此仗打出了威风，也打开了局面，李鸿章深感痛快，不由得大肆渲染道："鸿章以五千人击十万贼于虹桥，幸获大胜，松沪肃清。"回首战事，自然也免不了几分后怕："幸而我军战胜，洋人悦服，若我军战败，无处立足矣！"

强敌当前，尽管打了一场胜仗，李鸿章并未头脑发热虚骄狂躁。经过一番观察了解，觉得洋人当初的嘲笑并非没有道理。在上海这一中国开放最早，也是最为成功的对外通商口岸，李鸿章算是真正见识了洋人的"能耐"。高楼、电话、电报、报纸、自鸣钟、手表、西医等等诸多新鲜玩意、新生事物自不待言，以他尤为关注的军事来说，洋兵、洋枪、洋炮，的确令人敬畏不已。在致曾国藩的一封函札中，李鸿章写道："洋兵数千，枪炮并发，所当辄靡。其落地开花炸弹，真神技也。"

认识到己方不足，李鸿章的态度，不像清廷妄自尊大的满族遗老遗少、士大夫中的顽固守旧派那样，妖魔化地予以拒斥，而是放下架子虚心求教、尽力改进。在与洋人的交往中，李鸿章逐渐形成了一套具有个人风格的行动准则："委曲周旋，但求外敦和好，内要自强。"他在淮军中首先更新武器装备，将在安庆建军时的小枪队、抬枪队、刀矛队完全革掉，换成欧洲洋枪。仅此一项，就使得淮军的战斗力迅速上升，超过以前两倍以上。然后，他又在亲兵营中增设两百名炮兵，组建了中国近代第一支炮兵部队，至苏常战事结束之时，淮军炮队已有六个营之多。

李鸿章此后大兴洋务实则从军务开始，先是从洋人手中批量购买枪炮，然后自己建厂生产所需弹药，制造各式武器。由军事而工商，由制器而萌生对西方其他事物的兴趣，然后全面学习借鉴，用以自强。如果说曾国藩是洋务运动筚路蓝缕的最早开创者，那么李鸿章则是其坚定不移的贯彻者、继承者与集大成者。

虹桥之战关系上海安危，首战获胜，李鸿章信心倍增，乘机扩大战果，大举西进。在一年多的时间里，连克青浦、嘉定、常熟、太仓、昆山、江阴等城。

淮军兵锋所指，似乎无往而不胜。在一系列攻城略地的凯歌声中，李鸿章那与生俱来的"痞子"性格——无信无赖、痞劲痞味、痞腔痞调不禁暴露无遗，太仓城破，他下令围杀太平军一万多人；攻克昆山，擒杀淹死太平军约三万人，李鸿章竟将如此"惨劫"视为"快事"；特别是苏州杀降，更是将他推到了人性的审判台上。

太平军驻守苏州的纳王郜永宽主动请降，并在城北洋澄湖的一只船上议订降约。淮军将领程学启立誓，常胜军首领戈登担保，郜永宽等人承诺杀死慕王谭绍光后率众来降，若用后世的观点来看，也算得上是起义投诚了。有过如此一番仪式，双方自然要遵守契约。商场如战场，战场也如商场，尽管明争暗斗，但可资依循的总的规则还是有的，比如双方订约，就得恪尽信守之责，否则后患无穷。当郜永宽等人如期献上谭绍光首级开城投降后，李鸿章却以降众太多，如果不杀掉首脑，任其上下联络，必将防不胜防为由，将受降的太平军郜永宽等八王全部杀掉。在人权、公法大行其道的西方社会，人们往往将荣誉与信义看得比生命还要重要，当作证担保的戈登听说杀降消息后，第一个反应就是"深感耻辱和极度伤心"；接着是大为愤怒，情不能持；然后是发誓要为冤死者报仇，杀掉背信弃义的李鸿章、程学启，以及"实际上他怀疑参与将诸王斩首和苏州屠杀的任何中国官员"。戈登想用两艘轮船捕捉李鸿章没有成功，便写了一封西人所谓的哀的美敦书，也就是最后通牒，要求李鸿章辞职，交由清廷审判，否则，他将兴兵强制清廷将攻克之地归还太平天国。据传，戈登曾携一杆短铳，四处寻觅李鸿章，要与他来一场私人对决，就像西人解决争端的古老方式那样。"鸿章避之，不敢归营。数日后，怒渐解，乃止。"

曾国藩对李鸿章的人格缺陷早就洞若观火，时常或旁敲侧击，或直言指责；李鸿章也知己之短，总想改正，可就是改不了，稍不留神就露出"狐狸尾巴"，真可谓"江山易改，本性难移"也。

曾国藩长期教导李鸿章为人做事要讲"诚信"，李鸿章表面唯诺，可内心深处对这一被理学家视为精神动力的道德规范不以为然。做幕僚时想多睡一会儿懒觉，竟谎称头疼。刚到上海，曾国藩就写信要他恪守孔子的忠、信、笃、敬四字，"笃者，厚也。敬者，慎也。信，只不说假话耳，然却极难，吾辈当从此一字下手"。后李鸿章接替曾国藩出任直隶总督、北洋大臣了结天津教案，曾国藩问他："你与洋人交涉，打配何主意呢？"李鸿章道："门生也没什么主意，我想与洋人交涉，不管什么，我只同他打痞子腔。"曾国藩捋着胡须沉思良久道："呵，痞子腔，痞子腔！我不懂如何打法，你试打与我听听。"李鸿章见势不妙，赶紧改口，称他是信口胡说，还望老师多多赐教。曾国藩送给他的"法宝"还是一个"诚"字："诚能动物，我想洋人亦同此人情……老老实实，推诚相见，与他平情说理，虽不能占到便宜，也不至过于吃亏。"

李鸿章自称继承了老师衣钵，可实际上未能真正理解、吸取、传承曾国藩作为一位真正理学家的精髓，缺少一种内在的精神贯注与严格要求，无论对己对人，都显得相当实际而实惠。他"好以利禄驱众"，重用人才着重谋略干练，将文章道德放在其次；也曾露骨坦陈："天下熙熙攘攘，皆为利耳，我无利于人，谁肯助我"；还对部下以实利相诱，只要事情办成，论功行赏，封官加爵，决不含糊。他紧紧抓住军权不放，以强大的军事实力作后盾。他对手下公然宣称："一切小错都不用过问，一切大错都由我李鸿章承担！"此言一出，人人愿为他效命，但也因此而鱼目混珠、泥沙俱下，时间一长，势必影响士气，败坏风气，造成"一代不如一代"的混乱局面。这也是由他以降，袁世凯及其他北洋军阀不顾国家利益、人民死活，相互抢占地盘、争权夺利、你打我杀的内在根源……

曾国藩对他的两个得意门生俞樾与李鸿章，曾恰如其分地评价道："俞樾拼命著书，少荃拼命做官。"李鸿章一生执着官场从未言退，认为只有做官才能成就一番事业——上可忠君报国，下则为民谋利，"安能不热衷耶？"这也是他与老师曾国藩最大的区别之一。

每有高封，曾国藩总是警警惕惕、如履薄冰，一旦事不可为，就主动请辞，决不恋战。李鸿章从来没有像曾国藩那样上过一道辞呈，即使要挟清廷、以退求进也没有过。他太怕失去头顶的顶戴花翎了，只要有官做，能得到朝廷的加封，哪怕拼着身家性命，损害个人声誉，也会义无反顾、勇往直前。兵败日本议和归来，李鸿章成了人人喊杀的"卖国贼"，有人劝他引退，李鸿章极力强撑道："于国实有不能恝然之谊，今事败求退，更谁赖乎？"因此，尽管陷入人生低潮之极，他仍保留几项官职，拥有几顶官帽，并期望有朝一日东山再起，重握大权实权。李鸿章"自壮至老，未尝一日言退"，从1862年担任江苏巡抚到1901年病逝，除因奔母丧离职数月，在近四十年的时间里，哪怕病重期间，也从未离职。当然，如果从另一角度视之，也算得上一种担当与气概——不畏险阻勇于任事，面对困境从不退缩。

为了官位，他几乎不择手段，有时连自己的恩师曾国藩也不放过。当曾国荃部久攻南京不下时，清廷曾命李鸿章"迅调劲旅数千及得力炮队前赴金陵，会合曾国荃相机进取"，李鸿章念及恩师情谊没与曾国藩兄弟争抢头功，而是要滑头找借口主动避让。可当南京攻下不久，清廷担心曾国藩尾大不掉，便有意调开，命其前往皖鄂交界督兵，围剿太平军余部及小股捻军，由李鸿章暂署两江总督时，他便迫不及待地赶到南京接署。而此时的曾国藩虽主动裁撤湘军，却为弟子从长计议，上疏朝廷保留淮军，面对李鸿章这一多少带有"逼宫"味道的举止，曾国藩大为不快。其实，皖鄂交界处的小股敌军根本用不着曾国藩亲往督军指挥，刚一接旨，他就上了一道辞官奏折。曾国藩不想立时交出两江总督的印篆，而是等到朝廷回复的谕旨再说。可李鸿章恨不得立时将曾国藩挤走，便在南京秦淮河边的一艘船上静候交接。等了半个多月没有动静，李鸿章愤然不已，欲与恩师断交。曾国藩得知弟子心情急迫，即刻交出印信。谁知过了两天，廷寄谕旨到达："曾国藩无须交卸督篆，仍驻扎金陵，妥筹调度。李鸿章仍回江苏巡抚本任。"

后曾国藩正式奉旨剿捻，李鸿章还是接过了两江总督的印信。因湘军大部已裁，曾国藩不得不倚重李鸿章的淮军。李鸿章将淮军视为命根子，有兵即有权，有权就有官，为了青云直上，哪怕对大力栽培自己的恩师，也不肯放权。军队调至前线，名义上归曾国藩指挥，可李鸿章却一直暗中遥控干预，淮军所有行动须经他点头认可。曾国藩无法调度，常常贻误军机，弄得他劳而无功，受到六次廷旨严责，四次御史弹劾。于是，他极力让贤，奏请李鸿章接任。李鸿章从曾国藩手中接过剿捻大任，实授钦差大臣，遵循曾国藩原来制定的战争方略，李鸿章很快取得一举荡平捻军的决定性胜利。

处置天津教案，曾国藩更是惹得一身臊，连他自己也认为"吾此举内负疚于神明，外得罪于清议"。又是李鸿章接替曾国藩出任直隶总督，处置未能完全了结的天津教案，坐上封疆大吏的头把交椅，此后在这个位置一坐就是二十五年。接到新的任命，李鸿章自然大喜过望，可这次，他不仅没像上次暂署两江总督那样急煎煎地"逼宫"，反而在到达河北保定后就逗留不前了。

他给曾国藩写了一封信，说"冒署远行，莅省后委顿异常，不得不略为休息"，希望恩师将事情处理得有一个眉目后他再接手。曾国藩已被教案弄得身败名裂，也不希望师生两人共同"赴难"，跳入难以洗刷干净的"泥坑"，便独自一人做出了鲜为人知的牺牲，待奏结第一批人犯之后，才让门生抵达天津。李鸿章接任后所做之事，不过将曾国藩原来议结中的二十名死刑减少四人，改判为十六名死刑，四人缓期执行而已，其余部分并无半点更改。而李鸿章却获得了慈禧太后的格外垂青，认为曾国藩办不了的事，他能办妥办好，实为清廷第一股肱之臣，不久便任命他兼任北洋大臣。北洋大臣权比枢廷，不仅佩有钦差大臣关防，还兼有通商外交、兴办洋务、从事海陆国防建设的重任。同治十三年十二月初二（1825年1月9日），李鸿章又被授予文华殿大学士，位居内阁各大学士之首。这一实际上的宰相之职向来都是满人"专利"，汉人得此职衔者以李鸿章为第一。

李鸿章为了爬上高位，可谓孜孜以求、全力以赴，哪怕对恩师曾国藩，在做官这一"大是大非"问题上，也是"步步紧逼"，寸步不让。而曾国藩却总是为门生大有出息、薪火不断而感到欣慰。

直到曾国藩逝世之后，李鸿章这才陡然觉得少了一座靠山、一根支柱、一种依托，日后艰难的危局，唯有独自支撑了。

事实也正是如此，他自视甚高、倨傲不恭，不会转弯抹角以退为进，不懂守愚藏拙、适可而止，不会收敛锋芒韬光养晦，得罪的人实在是太多太多了。除委曲求全、百般讨好慈禧太后一人之外，他不招光绪皇帝喜欢；他与光绪帝老师、帝党首领、军机大臣翁同龢不和；他与左宗棠、张之洞等其他权倾一时的封疆大吏闹翻，相互发难，互不买账，特别是与左宗棠交恶甚深，两人几乎在每一件事情上都有冲突，动不动就大动干戈；他惹怒了朝廷清议派，这就相当于捅了"马蜂窝"，招来永无止息的无端攻击；他既不是地道的维新派，也不是激进的革命者，这就使得他两头受气，多方掣肘；就连重用他的慈禧太后，也对他处处设防，将他视为随意控制的工具与玩偶……各种势力都明里暗里反对他、阻挠他，而所有的责任都要他一人承担，一切过错失败都一股脑地加诸其身。

在一部屈辱的百年近代史上，李鸿章孤独而寂寞的身影映照在宽大的天幕前，几乎受尽了上自朝廷高官，下至普通百姓，方方面面的天底下最多的唾沫与骂名。就连恩师曾国藩病逝后他呈上的那副挽联，也因"师事近三十年，薪尽火传，筑室忝为门生长"的过于自诩、自负与自傲，而惹来曾氏家人极为不满，将之藏而不宣。然而，挂得最高的一副挽联，则是与曾国藩反目为仇的冤家左宗棠所书："知人之明，谋国之忠，自愧不如元辅；同心若金，攻错若石，相欺无负平生。"一向睥睨天下、狂放不羁的左宗棠，不仅给足了曾家面子，还在挽联的落款自署"晚生"二字。相形之下，李鸿章似乎太不懂得传统的为人处世之道了，这恐怕也是他生前遭骂、死后负谤的缘由之一。

三

若论李鸿章的个人功绩，主要在于一个"洋"字——洋务与外交，也正是这两方面使得他备受争议。

自领兵独当一面从安庆赶赴上海，李鸿章似乎命中注定了要与洋人打一辈子交道。

洋枪队的洋枪洋炮，让他亲眼见识了西方军事力量的巨大威力，用"震撼"二字形容他当时内心的感受一点也不为过。两相比较，中西双方的差距实在是太大了，他认识到自我改革的必要，一种强烈的紧迫感使他不遗余力地购置西方枪炮武装淮军。武器的先进，并不等于军队的先进与战斗力的强大。军事改革不仅在于将过去的大刀、长矛、剑戟更换为西方精良的洋枪大炮，也意味着与之相应的一整套军事模式的更新，诸如军人素质的提高，近代化的军事管理，战术、技术的改进，严格而正规的军事操练等等。

李鸿章在淮军各营雇用洋将，练手足、演枪炮，行军、测绘、战阵、号角、口号等项全部采用西法。他并不甘心于仅习得一点"皮毛"，而是下决心训练一支类似于西方军队的"中国正规军"。1864 年，李鸿章以戈登为总教官，聘请来自常胜军的若干军官及英国训练部队的数名教官，开始在青浦附近的凤凰山训练近千人的部队。可惜这一训练计划因缺乏清廷支持，内部管理混乱，没有制度性的训练方法等原因中途夭折。由点到面的改革没有成功，李鸿章的淮军和清朝的其他军队，仍是支离破碎的指挥体系，缺乏正规标准的训练，拥有洋枪洋炮的武器装备而没有西方式的训练与管理，严格来说，算不上一支近代化军队。这也是清军虽然更换西方装备，但与外国军队交战仍屡屡失手的主要原因。

李鸿章囿于各种条件制约，未能完成当初的计划与设想。这一耽搁，直到 1885 年，清廷才建立起第一所正规的军事院校。而全国性的军事改革，等到 20 世纪初才真正开始。如果凤凰山军事训练营能够成为"中国的奥尔德肖特"，并将这一成功经验推广、普及，带动整个清军的全面革新，中国近代外交史或许要改写也未可知。

李鸿章以军事自强为切入点"用夷变夏"，全面学习西方的洋务运动，主要包括四个方面：一为交通，办电报修铁路，他在天津设立电报总局，自办电报事业，在开平煤矿修筑轨距、质量与英国完全相同、全长十一公里的铁路，又组建开平铁路公司（后改组为中国铁路公司），修筑唐芦铁路、唐津铁路、关东铁路等；二为矿业，创建开平煤矿，设立开平矿务局，开办漠河金矿等；三为民办工业，创办轮船招商局，这是李鸿章创办最早的官督商办企业，也是中国近代工矿企业中规模最大、引进西方技术与管理方式最早的民用企业；四为商业，组织公司寻找机会积极与西人通商。

在李鸿章的积极主持下，洋务这一新鲜事物在中国大地不仅开出了堪称艳丽的花朵，而且结出了无数丰硕可观的果实，创下了许多第一：组建了中国第一支完全由洋枪洋炮装备的军队，成立了中国第一支真正意义上的近代化海军，派遣了第一批到西方学习的官派留学生，修筑了中国第一条铁路……此外，他还建造了中国第一个大型兵工厂、第一座炼钢炉、第一座煤矿、第一个机器棉纺织厂、第一家轮船航运企业、第一个电报局、第一个译书机构、第一所陆军军官学校……

李鸿章开风气之先，在举办这些洋务实业时，无不受到守旧人士的猛烈攻击与严重干扰。仅以修筑铁路为例，在今日看来这无疑是利国利民的大好事，却在当时遭到顽固派的极力阻挠。美国商人杜兰德出面，在北京宣武门外修建了一条一里多长的简易铁路，被清政府下令拆毁；英国商人在上海至吴淞间修了一条吴淞铁路，清廷以二十八万五千两银子购买，后被沈葆桢下令全部拆毁，铁轨枕木运至台湾；李鸿章授意刘铭传上奏《铸造铁路以图自强折》，结果引起轩然大波，受到保守势力的大肆抨击，认为是"无事生非，扰乱朝政"，结果引发第一次铁路大讨论；后来，李鸿章在修建天津至通州一线铁路时，为筹集资金公开招募商人入股，遭到保守官僚愤怒声讨，由此引发第二次铁路大讨论，围绕修建铁路是否为外敌入侵打开方便之门，是否扰民，是否剥夺小民生计等问题争论不休……五千年灿烂文明的背面，是五千年的积弊与惰性，要想变革，哪怕稍稍触及传统，也会引来顽固守旧势力的拼死捍卫。对此，李鸿章不由得仰天长叹："当今各国一变再变，唯中国守旧不动，天意耶！人意耶！"

四

古代中国，处理一应对外关系全由礼部承担。清朝于礼部之外，增设了一个创建于关外时期的理藩院。鸦片战争打破这一长期不变的传统惯例，开地方总督对外交涉之先例。可直到1861年3月11日，清廷才成立了总理各国事务衙门，专门负责办理对外交涉事宜，简称"总理衙门""总署"或"译署"。此后四十年间，总理衙门几乎包揽了清廷外交以及其他洋务活动在内的一切涉外事务，这种情形一直延续到 1901 年外务部成立为止。

设立总理衙门，标志着华夏传统对外关系的终结，与中国近代对外关系的确立，是中国被迫对外开放、走向世界的新起点，它抛却了过去高高在上的天朝意识，以相互平等的姿态与外国打交道。鸦片战争之前，是闭关锁国的清廷不给外人以平等，此后则是外人不予中国以平等。为维护其专制统治，清廷不得不常常委屈"迁就"，由总理衙门牵头，与海外列强订立不平等条约。于是，在国人特别是那些颟顸保守的满清权贵与昏庸老朽的官僚士人眼里，总理衙门便成了"卖国衙门"的代名词，凡与之相涉的官员都成了"鬼奴""洋奴""汉奸""卖国贼"。而办理洋务且签订了诸多中外条约的李鸿章，则成了他们的"大总管"与"总头目"。

尽管鸦片战争二十年之后清廷成立了总理衙门，可派遣郭嵩焘作为首任驻外公使，又是十五年以后的事了。在他于 1876 年远赴英国之时，如潮的斥责与痛骂声中，唯有李鸿章一人给他撑腰鼓劲："当世所识英豪，与洋务相近而知政体者，以筠仙（郭嵩焘号）为最。"

总理衙门虽然成立，可受几千年传统天朝意识束缚，一时间难以调整、适应近代国际外交关系，其中最令清朝尴尬而头疼的，就是宗藩关系。

藩属国除定期朝贡外，清廷并未得到任何实利，就是这象征性的朝贡，也要回馈比贡品更多的赏赐。清廷名义上为宗主国，而藩属国的一切政务，包括官员任免乃至与他国签订条约等，也不予过问。如 1866 年，朝鲜大院君杀害天主教徒，法国驻华代理公使伯洛内为此责问总理衙门，总理衙门的答复是：朝鲜内政外交一向自主，朝廷无权干涉。伯洛内由此抓住把柄说：既然如此，那么法国政府拒绝承认中国与朝鲜有任何宗藩关系。1871 年，美国因"谢尔曼将军号"事件照会清廷，得到的也是同样答复："该国一切政教禁令，向由该国王自主，中国从不与闻。"

虽未得到任何实利，可清廷却要承担保护之责，一旦朝贡国受到外敌威胁，清廷不仅要出面干预，关键时刻还得为其动武。清廷所维持的，是一种和平的却是不平等的，自足的却是封闭的东亚国际关系体系。在各自隔绝的古代社会，实力雄厚的中国不难做到，可进入各国相互交往，时代急剧变化的近代社会，仍固守过去的亚洲封贡外交模式，于国力虚弱的清朝而言，简直不堪重负。于是，朝贡国成了清廷的一块"鸡肋"——丢弃吧，心有不甘；保留吧，力不从心。取舍两难，因情境所迫，为保护朝贡国，清廷不惜进行了中法、中日两场大规模战争。结果尽人皆知，不仅没有保住藩属国，还使得本土陷入空前危机。

在清廷所有政府官员中，对世界总体格局的认识与把握，唯有洋务派领袖李鸿章最为清醒得体。基于西方各国的民主与富强，中国内部的混乱与贫弱，李鸿章推导一种积极务实的外交策略：摒弃传统的天下朝贡观，尽可能地与世界接轨，定义在国与国之间的关系与范畴之内，以近代国际关系法为凭，以国家利益、自强大业为重，从不轻言战争，而是"守定条约"，坚持"和戎"，通过谈判解决中外争端。

李鸿章一意主和，并非后人宣传的那样贪生怕死。在与太平军十多年的拼搏中，李鸿章出生入死，足以称得上是一位文武兼备、血性勇猛、无畏无惧的统帅。就本质而言，他不是一个"和事佬"，也不是一名和平主义者，他之所以主和，是因为中外实力对比悬殊。若逞匹夫之勇盲目开战，也许能取得暂时或局部的胜利，但最终必败无疑，与其"和局翻一回，更坏一回"，不如"坚守约章"减少损失。

在与洋人打交道的过程中，他认识到列强对华的目的并非占领土地瓜分中国，而是利益。同时，他已懂得，中国应该利用国家之间的重要规则——国际法，来维护国家利益，没有必要动辄开战，将国家与民族置于穷兵黩武、战则必败的困境之中。他隐忍和谈的目的，是求得和平的环境，拖延时日，"为国家筹久远之计"，变法图强，"百年或与洋制争胜之日"。求和忍辱乃手段，最终目的是与洋人争胜。由此可见，李鸿章的识见与谋略，远远高于那些空喊口号一意主战，实则误国误民的清流派与抗战派。对此，蒋廷黻在《中国近代史》中写道："同光时代的士大夫完全不了解时代的危险及国际关系的运用，他们只知道破坏李鸿章诸人所提倡的自强运动。同时他们又好多事，倘若政府听他们的话，中国几无年无日不与外国打仗。"

在处理宗藩关系上，清廷无非面临三种选择：放弃宗主权、维护宗主权、促使藩属国独立。李鸿章采取灵活务实的策略，对琉球与越南，他主张放弃；而关系亲密的朝鲜，则采取"以夷制夷"的外交方式，维持部分宗主权。

日本在中俄伊犁事件之际，趁机兼并琉球，改为冲绳县。琉球孤悬海外，离日近而距中远，除接受进贡派人册封外，并无实质性关系。李鸿章认为在中俄剑拔弩张，战争一触即发之际，分散力量去争区区小贡，为琉球"存祀"，只是徒务虚名而已。"地处偏隅，尚属可有可无"，事实上放弃了对琉球的宗主权。

琉球一失，中国古代所形成的亚洲封贡体系就此出现裂缝与松动，犹如多米诺骨牌开始瓦解倒塌。

通过日本趁火打劫吞并琉球一事，李鸿章认识到日本居心叵测的凶残本性——"诚为中国永远之患"。于是，在对外防卫战略上，他将矛头始终指向日本，"防东洋甚于防西洋"，视日本为战争假想国。

其实，所谓的宗藩关系，只是清朝与琉球、越南、朝鲜之间的事情，在多国、多元、多极的近代国际关系格局中，其他国家并不承认这种关系。如果中国完全放弃古已有之的宗藩关系，承认其独立，那么日本、法国对琉球、越南、朝鲜的占领，便是对一个拥有主权国家的侵略与干涉，这一挑战国际法的粗暴行径，必将招致西方列强的强烈反对乃至武力干预。正因为清廷撑着一顶破烂不堪的"保护伞"，也将自己推到了欲罢不能、无法抽身的尴尬境地。

　　法国侵略越南，清廷在马尾海战失败、澎湖失守、台湾岌岌可危的情况下，仍有无数好战派仅凭一个镇南关大捷冲昏头脑，陶醉在彻底征服法国的美梦之中。其实，镇南关大捷并非以正面作战的方式，而是凭着有利的地势，以几万清兵攻打几千法军，才在中国近代史上取得了这次少有的胜利。法国费茹理内阁虽然因此而倒台，但另一新的内阁政府会吸取教训，调整战略，增派兵力，增加后援，以中法两国实力之悬殊，战争如果继续下去，中国将不仅失去藩属国越南，还将失去云南、广西、台湾乃至更多的领土与利益。于是，李鸿章见好就收，以胜利为筹码，签订《中法会订越南条约》，放弃了对越南的实际控制权。而在只知暂时胜利，不知实际内情的人眼里，这一和约乃"法国不胜而胜，中国不败而败"，李鸿章由是遭到国人的普遍质疑与愤恨。

　　宗藩关系是中国在封闭的环境中与周边国家形成的一种非平等的特殊关系，随着清廷的对外开放，中国作为一个普通国家逐渐融入国际大家庭之中，宗藩关系的解体，也是一种历史的必然。倒是越南、朝鲜等国因自己的藩属国地位感到羞辱，一直寻求摆脱中国成为独立的主权国家。法国、日本的入侵，便在一定程度上利用了这种谋求与努力。

　　如果说李鸿章在琉球、越南问题上显得消极而保守，而对朝鲜，则自始至终都采取了积极介入、全面干预的政策。1885 年 11 月，李鸿章命袁世凯"驻扎朝鲜总理交涉通商事宜"。精明能干的袁世凯到达朝鲜后，用尽一切办法加强、扩大宗主权利，外交内政全面"与闻"，并以"监国"自居，盛气凌人地对国王发号施令。结果遭到朝鲜民众的极大反感，民族独立倾向愈演愈烈，早已垂涎觊觎朝鲜的日本政府，利用这种情绪与倾向，对朝鲜不断渗透扩张，企图取代中国。中日之争势在难免，从不"轻言浪战"的李鸿章不得不违心地放弃一贯主张的求和平环境、图复兴大业的长远战略，为大清帝国的虚幻地位与"面子"，进行一场影响深远的惨烈战争。

五

当年已衰迈的李鸿章，回顾一生走过的艰辛坎坷时，曾不无悲凉地说："我办了一辈子的事，练兵也，海军也，都是纸糊的老虎，何尝能实在放手办理？不过勉强涂饰，虚有其表，不揭破犹可敷衍一时。如一间破屋，由裱糊匠东补西贴，居然成是净室，虽明知为纸片糊裱，然究竟决不定里面是何等材料。即有小小风雨，打成几个窟窿，随时补葺，亦可支吾应付。乃必欲爽手扯破，又未预备何种修葺材料，何种改造方式，自然真相破露，不可收拾，但裱糊匠又何术能负其责？"

李鸿章所言，虽有为自己开脱之嫌，但也道破了诸多事实真相。他就真的像一个"裱糊匠"，哪里出了漏洞，都要他去糊去补。而狂风暴雨一旦袭来，表面的华饰被揭破，旧屋变得更加千孔百疮，"裱糊匠"自然也成了众矢之的。

甲午战争失败，所有的责任都推到了李鸿章一人头上，因为是他创建的北洋海军与日本舰队作战失利，是他的北洋陆军弃守平壤一败再败，致使日军深入东北三省及山东境内。可实际上，只要我们稍加分析，就可看到中日甲午之败，是近代中国的一次全面性大溃败——不仅是清政府的失败，也是故步自封的传统文化与顽固不化的国民性的失败。

李鸿章苦心经营，好不容易建成了一支亚洲排名第一、世界排名第八的近代化海军。可当时执掌清廷财政大权的户部尚书翁同龢，因李鸿章在曾国藩幕府时起草奏章，弹劾弃城逃跑的兄长翁同书，而长期记恨在心，结果私仇公报，以部款支绌为由，奏请停购海军船械，裁减海军人员。慈禧修建颐和园花银三千万两，其中前后挪用的海军经费，最保守的统计数字也超过了四百万两。光绪十四年（1888 年）以后，清廷不仅不允许北洋海军添购新船，就连弹药也限制购买。以致甲午海战爆发，北洋海军最大的铁甲舰定远舰上配置的十寸巨炮仅一枚，镇远舰只有两枚，其他小口径炮弹也十分奇缺。与之相反的是，居安思危的日本不仅皇室拿出积蓄，普通百姓也节衣缩食地积极捐款购买军舰。至光绪二十年（1894 年），双方的海军实力发生逆转，日本后来居上。

武器在战争中起着至关重要的作用，但并非决定性因素。北洋海军战败，可以归咎于战舰陈旧、弹药不足，而北洋陆军则配备有当时世界上最为先进的新式大炮，武器装备一点也不逊于日军，可失败则甚于海军。两军稍一交锋，就一败再败，什么都不顾及地溃退逃命。

1896 年李鸿章访问德国，德皇请他阅兵，当他见到训练有素、纪律严明的德军，缓急有序地变化阵式时，情不自禁地说："我如果能有这样的十个营，甲午一战就不会败给日本。"

可是，李鸿章做得到吗？

也不是没有这样的努力，北洋海军建军之初，在聘请的中国海军总教习、英人琅威理的操演训练下，很快就与国际接轨，变得整齐可观。醇亲王视察北洋海军后很是满意，赏琅威理提督军衔。可是，琅威理那不留情面的西方式严格要求与管理，招来了海军官兵的普遍不满与非难，在一次升旗事件中遭排挤，琅威理不得不愤而辞职。琅威理一走，督责训练无人，北洋海军顿时纪律涣散，不事操练，慵懒堕落，以致中日黄海海战爆发，连一个编队都无法完成。

士兵整体素质低下，缺少忠勇血性，缺乏战斗力，并非操练所能解决。而战争的胜负，更是涉及政治、社会、文化等方方面面。

在甲午战争最为紧要的关键时刻——辽东半岛沦陷，奉天告急之时，清廷却在庆祝慈禧太后的六十大寿，下令大赦天下放假三天。上上下下，到处都是一派歌舞升平，哪来半点战争影子？原来，慈禧太后五十寿诞正值中法越南战争而没能好好庆贺，这次要特别加补，凡令"老佛爷"不高兴的事情一律不准奏报！

就在李鸿章以北洋海军、淮系陆军与日军作殊死之战时，清廷的其他两支海军——南洋舰队与粤洋舰队，还有全国各地的其他陆军部队都作壁上观，不仅没有参与其中，部分同僚还暗中掣肘，一个劲儿地攻击李鸿章。李鸿章曾催调南北两路援军，或因故意拖延，或因交通受阻，都没有按时到达。他还奏请调拨南洋四舰相援，连光绪皇帝都准旨了，一向与李鸿章不和的张之洞却以船朽人庸为由不肯派船。李鸿章知道他"不肯为北洋一臂之助"，只好长叹一声作罢。对此，梁启超在《李鸿章传》一书中犹愤愤不平地写道："不见乎各省大吏，徒知画疆自守，视此事若专为直隶满洲之私事者然，其有筹一饷出一旅以相急难者乎？既有之，亦空言而已。"也就难怪西人说"日本非与中国战，实与李鸿章一人战耳"。作为政敌的梁启超走笔至此，情不自禁地赞道："以一人而战一国，合肥合肥，虽败亦豪哉！"

对日本的后来居上，李鸿章自然心知肚明，战争一开，不仅是军事之争，也是中日两国综合国力的大比拼，日本经过明治维新，锐意改革，方方面面已领先中国。因此，他极不愿意与日本开战，先是通过英俄两国出面交涉未果，后想通过谈判做出一定的让步避开这场战争。然而，光绪皇帝与主战派不允，他只好由"避战求和"变为"以战求和"。

开战之初，世界舆论普遍看好中国。有备而来的日本围绕制海权制定了可攻可守、可进可退的三种作战方案：消灭北洋舰队与清军在直隶平原决战，无法歼灭北洋海军只以陆军进攻朝鲜，海战失败则以陆军主力守卫日本本岛以防清军登陆来袭。相较而言，因李鸿章一味主和，未能做好相应的战争准备，连一个专门的作战指挥机构都未成立，没有统筹全局的战略指导与作战计划，没有近代化战争必备的后勤运输保障，基本是对于日军的进攻而穷于应付、被动作战。

战争中，李鸿章苦心经营的北洋海军全军覆没，陆军一溃千里，不仅没有保住藩属国朝鲜，就连本土也受到了日军的大举侵犯，大连、旅顺相继失守。仗如果再打下去，只能是丧失更多的土地，连京城也难以自保，绝不可能出现转败为胜，将日军赶出中国、赶出朝鲜、赶回本岛的奇迹。一贯高调的主战派建议清廷迁都再战，如果真的那样，爆发于20世纪三四十年代的八年抗战将提前半个世纪打响，那该出现一种怎样的局面？没有第二次世界大战同盟国与轴心国的背景，日本侵占中国大片国土，西方列强自然不会袖手旁观，但谁也不会给予中国以任何实质性的援助，如有行动，也只能是趁火打劫从中分一杯羹而已。如此一来，近代中国也许早就四分五裂、亡种亡国了。

战而不胜，无法"以战迫和"，李鸿章只有再次求助国际调停。他对清廷官场及国民性了解得越深，就越觉得应该尽早求取和平，早和一天就会少一分损失。在美国的斡旋下，日本同意谈判，但地点"必须在日本国内选定"。后为了扩大军事成果以便获得更多的勒索，借中方派遣的和谈代表不过局长级人物之故，以全权不足不合国际谈判惯例而予以拒绝，并有意透出口风，希望恭亲王或李鸿章前往日本谈判。

战也不成，和也不成。此时，主战派不知所措，光绪帝更是急得声泪俱下：国家社稷怎么办啦？军机大臣商议，除了派李鸿章赴日求和外，别无他法。当然，也可派恭亲王前往，可大家心里都十分清楚，求和历来就是一件屈辱的差使，一桩不光彩的事情，作为皇族重要成员的恭亲王，清廷自然不会让他前往日本承担骂名。

在谈判中，李鸿章据理力争，尽可能地减少损失，早日达成和议。而日方一方面在北塘、大沽一带展开军事行动施加压力，一方面盛气凌人地刁难以获取最大利益。就在双方相持不下之时，一位刺客帮了日本的倒忙，使得李鸿章在谈判中多少占据了一点主动。李鸿章在第三次会议结束后与随员们一同返回行馆时，日本青年小三丰太郎趁机对他的左脸开了一枪。李鸿章当即昏倒在地，鲜血从面颊流下染红了衣襟。

李鸿章被紧急送往医院，醒来后表现极为镇定，而内心却是百感交集。

他年已七十有三，如果就此壮烈死去，倒也能够博得一个以身殉国的美誉。可是，命运却安排他活着，继续面对无尽的屈辱与灾难。他嘱咐随员，将那件染有斑斑血迹的衣服保存下来："此血可以报国矣。"并占诗一首："劳劳车马未离鞍，临事方知一死难。三百年来伤国步，八千里路吊民残。秋风宝剑孤臣泪，落日征旗大将坛。寰海尘氛纷未已，诸君莫作等闲看。"

既然大难不死，他首先想到的就是，不能因为自己遇刺而延误和谈。医生当时未能找出子弹位置，后知嵌入左眼下的骨头缝中，打算开刀取出。李鸿章担心取出枪弹需静养多日，不由得坚决反对道："国步艰难，和局之成，刻不容缓。我焉能延宕以误国乎？死生有命，我宁死无割。"一颗子弹，就这样永远地留在了他的身上。而比子弹更为寒心的则是误解，是"卖国贼"之类的骂名永远刻在他的心头。

作为世界上最负盛名的中国政治家与外交家，李鸿章在日本遇刺，招来国际舆论一片谴责。天皇极为恼怒，谕旨痛斥凶手"下贱无礼，极为可恨"。日本首席谈判代表伊藤博文与副代表陆奥宗光，更是担心李鸿章以负伤为借口中途归国，引来欧洲列强干预，这才迫不得已地无条件停战。

据美国公使田贝所言，李鸿章赴日之前，就料到可能遭到暗杀。面对穷凶极恶、贪得无厌的日本，他以生命为代价，抱伤继续谈判，寸步不让，寸土必争，尽管使赔款减少三分之一，割地减少近二分之一，算得上不辱使命，也只是签订了一个被国人视为卖国的《中日马关条约》。

"四万万人齐下泪，天涯何处是神州？"弱国无外交，败国更是不存在平等外交！痛苦与屈辱深深地刺伤了李鸿章，他发誓今后再也不踏上日本土地。签约第二年，李鸿章访美归国途经日本，须在横滨港换乘轮船。船抵横滨，日方已于岸上为他设好供品行馆，欲以上宾礼热情款待，虽经多次邀请，他坚辞不就，并自锁其门以示拒绝。日本外务部派人看望，他也只在船舱予以接见。可要换船，就得踏上码头，或以日本小船搭渡，为践行"终生不履日地"的诺言，李鸿章既不上岸，也不愿借助日本小船。

随员百般劝解，他就是犟着一股牛劲不肯依从，最后只好采取权宜之计，在两艘轮船之间搭起一块跳板，冒着失足掉落大海的危险将他从美轮扶上招商局的轮船。

在情势逼迫之下，光绪帝不得不违心议和，无奈地签下《马关条约》，便将一肚子怨气发泄在李鸿章身上。先是让李鸿章的儿子李经方作为副使一同赴日谈判，后又让李经方办理台湾割让日本事宜。李鸿章自然不愿儿子与他一同绑在"卖国贼"的耻辱柱上，就像曾国藩在处理天津教案时为他这个弟子推卸责任一样，恳请朝廷收回成命。光绪帝上谕不仅不准，而且严加申饬，迫令立即前往。李经方只得启程赴台，办完交接手续，便于当天匆匆离开台湾，避居上海，不再进京复命。

六

曾国藩在世时，一切责任与骂名，都有他给李鸿章这位后继者担着顶着。他一旦长逝，李鸿章便如断奶的婴儿，尽管政治、事业仍不断攀升，可个人声誉却开始走下坡路，不断跌落，且越跌越深，最后几乎跌入万劫不复的深渊，正所谓"权倾一时，谤满天下"。

1895年4月，当李鸿章脸上绑着绷带，带着未愈的枪伤回到国内，他发现自己成了举国公愤的历史罪人：光绪帝怨恨不满，大臣说他丧权辱国，有人参奏他"非真中枪也，恐人议与倭通，故假捏之耳"，民间说他收受日人大量贿赂，连儿子李经方也成了日本收买的密探，更有人伺机欲杀掉他一雪国耻……以此为出发点，出于某种功利的需要，经宣传机器不断扩大误导，似乎近代中国的一切黑暗与混乱，诸如外敌入侵、落后挨打、民生凋敝、半帝制半殖民地统治等等，大多由"汉奸""卖国贼"李鸿章一手造成，于是乎，李鸿章一直成为罪恶的象征。

当然，也会有人站出来为他说上几句公道话，比如主张洋务的恭亲王当时就为李鸿章辩护，说"中国之败全由不西化之故，非鸿章之过"。可这种声音实在过于微弱，很快就被刺耳的喧嚣淹没得一干二净。

然而，每当国家局势被一般无识颟顸之人弄得靡乱不堪、危机丛生、危险四伏之时，出来收拾残局的，还是李鸿章。环顾朝野，也只有他堪当如此重任。李鸿章总在关键时刻，以个人荣誉换来短暂的和平与宁静，使得羸弱不堪的大清帝国缓过一口气来，不致四分五裂、土崩瓦解。

八国联军侵华，此时的李鸿章已远离京城，外放广州署理两广总督。慈禧与一帮守旧派借义和团之手盲目排外，被利用的义和团打着"扶清灭洋"的旗号，在山东、直隶境内烧毁教堂，杀害洋人，后又进入北京攻打外国使馆。闹到最后，慈禧太后竟歇斯底里地向英、法、德、俄、日等十一国列强同时宣战，并令封疆大吏李鸿章等人"北上勤王"。李鸿章深知国家之积弱，一国都不能胜，何况十一国列强？因此，"若不量力而轻于一试，恐数千年文物之邦，从此而已。"他所能做的，就是尽量控制事态，力挽危局。李鸿章一面电令攻打使馆的董福祥将军减缓攻势保住使馆，一面回电清廷"此乱命也，粤不奉诏"。一直观望、询问的两江总督刘坤一、湖广总督张之洞、闽浙总督许应、四川总督奎俊等人在获悉李鸿章的电文内容后，共同确定抗旨不遵、东南互保的原则，这才使得大清帝国的东南半壁江山免于列强的战火侵袭与残暴蹂躏。

八国联军很快进占北京，慈禧太后与光绪皇帝一行仓皇出逃。这时，"汉奸"李鸿章一时间又为中外人士所瞩望，认为只有他北上才能平息战端。"每当满清政府把这个巨大的帝国带到毁灭的边缘，他们唯一必须启用的人就是李鸿章。"于是，清廷开始一再地下诏，要求他"迅速来京，毋稍刻延"。如果说李鸿章对甲午战败负有不可推卸的严重责任，由他赴日谈判，也算咎由自取，而此次战端，与他并无半点干系，他本可以将一应责任推得一干二净，可国家处于危难之际，他能坐视不管吗？

清廷给他的电谕一天紧似一天："该大臣受恩深重，尤非诸大臣可比，岂能坐视大局艰危于不顾耶？着接奉此旨后，无论水陆，即刻启程，并将起程日期速行电奏。"他只有不顾个人安危，不惜个人毁誉，以七十七岁高龄风尘仆仆地赶赴京城谈判。

李鸿章再次被推到了历史的风口浪尖！

谈判需要底气、筹码、力量与后援，可李鸿章所能凭恃的，就是一张嘴，一颗对朝廷的忠心。

一番唇枪舌剑百般斡旋，李鸿章受尽屈辱据理力争，总算以抱病之躯，与列强达成了《辛丑条约》。

条约签订，联军开始撤退，李鸿章病情渐重，饮食不进，忽冷忽热，咳嗽不止，无法坐立。尽管如此，李鸿章仍牵挂着时局与未来，在上报和约签订情形的奏折中写道："臣等伏查近数十年内，每有一次构衅，必多一次吃亏。上年事变之来尤为仓促，创深痛巨，薄海惊心。今议和已成，大局稍定，仍希朝廷坚持定见，外修和好，内图富强，或可渐有转机。"

战乱之际，国人企盼和平，对李鸿章翘首以待。"鸿章既受命，朝局始有转机，都人皆置酒相贺。"对他素有好感的人说他临危受命是爱国英雄，"黄花晚节，重见芬香"；就连昔日仇敌也恭维他公忠体国、老成谋国，乃国之栋梁、"当代第一伟人"。可一旦和约签订，危殆解除，情势便急转直下，李鸿章又成了众人指责斥骂的对象。"卖国者秦桧，误国者李鸿章。"此言一时间传遍大街小巷、乡陌闾里。

由于时代环境、文化传统、历史背景、个人识见所限，李鸿章在处理对外关系时，确曾出现过一些失误。对此，我们可以称之为"误国"，但他绝无"卖国"之举。误国属处置不当，过失错误，有失职渎职之责；而卖国，性质则完全不同，属有意出卖国家主权与利益。李鸿章不仅没有卖国，还无时无刻不在维护国家权益。西方一致公认李鸿章"无疑是一个真正的爱国者，他始终在尽他最大的努力来维持他国家的利益，但遗憾的是，他手中的筹码太少了！"比如训练淮兵、海军时，他总是限制聘用的洋教习，将实际指挥之权掌控于自己之手。在外交场合，他从无奴颜婢膝之举，总是维护自己的尊严，连外国人也说他过于孤傲。1897 年，李鸿章接见法国公使施阿兰，没想到此人少年得志，十分傲慢，根本不把李鸿章放在眼里。于是，李鸿章决定给他点颜色瞧瞧，突然转换话题道："阁下贵庚多少？"施阿兰如实以告。李鸿章不禁哈哈大笑："原来你与我孙子同岁啊，那年在巴黎，我和你祖父倒是谈得很投机，不知你是否记得？"施阿兰闻言，再也不敢轻佻，此后见了李鸿章总是毕恭毕敬。

平心而论，不论是中日谈判，还是与联军签约，整个清廷，不会有人比李鸿章办得更加圆满，只能是更糟糕。在外国人眼里，他们不知有清朝，却知道中国有一个李鸿章，"外国使节认为在中国可能作为理智谈判对象的一人也是李鸿章"。因此之故，洋人可以不买清廷的账，却不得不买李鸿章的账。

李鸿章最大的卖国嫌疑，是 1896 年率使团赴俄参加沙皇尼古拉二世的加冕典礼时，与俄国签订《中俄密约》（又称《御敌互相援助条约》）。据说，俄人为获得中国利益，在签约时私下里给过李鸿章一笔"回扣"。有人言之凿凿，有人考证后发表文章认为纯属谣传。收受贿赂一事难以证实，但由他签下的《中俄密约》的确后患无穷，给中国带来了深重的灾难。

中国甲午战败后，俄国出于本国利益，曾联合德、法共同干涉，迫使日本放弃割让辽东，后又主动以年息四厘的低息借给清廷一亿两白银作为日本赔款。这两件事情都使得清廷对俄国人充满好感与感激，于是，国内出现了一片联俄制日的呼声。正是在这种背景之下，俄国以共同防止日本侵略为由，诱使李鸿章签订了中国与外国的第一个军事同盟条约《中俄密约》。俄国订约的目的，并非真的要与中国携手对付日本，而是想单方面在华获得种种权益，特别是修筑中东铁路之权，借此将俄国势力渗入东北三省。

李鸿章签约后高兴异常，以为替中国做了一件大好事，可保中国二十年无事，清廷可在和平安宁的环境中一心一意地大兴洋务，富国强民了。没想到，正是这一条约惹来西方列强的进一步垂涎，并且四年之后，最先攻破北京第一道城门——东便门的正是俄军。俄人进入旅顺、大连不久，英国便以保持均势为由，强行租借山东半岛威海卫，尔后又再度强租九龙。法国不甘落后，强行占据广州湾。俄、法、德、英、日等列强纷纷来中国强索租界，划分势力范围，短短两年时间便出现了上百块租借地，国家主权受到了前所未有的挑战。"半殖民地"与瓜分的危机，深深地笼罩在华夏上空。拒敌的军事同盟，却成了引狼入室的招牌与祸患，最后还成为李鸿章自作自受的一道催命符。

辛丑议和已定，其他各国撤兵以还，唯独俄军赖在中国不走，对李鸿章大肆要挟，要他奏请朝廷，出让东北三省权益。后又提出"道胜银行协定"，威逼李鸿章签字。受到俄国愚弄的李鸿章本来就窝了一肚子怨气无处发泄，于是，他明确告诉俄国公使雷萨尔，可以签订撤兵条款，但拒绝立下所谓的道胜银行协定。

赖着不走的俄人连续不断地对他施加压力。为签订《辛丑条约》，李鸿章早已气病交加，俄人的要挟使得病情进一步加重。1901 年 10 月 30 日，李鸿章从俄国使馆回到家中，开始大口吐血，"紫黑色，有大块"，先是碗许，又吐半盂。自咯血开始，李鸿章七天不进饮食。咽气前一小时，俄国公使还站在床头逼迫他在条约上签字。临终前问及他对家事有何嘱咐，李鸿章无言；问及国事，顿时老泪纵横，眼睛慢慢闭合。站立一旁的李鸿章助手、直隶布政使周馥大声哭喊道："我尚有言，公如何气绝？"旁人责怪他多言，不料李鸿章突然瞪大眼睛，真的等他开口说话。周馥只好编出一套话道："俄国公使说了，相国去位（逝世）后，俄国一定不作难中国的事情，两宫不久也要从西安回京了。"李鸿章听完，这才带着无尽的悲怆与遗憾，头一偏，真正闭上双眼，走完了七十八岁的人生旅程。

尤为可悲的是，李鸿章死后，不仅灵魂，连肉体也无法得到安宁。

1958年，位于合肥大兴集的李鸿章墓地被掘，李鸿章惨遭开棺扬尸之祸。

面对历史，一个重要原则，便是尊重事实，不能随意臧否，不能跟着起哄，不能人云亦云，更不能因要达到某种宣传目的而有意遮蔽、夸大、篡改事实。如果我们认同这一原则，那么用"鞠躬尽瘁，死而后已"形容李鸿章，实在一点也不为过。

李鸿章外交上的最大失误，就在"以夷制夷"之策。在与太平军、捻军作战时，他采取分化瓦解、各个击破的方略，取得了极大成功，于是，就想故伎重演，利用列强之间的钩心斗角，将矛盾外引，减轻中国压力，寻求一种平衡术。也不能说此策全然无用，但在关键时刻，列强绝对不会为了中国损害本国利益而与他国摊牌，乃至爆发战争。要想在国际关系中获得尊严，求得主动，唯有"实力"二字。清廷腐朽不堪，中国积贫积弱，哪来实力可言？这就决定了近代中国之外交，总是处于"人为刀俎，我为鱼肉"的悲惨境地。

七

李鸿章一辈子汲汲于事业功名，孜孜以求，勤勉不懈，就连与他政见相左的革命派领袖孙中山也佩服不已："中堂从佐治以来，无利不兴，无弊不革，艰巨险阻，犹所不辞。"

可无论从哪方面说，李鸿章的个人努力换来的都是失败：兴洋务，受制于官僚体制，虎头蛇尾难收大功；改革军事，因甲午一战败于日本，二十多年苦心经营付诸东流；办外交，屡遭欺凌，谤满天下；开创近代教育，也因多方受阻而中途夭折……李鸿章可谓地地道道的悲剧性人物，然而，他的悲剧并非个人悲剧，而是国家悲剧、民族悲剧、时代悲剧的缩影。对此，梁启超相当中肯地评价道："吾敬李鸿章之材，吾惜李鸿章之识，吾悲李鸿章之遇。"毛泽东也说他是"水浅而舟大也"。

也不能说他一辈子事功彻底失败，纵观李鸿章一生，应该说是成功与失败交织、喜剧与悲剧掺和的一生。在他的倡导，或者说引导下，清朝总算是挣脱了几千年的传统束缚，在学习西方的道路上，迈着艰难而蹒跚的脚步缓缓前行。其实，李鸿章在中国工业化、军事西方化、教育近代化等诸多方面，只要某一方面获得全面成功，近代中国乃至今日之中国，都会发生扭转乾坤的巨变。举例言之，如果甲午战争清廷获胜，那么就不是日本，而是中国跃居世界军事强国行列，此后绝对不会出现海权丧失殆尽、列强频频入侵的局面。

当然，这是一种不可能成立的假设，近代化是一个系统工程，不能急功近利地头痛医头、脚痛医脚，也不会只有某项单方面的成功。欲达全面革新，必须有长远的规划，有配套的政治改革，如君主立宪等。以异族入主中原的满族统治者，绝对不会虚君放权，李鸿章也没有什么长远的改革大计与建设蓝图，基本上是走一步、看一步、学一步，仅仅停留在表层的实用技术方面的改革，深层次的制度、法律、政体、文化等方面基本没有触及。不唯李鸿章，这也是近代整个洋务运动的一大盲点。比如清廷派遣严复等十二人，作为第一批欧洲留学生，专门学习海军技术，而同一时期的日本则向英国输送了一百来名留学生，学习科目多为法律、政治，很少有人专攻军事。

李鸿章有着常人难以企及的性格优点，曾国藩说他"才大心细，劲气内敛"，他身上的确有着一股子难得的韧性与忍劲。他有一幅广为人知的对联："受尽天下百官气，养就胸中一段春。"别人骂他，他从不为自己辩解，显得十分超脱，并将女儿嫁给曾经骂他骂得最凶的清流派领袖之一张佩纶。面对各种政敌及反对势力，李鸿章从不退缩。虽饱受骂名，四方树敌，但事情还是要做，与列强周旋不已，力挽狂澜，为救清廷于绝境，不惜搭上老命一条。

李鸿章受人诟病最甚之一，便是积有大量财产，说他"富甲天下"。

时人作有一副对联，将他与翁同龢一同讥讽："宰相合肥天下瘦，司农常熟世间荒。"李鸿章籍贯合肥，身为大学士，相当于宰相；翁同龢为江苏常熟人，担任的户部尚书一职，常被人称作大司农。此联嵌官名、地名于其中，一语双关，构思相当精妙。而梁启超对李鸿章"富甲天下"说则持怀疑态度，认为他有"数百万金之产业，意中事也"，但世人竞传富甲天下，"此其事殆不入信"。李鸿章聚财敛财的确不假，但他能够做到公私分明。他的资产，多为招商局、电报局、开平煤矿、通商银行等处的股份，及上海等地当铺、银号的利润所得。而朝廷公款，并未贪污占用，在离任直隶总督时，李鸿章曾将长期"截流"、积存的八百多万两白银，全部移交给继任者王文韶。据说这笔经费后来落入袁世凯之手，成为他交结王侯、内外联络的特别经费。

尽管拥有大量资产，李鸿章生活却相当简朴，饮食简单，个性严谨，以致在外国人眼中，他是一个典型的吝啬鬼。李鸿章对毒害中国的鸦片十分痛恨，严复在他创建的北洋水师学堂任职时吸食鸦片，常受到他的严厉斥责。李鸿章病逝，严复以理解同情之心送上一副挽联道："使先时尽用其谋，知成功必不止此；设晚节无以自见，则士论又当何如？"严复认为，如果李鸿章的洋务运动、军事改革没有多方掣肘阻挠，就不会有甲午惨败、庚子之祸；而在唯有敌败求和才能保全国家之时，如果李鸿章不承担主持和议收拾残局之责，士大夫们又要攻击他只求个人名节而误国误民。

在关于李鸿章的诸多评价中，外国人最为持平公允，他们一致认为李鸿章是中国19世纪第一流的政治家、外交家，将他称为东方的俾斯麦。其中当数美国人格罗弗·克利夫兰的评价最具代表性："李鸿章不仅是中国在当代所孕育的最伟大的人物，而且综合各方面的性质才能来说，他是全世界在上一世纪中最独特的人物。以文人来说，他是卓越的；以军人来说，他在重要的战役中为国家作了有价值的服务；以从政三十年的政治家来说，他为这个地球上最古老、人口最繁盛的国家的人民提供了公认的优良设施；以一位外交官来说，他的成就使他成为外交史上名列前茅的人。"

斯人已逝，但影响仍通过他举办的洋务自强运动，通过他不惜个人生命与荣誉，得以保全的中国主权之完整，通过他格外赏识着意提拔的袁世凯等人，而深刻地作用并改变着中国的历史格局。特别是在对外开放走向世界的艰难进程中，李鸿章更是做出了时人无法企及、后人难以想象的贡献。在当年的万国运动会上，各国国旗伴着国歌依次升起，轮到中国时，却只有黄龙旗在寂静中冉冉上升。堂堂的大清帝国，竟连国歌都没有一首，场上响起了阵阵西人的嘲笑。此时，年过七旬的老人李鸿章站了出来，步履虽然不甚稳健，但神态毅然地走到黄龙旗下，尽可能地挺直腰板，亮开既不清脆也不高亢的嗓子，满怀深情地唱起一首他从小就唱得烂熟的歌曲——家乡安徽民间小调《茉莉花》。喧嚣归于寂静，唯有李鸿章的声音在运动场上回旋。一曲唱罢，雷鸣般的掌声从四面八方涌向这位不惜一切、誓死捍卫祖国与民族尊严的老人。

关于李鸿章的不足与弱点，只要列举，一时间我们可以举出许多。比如他用人有亏，任人唯亲，只重家乡安徽人，偏袒亲戚门生；他在甲午海战中一味采取守势，缺少主动进击的勇气与锐气；他身上江湖味太浓，政客气太重，缺少曾国藩那样的理学家的虔诚与忠信，漠视"以修身为本"；他强调办实事，不注重学问修养，直到晚年才幡然省悟，"自悔盛年不学，全恃一股虚骄之气，任意胡为，其实没有根底"；他聪明有余，智慧不足，缺乏大政治家的风度、大改革家的气魄、大军事家的胆识，不足以担当济世强国、勇猛精进之大任；他恃才傲物，一副大清天下、舍我其谁的派头，因此对同僚倨傲不恭，对部属动辄训斥，对洋人也不例外地"轻侮"；他喜看《庄子》《管子》，不读西方之书，对西学的认识与了解始终停留在非常肤浅的水平上；他知道中国内部许多腐朽真相，就是不肯付出巨大牺牲着意改革，比如在美国接受记者采访时他曾经说："清国办有报纸，但遗憾的是清国的编辑们不愿将真相告诉读者，他们不像你们的报纸讲真话，只讲真话。清国的编辑们在讲真话的时候十分吝啬，他们只讲部分的真实……"他明明知道中国的虚假伪饰，可作为一个举足轻重的领导人物，为何就不想方设法地根除这一至今仍然存在的弊端呢？

当然，"金无足赤，人无完人"，况且以上所举，不少属我们对李鸿章的个人苛求。历史与国情，决定了古老的中国每前进一步，都得付出超过他人十倍的努力与代价。洋枪队队长戈登曾一针见血地说："中国人是一个奇怪的民族，他们对一切改革都很冷漠。"又说在他所认识的中国人中，唯有李鸿章，才有一点改革的愿望。

无论我们持何种观点，从何种角度看待、评价李鸿章，都大可不必将"汉奸""卖国贼"之类的语汇加诸其身，他为清廷做了一辈子的替罪羊，与秦桧、汪精卫等人有着本质的区别。即便"愤青"似的不问青红皂白，将近代诸多过错与灾难归咎于他，最起码在我们眼里，他也是一位值得敬重的老人！

面对慈禧太后的沉默，洞悉清廷底蕴、善于揣摩人心、"深知西太后好恶"的张之洞感到事情极为不妙，他似乎听到了咬牙切齿与磨刀霍霍的可怕声音，看到道道杀机与股股血光直逼而来。

张之洞：逸轨的新政

一

张之洞在中国近代历史舞台上最初"亮相"时，是一名敢于直言的清流派健将。

所谓"清流"，自然是相对于所谓的"浊流"而言。清流派自命清高，标榜名节，讲求人品，"严义利之分"，以维持名教理学为己任，是光绪年间清廷内部的一个政治派别。清流派又有"前清流"与"后清流"之分：前清流以军机大臣李鸿藻为首，得力干将为翰林院侍讲张之洞、张佩纶、陈宝琛等，因他们多为北方人，又称"北派"；后清流以户部尚书翁同龢为首，主要骨干有礼部侍郎志锐、侍读学士文廷式、南通才子张謇等，因他们多为南人，故名"南派"。

以李鸿章为首的洋务派注重实利，"论才能不论人品"，"论功利不论气节"，这在清流派看来，自然是一股"污染"社会环境的"浊流"了。

可人们一般不作此称呼，而是名之为"洋务派"。清流与洋务派水火不容，不仅抨击洋务派在国内兴办的各项洋务自强举措，于李鸿章等人的外交和谈政策，更是极力反对。清流派有着极强的文化自尊心，对内顽固守旧，对外拒斥西方文化，一意主战，反对任何妥协，在很大程度上阻遏了清廷迈向近代化的步伐，延缓了中国融入世界先进文明潮流的进程，故有"清议误国"之说。

清流派虽然未掌实权，但他们上书言事，评议时政，弹劾大臣，虽有好为空言、不识时务之嫌，但在"人言可畏"的中国传统社会，那种强大的"杀伤力"使得众多朝臣颇为忌惮。张之洞曾在一首诗中写道："虎豹当关卧，不能遏我言。"清流派以中国传统文化为旨归，凡与之相悖逆者，便是歪理邪说，是荒谬绝伦。他们怀着强烈的道义感，自以为正义、真理在握，所以理直气壮，声音也就显得格外地"洪亮"。

作为清流派的一员主要干将，张之洞享有"青牛角"（"青牛"与"清流"谐音）之称。较劲儿的"青牛"一旦发力，犀利的"牛角"冲向荆棘编织的篱笆，足以刺破某些虚伪的假象。张之洞正是以其"青牛"本色，在"东乡惨案"与"庚辰午门案"中上书鸣冤、抗疏力诤，备受时人侧目，赢得了"遇事敢为大言""诤言回天"的美誉。

1875 年，四川东乡（今宣汉县）知县孙定扬，勾结地方劣绅，巧立名目，增加多种赋税，对农民敲诈勒索、横征暴敛，致使税额陡增近十倍。百姓苦不堪言，聚众请愿，要求官府清算粮账，减轻负担。孙定扬担心事情败露，便向省府谎报百姓谋反。署理四川总督文格轻信孙定扬所言，马上派遣提督李有恒率兵进剿，酿成冤杀百姓数百人的"东乡惨案"。民众不服，进京控告，清廷虽对当事人有所惩处，但量刑过轻，首恶仍逍遥法外。张之洞在四川学政任上，对冤案了解甚详，于是，他在光绪五年（1879 年）五月一日这一天，连上三道折子，详细叙述惨案始末，列举四川官府欺压百姓、滥杀无辜的大量事实，指出百姓聚众抗粮真相，有理有据地为东乡百姓鸣冤叫屈。张之洞奏章一出，朝野上下一片附和，刑部不得不重审此案。多年冤案就此得以平反昭雪，罪首孙定扬、李有恒处以斩刑，文格被革职查办，其余相关知府、总兵、官绅等也遭革职充军。

轰动一时的"庚辰午门案"，是指1880年中秋前夕，十五岁的小太监李三顺受慈禧之命，给身为醇亲王福晋的慈禧胞妹送去八盒食物，因强闯午门而引发的一起案子。案情十分简单，只因涉及慈禧太后，所以变得十分复杂起来。依照清廷惯例，太监出宫不能直走午门，而李三顺送物出宫时依仗慈禧之势，竟然不顾成规，直冲午门"闯关"而去。身为满人的护军玉林、祥福等人强加拦阻，双方发生争执，互相推搡中将食盒撞翻。李三顺恼羞成怒，丢弃食盒返回宫中，经首领太监刘玉祥告御状于慈禧。慈禧大怒，不仅偏袒太监，还面谕刑部尚书潘祖荫，欲将玉林等人处以死刑。廷臣虽然多持异议，但慑于慈禧之威，谁也不敢公开表态。就在这关键时刻，身为翰林院左庶子的张之洞与翰林院右庶子陈宝琛，同时上疏净谏。陈宝琛直言无忌，认为本案处置失当，只有公正处理才能"群疑释然"。而张之洞的奏章则语气委婉，十分讲究策略，他先说本朝对宦官立有严加约束的"祖制"，接着列举宦官违法致使公务废弛的事例，然后力陈此种情形不可轻视，请求下旨申明有关禁令，对太监严加约束，唯有如此，才能显示"圣心之公，国法之平，天威之赫，晓然昭著于天下"。

慈禧看过两道折子，特别是张之洞留有转圜余地的奏章，简直点中她的穴位：小太监给自己胞妹送物，仗势直闯午门，骄横无忌，为此杀掉几名满族护军，不仅具有私心之嫌，还得背上违逆"祖制"的不孝骂名，实在有点过分与不该。慈禧思虑再三，终于幡然醒悟，下旨从轻发落，对护军玉林、祥福等人处以杖责，或流放，或圈禁。同时，她也没有放过惹事太监及内务府相关人员："李三顺交慎刑司责打三十板，罚首领太监月银六个月"。

一桩看似已成定局的案子，就这样在张之洞等人的上疏力争中出现转机，得以公平"落幕"。

　　有人做过统计，从光绪五年底至光绪六年这一年多的时间内，张之洞共上疏达十九次之多。他的奏议，虽部分有纸上谈兵的书生策士之见，以空言博取时名，但更多的，则是针砭时弊，有的放矢。他还特别善于选择时机，把握分寸，显得有理有节，因此，大多奏章都能达到预期的良好效果。这，也是张之洞与其他清议人士的区别之所在。清流派健将中，张佩纶、陈宝琛等人，今天纠这个，明天弹那个，触怒众臣，难免惹来众人非议，积怨甚深。而张之洞所上弹劾疏章，在数量上并不比他们少，言辞甚至比他们更加尖锐，但遭受的攻击却并不多，便与他注重策略，讲究艺术，处事圆滑，对事不对人有关。比如针对"庚辰午门案"的疏章，陈宝琛直来直去，慈禧难以接受；张之洞则于迂回婉转中直指问题核心之所在，其中的阿谀奉承之辞，也属"马屁拍到了点子上"，使得慈禧心服口服，对他另眼相看。

　　清流派健将大多因空言务虚、树敌过多，而命运乖舛，最终没有落下什么好结局：张佩纶在马尾海战中兵败逃跑遭弹劾，差点身首分离，后虽保住性命，但已是身败名裂，革职流放后再也没有机会"翻盘"；陈宝琛以"荐人失察"之过遭弹劾，被清廷降职五级，他自感无所作为，适逢母亲病逝，遂丁忧返籍，从此终老故乡；其他如宝廷，奉命典试，在归途中买妓为妾，被人抓住把柄，只好自我弹劾，免除官职后娱情山水，狂饮大醉而逝……

　　在所有清议派头面人物中，唯有张之洞例外，不但未遭贬官革职之厄运，反而不断升迁：先放巡抚，后任总督，任封疆大吏二十余载，最后入阁拜相，位居极品，达至人生峰巅。

　　张之洞直线"蹿红"，主要得力于慈禧太后的信任与提携。

　　人们大多知道张之洞属直隶南皮人，也就误以为那里是他的出生之地。其实，河北南皮只是他的祖籍，张之洞于1837年9月2日生于贵州兴义府。其时，父亲张瑛正出任贵州兴义知府。生于官宦之家，受过良好传统教育的张之洞可谓少年得志。按照秀才、举人必须回原籍应试的科举规定，张之洞归返河北南皮应试，十二岁考中秀才。十五岁参加顺天府乡试，又以第一名的优异成绩考中举人。乡试夺魁称"解元"，是科举场上难得的荣耀。于是，张之洞"一时才名噪都"，连深居宫闱的慈禧太后，也有所风闻，可见当时反响之大。

然而，此后的张之洞似乎从科举考试中销声匿迹了。以致十年之后，慈禧太后不知怎么想起了十五岁即中解元的张之洞，为久不见他入值翰林院而不解。原来张之洞为父守制三年错过考期，后又因族兄、礼部尚书张之万连续两年为同考官，循例回避不得考试，也就一误再误了。慈禧弄清缘由后，不禁深为惋惜，心中暗生提拔之意。1863年，二十六岁的张之洞入京会试，廷试对策因"指陈时政，直言无隐"触怒众多考官，幸得大学士宝鉴慧眼识珠，力排众议，总算列了个二甲第一。试卷进呈两宫，张之洞得到了慈禧太后的格外眷顾，特意将他点为一甲第三名（探花），赐进士及第。三天后参加朝考，又获一等第二名的好成绩，授翰林院编修。为此，张之洞不由得感激涕零，也促使他对慈禧太后一辈子效忠不二。

慈禧提拔重用张之洞，张之洞知恩图报，两人可谓"相得益彰"。

慈禧善用手腕，喜弄权术，她控制大臣的一个有力且有效手段，便是"平衡牵制术"：让主要大臣间扯皮拉筋，你争我斗，她便从中坐收渔利。比如清流派的出现与坐大，便是她有意"制造"的一个"产物"。以李鸿章为首的洋务派实力日渐扩大，慈禧担心尾大不掉，便培植一批对李鸿章等权臣不满的翰林院官员，利用他们指斥朝政，加以钳制。

慈禧对张之洞不断上奏的疏章中所表现出来的卓越才华青睐有加，特别是他为维护慈禧个人利益与统治地位所表现出来的忠诚，更是深得慈禧赞赏。

1875年，同治帝病逝，没有留下承续大统的后代。依照清朝前例，应从下辈中择贤立嗣。如此一来，慈禧的身份再也不是太后，而是太皇太后，将永远退居幕后。为保持"母后"地位，达到长期垂帘听政的目的，慈禧不惜违反祖制，从同治帝同辈人中挑选继位新皇。挑来选去，最后将目光锁定在醇亲王奕譞年仅四岁的儿子载湉身上。消息传出，朝野一片哗然，却又奈何慈禧不得。事隔四年之后，吏部主事吴可读为维护名教，趁参加同治帝与皇后的共同葬礼之机，不惜身服毒药，以"尸谏"方式，再度掀起立嗣风波。吴可读在遗折中写道："我朝二百余年，祖宗家法，子以传子，骨肉之间，万世应无间然。"又说"两宫太后，一误再误"。一时间，朝野震惊，慈禧无以自辩，处境十分尴尬。这时，张之洞不失时机地站了出来，上疏为慈禧极力辩解。他"援引经旨"，说载湉继位不仅"出于两宫皇太后之意"，也"合乎天下臣民之心"，此乃"本乎圣意，合乎家法"。又以务实的态度指出，纠缠于名教是非，动摇新皇光绪帝位，极有可能招来政局动荡不安。张之洞奏折一出，慈禧之围稍解，又可以"名正言顺""理直气壮"地继续垂帘听政了。

张之洞为报慈禧之恩，竟违心地置儒家精义与祖宗之法于不顾，他的工于心计、处世圆滑、首鼠两端由此可见一斑。这不能不说是其一大缺陷，也就难怪同为清流派健将的张佩纶也要忍不住讥讽他几句，说他旁顾、趋时了。

投之以桃，报之以李。慈禧太后自然不会亏待于关键时刻忠心耿耿、勇于效命的臣子张之洞，"恩宠"与"帘眷"很快降临：在短短的时间内，张之洞便被擢拔为翰林院侍讲学士（官从四品）；再升为内阁学士兼礼部侍郎（官从二品）；1882 年 1 月 7 日，张之洞补授山西巡抚，由一名闲散的京官，跃为实权在握的地方大吏。

二

以出任山西巡抚为转折，张之洞告别长达六年的清流生涯，人生翻开了崭新的一页。

身为一方诸侯，他不得不抛弃过去的虚蹈空谈，以务实为要，施行他的治晋方略。时间一长，张之洞的角色，也于不知不觉间发生转换，逐渐向他曾经猛烈抨击过的洋务派靠拢，最后竟来了个一百八十度的大转弯，不仅过渡为洋务派中的一员，而且在后期洋务派人物中独占鳌头，享有"洋务派殿军"之称，有力地推动了中国近代化的进程与发展。

不少人对张之洞的见风使舵、善于变化不以为然，也就是张佩纶所讥讽的旁顾趋时。既为报恩，也为升迁，张之洞不惜拼却个人声誉，揣摩权倾天下的慈禧心意，不失时机地为她曲意辩护、阿谀效忠，这样的旁顾趋时的确为人所诟病。但他到山西后由清流向洋务的实质性过渡与转变，则为情势所迫，又全然出于内在本心。不改革，就没有出路，识时务者为俊杰，这种权变通达的"趋时"，用今天的话说，就是顺应潮流，与时俱进，我们应该为之击节赞赏。

山西久蒙大旱，民生困顿，饿殍遍野；加之烟毒泛滥，教案迭起，真所谓"吏事积疲，贫弱交乘"。要想改变这一混乱落后现状，非变革图强不可。张之洞自下车伊始，就大刀阔斧地开展了一系列社会改革。除禁烟效果明显外，其他方面，则乏善可陈，收效甚微。是期望过高，还是整治不力？是奖惩不公，还是操之过急？是没有对症，还是积重难返？为此，张之洞不得不陷入深深的反思之中。就在这时，一个特殊人物——英国浸礼会传教士李提摩太出现在他的眼前。

李提摩太，汉名李菩岳，会说一口流利的汉语，精通儒、道、佛经典，是一个典型的"中国通"，就连外表，也装扮成当时的清人模样——身穿对襟马褂，头戴长辫假发。只有高高的个子、白白的肤色与蓝蓝的眼睛，才透出他是一名欧洲洋人的信息。李提摩太不仅致力于传播"天国"福音，也关注人间社会改革，他以赈灾为名来到山西，走访民间，广泛调查，绘制地图，掌握了大量的一手资料，力劝国人"采取西方文明，尤其是教育、科学和经济等方面"。

　　为推行"西化"主张，李提摩太专门拜访山西巡抚张之洞，赠送所著《近时要务》《富晋新规》及其他西方书籍，并奉上他思虑良久、切实可行的治晋方略——以开矿产、兴实业、办学堂等"西化"方式改变山西，以开启民智，藏富于民。

　　张之洞此前对西方科学多多少少也有所耳闻，只因那是洋务派信奉的东西，又属"夷狄之学"，并未深究细探，认真了解。而现在则不一样了，为官一任，造福一方，既然传统治理方式无法改变山西的落后面貌，何不学习、效仿"西洋术"一试？于是，张之洞静下心来，摒弃偏见，开始研读李提摩太送来的"精神食粮"。"中国南省虽出丝茶，而北省土产鲜有机器制作，终不如进口洋货值丰，此四十年中暗亏不知凡几……果能自此振兴格致，精益求精，将来深明之所以然……"张之洞读着读着，心中不觉豁然开朗。而此时，李提摩太又在太原向山西官绅学士演讲天文、地理、声光电化、医药卫生等西方知识，现场演示氧气助燃、磁石吸铁等简单易行的科学实验，还专门向张之洞一人讲解西方最新的"炼钢法"……一切的一切，都使张之洞眼界大开、惊叹不已，仿佛进入了一个全新的世界。

　　"他山之石，可以攻玉。"看来要想真正变革现实，致富图强，唯有采取"西法"之策了。

　　其实，在张之洞身上，深深地烙印着儒家经世致用的思想。父亲张瑛任贵州兴义知府时，曾与太平军作过殊死决斗，年仅十六岁的他，就参加了父亲率部苦苦坚持三天三夜的兴义守城战。受此影响，张之洞"好阅兵家言及掌故经济之书，慨然有经世之志"。此外，他还拜晚清"中兴名臣"胡林翼为师，在胡林翼的影响下，张之洞"精研历代诸儒之学，而以实用为归"。当下所面临的刻不容缓的现实危机，激发了张之洞昔日深埋于心的经世致用思想，"塞外番僧，泰西智巧，驾驭有方，皆可供我策遣。"于是，他聘李提摩太为顾问，在山西开始了洋务运动的最初尝试：设洋务局，购西学书籍仪器，修筑公路，筹办织布局，订购新式农具，改进土铁生产……

万事开头难，有了关键性的第一步转变，往后的向前推进深入发展，便是顺理成章之事了。

中法战争爆发，张之洞在山西任内脚踏实地的改革措施深得慈禧赞许，加之他力主抗战，又有身为军机大臣的族兄张之万竭力保荐，清廷于1884年5月22日下旨，命他署理两广总督，主持对法战事。

由巡抚到总督，官升了，位显了，权大了，而肩头的职责与负担也更加沉重了。张之洞以一介儒生出任封疆大吏，临危受命，成为清军对法作战西南战场的最高统帅。在他的精心谋划与赤诚努力下，终于取得了中国近代史上少有的辉煌胜利——镇南关大捷。捷报传来，张之洞不禁喜出望外："自中国与西洋交涉，数百年以来，未有如此大胜者。"法国茹费理内阁也因这场战役而倒台。然而，法国议会很快又通过了增拨军费、增调军队、扩大战争的新议案。陆战的局部胜利，无法从总体上扭转整个中法战争的大局势，内外交困的清廷不得不"乘胜即收"，签订了中国近代史上最为"优惠"的无割地、无赔款条约——《中法会订越南条约十款》。

战争虽然结束了，可它对张之洞产生的深远影响才刚刚开始。中法战争中清军表现出来的处处被动、捉襟见肘之势，坚定了张之洞刻意谋求中国军事近代化的决心，他很快提出三项亟须施行的"当时急务"：一、"储人才"，开办近代军事教育，培养一批能征善战的军事人才；二、"制器械"，开办军工厂，制造枪弹大炮；三、"开地利"，兴办采煤炼铁等近代化工业生产。他认为这三项环环相依，缺一不可，"有人才而后器械精，有煤铁而后器械足，有煤铁器械而后人才得其用，得之则权利操诸于我，失之则取予仰于人。"

基于以上认识，张之洞在广州编练广胜军，创办水陆师学堂，建造枪弹厂，加速广东水师建设，将洋务自强运动开展得有声有色。

三

1889 年 11 月，张之洞奉命调任湖广总督，兼筹办芦汉铁路大臣。此次虽属平级调动，但清廷的目的，主要是让他筹备修建芦汉铁路，并在武汉开辟一处新的洋务基地，与实力显赫的直隶总督、北洋大臣李鸿章相互牵制抗衡。

1889 年 12 月 17 日，已愈天命之年的张之洞乘船抵达武昌。直到 1907 年调离进京，除两度暂署两江总督外，张之洞任湖广总督长达十八年之久。

如果说张之洞在外放山西巡抚与督任两广期间，开创实业、兴办洋务只是小试牛刀——属序幕与热身赛，那么真正的大戏好戏、竞争比赛则在督任两湖之时。

有慈禧太后为后盾，有清廷修筑芦汉铁路的全国总体性战略规划作支撑，张之洞知道他的"天命"所在就在武汉，就在湖北，他决定放手一搏。一场改变中国近代历史进程，名为"湖北新政"的洋务运动，在 19 世纪末轰轰烈烈地上演开来。张之洞的个人功业，也因此而迈向其他后期洋务派难以企及的峰巅。

"张氏抵鄂之年，应为湖北从传统走向现代化的起点。"一个落后的内陆区域，在张之洞的苦心经营下，一跃成为中国近代化程度最高的省份，而与得风气之先的上海、广东并驾齐驱，省会武汉也成为仅次于上海的中国第二个近代化大都会，被外国人誉为"东方芝加哥"。这是一场名副其实的近代"中部崛起"！

张之洞于武汉大办近代工业，发轫之地则在广州。受中法战争刺激，他在两广总督任上积极筹办枪炮厂、炼铁厂、纺织厂等机械化工厂。接任两广督篆的李瀚章相当保守，对办厂之类的洋务根本不感兴趣，觉得张之洞留下的这厂那厂全是些烫手"山芋"。于是，张之洞便趁机将这些工厂迁到湖北，而原先向外国订购的诸多机器设备，也改变了运送目的地，陆续抵达武汉。湖北新政于草创之初，就这样捡了个不大不小的"便宜"，有了良好的基础与开端。

湖北新政的主要内容，可概括为创办近代工业、发展教育事业、编练新式军队。

张之洞在湖北兴办的近代工业，主要是汉阳铁厂、湖北枪炮厂，以及湖北织布局、纺纱局、缫丝局、制麻局等四局。

滔滔长江与长江的最大、最长支流汉水，在武汉交汇，也将武汉分隔为武昌、汉口、汉阳三镇。正是在张之洞督鄂期间，武汉三镇的职能逐渐区分开来，武昌为督府所在，乃湖北行政中心；汉口以商务为主，沿江为英、德、俄、法、日五国租界；汉阳为张之洞开办的主要厂矿——汉阳铁厂、湖北枪炮厂厂址所在。

作为亚洲第一个近代化钢铁工厂，远东乃至全世界数一数二的大型企业，汉阳铁厂历经三年建成。1894 年 6 月 30 日，当铁厂第一炉鲜红耀眼的钢水流泻而出时，整个世界为之震惊不已。设在上海的西方报馆立时刊发传单，电告各国，其中一家报纸这样写道："汉阳铁厂之崛起于中国，大有振衣千仞一览众山之势……中华铁市，将不胫而走各洋面，必与美英两邦，角胜于世界之商场，其关系非同毫发……呜呼！中国醒矣，此种之黄祸，较之强兵劲旅，蹂躏老赢之军队尤可虑也。"

出钢三天之后，张之洞在随员的陪同下视察汉阳铁厂，在满耳的机器轰鸣声中登高眺望，但见生铁厂、熟铁厂、贝色麻钢厂、西门士钢厂以及铁货、机器、造轨等十个大小厂房鳞次栉比，烟囱高高耸立，喷吐的烟雾缭绕天际，似与朵朵白云融为一体。一时间，张之洞不觉豪情满怀，仿佛看到了古老的中国正在脱胎换骨，告别昔日的贫弱，跻身于世界强国之列……是的，当时的他，根本就没想到一个有着几千年专制的国度，欲建设成为一个经济发达、社会民主、繁荣富强的国家，该是多么曲折艰难。

一个接一个难以想象的劫难，仿佛注定了中华民族必须经受一场场血与火的洗礼，只有在涅槃中才能获得新生。

汉阳铁厂后改为商办企业，与大冶铁矿、萍乡煤矿，组成著名的汉冶萍煤铁厂矿有限公司，毛泽东曾两次视察其中的大冶铁厂（后为大冶钢厂）。1952年，在回顾中国民族工业的发展历程时，毛泽东说有四个人不能忘记，第一个提到的就是"搞重工业的张之洞"。

汉阳铁厂西邻，便是张之洞最早建成的湖北枪炮厂。这里设有枪厂、炮厂、罐子钢厂、无烟火药厂、炮弹厂、枪弹厂等多个规模宏大的分厂，共有员工约三千人，能生产当时最新式、最先进的快枪快炮，特别是一种口径七点九厘米的步枪，更是以其优良的质量而享誉全国。然而，张之洞想不到的是，这种"汉阳造"步枪，在半个世纪后的抗日战争中，仍是国人抵御入侵日寇的强有力的主要武器。设若张之洞在天之灵有知，在为自己当年的洋务实绩感到欣慰的同时，更多的，恐怕是为后人的裹足不前而感到深深的遗憾与悲哀了！

布、纱、丝、麻四局设在武昌，成效不如汉阳铁厂与湖北枪炮厂，但织麻局为全国首创，四厂分布开来，对武汉地区近代化的整体构成，无疑起着相当重要的促进作用。

据有关资料统计，张之洞在湖北地区共创办大小工厂三四十个之多，投入白银一千七百多万两，职工总数最多时达至一万六千余人。湖北的经济结构，由此发生了根本变化。

近代化是一项涉及方方面面的复杂系统工程，其中最关键的是人才。必须拥有一大批接受西学教育、具备科学知识的人才，才谈得上其他方面的推进与发展。张之洞认为，"中国不贫于财而贫于人才，不弱于兵而弱于志气"，"人才之贫由于见闻不广，学业不实"。有鉴于此，他大力改革传统教育，创立了全面、完整的近代教育体系：他兴办师范学堂，为各级学堂提供必要的师资力量，1907年达二十四所之多；他设立农务学堂，发展农业教育，为推动湖北的农业经济发挥积极作用，至 1910 年，湖北全省办有农业学堂四十八所；他兴办的其他学堂还有商务学堂、自强学堂、武备学堂、方言学堂（晚清时方言指外语）、算学学堂、工艺学堂、路矿学堂、军医学堂等；他极其重视留学教育，"师人之长，补己之短，用以开广见闻，增长学识"，在他的倡导下，20 世纪初的湖北出现了一股留学热，清末湖北共派遣留日学生五千多人，位居全国各省之首……

在传统科举盛行了一千三百多年且依然存在的情况下（1905 年方予废除），要想引导民众学习西方科学，建立新的国民教育体系，培养近代化的新型人才，其阻力之大，困难之多，举事之艰，可想而知。即使今日视之，张之洞大规模兴办各类新式学堂，也属一项具有远见卓识的"大工程"，算得上气势磅礴的"大手笔"。

张之洞大力发展近代教育，使得湖北民众的文化素质不断提高，封闭守旧的社会风气得以扭转，西方的自然科学与民主思想迅速传播开来，一大批科技、政治、外交等方面的新型人才脱颖而出。张之洞不仅打造了一个工业化的武汉，还在一定程度上塑造了一个影响至今的人文武汉——即以今日排名全国第三的武汉高校为例，便得益于张之洞当年创办各类新式学堂的筚路蓝缕之功。

张之洞编练新式军队，是其富国强兵的系列内容之一。他将编练陆军与开办军事学堂同步进行，所募士兵，要求"能识字写字，并能略通文理"，入伍后，将他们选派到陆军特别小学堂学习；而军官，则严格要求受过正规军事学校培训与教育。他改革旧式军队，编制训练仿效德国与日本。至 1906 年，张之洞练成新军第八镇（辖一个镇、一个混成旅），共有军官七百名，士兵一万零五百名，成为一支在数量上仅次于袁世凯北洋六镇的中国近代第二支精锐陆军。若论质量，湖北新军官兵的身体素质、文化素质、武器装备、军事素质，都堪称全国一流。在晚清举办的几次全国性秋操中，湖北新军每每夺冠，被军机大臣铁良称为"陆军则湖北之常备军为最优"。湖北新军的编练模式，作为成功样板推向全国，因此，清末各省凡有新军之地，就有湖北新军输送之军官。以致武昌首义爆发，这些有着革命思想的军官，很快就成为当地率军举事、响应起义的重要人物。辛亥革命能在全国范围内迅速夺取胜利，在很大程度上得益于湖北新军输出的这批年轻的革命军官。

张之洞因筹办芦汉铁路前来武汉，后因形势变化，遇到了重重困难。于是，他大胆利用外资，决定借债修路。1906 年 4 月 1 日，全长一千两百多公里，贯通北京到武汉的芦汉铁路（后改名为京汉铁路）终于建成通车。

此外，他还成立湖北电话公司，开启中国地方市内电话之先河；建设沪汉、京汉、粤汉、川汉、湘汉等五条电报干线，使武汉成为全国电报网络中心；支持创办水电厂，成立水电公司，经营电灯及自来水业务；在武汉三镇修筑十多条相当规范的近代马路；还奖掖商业，兴修水利，疏浚河道……

张之洞自命"楚人"，以湖北为第二故乡，也真的将自己的智慧、精力与才华献给了富有浪漫气息的楚山楚水。

1907 年，张之洞奉调入京。临行前夕，在同僚的簇拥下登临黄鹤楼，但见鳞次栉比的高大厂房与喷烟吐雾的高耸烟囱历历在目，不禁想起当年入京会试，途经武汉第一次登临黄鹤楼时的情景。面对风光无限的美好山河，当时的他，曾脱口吟出一联："爽气西来，云雾扫开天地撼；大江东去，波涛洗尽古今愁。"令他颇感欣慰的是，年轻的激情与豪迈，挥洒在脚下这块土地，已结出超迈古人的神奇硕果。感慨万端之际，张之洞灵思泉涌，情不自禁地泼墨挥毫："昔贤整顿乾坤，缔造先从江汉起；今日交通文轨，登临不觉亚欧遥。"

斯人已去，风范永存。湖北民众为感念张之洞督鄂功绩，集资雕刻张之洞石像，为他专建抱冰堂（张之洞号抱冰）、风度楼（后改名奥略楼），又修张公祠，再立张公亭，并将他主持修筑的后湖长堤命名为"张公堤"，将抗战前夕武昌修筑的一条马路命名为"张之洞路"，不少百姓家中还供奉着张之洞的牌位……

四

学习西方实行新政，牵一发而动全身，只要持久深入，就会从细节到局部乃至整体发生全面变化，从技艺器械到思想层面，乃至整个社会制度的本质更新。

随着洋务运动的步步推进与深入，张之洞的思想也在不断发生变化。特别是甲午一战，竟然败给大清王朝向来都不放在眼里的小小岛国日本，强烈刺激使得张之洞产生了变法自强的迫切愿望。这种顺乎时代潮流的积极变化，被维新派人士视为同道。事实上，张之洞不仅赞成维新主张，还用行动予以支持——康有为成立强学会时，他慷慨解囊，主动捐银五千两，并在某些方面共同合作。

不久，强学会操之过急的改革措施，便与张之洞的稳健风格发生冲突，二者开始貌合神离。随着维新派的日趋激进，梁启超大力倡言民权，猛烈攻击清廷专制统治，对洋务活动也频频发难指责，张之洞气恼之余，不禁忧心忡忡。

就本质而言，张之洞是一传统守旧之人。迫于危难的情势，在有限的空间与范围之内，他也确曾不遗余力地施行改革，但其前提是不危及清朝的统治，不损毁中国传统道德与文化思想，正所谓"图自强，御外侮，挽权利，存中学"也。

维新派越走越远的行为主张，不仅与其初衷发生严重分歧，更让他坐立不安的是，当初的赞同与合作，极有可能危及自身，给他带来意想不到的灾难性后果。凭他的智慧才能，以及久经官场的老练与敏锐，他发现，当时最为关键的人物——慈禧太后，对维新派的主张与行动迟迟没有明确表态。面对慈禧太后的沉默，洞悉清廷底蕴、善于揣摩人心、"深知西太后好恶"的张之洞，感到事情极为不妙，他似乎听到了咬牙切齿与磨刀霍霍的可怕声音，看到了道道杀机与股股血光直逼而来。为保住自己的政治地位，张之洞不得不预作防范，赶紧抽身而退，与维新派划清界限，"旗帜鲜明、立场坚定"地站在慈禧一方。这不仅是张之洞的悲哀，晚清所有大臣，哪怕干臣、重臣曾国藩、李鸿章、左宗棠等人，也不得不"好其所好，恶其所恶"，听凭慈禧太后将他们玩弄于股掌之间，谁也奈何她不得。

1898 年 5 月，张之洞不失时机地抛出洋洋洒洒四万多字的《劝学篇》，一面上呈光绪皇帝，一面在《湘学报》上连载，公开表达他与康有为、梁启超为首的维新派分道扬镳的鲜明态度。这既是一项自保之术，也是张之洞出乎本心的一种作为，并非人们认为的那样翻手为云，覆手为雨，全然出于谋略机诈、工于心计与首鼠两端。

《劝学篇》一出，立即得到慈禧太后、光绪皇帝的高度肯定与重视，"谕令各省广为刊布"。在清廷的大力推动下，《劝学篇》十日内三易其版，前后印行多达两百余万册，后又译成英文、法文在海外出版，一时间风行海内外，产生了极其广泛而深远的影响。

晚清风云激荡，社会剧变，人才辈出，但能够真正做到集文治武功与文章学术于一身的，唯有曾国藩与张之洞两人而已。张之洞的学术思想，主要体现在《輶轩语》《书目答问》《劝学篇》等书中。仅就思想理论而言，张之洞较之曾国藩，要显得更为独到，更加系统，特别是晚期的《劝学篇》，可视为他政治思想、经济军事、文化学术、教育外交等方面的思想理论之总结。对于这样一部产生过巨大影响的重量级作品，在此有必要稍加阐述与介绍。

张之洞贯穿《劝学篇》之始终的主要内容与核心思想，就是"中学为体，西学为用"。"中体西用"这一主张并非张之洞首倡，早期维新人士冯桂芬于三十多年前就提出"以中国之伦常名教为原本，辅以诸国富强之术"；他也不是最早的实践者，洋务派领袖李鸿章发展军事工业、民用工业，开创大规模学习西方之先声；然而，他却是"中体西用"的理论总结者与力行实践者。将理论与实践融为一体、集于一身，近代中国没有任何一人超过张之洞。因此，后人只要提及"中体西用"论，自然而然地就想到了张之洞。

所谓的"中学为体，西学为用"，就是在新与旧、古与今、中与西、保守与激进之间，寻找一个相对平衡的支点。因此，"中体西用"一方面抨击守旧派抱残守缺，顽固不化，不知变通；另一方面也指责维新派菲薄名教，一味求新求奇，不知固守之本。

在《劝学篇》中，张之洞的学习西方，与曾国藩、左宗棠、李鸿章等人相比，实有所推进与发展，除技艺、器物层面外，他主张采纳若干"西政"。但他提倡的"西政"，并非西方民主政治，而是与近代工业相关的社会设施。他在《劝学篇·外篇》中对西政、西艺做出明确界定道："学校、地理、度支、赋税、武备、律例、劝工、通商，西政也。算、绘、矿、医、声、光、化、电，西艺也。"基于这种划分，张之洞的"变中国旧法，从西法也"之举措，也仅只停留在广派游历、练外国操、广军实、修农政、劝工艺、定矿律路律商律交涉刑律、用银元、行印花税、推行邮政、官收洋药、多译东西各国书等十一条。

哪怕这些是经张之洞认可而亟须采用的"西法"，但一旦施行开来，他也担心会影响到"上层建筑"，有损孔孟之道。于是，他在《劝学篇》中再三强调，要"保国、保教、保种"。"保种"，即捍卫中华民族的尊严与独立，值得大力提倡；而所谓的"保国"，则是保大清，稳固满清王朝的统治地位，不使之动摇崩溃；"保教"，更是维护儒家孔教的至尊地位，奉"三纲五常"为圣道，"三纲为中国神圣相传之至教，礼政之原本，人禽之大防"，极力排斥诸子百家，排斥西方民主自由思想。张之洞眼里的中学只有儒家思想，并且局限于董仲舒以降的天道——三纲——君主制；而他理解的西学，仅包括他所理解的西政、西艺及西史（西方国家历史）三个部分。张之洞的"中体西用"论，其实质就是在专制皇权的框架与体制内，将儒家学说的一个支流视为中华文明全体，引用西方的物质器械、实用技术，作些修修补补的变革。

严复曾一针见血地批驳"中体西用"论将"体"与"用"割裂开来的荒谬性："有牛之体，则有负重之用；有马之体，则有致远之用。未闻以牛为体，以马为用者……故中学有中学之体用，西学有西学之体用，分之则并立，合之则两亡。"而康梁新学一个重要的内容，就是突破"中体西用"的框架，援西学改造中学。梁启超在痛斥《劝学篇》时认为此书"不十年将化为灰烬，为尘埃。其灰其尘，偶因风扬起，闻者犹将掩鼻而过之"。而实际情形却并非如此，一百多年来，表面合理、实则荒谬的"中体西用"说，一旦遇到相宜的时机，就会重新"浮出水面"，时至今日，仍有着一定的"市场"。

犹如一个裹着沉重头盔铠甲的羸弱病残之躯，竟误将盔甲视为万能之宝，以为可以抵挡刀箭枪炮的攻击，可以防止各种病菌的侵袭，可以战胜形形色色的敌人……殊不知，正是这身沉重的头盔与陈旧的铠甲，束缚了病体的痊愈，阻碍了前行的步伐。

五

以署理山西巡抚为标志，张之洞逐渐抛弃清流派的务虚空谈，过渡为地地道道的洋务派。但是，长达六年之久的清流生涯，已积淀在他的意识深处，成为他生命中的一个有机组成部分。一到关键时刻，其"清派"本色就会显露而出。比如在中法之战、中日甲午之战中，张之洞不顾敌富我贫、敌强我弱的事实，一意主战，因以封疆大吏的身份"发言"，也就显得格外突出，引导着相当大一部分官员、百姓的激昂情绪。而随着洋务运动的不断深入，对中国现实的日益了解，张之洞的思想，这才发生了彻底转变。

戊戌变法不久，义和团运动爆发，慈禧担心西人干涉，逼她归政于光绪，竟不顾一切、歇斯底里地向西方强国宣战，同时谕令各省督抚派兵赴京勤王。此时的张之洞，十分矛盾而痛苦，疲弱的中国与其中的任何一国开战都无获胜希望，更何况要与英、俄、日、德、俄等八国联军同时开战？此举无疑以卵击石。此时的张之洞，再也不敢顺风响应，高喊抗战了。而对有恩于己的慈禧太后，哪怕心有不满，或极不情愿，他也不便或者说不敢违逆。比如戊戌政变时慈禧废帝立储，张之洞明知不妥，先是沉默以对，后在两江总督刘坤一的鼓动下，决定联合上疏抗争。可折子发出不久，张之洞就开始后悔了，赶紧派人追回奏章。

就理智而言，此次他应该抗旨不遵，而感情上又难以决断，他担心别人指责他对朝廷不忠，担心慈禧太后怪罪于己。但李鸿章最早发出的抗疏电报"此乱命也，粤不奉诏"鼓舞了他，同时极力揣摩慈禧心态，觉得她出此下策，只是出于一时激愤的"妇人之见"，等到局面难以收拾之时，肯定会有反悔之举。思虑再三，张之洞一方面以"沿江沿海，会匪本多"，一旦兵力空虚，"各省必乱"为由按兵不动；一方面派兵保护教堂与洋人；又与刘坤一共同发起"东南互保"运动，说服东南督抚参与其中，并与各国驻上海领事正式签订《东南互保章程》，规定"上海租界归各国公使保护，长江及苏杭内地均归各督抚保护，两不相扰"。

在张之洞、刘坤一等人的积极努力下，东南互保范围扩大到福建、浙江、山东、四川、河南、陕西、广东等十多个省份，使得清廷东南半壁江山免遭西方列强蹂躏。事后慈禧不仅未加指责，反而认为筹划"东南互保"的张之洞、刘坤一等人能替朝廷着想，会办事，大加表彰，赏张之洞太子少保衔。及至张之洞死后，清廷在上谕中仍念念不忘他在"庚子之变"中的突出表现，说他"顾全大局，保障东南，厥功甚伟"。

　　六年"清流"在张之洞身上留下的烙印实在是太深刻了，李鸿章甚至在给皇帝的一封奏折中也说他"为官数十年，犹不免书生之气"；而自儿时起就已融入他血肉之中的经世致用思想，又无时无刻不在决定、影响着他的为人处世与言行举止。清流标榜清高讲求纯粹，见不得污点，容不得阴影，有过于理想主义的倾向。而现实世界总是贫穷与富裕、痛苦与幸福、黑暗与光明、污浊与纯洁相互并存。躲在书斋空言，可以将浪漫的情怀、理想的追求、天堂的纯洁，慷慨激昂地发挥到极致，而一旦进入现实社会，一切的一切，就会大打折扣，有时哪怕为了造福于民，也不得不采取特殊的变通手段，甚至不惜与邪恶为伍，与污浊同流，授人以柄，遭人诟病。

　　张之洞自任地方大吏之后，便在"清流"与"实用"两端，不断忍受着矛盾的撕扯与痛苦的煎熬。他曾袒露心迹地说道："自官疆吏以来，已二十五年，唯在晋两年，公事较简。此外无日不在荆天棘地之中。大抵所办之事，皆非政府意中所欲办之事；所用之钱，皆非本省固有之钱；所用之人，皆非心悦诚服之人。总之不外中庸勉强而行四字。"

　　他见不得官场的污浊，声明"权贵不足畏"，可又不得不效忠慈禧，曲意奉承，哪怕那些瞧不上眼的太监，有时也得巴结巴结；他坚毅勤勉、清正廉洁，同时又具有圆滑老辣、畏葸退缩的一面；他说自己"平生有三不争：一不与俗人争利，二不与文士争名，三不与无谓争闲气"，其实他争的东西可多了，比如对待李鸿章，几乎事事都要针锋相对，其实，他的勇于任事，敢为天下先也是一种"争"；督任两广时，为筹集款项，张之洞竟开"闱姓"之赌，从中抽取捐税百万两，用于修复黄浦船坞、建造巡河炮轮、订购布机等，但开赌无疑使得两广赌风愈甚，风气愈加败坏；他在《劝学篇》中将社会变革圈定在形而下的器物层面，当八国联军入侵之后，严峻的现实使他深深认识到，如果再不厉行变法，比维新派更为激进的革命党起，满清将面临皇位不保之危局，于是，张之洞又力促清廷实行君主立宪……

　　于是，关于张之洞，便有两种截然不同的评价，有人说他是反对洋务的清流派，更多的人则将他定位于后期洋务派领袖，所谓"洋务派殿军"是也；有人说他是顽固守旧之人，也有人说他是改革变法之新人；有人骂他是清政府忠实的"走狗"，更多的则说他是清王朝的掘墓人……其实，以上所言皆为事实，张之洞就是这样一位集新与旧、西与中、洋务与清流、改革与保守、开放与顽固等多重矛盾于一身的时代风云人物。他刚刚去世两天，《时报》便有一篇文章写道："张之洞之得名也，以其先人而新，后人而旧。十年前之谈新政者，孰不曰张之洞、张之洞哉；近年来之守旧者，又孰不与曰张之洞、张之洞哉。以一人而得新、旧之名，不可谓非中国之人望也。"近年出版的《张之洞幕府》一书，更是相当精辟地概括道："他的人格特征是政治上忠君，事业上趋新，文化和伦理上恋旧，趋新与恋旧的矛盾心态伴随他的一生。"

　　关于张之洞的评说，人们自可从不同角度，怀着不同感情，见仁见智。而他对中国历史巨大而深远的影响，则是谁也不容否认的客观事实。

　　张之洞自 1907 年离鄂进京，武汉乃至湖北的近代化势头就开始下降了。古代人治的一个最大特点，就是人存政兴、"人走茶凉"、人亡政息。然而，张之洞所开创的新政事业已在武汉扎下根来，虽缓慢却执着地从根本上改变着这块古老、传统而板结的土地。湖北新政从经济、军事到教育的整体性改造，必然渗入上层建筑，导致湖北地区文化思想的逸轨；这种脱离传统惯性轨道的先进文化思想又反过来作用于广大社会，诱发社会各阶层的裂变；因分裂变化而出的绅士、商人、学生、官兵联合形成一股势力强大的力量，他们一致要求冲决专制的罗网。因此，辛亥革命的种子只有在武汉，才能找到最为适宜生存、发展的土壤。干柴遇上火苗，顿时熊熊燃烧，辛亥革命就这样顺理成章地在武汉爆发了。烈火随即席卷、蔓延开来，一时间火光冲天，燃遍全国……湖北新军在这场推翻两千多年专制皇权的斗争中充当了直接掘墓人的角色，如果没有这样一支新型的武装力量打响起义第一枪，然后以其强大的实力在张之洞的得意门生黄兴的率领下与北洋清军抗衡鏖战，革命火焰不仅难以点燃，即使点燃了，也极有可能在短时间内被反动势力残酷扑灭。因此，只要提及武昌首义，提及辛亥革命的成功，人们总要"吃水不忘挖井人"地念叨张之洞几句，说他是"种瓜得豆"，事与愿违。

从进入翰林院的那一天起，张之洞就开始进行着挽救清廷命运的努力，并将个人才干发挥到了一种少有的极致。比如编练新军，他的最初之意，在于抵御外侮，维护清朝统治，而实际效果则是加速清廷的覆亡。孙中山对此意味深长地说道："以南皮（即张之洞）造成楚材，颠覆满祚，可谓为不言革命之革命家。"武汉当时流行的一首《道情曲》更是风趣十足地唱道："笑，笑，笑，笑那孤忠自矢的老香涛（张之洞字香涛），把满清的铁桶江山断送了。你为甚废绿营多把汉兵招？你为甚办铁厂多把洋枪造？你为甚停科举打破读书牢？你为甚兴学堂聘请洋人教？只弄得晨钟暮鼓连城动，美雨欧风匝地高，种下了革命根苗。"

湖北新军能够立下颠覆清廷的不朽功勋，实与张之洞的"清流"人格密不可分。张之洞为官一方，从不培植党羽。他训练军队，也从未想过要将其练成一支属于私人的"张家军"，从而拥兵自重。他在山西即开始筹办练军，在广州建广胜军，在两江编自强军，在湖北练新军，全是人一离任，军权即行拱手交出，这也是他与近代其他军阀的本质区别，衬托出他的高风亮节。此外，他对新军中的革命思想也未加严格限制，于会党成员也未大肆搜捕镇压，只要你不闹腾得那么过分，他基本上是睁一只眼闭一只眼。对于那些"露出马脚"的革命党人，一般开除了事，并不严加深究。哪怕镇压威胁清廷统治的"自立军"，"挥泪"杀掉曾是他两湖书院学生的首领唐才常，也没有扩大范围，只是遏住势头，尽可能地做到"内部消化处理"。

张之洞对后世产生的深远影响，还有他阐述总结的"中体西用"说。这一治标不治本的学说之所以至今仍"阴魂"不散，自然有功于张之洞的极力鼓吹与系统阐述。他此后的思想虽有所推进提高，明确鼓吹君主立宪，从社会制度、政治思想等方面改造社会，可后人记住、倡导、发挥的，仍停留于他在《劝学篇》里的"中体西用"说。这并非张之洞之过，只怪我们几千年传统文明中的民主因子过于稀少，自由空气过于稀薄，而脚下这块土壤中的专制汁液又过于浓稠。

其实，哪怕他曾经有过的失误，其中也蕴含许多值得吸取的经验与教训，于今天的改革开放与经济建设而言，是一笔不可小觑的宝贵财富。

张之洞在创建、开办汉阳铁厂时，以长官意志瞎指挥，严重违反经济规律与经营法则。比如在没有对湖北地区的煤、铁资源进行勘察、检验的情况下，以为"中国之大，何所不有"，便想当然地订购贝色麻炼钢炉。等到钢炉运到，发现大冶铁矿的矿石含量并不适用，只得重购相应的炼钢新炉。

炼钢得有大量煤炭供应作保证，张之洞派人四处勘探，几经周折，选定大冶王三石与江夏马鞍山两处投资开掘。结果大冶王三石挖出大水，只好停工；而马鞍山生产的煤含硫磺过多，不适于炼焦之用，且产量也十分有限；最后只好购买距离甚远的开平之煤，甚至从英、德等西方国家进口焦炭。汉阳铁厂在选址上，按常规应选在与原料产地大冶铁矿毗邻的黄石石灰窑一带。张之洞为便于控制，竟将铁厂厂址选在汉阳龟山脚下。不少外籍专家直言相劝，张之洞不禁大动肝火，依然固执己见，我行我素，使得炼钢成本大增，仅运费一项就不知要白白浪费多少。

在管理方面，汉阳铁厂也是弊病丛生，漏洞百出。工厂犹如衙门，裙带之风盛行，冗员充斥，办事相互推诿，效率极其低下。最为可恨的是这些对近代化工厂管理一窍不通的官员，却能"无师自通"地承袭传统陋习中饱私囊。据有关资料记载，汉阳铁厂官办期间共计耗费白银五百六十多万两，而真正用于生产的只两百多万两。也就是说，大部分投资都被这些蛀虫们给贪污了。因此，汉阳铁厂只要开工生产，每天都得亏本："如每日冶炉化出生铁一百吨，将亏本银二千两，是冶炉多煽一日，即多亏本一日。"后来实在难以为继，张之洞才极不情愿地"拱手相让"，将汉阳铁厂交给盛宣怀，改官办为官督商办。两年后汉冶萍公司成立，督办名义完全取消，汉阳铁厂成为纯粹的商办企业……

张之洞在临终前，还在有意无意间做了一件蛀空清廷、影响中国近代势力格局的大事。

光绪、慈禧先后撒手归西，清廷大权落入摄政王载沣之手。因为昔日的多重积怨，载沣掌权后的第一件事，就是要杀掉袁世凯。张之洞力陈载沣与隆裕太后不可："主幼时危，未可遽戮大臣，动摇社稷。可否罢斥驱逐出京？"加之载沣担心袁世凯训练的北洋军队闹事，外国列强干涉，汉族官员惶恐自危，最终采纳了张之洞的建议，以"回籍养疴"为名，罢黜出京，放归河南。

张之洞在鸦片战争爆发前三年出生，他死后仅仅两年，满清王朝就在武昌首义的枪声中收煞，黯然退出历史舞台。在清廷走向覆亡的最后四十年中，张之洞在政治、经济、军事、交通、教育、外交等各个领域的作用几乎无处不在，无时不有，无事不与。他的一生，不仅与晚清相始终，也是一部饱含血泪、顽强抗争、昂扬奋进的中国近代史的缩影与象征。

林纾所能担当的，仅仅是一个翻译家的角色而已。"药治不了的，用铁。铁治不了的，用火。"只有严复，才将西学变成了照亮古老中国沉沉黑夜的冲天火炬。

严复：弱肉强食的危机与适者生存的图强

一

　　严复出生于一个中医世家，曾祖父严焕然曾是一名举人，祖父、父亲虽以行医为业，但都有着较深的国学造诣。也许是对自己的弃儒从医心有不甘，父亲严振先对严复寄予厚望，希望他在中国古代知识分子千百年来一以贯之的科举轨道上，能够顺利取得功名、光宗耀祖。于是，七岁时将严复送入私塾，为求良师，先后辗转多处。后又延请同邑黄宗彝开设家塾，专为他一人授课。作为一名当地颇负盛名的宿儒，黄宗彝渊博的学识、开阔的视野、士人的品格，对幼时的严复产生了深刻影响。如果不出意外，以严复的聪颖勤奋，考秀才，中举人，升进士，博个一官半职，应该不成什么问题。最不济，大不了什么也考上不，那就子承父业，开家药铺接纳病人，或是背个药箱四处问诊，像他父亲一样，成为一名医术高明、经验丰富、闻名遐迩的名医。

然而，一根看不见的命运"魔棒"，不经意地在严复头顶稍稍一点，他的人生之路，就此来了个意想不到的"急转弯"。

1866 年 8 月，父亲严振先在福州南台苍霞洲，救治霍乱病人时不幸染上瘟疫，而撒手人寰。严振先平时积善好德，对许多前来就医的穷人不收诊费，加之嗜赌如命，结果病逝之后，家里穷得连殡葬费也拿不出。还是以前那些受过恩惠的病人送些香火钱，大伙儿七拼八凑，好歹办了一个葬礼，这才得以入土为安。

面对父亲病逝这一突如其来的灾难与打击，年仅十二岁的严复束手无策，不由得悲痛而无奈地叹道："肩不能挑，手不能执，奈何？奈何？"是的，家里的支柱轰然倾塌，唯一的经济来源失去，严复不仅无法继续求学，而且五位家人，包括他、母亲陈氏、刚娶的妻子王氏、两个幼小的妹妹，就连生计也成了问题。于是，全家不得不离开省垣，搬回距苍霞洲十多公里的祖居——侯官县阳歧村大夫第，分得两间房屋栖身，靠母亲与妻子替人做些女红勉强度日。

不能继续延聘塾师，也就意味着断了科举求仕之途。年少的严复，不得不寻求新的进取之路，并且作为家里唯一的男子，还得挑起养家糊口的重任呵。正当他茫然四顾，急欲寻找出路以摆脱艰难困境时，适逢福州船政学堂招收公费生，学费、住宿费、伙食全免不说，每月还发放四两银子，另外学堂三月一考，成绩一等者可获奖金十元。既可继续求学，又可领取补贴，成绩优秀还能获得额外奖励用以解决家庭生计，这样的好事，真是打着灯笼也难寻。严复得知消息，没有半点犹豫就决定报考。

福州船政学堂，原为闽浙总督左宗棠创办的由铁厂、船厂、学堂组成的福州船政局的一部分，也是中国海军之萌芽。左宗棠不久外调，举荐正在福州老家因母丧守制的前江西巡抚、林则徐女婿沈葆桢接任船政大臣。主考官沈葆桢正值丧亲丁忧，拟定的考题便与父母孝道有关——《大孝终身慕父母论》。刚刚经受丧父之痛的严复提笔写来，不觉情真意切，加之较好的国学功底，文章写得情文并茂，十分感人。沈葆桢阅后大为赞赏，严复以第一名的优异成绩被录取入学。

1866 年，沉重的国门在迫不得已的情形下刚刚拉开一条缝隙，时人对国家的前途与民族的危亡并无紧迫之感，对洋务、船政、科学并无多少认识，也不想作更多的了解。在国人特别是传统知识分子眼里，唯有科举，才是光宗耀祖之正道。哪怕有着相当优厚的条件，但前来报考船政学堂的学生并不多。严复如果不是出于家庭变故生活所迫，肯定也不会前来应试，恐怕这一招生信息，都难以进入他的视野。神秘的命运之手，就这样通过父亲病故这一偶然事件，彻底改变了严复的人生之路。

福州船政学堂作为晚清海军人才的摇篮，设有前学堂与后学堂，前学堂开设轮船修理制造，培养造船人才；后学堂学习轮船驾驶技术，造就航海人才。严复上的是后学堂，学习英文、算术、几何、代数、水重学、电磁学、光学、音学、热学、地质学、天文学、航海术等课程。学堂雇募洋教习，管理、考试、奖惩相当严格。这与严复从前接受的传统私塾教育不仅形式有别，而且内容全为当时国人所不知晓的西方自然科学。五年船政学堂学习生活，展现在严复眼前的，是崭新的学问与广阔的天地。十二岁至十七岁，正是人生初步定型的重要时期，严复天资聪颖，加之父亲之死所受世态炎凉的刺激，因此学习特别用功，每次考试都名列前茅。在与传统国学的对比中，严复经受西方文化的洗礼，由惊奇仰慕到学习吸收，对西方社会的先进文明，有了初步的了解与认识。

1877 年 3 月 31 日，严复作为清政府派遣的第一批欧洲留学生，从福州马尾港出发，前往英国学习。同行的有刘步蟾、萨镇冰、林永升、方伯谦、叶祖珪、林泰曾、何心川、黄建勋、蒋超英、罗丰禄、林启颖、江懋祉等十二人，他们都是马尾船政学堂后学堂的优秀毕业生。

1877 年 9 月，严复、方伯谦、何心川、林永升、叶祖珪、萨镇冰等六人通过考试，进入英国皇家海军学院深造。1878 年 6 月，他们以优异的成绩结束课堂学习，所不同的是，方伯谦、何心川、林永升、叶祖珪、萨镇冰等五人上英国军舰学习，严复则另外安排在格林尼茨海军学院再学习一个学期，以便回国后胜任海军教职。将严复确定为教职人选，自然是他平时成绩优异与表现突出的缘故，也与一个重要人物——郭嵩焘的极力推荐密不可分。

严复敏锐的思想与广博的才学，深得清廷第一任驻英大使郭嵩焘的器重。两人虽然年龄相差悬殊，但在许多问题上却有着相同的见解，于是，二人很快结成来往密切的忘年交，在心灵深处将对方引为知己与知音。郭嵩焘去欧洲各地访问时，也将严复带在身边，使得他有机会见识了巴黎天文台、下水道、卢浮宫、凡尔赛议政院、万国博览会等许多欧洲文化结晶。郭嵩焘思想深邃，对洋务派仅将"船坚炮利"视为国家强盛之途深感怀疑，认为只有掌握西方的政治、经济、文化、教育，才是真正的强国之本。这种独到的见解，在当时来说可谓凤毛麟角。正是基于这样的认识，郭嵩焘从西洋国家"君民兼主国政"的民主政治优越性出发，批评中国两千多年的专制制度；第一个对中西哲学思想、政治伦理观念进行比较研究；针对欧洲教育对社会发展所起的关键作用，力言教育为急务，主张多派留学生，大规模学习西方……郭嵩焘的这些"超前"思想，在铁板一块的极权统治下，自然难以引起共鸣，也无法得到统治者的采纳，但它们却深深地感染了严复，潜移默化地融入他的灵魂与血肉之中。

担任海军学堂教习、从事海防教育、培养海军人才这一安排，对严复日后的发展至关重要。这既决定了他将继续学习更为精深的海军专业知识，也为他进一步观察西方社会，研究西方社会科学提供了便利与可能。如果严复像其他同学那样成为一名出色的海军指挥官，驾驶战舰驰骋在辽阔而蔚蓝的海洋，日后将不可能从事理论研究，大规模地翻译、传播西学；并且在晚清腐朽的体制束缚下，不论个体生命如何卓越，也难有大的作为，等待着严复的，必将是与其他同学类似的悲惨结局——甲午海战中要么战死海疆英勇殉国，要么投降日军终生羞辱。

在留英的两年多时间里，严复一直研习阅读。享有世界声誉的近代思想家大多集中在英国，法国著名思想家的主要著作也有英译本，严复后来翻译，在论著、演讲中提及的众多英文著作，当时多已出版。他经常穿着格林尼茨海军学院的学生服，在图书馆埋头苦读，广泛涉猎社会科学，研读了大量对西方社会、文化、制度产生过重要影响的人文著作，倾心于亚当·斯密、孟德斯鸠、卢梭、边沁、穆勒、达尔文、赫胥黎、斯宾塞等人的理论学说。

二

严复留学归来，先在母校福州船政学堂当教习，次年调入李鸿章创办的另一所海军学校——北洋水师学堂担任总教习（即教务长），后出任该校校长。

此时的严复，可以称得上是一名西方文化的饱学之士，无论自然科学，还是社会科学，都达到了时人难以企及的高度。然而，严复对科举却情有独钟，儿时的传统教育及古老中国的社会氛围都希望严复对自己、对家人、对祖宗有一个交代与"说法"。这种交代与"说法"，千百年来似乎只有一途，那就是通过科举考试，获得加官晋爵的资本，进入士大夫阶层。虽然长期浸润在西方文化之中，可受传统文化的诱惑与制约，严复也未能免俗，他的内心深处，急切渴望得到这种社会与世俗的承认与肯定。

1885 年，堂堂的天津北洋水师学堂总教习严复，跑回福建参加"乡试"。这一举动在后人看来似乎滑稽可笑，但严复却是认真而虔诚的，并且充满深深的期望，可等待着他的结果，却是落选！只有"乡试"考中举人，才有资格参加"会试"；连个举人也考不上，自然与进士无缘，至于闪耀着七彩光环的什么"状元""榜眼""探花"之类，就更是遥不可及了。

　　落第后的严复，仍回天津北洋水师学堂任职。当时的他，肯定有点灰溜溜的味道，并且十分失望与郁闷，常常借酒浇愁。但是，对于科举正途，严复并未绝望。科举落第并不是一件怎么丢人现眼的事情，不少学子七老八十了还汲汲奔走于考场，而一旦高中，则顿时身价百倍。总教习也好，校长也罢，毕竟算不得一员正儿八经的朝廷官员，难以进入官僚统治机构的运转轨道。严复虽然装了满肚子的"洋墨水"，但在"官本位"的专制社会里，没有一官半职，就"人微言轻"，遭人蔑视。于是，他更加发愤研习八股文，从西学转回早期的传统国学，大有不中不仕，绝不罢休之势。无奈天不遂人愿，第二次赴北京参加"顺天"考试，第三次回福建乡试，都以落第而告终。

　　四十岁时，严复经海军保荐"免选知府，以道员选用"。知府为四品官员，道员比知府高半个级别，属正四品。颇具讽刺意味的是，已是道员身份的严复仍因未能获取正式功名而深感不安，又一次跑回福建参加乡试，结果仍然落选。堂堂北洋水师学堂校长，中西文化的饱学之士，连一个举人都无法考中，这既是严复的悲哀，更是皇权社会取仕的悲哀，也从一个侧面说明传统的科举制度已是穷途末路，走到了它的终点。

　　严复四次落第，还会继续参加第五次、第六次乃至更多次的科举考试吗？难说得很。然而，一个改变中国历史发展进程的事件彻底打碎了严复的"科举梦"——就在他参加第四次科举考试的第二年，中日甲午战争爆发了。泱泱大清帝国，竟然败于蕞尔岛国日本之手。北洋舰队全军覆没，中国陆军一败再败，日军直逼京畿，不知所措的清廷不得不派李鸿章赴日签订《马关条约》，承认日本对朝鲜的控制，割让辽东半岛、台湾全岛、澎湖列岛，赔偿军费二亿三千万两，开放沙市、重庆、苏州、杭州为商埠，允许日本在中国通商口岸开设工厂。

　　如果说败于英国、法国等西方列强之手尚能让人继续"优哉游哉"，而此次，竟然败于昔日的学生，且人口、领土与清朝简直不成比例的小小日本，这无疑扯掉了所谓天朝大国的最后一块"遮羞布"，国人不禁目瞪口呆，实在难以接受这一无可挽回的败北事实。如果说战争本身给国人造成的只是痛苦折磨的心理伤害，而《马关条约》带来的则是欺人太甚、迫在眉睫的生存危机。两次鸦片战争的失败也只是割让了当时国人并不知其地理位置的小小香港与九龙，赔款也不是太多；而《马关条约》一下子就割去一个台湾省，且赔款二亿三千万两，简直就是一笔天文数字了！亡国亡种的危机，比以往任何时候都来得紧迫而强烈，每一个关心国事、富有良知的中国人心头，都悬着一把达摩克利斯利剑。

面对甲午海战的彻底失败，严复比他人有着更为深刻的切肤之痛。壮烈殉国的"致远"号管带邓世昌、"超远"号管带黄建勋、"经远"号管带林永升、"扬威"号管带林履中，悲愤自杀的"镇远"号管带林泰曾、"定远"号管带刘步蟾以及因"临阵退缩"罪而斩首正法的"济远"号管带方伯谦，全是福州船政学堂培养出来的一代优秀海军将领，其中大多与严复一同留学英国，却在甲午海战中如流星般陨落了。

甲午一战，严复任教的北洋水师学堂也有不少学生战死海疆。皮之不存，毛将附焉？既然北洋海军全军覆没，为其培养人才的北洋水师学堂也将不复存在。不唯北洋水师学堂，就连洋务派苦心经营长达三十年之久的自强事业，也因此而毁于一旦。甲午之战震醒了国人自我沉醉的天朝大国迷梦，更是惊醒了严复的"科举梦"。他为民族的命运、国家的前途不禁忧心忡忡，一股强烈的悲愤积郁于胸，不吐不快。于是，沉下心来伏案疾书，在短短的时间内连续创作、发表了《论世变之亟》《原强》《辟韩》《救亡决论》等四篇极具影响力的论文。

在这些文章中，严复批判韩愈的"君权神授"论、"圣人创世说"，介绍达尔文的"进化论"以及斯宾塞的社会学原理，提倡"自由、平等"观念，阐述"鼓民力、开民智、新民德"的自强原则，要求引进西学，创立议院，希望通过符合国情的渐进变法，成为英国资本主义式的君主立宪国家。特别值得一提的是，他在《救亡决论》中，对科举制度来了个一百八十度的大转变，由汲汲以求一变而为猛烈抨击，视"六经五子"（"五子"指孔子及理学家周敦颐、程颢、程颐、张载、朱熹）为"华风之敝"的根源，剖析"八股"摧残人才的三大害处：锢智慧、坏心术、滋游手；提出"如今中国不变法则必亡，然则变将何先？曰：莫亟于废八股"；由自身的感受与认识，严复将废除科举八股制度视为国家变法维新的头等大事。

　　四篇掷地有声的文章如同一出大戏、好戏的序幕，开启了严复"盗取"西方文明"火种"，"煮"华夏民族之"肉"，以达强国富民之效的翻译、启蒙伟业——马上着手翻译《天演论》。

　　《天演论》为英国生物学家、哲学家赫胥黎 1893 年在牛津大学的一部讲稿，原名《进化论与伦理学及其他》，内容相当深奥。为便于读者阅读理解，赫胥黎又补写了一篇导言介绍该书内容。赫胥黎是达尔文的朋友，达尔文的进化论为生物学上具有划时代意义的伟大贡献，被恩格斯誉为 19 世纪自然科学的三大发现之一（另两大发现为能量守恒定律与转换定律、细胞学说）。赫胥黎对达尔文的进化论特别推崇，不遗余力地加以介绍、传播。

　　严复没有直接翻译《物种起源》，而是以间接的方式通过译介赫胥黎而宣传达尔文的进化主张，这是因为赫胥黎在讲稿中以达尔文学说为基础，指出生物从古至今，都在发展变化，这种变化缘于"物竞"与"天择"，并将达尔文的进化论由有机界、自然界、生物界推而广之，认为弱肉强食的动植物法则也是人类社会的真实写照。

　　面对列强瓜分、亡种亡国之危局，清廷尚未真正觉醒。"物竞天择，适者生存"，强者、智者自能生存，弱者、愚者必遭淘汰，这是中国古籍闻所未闻、见所未见的"进化公理"。严复翻译、介绍《天演论》的目的，就是要棒喝、警告晚清当局，唤醒广大民众，以求上下一心，奋力抗争，救亡图存，保种救国。

《天演论》名为翻译，实为著述。严复选取赫胥黎《进化论与伦理学及其他》一书中的绪论、本论两篇，意译其主要内容，并依据中国国情、传统文化及个人识见予以取舍，但凡原文与自己观点不同之处，严复或加案语予以反驳，或按己意进行改写，以警醒当局，力求自强。他对"天演"一词的解释，是指宇宙处于不断变化的过程之中，这种变化并非简单的"变动"，而是由单纯到复杂，由流变到凝聚，由笼统混乱到定形分类。因此，《天演论》开宗明义，指出自然界及人类社会长期处于不断发展、不断变化的历史进程之中，并借赫胥黎之口，批判了中国几千年来的"退化论""不变论"与"循环论"。

《天演论》的主要内容是物竞天择、优胜劣败、适者生存、合群保种、黜旧扬新、世道必进的自然与社会进化规律，这也是达尔文主义的基本内容。自然万物存在着谋求生存的严酷斗争，人种的竞争同样残酷无情，即使同种之间，也存在着激烈的竞争，强者胜，劣者汰，既要保群，就要变革图强。严复在译文中，赋予古代"人定胜天"思想以新的内涵，那就是以人持天，"与天争胜"，用以鼓舞国人奋勇前行的斗志。

受甲午战争、《马关条约》的强烈刺激，严复心中的激愤如地底奔涌的岩浆，他借翻译西方文字找到了一个适当的突破口，"火山"终于爆发了！他边译边著，只几个月时间，就完成了《天演论》译稿。根据有人发现1895年的刊本而论，说明《天演论》最迟已在1895年就已脱稿。然而，对出版之事，严复则十分慎重，经过多次修订，才于1898年由湖北沔阳卢氏慎始基斋木刻正式出版。

《天演论》刚一印行，便如一颗威力巨大的炸弹扔进一潭死水之中，震撼了整个中国。广大民众，早就不满于日渐衰微的满清朝廷，面对一系列丧权辱国的失败与条约，于压抑苦闷之中，也在苦苦地寻找，以期图强振兴，一展盛唐雄风。然而，四周似乎全是关闭的门窗，只有老大帝国的腐朽弥漫空中，民众看不到半点亮光。他们在等待，在盼望，在苦苦地寻找自强的崭新之路。就在这时，严复的《天演论》问世了！它第一次挣脱了古老的"不变论""退化论"与"循环论"，不仅阐述了物竞天择、强国富民的"公理"，还推崇西方社会政治制度，伸张民权，提倡民主，崇尚自由，强调发展科技、教育的重要性，并涉及人口及生态变异等内容……这些从未有过的观念，给长期封闭的古老帝国，注入了一股新鲜的空气与强劲的活力，给传统哲学思想带来了一场深刻的革命，奠定了出生在19世纪末期的一代先进中国知识分子的思想基础，从根本上改变了国人的世界观与方法论。作为一部划时代的伟大作品，《天演论》成为中国近代思想转型的一道分水岭。此后，不论是资产阶级改良派、革命派，还是激进民主主义者，几乎都把进化论视为人类发展的普遍规律，作为他们最基本的思想武器，为民族的发展与国家的强盛注入了一股强劲的内源性动力。

康有为称赞严复"译《天演论》为中国西学第一者也"；梁启超在《天演论》尚未出版时就借抄阅读，当即著文宣扬，认为"进化论实取数千年旧学之根柢而摧弃之，翻新之者也"；蔡元培在《五十年来中国之哲学》中写道："五十年来，介绍西洋哲学的，要推侯官严复为第一……他译的最早、在社会上最有影响的，是赫胥黎的《天演论》。自此书出后，'物竞''争存''优胜劣败'等词，成为人人的口头禅"；陈独秀在《青年》杂志上反复宣传进化论，认为"优胜劣败，理无可逃"；胡适在《四十自述》中回忆，当年求学上海澄衷学堂时，使用的教材就是严复的《天演论》删节译本，一次的作文题目也是"物竞天择，适者生存，试申其义"；鲁迅对《天演论》更是爱不释手，"一有空闲，就照例地吃侉饼、花生米、辣椒，看《天演论》"；毛泽东早年的知识结构除了私塾学习的四书五经及一些中国古代历史人物传记、小说，就是在新学堂里读到的《世界英雄豪杰传》。他在湖南省立图书馆自学时，才较为系统地接触西方政治学说，当时读得最多最受启发的，便是严复翻译的西方名著……

可以毫不夸张地说，近现代几乎所有仁人志士、爱国英雄都受过进化论的熏陶与影响。《天演论》也在出版后的十余年间一版再版，拥有三十多个不同版本，这在当时的中国出版界，简直就是一个奇迹，严复也因此被人称为"严天演"。

三

严复以翻译家著称，他翻译的数量、质量、系统性、广泛性及深远影响，他人无法企及；他提出的"信、达、雅"译书三要求，长期以来为学界所认可信奉。然而，严复定位并镌刻在中国近代历史不朽丰碑上的，却不是翻译家，而是"启蒙思想家"的身份。

翻译介绍西学者多矣，因翻译而以启蒙思想家享誉后世的，似乎只有严复一人。

严复之前，自明末徐光启、李之藻介绍西方天文水利知识，到洋务派健将容闳、徐建寅等一大批知识分子翻译西书，据有关资料统计，仅上海机器制造局历年销售的西书，便多达一万一千多部。只是这些西书，少有反映西方社会政治学术理论的，绝大部分属工艺、兵法、医学、宗教之类。西学在这批翻译家手中，不过是一把工匠的凿子。他们的努力，局限于传统的眼光与方法。就拿与严复同时代的著名翻译家林纾来说，他译过《茶花女》《鲁滨孙飘流记》《黑奴吁天录》等许多轰动一时的西方文学作品，据张俊才《林纾著作系年》统计，林纾翻译的外国文学作品，已出版者一百七十八种，未出版者十七种，北京图书馆尚存手稿七种，共计两百零二种，被人称为"译界之王"。他与严复同为福州人，也在苍霞洲生活、学习过，他们两人不仅有着共同的文化背景，还是一对肝胆相照的朋友，但林纾所能担当的，仅仅是一个翻译家的角色而已。"药治不了的，用铁。

铁治不了的，用火。"只有严复，才将西学变成了照亮古老中国沉沉黑夜的冲天火炬。

严复之所以因翻译西学而被称为启蒙思想家，除了译中有著，阐发自己独特的思想见解外，还在于译书的选择。他因《天演论》"一炮走红"，尔后又继续精进，翻译了亚当·斯密的《原富》、斯宾塞的《群学肄言》、穆勒的《群己权界论》与《名学》、甄克思的《社会通诠》、孟德斯鸠的《法意》、耶芳斯的《名学浅说》、卫西琴的《中国教育议》等十多部著作。严复之所以选择这些作品，一则因为它们都是西方当时最有影响、最具代表性的思想巨著，二则这些著作对改造中国社会、弥补历史缺憾、重铸国民性格，有着极强的针对性与现实意义。每一部译著，严复都在序言与注释中寄托自己的思想倾向与政治态度，"致力于译述以警世"。严复翻译《原富》的动机，是希望中国发展经济，以达富国强民之效，针对中国专制集权泯灭个性的传统，再三强调国家的富强只有解放个体，通过个人的活力与能力才能达到。中国缺少法治，以道德伦理为社会基础，于是，严复翻译《法意》一书，向国人介绍西方的法律制度与观念，宣传自由平等、法治民主，并将民主政治视为人类社会发展的制高点。严复看到，在西方科学取得巨大成就的背后，蕴藏着深厚的逻辑学基础，正如培根所言，逻辑学"为一切法之法，一切学之学"；而中国思想重视经验，相信先验，崇奉直觉，却长期缺失逻辑学说，为此，严复翻译《逻辑学》（即《名学》）一书，成立了近代中国第一个名学会，力图用逻辑学修残补缺。作为中国第一个系统介绍西方逻辑思想（主要是形式逻辑）的学者，严复从逻辑方法论的角度对中国古代旧学进行反思，对中西逻辑学进行比较，为后人对中西逻辑学说的分析研究开了先河……

严复的译著涉及哲学、经济学、教育学、社会学、法学等领域，成为完整地将西方哲学与科学方法论介绍到中国的第一人，开创了建立在西方自然科学基础之上的中国近代思想革命的新纪元，成为"向西方寻找真理的代表人物"。在这些译著的序言、按语及注释中，严复认为中国落后之因，在于传统文化阻碍了历史的进化与发展，只有注入并接受西方知识，国民才能摆脱受苦受难的无知状态，国家才能走向民主、繁荣与富强。严复所有译著的字里行间，全都透出一股浓厚而强烈的"全盘西化"倾向。

严复的翻译事业中，一个至今未引起我们足够重视的社会现象，就是自《天演论》轰动一时之后，他的其他译著，就质量而言，自然是一部胜过一部，但其影响似乎呈递减趋势，一部不如一部，一部弱于一部。人们提起严复，论及他的翻译，似乎仅只一部《天演论》，于后面的其他重要译著，总是有意无意地略而不谈、避而不论。其实，《天演论》所提供的不过是一种笼而统之的进化论原理与社会价值观，而《法意》《名学》《原富》《中国教育议》等，才是彻底改变中国社会的具体路径。就当时紧迫的社会形势而言，救亡压倒了启蒙，人们局限于某种激昂的情绪，未能进行脚踏实地、认真细致的社会改造与建设工作，启蒙思想也有待于继续深入、广泛传播。

日本也在19世纪中叶被美国佩里舰队叩开国门，也曾将严复翻译的这些西方名著译介到国内，但其影响却截然不同。日本顺应时势，成功地开展明治维新运动，使得西方思想文明与物质文明一同顺利进入日本，国力顿时大增，也就少了亡国灭种的切肤之痛，因此，进化论在日本并未引起犹如中国的轰动效应。而日本启蒙学者中村正直，所翻译的约翰·穆勒名著《自由之理》(严复译《群己权界论》)，却受到知识界特别是青年人的热烈欢迎，"当时知识青年几乎人手一册"。《自由之理》动摇了日本旧的思想规范，传播了反对专制、倡民主政治的思想，"将世人从蒙昧中唤醒"，为日本全国性的自由民权运动之先声。而严复翻译的同一著作，在中国"却非常遗憾地毫无反响"，正如李泽厚先生在《中国近代思想史论·论严复》中所言："在广大农村小生产的社会基础和农民革命为实质的中国近代，这种微弱的资产阶级自由主义的理想和要求，根本得不到任何力量的支持，只好消失在漫漫长夜了，连思想领域内的影响也微不足道。"《原富》《法意》《名学》等巨著的遭遇也相差无几，书中所倡导的西方民主政治思想及实践，在中国"没有任何可以称道的社会力量作依靠"，也就免不了沉寂落寞的命运。

严复翻译《天演论》，很大程度上出于悲愤、危机、责任与紧迫，根本就没有想到出版后会产生如此巨大的反响。于是，他一鼓作气，贾勇而进，希冀以西方文明对中国社会进行系统而彻底的改造，雄心不谓不大。然而，现实对他的努力做出的回响，却是无动于衷。所谓希望越大，失望也就越甚。面对自己耗费心机进行的系统改造工程所落得的寂然局面，严复肯定黯然神伤不已，不由得进行深刻剖析。越反思，就越是觉得中国的历史与现实远非西方所能比拟——社会太复杂，文化太保守，思想太顽固，专制积淀太深厚，专制集权太残酷，而民众的识见又囿于沉重的历史束缚，显得那样短浅而愚昧……而民主制度的施行，人民的富裕与国家的富强，只有建立在广大民众的觉醒，科学知识的普及，文化水平的提高等基础之上，才有可能实现。在剖析与反思带来的客观与清醒中，面对几千年专制文化的传统与广大民众混沌未开的现实，严复不得不感叹维新变革的无望，甚至怀疑自己全身心投入其中的启蒙工作有何价值与意义。

置身古老的中华大地，谁也不能摆脱历史、超脱现实，更不可能变更基因、改换血统。看似熊熊燃烧的启蒙火焰，不期然而然地遭遇到一场场狂风暴雨，团团阴湿与弥漫而呛人的青烟阻隔了严复与历史的深度推进。于是，社会的改造，贲张的血脉，只能几千年一以贯之地局限于循环的表面与浅层。

一百多年过去了，中华民族不再有亡国亡种之虞，加之严复当年翻译《天演论》时，用的是文言，虽则精粹典雅、声韵铿锵，但今天的读者已不易读懂，即使能够读懂，也颇费力气。于是，《天演论》离我们似乎已经十分遥远了。然而，只要我们回首历史，就不能不正视《天演论》曾经卷起的巨大风暴，曾在华夏大地留下的深深印痕。如果没有《天演论》问世，没有新的思想观念作指导，没有一批批热血志士的奋斗，今日之中国，也许早就被列强瓜分得四分五裂了。而《天演论》中的"物竞天择，适者生存"等主要思想，不论何时何地，也不会过时。中华民族如果不思上进，不图富强，不竞争不求胜，随时都有被开除"球籍"的危险。

四

在英国皇家海军学院学习期间，一件事对严复的刺激很大。

那天上课，教师带领全班几十个学生练习挖土筑垒——按照有关规定，必须在一小时之内筑成一个深入地面三尺左右，能够屏身自蔽的堞形掩体。到达目的地后，大家身穿短衣一字排开，但见一声令下，包括教师在内，全都挥动铁锹，开始一个劲地挖掘。大伙儿较着一股劲，谁也不愿落后。一个小时很快就到了，教师所筑掩体已按要求顺利完成，其他英国同学挖了一半，唯有严复等六名中国学生挖得最少，并且早已累得气喘吁吁、精疲力竭。

年轻的严复，由此认识到中国人与欧洲人在身体素质方面的差异。这种差异既有遗传因素，但更多的则是后天形成，与西人从小注重体育锻炼、合理的饮食结构及良好的生活习惯密不可分。

由身体素质的比较，引发了严复对中西社会、制度的思考。读书之余，他经常到格林尼茨的大街小巷认真观察。高耸的建筑，洁净的街道，各种设施齐全的公共服务体系，英国市民生活其中，严谨的秩序里分明透着一股向上的活力。这与当时中国农村、城市的贫穷、肮脏、混乱景象，形成一种强烈的对比与反差。中华民族不是有着几千年的文明历史与传统么？为何连一个此前我们从未放在眼里的小小"英夷"也不如？不仅是不如，而且是相差甚远啊！怎么会出现这种情形呢？严复认为问题的关键，在于政治制度的不同——中国实行的是专制统治，英国属立宪政体。专制政治摒弃广大民众参政议政，老百姓只是官僚机构的苦力与工具，他们漠然政治，远离时事，"事不关己，高高挂起"，上下离心，政治因此变得越来越糟糕。而西洋各国的立宪政治、民主政治，上有议会代表之制，下有地方自治之规，官民一体，齐心协力，"合同为治，于以合亿兆之私以为公"。两种体制，孰优孰劣，立时可判。

与此同时，严复还经常到英国法庭参观了解，每每看到庭审时的精彩辩论，想到中国县官老爷升堂办案，所谓一言九鼎的弊端，他就感到深深不安，喟然长叹不已。由英国的律师辩护、陪审制度等司法审判程序，严复渐渐悟出，良好的法制也是西方各国繁荣富强之由。

经过一番长期观察、苦苦思索，严复从历史观、伦理观、政治观、民俗观、学术观、自然观等诸多方面对中西文化进行深入的研究比较，他在《论世变之亟》中一针见血地指出："中国最重三纲，而西人首明平等；中国亲亲，而西人尚贤；中国以孝治天下，而西人以公治天下；中国尊主，而西人隆民；中国贵一道而同风，而西人喜党居而州处；中国多忌讳，而西人众讥评。其于财用也，中国重节流，而西人重开源；中国追淳朴，而西人求欢虞。其接物也，中国美谦屈，而西人务发舒；中国尚节文，而西人乐简易。其于为学也，中国夸多识，而西尊亲知。其于祸灾也，中国委天数，而西人恃人力。"

认识到中西差异，洞悉到自己不足，要想图存，唯有变法一途可取，舍此别无他法。于是，严复提出了"鼓民力、开民智、兴民德"的著名救国理论。他认为"此三者，自强之本也"。鼓民力，就是加强民众的体格训练，提高国民的身体素质，首先必须做好两件事——严禁鸦片、禁止缠足；所谓开民智，必须废除八股，提倡西学；而新民德，就是要创立议院，反对专制集权，让人民共举国君，共商国是。只有每个人的素质提高了，主观能动性发挥了，才有群体和国家的富强。严复早在19世纪末的"以自由为体，以民主为用"等改造民族素质与社会文化机制的论断，已经非常接近"五四"时期对西方科学与民主的认识水准了。

严复兼通古今、学贯中西、融会内外，又有留学英国、游历欧洲的亲身经历，其识见不仅远远超出过去的洋务派代表人物如曾国藩、李鸿章、张之洞、容闳等人，也超出当时鼓吹西学的名流康有为、梁启超，像这样对中国文化起着重大影响的媒介人物，古有玄奘，后有严复。玄奘带来了印度文化，严复介绍了西方资本主义文化精义，他们两人的一个共通之处，就是使得中国的思想文化在发展过程中，超出了原来的、固有的传统视野，注入了新鲜的血液与强劲的活力。就连非常自负的英国驻华公使朱尔典，也对严复敬佩有加："像严先生这样伟大精深的学者，全世界至多只有二十位。"

严复所置身的时代，正是风云激荡的社会剧变时期，所谓"五千年来未有之创局""三千年一大变局"也。严复在理性上深刻地认识到西方之长，中方之短，似乎也找到了改造的良方；然而，在个人情感上，他怎么也摆脱不了传统文化的束缚与制约，特别是在具体操作与实践层面，有着一种深深的依恋与认同，难以割断与过去千丝万缕的联系与纽带。严复的内心，也就时时处于一种灵与肉、古与今、中与西、传统与现代、先进与落后、光明与阴暗、激昂与消沉的矛盾冲突之中。就个体生命而言，回国后的严复，特别是甲午战争之后的严复，在内心不断的痛苦撕扯与难以挣脱的怪圈中，他的日子过得并不愉快，也不滋润，用煎熬痛苦来形容，一点也不为过。

严复最初对传统四书五经的攻读，仅为科举作准备，回国后虽多次落第，仍乐此不疲地醉心其中，有着难以挣脱的"科举情结"。只因身受其害，才著文予以抨击。如果他是一名获利者，态度又会怎样呢？即使反戈一击，当光绪帝采纳设置经济特科这一变相的科举选才制后，严复受到几个官员的推荐，得到皇帝的批复，便感激涕零。而经济特科毕竟不是正儿八经的科举，直到 1909 年，年仅四岁的新皇宣统帝颁布一道圣旨，赐严复文科进士出身，伴随他大半辈子的"科举梦"，才在五十五岁时画上了一个看似圆满，实则悲哀的句号。

科举梦是严复一辈子挥散不去的情结，而科举的目的就是做官。因此，严复对从政也有着一股内在的冲动与渴求。但其狂傲矜张的性格，阻碍了升官进取之路。他就职于北洋水师学堂，也任着一官半职，但总教习、校长等属于"业务官员"的范畴，以中国的官本位观念而论，不属行政官员，就算不得真正的朝廷命官。其实，严复也曾有过"出人头地"的机会，李鸿章就曾示意将他纳为"弟子"，严复却不屑为之。如果傍上了李鸿章这棵"大树"，成为他的亲信，就不愁没有高官厚禄。1910 年，清廷即将覆亡之时，大肆笼络社会名人，海军部这才授予严复一个协都统的职衔，他自是高兴得不行。1911 年，又授海军一等参谋官，连长子严璩也升至二品衔高官。正因为如此，辛亥革命后，严复还时常怀念清廷。

严复精通英文，但最能得心应手的却是古文——其创作、翻译全用文言文，并将这种古老语言的张力发挥到了令人难以企及的高度。文言版的《天演论》初一问世，便有人作为国文范本教授学生。以至"五四"新文化运动反对八股文，提倡白话文代替文言文时，思想一直开放激进的严复却无法理解，认为文言文不可废除。文言形式在中国存活的几千年时间里，承载的多是儒家典籍，长期浸润其中的严复对其迷恋的不仅仅是其形式，那依附其上的内容，不知不觉地变成他的"血肉"。

严复对中西两种不同社会的本质了解得愈是深刻，就愈加觉得，中国封建皇权、专制愚昧的土壤经由两千多年的传统积淀而成，以西方引进的犁铧彻底翻耕，使板结的土壤松动，播上民主、自由之种，长成蔚为壮观的参天大树，并非一朝一夕之功。因此之故，严复主张改革渐进，反对疾风骤雨式的暴力革命。他极力鼓吹英国式的君主立宪制，认为中国民众素质太差，至少需要三十年时间的变异与同化，才能实行美国式的民主共和制。他特别强调教育的力量，民智不开，缺乏最基本的认识，缺少近代知识结构，所谓社会的发展，民主的改变，中国的进步，不过是一些空洞的口号而已。

1905 年，严复随张翼前往英国，办理有关收回开平矿务局事务。当时孙中山正在伦敦，得知严复到达，特地前来拜访，两人就中国社会的变革与改造有过一番探讨。孙中山主张以暴力革命推翻满清，建立一个民主自由的国家。严复自然也欣赏并向往这一美好的社会蓝图，但基于中国的现实，他说道："以中国民品之劣，民智之卑，即有改革，害之于除于甲者将见于乙，泯于丙者将发之于丁。当今之计，唯急以教育上着手，庶几逐渐更新乎！"严复对革命的实际效果抱怀疑态度，视教育为扭转一切、改变社会的根本途径。孙中山回道："俟河之清，人寿几何！君为思想家，鄙人乃实行家也。"孙中山自然也知道教育革新、提高国民素质的重要性，只是等到黄河水清，已然垂垂老矣，时不我待呀！

严复对当时社会涌现出来的许多新生事物都持一种怀疑的态度，比如男女平权，妇女解放，婚姻自由，他就不能接受。尊重妇女、一夫一妻、自由婚姻是西方社会伦理的重要基石，严复亲眼见识了西方文明并陶醉其中，曾提出过解决中国人口过剩的办法，其中之一就是改革家庭婚姻制度，如早婚多妻及媒妁婚姻等。然而，严复说的是一回事，做的又是另一码事，语言与实践严重脱节。他一生娶过三个妻子，原配王夫人，小妾江莺娘，继室朱明丽，典型的一夫多妻式；对自己的子女也取传统的"父母之命，媒妁之言"，致使长子、三子因包办婚姻而陷入终生痛苦。

严复深谙西方文明，又以科学知识为本致力于国民教育，却留有一片心灵空间，默默地容纳着冥冥之中的神灵及神秘物事。严复晚年深受疾病，特别是久治不愈的气喘病困扰，他一边延请美国医生治病，一边进行扶乩、占卜、问卦等迷信活动，让儿子前往位于祖籍阳歧的尚书庙请丹画符。

严复曾大声疾呼禁食鸦片，颇具讽刺意味的是，这一点连他本人都没有做到。他在执教北洋水师学堂时染上毒瘾，李鸿章为此严厉告诫道："汝如此人才，吃烟岂不可惜？此后当体吾意，想出法子革去。"严复也曾多次痛下决心戒烟，总是时断时续。有一次还请了一位号称"戒烟圣手"的医生，为他开出戒烟药方，严复吃后，第一次获得成功。但好景不长，仅几天后就故态复萌。直至逝世，严复基本没有中断鸦片，并且对鸦片的质量十分挑剔，市面上三元一两的便宜货根本看不上眼。这种难以根除的烟瘾，可能与其身体状况有着一定的关联，严复一直患有咳嗽、跳筋、失眠等毛病，只有借助鸦片，为疾病所困扰的痛苦才有所缓解。而由此造成的恶性循环也十分明显，嗜好鸦片又反过来加重咳嗽等病症，特别是后来染上的肺炎，便由吸食鸦片这一恶习所致。因吸食鸦片，严复屡屡受人攻击，其仕途不进也与此有关，比如在安庆主持安徽高等学堂受到攻击，辞去北大校长一职，多多少少就是嗜好鸦片惹的"祸"。

严复主张他人戒烟而自己却无法做到，因此而留下了不好的名声，落了个终生笑柄。其实，这也是他一生矛盾痛苦、撕扯煎熬的一个象征与缩影。

在此，我们并非以今人的认识与观点来要求、苛责严复。作为一位思想启蒙家，严复所能达到的高度，某些方面即使今天视之，仍具有一定的超前与深刻。只是他许多前后不一的观点，不少截然相反的言行，那辗转于先进与落后、激进与保守、西方与传统之间的彷徨与缠绵、犹疑与撕扯，不得不令我们深长思之。

五

严复一生最令人诟病的，是他发起筹安会，为袁世凯的洪宪帝制鸣锣开道。

表面看来，帝制与严复所推崇的民主制度大相径庭，其实，只要我们循着他的思想发展轨迹与社会实践活动，便可从中寻到一条清晰而"合理"的脉络。

严复对中国的社会现实并不看好，对广大民众，更是以"民品之劣，民智之卑"一言蔽之。他虽然向往西方的民主政治，但以中国的实际情形，不可能一蹴而就，只能以渐进的方式缓慢推行。因此，严复对君主立宪几乎不遗余力地赞同、拥护并付诸实践。在晚清象征性的立宪活动中，严复积极参与其中，以"硕学通儒"身份征为资政院议员。他心中的理想制度，并非美国式的民主共国制度，而是曾亲眼见识过的英国君主立宪制。

清廷倒台，君主没有了，权威失去，严复担心民智未开的中国陷入失控状态。当然，他也决不会像康有为等人那样，做一名清朝的遗老遗少，为其复辟摇旗呐喊。清廷覆亡，留恋也罢，遗憾也好，他在心底很快就认可了这一不可更移的历史事实，但君主立宪却长期弥漫心中挥之不去。他认为中国需要一个强人做社会的主导与象征，不然就会缺乏凝聚力成为一盘散沙。袁世凯的出现，使他看到了新的希望，"世凯之才，一时无两"。他觉得袁世凯就是一个足以担当国家元首重任的强人，一个可以引导旧中国逐步走向英国式议会宪政的巨人。他甚至表示："项城（袁为河南项城人）此时一去，则天下必乱，而必至于覆亡。"正因为如此，也就难怪一些非史学领域宣扬新权威的知识分子，将严复视为中国近代权威主义的先驱了。而严复与袁世凯之间的亲密关系，更是加强了他的这种认识。早在天津北洋水师学堂任职时，严复就与小站练兵的袁世凯相识了，并且一直过从甚密。比如光绪死后载沣摄政，将袁世凯开缺回籍，前往送行的三四个友人，其中就有严复。当时的他，十分伤感地挥动手臂，目送袁世凯登车，仓皇离开京师。

患难之中见真情，袁世凯复出，严复自然受到器重，在南北和谈中，就被袁世凯任命为北方代表团的代表。在复杂多变的政局里，严复开始为袁世凯出谋献策。清帝退位，袁世凯当选为中华民国临时大总统，任命严复为暂管京师大学堂总监督事务，不久又任命他为大总统府顾问、参政院参政、约法会议议员，后又聘为宪法起草委员会委员。

有学者认为，严复的思想转变，源于 1914 年爆发的欧洲第一次世界大战。他以英文为媒介，奉西学西制为圭臬，一场毁灭性的战争，让他感到了一股深深的失望："西国文明，自今番欧战，扫地遂尽。"西方文明连自身都不能挽救，又如何拯救中国？"觉彼族三百年之进化，只做到'利己杀人，寡廉鲜耻'八个字。回观孔孟之道，真量同天地，泽被寰区。"然而，当我们查阅史料，就会发现，早在第一次世界大战爆发之前的 1913 年，两百余人发起北京孔教会，严复便名列发起人之首。他在给熊纯如的书札中写道："中国目前危难，全由人心之非，而异一线命根，仍是数千年来先王教化之泽。""他日中国果存，必恃数千年旧有之教化，决不在今日之新机……"严复认为一个国家可以模仿他国的物质文明，但立国精神不能"乞灵他种之文明余唾"。此时的他，视"四书五经为中国最富矿藏"，撰文鼓吹"以儒教为中国国教"，奉"孔子为中国救主"，与早期对孔子儒教的猛烈批判形成鲜明对照。

严复的这种转变，与袁世凯欲行帝制的前奏自然有着一定关联。1912年，袁世凯宣布"中华立国以孝悌忠信礼义廉耻为人道之大经"，下令恢复孔教。1913 年 9 月 13 日，北京举行癸丑仲秋丁祭的祭孔活动，严复在国子监发表公开演讲，标题为《"民可使由之不可使知之"讲义》。他还在中央教育会发表《读经当积极提倡》的演说，突出强调学习四书五经的重要性，为袁世凯的"尊孔读经"推波助澜。当年 8 月，严复与梁启超、夏曾佑等人联名上书国会，要求在宪法中将孔教明确定为国教。

严复这种与早年判若两人的具体表现，以他心高气傲、不随流俗、直言不讳的个人品性，我们不能简单地仅仅理解为曲意奉承、依附袁世凯，或是归结于越到老年便越趋保守之类的结语。严复做着这一切，并非他人所逼，而是出自本心，干得十分积极而投入，且充满着一股强烈的责任感与道义感。严复晚年的个人思想与转轨，学界似乎已达成了一种大家认可的模式，那就是早年激进，晚年保守，从孔孟开始，绕了一个大圈，终又回归孔孟。这种分析论述固然有着一定的说服力，但如果我们继续探讨掘进，就会发现严复的一系列重大转变，自有其个体的与社会的合理性。他的思想，前后看似分野悬殊，却有着一脉相承的内在联系，只是不同时期的侧重点有别而已。他的复归孔孟，并非简单的皈依，而是深入探究的结果。如果说在英国留学时他就开始中西比较，认真而深入地探索富国强民之道，那么回国后，特别是甲午战争后，他的个人探求便一直没有止步。

早年的严复，将中国的腐朽落后归结于没有全盘西化的缘故，戊戌变法失败后更是如此。而八国联军占领北京之后，清廷开始实行新政，某些方面甚至超过了戊戌变法时期所颁布的改革措施，可中国社会仍处于混乱频仍、求治无望的状态，严复不禁大感失望。随着西学的大量涌进，各种观念思潮纷至沓来，往往泥沙俱下、"恣肆泛滥"，大家莫衷一是，搅得社会一片混乱。而民国初期在实行"平等、自由、民权诸主义"的过程中，"橘生淮南则为橘，生于淮北则为枳"，免不了派生出许许多多的弊端，西方好的东西没有学到手，坏的方面则变得更加丑陋不堪。严复失望之余，免不了审慎视之，持论渐趋中庸。

这种中庸也反映在他的个人性格之中——优柔寡断，不做决绝之事。作为"筹安会"六君子之一，严复很大程度上是在杨度的鼓动下被迫加入的。袁世凯称帝急需社会名流支持与捧场，时人眼中的大名流仅有三人——章太炎、梁启超、严复。章太炎正被袁世凯软禁于京，梁启超与袁世凯有所谓戊戌告密的血海深仇，唯一可以拉拢的，只有严复一人。袁世凯大儿子袁克定前往试探，结果碰了个软钉子。杨度三次前来拜访，当严复弄清其本意后，第四次前来时，便托词不见。当天夜晚，杨度派人送来一信，说非由严复作为筹安会的发起人不可，这是袁世凯的指令，如果坚持拒绝恐怕不好，并说已经替他签名，明天就要见报了。严复虽然认识到袁世凯复辟帝制的倒行逆施及不可为之，但他用软硬兼施的手段迫使严复就范，在潜逃无门的情况下，他只有保持沉默，听之任之。更何况，他与袁世凯有着近三十年不错的交情，碍于情面，也不好一下子撕破脸皮，只好明哲保身、虚与委蛇——闭门谢客，深居简出，凡与筹安会有关的活动，都称病缺席。就在筹安会成立的第七天，梁启超发表《异哉所谓国体问题者》一文，极力反对帝制复辟，在社会上引起强烈震动。袁世凯环顾四周，认为只有严复出面撰文，才能驳倒梁启超，以达"正本清源"之奇效。他派亲信给严复送来一张四万元支票，请他写文章驳难，严复当时想也没想便予退回。

洪宪帝制在全国人民的一派反对声中结束，袁世凯一气之下卧病不起，病逝于新华宫。严复认为袁世凯的失败，并非帝制自为，而是"就职五年，民不见德"之故。他仍表示，共和万万无当于中国，只有君主立宪才能救中国。在一种相当复杂的情绪中，严复写了一首《哭项城归榇》以作悼念，然后就完全退居政界之外，沉浸于整理国故，批点《庄子》之中。尽管如此，他仍不断地关注着社会现实与世界变化，当欧战、内战爆发之时，他又著文评议。

1920 年 10 月 29 日，病魔缠身的严复回到故乡福州，定居在郎官巷一幢由当时的福建省督军兼省长李厚基赠送的住宅中。

"投老还乡一小楼，身随残梦两悠悠。"精神追求的执着与社会现实的残酷，加之病情不断恶化，风烛残年的严复，在日益痛苦的折磨中，淡漠政治，洞穿人世，心绪显得十分迷惘、灰暗而悲观。他在致熊纯如的一封书信中写道："还乡后，坐卧一小楼，看云听雨之外，有兴时，稍稍临池遣日。从前所喜历史、哲学诸书，今皆不愿看，亦不能看，亦不喜谈时事。槁木死灰，唯不死而已，长此视息人间，亦何用乎？"

1921 年 10 月 3 日，严复预感来日不多，给儿女留下了六条遗嘱。其中第一条，便是"须知中国不灭，旧法可损益，必不可叛"。几千年专制统治孕育而出的"旧法"固然也有精华，但更多的则是糟粕，如果不叛不离，就无法走向现代文明。而遗嘱的最后一条，更是令后人深思不已："事遇群己对待之时，须念己轻群重，更切毋造孽。"己轻群重，与他早年所追求的西方民主、自由似乎圆凿方枘。此时的严复，早年那种血脉贲张、激进图强的豪迈，已是他生命中十分遥远的童话。

1921 年 10 月 27 日，严复在郎官巷故居终于走完了他那伟大而荣光、复杂而沉重的生命旅程，享年六十七岁。

当年的严复，确曾走得很远很远，即以今日视之，某些方面仍具有一定的先进性与超前性。他在分析中国国情特征时曾经指出，中国尚处于宗法社会阶段，强烈的排他性遏制了文明之机的浸入与长成，从而导致民智低下，民力不振。他据此有力地反驳康有为只需三年变法中国即可富强的偏执论，认为变革于中国之艰且难，除民众的德、智、力须大力推进外，还须破小人把持之局，抑侥幸之门，万众一心奋斗几十年，方能出现新气象。严复的这些言论在当时并未引起人们的重视，全都沉浸在一派过于乐观的气氛之中，以为一个自由繁荣、民主富强的新中国，转瞬之间就可诞生在世界的东方。几十年过去了，上百年过去了，当我们从是非恩怨、曲折徘徊的历史迷宫中走出，回首严复当年的启蒙之路，这才发觉他曾经推崇并期望过的东西，直到今天，仍没有完成，没有实现，甚至不具备施行的条件还在原地兜圈子，特别是某些方面，不仅没有进展，反而萎缩了、退步了，甚至走向了它的反面。

作为一位产生过巨大影响的启蒙思想家，严复晚年对君主立宪制度的推崇，对儒家孔孟之道的回归，绝不是在"中学"与"西学"这两极对立之间的简单往返，而是对中西文化的重新估定与评价，不得不引发我们对历史的深沉思索，对现实的深切忧虑。

如何建立一套不以西方文化价值观念为旨归，而是适合中国土壤的自我评价标准体系，从而实现传统文化的创造性转换，推动社会转型及现代化发展，依然是我们所面临的一个无法回避的严峻课题，一道难以超越又不得不超越的标高。正是从这样的角度与意义而言，严复的深刻与探索至今仍未过时。

平心而论，我们对严复的研究一直不够深入，直至今日还受着某些固有成见的约束。严复终其一生，都在不断追求，努力探索，他一直寻找着的，是一种既高于中国传统文化，又优于西方近代文明的高级文化模式。这一虽然没有实现的文化模式，不仅是人类文明进化的发展方向，也是以严复为代表的中国知识分子，苦苦追求的美好理想。因此，只要我们的现代化转型没有彻底完成，民主机制没有真正建立，自由的期许并未全部兑现，严复就永远也不会过时。

颇有意味的是，慈禧留下的遗命，其中一条却是"以后勿再使妇女与闻国政，此与本朝家法有违"。

慈禧：悲剧时代的悲剧人物

一

慈禧太后于晚清执掌实权，看似偶然，实则是中国古代社会循着昔日惯性轨道进入末世之后的一种必然呈示，一次颇具意味的"盘点"与象征：帝王专制的一个最大特点便是幕后交易、暗箱操作、不择手段，慈禧虽非集大成者，但其垂帘听政使得这一特征更加具象化、表面化、象征化；专制王朝越强大越繁荣，便越开放越阳刚，越穷困越衰弱，则越封闭越阴柔，晚清时期既是满清王朝的暮年，也是两千多年中国帝制社会的末年，由女人慈禧长期主政，自是积贫积弱、阴柔至极了；慈禧前后三次垂帘，操纵权柄长达四十七年之久，"百足之虫，死而不僵"，这也是中国帝制社会具有"顽强"生命力的一个真实缩影，慈禧只需依附其上，凭借其惯性便能享受专制特权"终身制"，一直干到老干到死，最后才无可奈何地撒手而去……

慈禧的一生，从出生而老迈直至七十三岁病逝，总是笼罩在诸多朦胧而神秘的色彩与谜团之中，正如垂帘听政时那躲在布帘背后若隐若现的身影，大有呼之欲出之势，却又难窥其人，难睹其面。

首先是身世之谜，诸多野史、轶闻、逸事、笔记在传闻故事的基础上穿凿附会，大肆渲染，仅出生地就有"北京说""浙江说""安徽说""内蒙说""山西说"等五种说法。就连慈禧被选入宫，也经过一番加工处理"目的化"了，虚构为创建清朝的努尔哈赤与古代海西女真叶赫族有着不共戴天的世仇，叶赫那拉氏的慈禧为报先祖之仇，便开始了一系列进宫受宠、夺权弄权、颠覆清廷的"宏伟大业"。还有一则更为离奇却为普通百姓深信不疑的故事，某县令吴棠派杂役携银三百两祭奠亡友，却将银两错送到慈禧姐妹送父归丧的船上，吴棠为"放长线钓大鱼"，也就将错就错地扮演了其父亡友的角色。慈禧于这一无异于雪中送炭的仗义之举铭记于心，以后知恩图报，任命吴棠为四川总督。又传慈禧最初受咸丰宠幸，是因擅长地方曲调之故，所以又派生出两种传说，一说她生在江南，唱南方小曲是其"拿手好戏"；一说她家贫无以为生，便在北京充当号丧女以资糊口，担任丧娘的阅历练就了慈禧喜曲善唱的献媚本领……

其实，根据故宫档案记载，慈禧老家就在北京西单牌楼劈柴胡同（今北京西单辟才胡同）。以慈禧先祖、父亲的任官时间及地点推测，她的出生地应在北京。而叶赫那拉氏家谱中的记载则十分明确：慈禧生于道光十五年十月十日（1835 年 11 月 29 日）卯时，出生地北京西四牌楼劈柴胡同，取名叶赫那拉·玉兰，刚一出生，计有男差、妇差各八人精心照料。近来在中国第一历史档案馆发现一份清朝皇帝遴选秀女名单，上有慈禧妹妹，也即醇亲王奕譞福晋、光绪皇帝生母的选秀记录，记着她的出生年月、生世渊源等，特别是详细住址一项，可进一步证实慈禧确为北京人。

于是，"浙江说""安徽说""内蒙说"便不攻自破，但始于 1989 年 6 月的"山西说"却令人真伪难辨。"山西说"认为慈禧是汉人，出生在山西长治县西坡村一个穷苦农民家庭，四岁时卖给他人，十二岁又转卖给潞安知府惠征——也就是清宫档案记载的慈禧父亲为婢。后受知府夫人看重，收为养女，咸丰二年（1852年）以叶赫那拉惠征之女应选入宫。"山西说"之所以受到专家学者重视，在于有大量的慈禧遗迹、遗嘱、遗物以及民间传说为凭。但此说也有许多经不起史家推敲、考证的存疑之处，可视为"北京说"的一个参照，"对慈禧研究中一个薄弱环节的重要补充"。于"山西说"有兴趣的读者，不妨参阅《慈禧是山西长治人》一书。

不论出生北京还是山西，慈禧于1852年选入皇宫，这是一个"铁板钉钉"不可否认的事实。其时，作为慈禧的亲父也好，养父也罢，惠征还在安徽宁池太广道任道员。第二年惠征在镇江病逝，已在宫中被封为兰贵人的慈禧，尚没有本事走出宫门半步。也就是说，所谓慈禧扶柩归乡，吴棠错送银两等相关传说纯属子虚乌有。一个最起码的事实，那就是慈禧太后终其一生，根本就没有到过江南。

其他传得"有鼻子有眼睛"的野史趣闻，也多属捕风捉影、胡编滥造，可在类似的考证中剥去言之凿凿的外衣，澄清事实，使其"原形毕露"，还历史以真相。

慈禧所置身的时代，是一个男人专权，女人饱受歧视，缺乏最基本"人权"的专制时代。清廷明确规定，女人不得参政、议政、主政。因有民族压迫这重枷锁，汉族女性较满族女子尤受欺凌，从小裹脚遭受身体摧残，"三从四德"的心灵摧残更是伴随一生，就连入选宫女的资格也没有。"山西说"如若成立，慈禧刚一出生，便"定格"于社会的最底层，儿时的苦难肯定令她不堪回首。

有一次，慈禧忍不住对身边的女官德龄说道："自余髫龄，生命极苦，尔所知也。以余非双亲所爱，尤觉毫无乐趣。吾娣所欲，亲必与之。至于余者，靡不遭呵叱。"慈禧儿时不受双亲喜爱，经常受到他们的呵斥，奇怪的是，妹妹却极讨父母欢心，对她简直是百依百顺。这是否从另一角度证实慈禧确为惠征养女？当然，也有可能是慈禧从小个性太强的缘故。不然的话，她十六岁时便具有"五经成诵，通满文，二十四史亦皆浏览"的本事，则无从解释。按"山西说"推算，慈禧十二岁被一农民转卖给惠征，先为奴婢，后为养女，为婢时不可能求学，也就是说，在不到四年的时间内，要达到史书所记载的个人学养，这种可能性微乎其微。

不管怎么说，儿时"极苦"的生活，既是她生命向上的顽强动力，也是她一辈子挥散不去的沉重阴影——此后在宫廷中极力追求、铺排的豪奢生活，便是一种变态的补偿。

慈禧从社会底层晋为贵族，后跃居掌控大清帝国命运的主宰长达近半个世纪之久，被外国人评价为"慈禧太后在中国历史上没有第二人，在世界历史上也绝无仅有"。她比皇帝还要皇帝，那些歧视女人的男人无不对她俯首帖耳，所有王公大臣无不诚惶诚恐地匍匐在她的脚下不敢仰视，战战兢兢而又心悦诚服地顶礼膜拜，哪怕当时最优秀、最权威的"极品男人"曾国藩、李鸿章、张之洞、左宗棠、胡林翼等，也被她玩弄于股掌之间。在男性执掌所有话语权的社会与时代，慈禧以一名女人的身份抗衡"反拨"，达到他人难以企及的"相对高度"，除了机会与幸运，更多的恐怕在于其鲜明的个性、突出的才华、超越他人的能力，以及对专制文化的因势利导与"合理"运用。

八旗秀女选入宫中，由下至上分别为宫女、答应、常在、贵人、嫔、妃、贵妃、皇贵妃、皇后，层次等级极为森严。后宫佳丽如云，慈禧从一名普通宫女脱颖而出，是其成功的第一步。广为流传的慈禧当年以兰贵人的身份躲在宫中某一绿荫之处，在已买通的太监"牵线搭桥"下，靠南方小调撩逗皇上，取悦圣心，不过是一则想当然的传闻而已。慈禧其实根本不会南方小曲，她喜好的是京剧、山西梆子等北方戏，兴趣来了，当然也会唱上几曲。

慈禧获得咸丰帝的宠幸，由多重因素的综合效应所致。她天生丽姿，容貌出众，据德龄在《慈禧太后私生活实录》中所记，古稀之年的慈禧"还是一个很美丽动人的女性"，一双手"不仅白腻，而且是极柔嫩，决不在我们年轻人之下"，由此可以推想，五十年前豆蔻年华之时的慈禧该是多么娇美出众。英雄爱美人，皇帝爱美女，自古皆然。加之她又是那么聪明伶俐，善解人意，使得咸丰帝"初幸慈禧，颇有惑溺之象，《长恨歌》中所谓'春宵苦短日高起，从此君王不早朝'者，仿佛似之"。对此，慈禧曾得意地对人说道："宫人以我美，咸妒我，但皆为我所制。"此语不仅道出了貌美遭人嫉妒之事，更反映出慈禧工于心计，极有手腕，其他宫女根本不是她的对手。此后她将这种手段用于官场政治，就更其老辣游刃有余了。

慈禧既懂满语，又通汉文，入宫前便具有一定的"国学"基础，并非某些宣传品所说的那样不学无术，全然愚昧无知。从她留下的一份亲自草写的早期诏书中那不少的错别字，可知其文化水平不是太高，但她对书本有着一种异乎寻常的迷信，入宫后仍长期读校古书、临书作画不已。她特别爱读《红楼梦》，几乎到了略能背诵的程度，并常以贾太君自居。据《慈禧写照记》所载，太后"能为诗词，出笔清新，非同凡响。又能为古文辞，得大宗气派"，"独能振笔疾书，洋洋千言不穷，斯真稀有之才"，又说她"最富记忆力……彼于古名家之诗文词，能滔滔背诵，如数家珍"。

咸丰帝懒于国事寄情声色，不少奏章便让慈禧代阅。因她书法不错，有"端腴"丰采，又"常命其代笔批答奏章"。慈禧于权力似乎有着一种本能的兴趣与敏感，她津津有味地做着这一切，还相机参与政事，为咸丰出谋划策。日子一长，就对最高权力机构的一套运转模式了解得一清二楚，为日后的垂帘听政提供了便捷与基础。可以想见的是，没有这段执掌清廷政权的实习与锻炼，对政事一无所知，此后的垂帘听政便无法施行。

慈禧地位的遽变与尊显，最关键的一项，是她生下了咸丰帝唯一的儿子载淳。就连慈禧生子这一被清宫记录在案的大事，也有稗史野乘扇动想象的翅膀，舞动生花妙笔，说载淳并非慈禧亲生，而是她将另一名产子的宫女毒死后抢夺而来的猎获物；还有一本小说虚构得更为有趣，文中描写慈禧确曾做了母亲，只是所生仅为一名女婴，后在大小太监们的帮助下，才从宫外偷偷换回一个男孩。

以上两说作为茶余饭后的谈资未尝不可，若认定为历史事实，则不值一驳。慈禧如若没有确凿的生养儿子这个重要砝码，其他一切都是镜中月与水中花。对此，别的宫女就是不服气也不行，有本事你也培育一名皇子竞争。有人说这就是天意。天意也好，人为也罢，总之是慈禧凭此而扶摇直上了，在产下载淳当天，未满二十二岁的她就被晋封为懿贵妃。因当时后宫没有皇贵妃，慈禧之上，只有一位贞淑贤明、心地善良的孝贞皇后，她便一跃而成为后宫第二号人物。

二

真正考验慈禧并改变其命运的日子，当属咸丰帝病逝的 1861 年。

第二次鸦片战争向纵深发展，英法联军突破清军一道道严密的防线进占大沽口，攻陷天津。当军机处奏报这一败绩时，正在圆明园与后妃欢宴的咸丰帝当即束手无策放声痛哭，皇后钮祜禄氏与其他嫔妃更是无计可施，哭成一团。唯有慈禧一人表现得十分镇静，只见她走上前来劝说皇上道："事危急，环泣何益？恭亲王素明决，乞上召筹应会之策。"是的，哭是解决不了问题的，只有拿出对策才行，慈禧的临事不乱、极有主见由此可见一斑。这种素质既是后天练成，更多的则属与生俱来的个人禀性与天赋。

英法联军乘胜进军，北京岌岌可危，咸丰皇帝更是吓得不行。他不想留在北京与洋人周旋，更不想成为他们的俘虏，便将一个烂摊子交给恭亲王奕䜣全权处理，自己则率一班朝臣嫔妃逃往承德避暑山庄。就在咸丰出奔前夕，身为懿贵妃的慈禧，则极力劝说皇上留在京城，抵抗到底。受传统文化影响，慈禧不仅不崇洋不媚外，骨子里更有着一股本能的排外复仇情绪。

1861 年 8 月 28 日，逃往热河的咸丰帝病故。第二天，皇后钮祜禄氏被尊为母后皇太后，因其徽号为慈安，故称慈安太后，又因她住在紫禁城内被称为东宫的钟粹宫，又名东太后；作为新皇同治的生母，懿贵妃被尊为圣母皇太后，因其徽号为慈禧，故称慈禧太后，又因她住在紫禁城内被称为西宫的长春宫，又名西太后。

如果不是英法联军入侵，咸丰不会死得这么快；如果不是死在承德避暑山庄，而在京城驾崩，慈禧也没有机会很快除掉以肃顺为首的八大赞襄政务大臣；更重要的是，咸丰帝的临终遗诏为慈禧夺权提供了可能，因新皇年仅六岁，不得不由大臣辅佐，为防重臣篡位，他指定了八位赞襄政务大臣互相牵制，又将两枚刻有"御赏"与"同道堂"字样的随身印章分别赐给皇后与皇帝，皇后的那一枚自然归慈安，而皇帝的这枚则由慈禧保管。赞襄政务大臣草拟的谕旨，唯有盖上两方印章方能生效，慈安的"御赏"盖在起首，为印起，慈禧保管的"同道堂"盖在结尾，为印讫。

咸丰为防后患，煞费苦心地设计了的这一多方牵制的权力平衡机制，既不突出垂帘的皇后，也不显耀辅政的大臣，并且缺了任何一方，政令便无法下达，"垂帘辅政，兼而有之"。表面看来，似乎可行，可在实际操作过程之中，问题很快就来了。就在咸丰死后第二天，两宫皇后与顾命大臣之间便起纷争，渐呈水火不容之势。冲突的结果众所周知，那就是两宫太后与恭亲王奕䜣联手，以闪电般的神速，兵不血刃，成功地发动了辛酉政变，将肃顺为首的辅政集团"一网打尽"。政变的领导人为慈禧、慈安、奕䜣，但起决定作用的唯有慈禧，她的果敢、机敏、缜密、冷静、机诈等个性特征第一次充分"亮相"，在令人瞠目结舌的同时，又不得不为年仅二十七岁的她谋划之老道、手段之熟练、行动之周密、处置之精当而叹服不已。

咸丰尸骨未寒，他留下的自以为天衣无缝的权力制衡措施便遭彻底破产。"天无二日，国无二主"，中国几千年专制统治的土壤不仅长不出民主的幼芽，就连分权机制也不可能真正运行。除了专制、集权、独裁，别无他种选择。因此，咸丰精心制订的权力平衡机制最终只能是一种选择与结局——要么两宫太后集权，要么襄赞大臣独裁，绝无长期并存运行、相安无事、相得益彰之理。

咸丰帝在设计权力制衡机制时绝对没有想到的是，正是由他一手打破了努尔哈赤家族及清廷那不可逾越的惯例，为女人主政、垂帘听政大开了方便之门。咸丰帝如若地下有知，当作何感想？

辛酉政变成功，接下来的事情便水到渠成、顺理成章了——1861年11月11日，新皇同治正式登基；然后，由六部九卿花费十多天时间，制定垂帘听政章程十一条，规定皇太后享有批阅奏章、召见大臣、裁决政务、任免官员等一应大权；12月2日，两宫隆重举行垂帘听政大典，将整个过程规范化、仪式化、制度化：但见养心殿内，新皇载淳御座之后，放置八扇做工精致的黄纱屏风，屏风一左一右地端坐着慈安与慈禧两位太后。朝会开始，议政王奕䜣率所有大臣叩拜，然后，奕䜣进前站于皇帝御案左侧。大臣所上奏折，皆由奕䜣转呈皇帝，并向两宫太后提供处理意见。经由屏风后面的两位太后最终裁决之后，将处理意见反馈给奕䜣，再由他传达给朝廷百官。

一个崭新别致、令人丧气的时代——垂帘听政就这样在晚清拉开了帷幕，中国帝制社会末期的历史发展，也因此而留下了一道曲里拐弯、盘旋回环的独特轨迹。

三

清末早期的垂帘听政实为东宫太后慈安与西宫太后慈禧两人共同主事。慈安小慈禧两岁，不善言辞，忠厚老实，为人十分懦弱，无论大事小事，都由慈禧一人说了算。两宫并尊，东宫甚至比西宫更显尊崇，但慈安对权力没有半点兴趣，加之慈禧确实具有他人难以企及的经世治国之才，慈安更是不愿与闻政事了。她与慈禧一左一右地坐在黄纱屏风背后，就像聋子的耳朵——一个"摆设"。两位太后同时执政，信誉更佳，威望更甚，特别在某些时候，慈安还可作为慈禧的一块挡箭牌，成为慈禧政治斗争的需要与装饰。正因为如此，两宫太后才能两次一同垂帘听政，相安无事地共掌政权二十年。

纵观慈禧一生，她最为热衷的就是权力。她爱权力甚于爱真理、爱儿子、爱财物，说她是一个权力迷、权力狂、权力癖一点也不为过。权力是她行事的最低底线，在不危及地位与权力的前提下，慈禧常以开明、善良、通达的形象出现在世人眼前。而一旦触及权力之争，她会不计利害、不择手段，稳、准、狠地置对方于死地。在她眼里，权力就是根本——既是生存之本、生命之本，也是发展之本、未来之本，有权力就有一切，没有权力一切都是泡影。在一个有着几千年官本位传统的国度，慈禧这种认识无疑是相当清醒而深刻的。权力是她的禁脔，容不得任何人染指；她以权力为"试金石"，生杀予夺地决定、主宰着他人的命运。

恭亲王奕䜣，就因为掌权过重，成为慈禧垂帘听政后第一个教训与惩治的对象。

奕䜣不仅是晚清满族集团中最有识见与才华的人物，也是中国近代史上一个重量级的关键人物。道光帝有九个儿子，咸丰帝奕詝与恭亲王奕䜣分别为道光帝第四子、第六子。清廷祖制，立贤不立长，命运之神只要稍稍眷顾奕䜣，那么登上皇帝宝座的将不是咸丰帝奕詝，而有可能是奕䜣。咸丰以仁爱孝敬著称，奕䜣则以机敏聪慧见长。道光晚年立储，合适的人选只有他们两人，游移的目光在奕詝与奕䜣身上扫来扫去，犹豫再三，无法决断。传说咸丰听从老师杜受田之计，才华比不过奕䜣，便尽可能地在道光面前显示自己的仁爱厚道。一次，众皇子围猎于南苑，文武双全的奕䜣捕获最多，而奕詝却一箭不发。道光询问其故，奕詝答道："眼下正是春天，鸟兽孳养孕育，不忍伤生。"道光情不自禁地赞道："此真帝者之言！"
父皇一言九鼎，天平无可挽回地偏向奕䜣，但对才华横溢的奕䜣，道光帝
又心怀依恋，不由得打破清廷秘密建储规矩，同时立下两份朱谕藏于金匮
之中，特为奕䜣留下一席之地："皇四子奕䜣立为太子，皇六子奕䜣封为
亲王。"

后来的事实证明，道光帝在奕䜣与奕䜣兄弟俩的选择上犯了一个大大
的错误。咸丰登基后风流成性、无所作为，为帝国与民族的未来埋下了祸
根。与之相对照的是在军机处行走的恭亲王奕䜣，思想开放，勇于任事，
干练豁达，受到宫廷内外的一致认可与赞誉。咸丰帝本来就因立储之事对
奕䜣耿耿于怀，他的异常活跃更是令他疑忌不满，加之恭亲王奕䜣极力为
病重的生母——康慈贵太妃争取皇太后封号，两人发生争执，矛盾终于激
化。兄弟俩反目成仇，咸丰帝当即罢免恭亲王的一应职务。英法联军进军
北京，咸丰帝仓皇北逃，却不顾奕䜣安危，命他留在京城与洋人交涉，将
一个烂摊子交他处理。热河病危时，也不许奕䜣前往探视，在遗诏中更是
将他完全排斥在权力核心之外。

慈禧虽居深宫，但对皇宫的明争暗斗，却能"明察秋毫"，这不能说
不是她的过人之处。她正是利用恭亲王奕䜣的怨恨不满，主动伸出"橄榄
枝"，双方联手，一举擒获赞襄政务集团的八位大员。如果没有恭亲王的
配合，绝不会有改变宫廷政治格局的辛酉政变。作为孤儿寡母的慈禧，只
能是长期忍气吞声，遭受肃顺等人的颐指气使与凌辱折磨。

1861 年 11 月 3 日，就在辛酉政变第二天，慈禧一改清代先例，连发
两道谕旨，先授政变有功之臣恭亲王奕䜣为议政王，在军机处行走；又马
上补授宗人府宗令，掌管皇族事务，位居内阁六部之上。

表面看来，慈禧给了恭亲王前所未有的权力与荣耀，但就实质而言，
她还是担心奕䜣专权尾大不掉，预作防范有所保留。议政王可能是慈禧的
一项发明，她所实现的，既不是代行皇权的摄政，也不是襄助君王的辅政，

而是大权独揽的听政——在她手下具体办事的恭亲王只具参政、议政资格，最后的决断，还是两宫皇后，也即慈禧一人，其心机不谓不深。

时间一长，手握实权的恭亲王不免得意忘形，对两宫渐渐不尊。慈禧不满，奕䜣不服，一次，两人因政见不同发生矛盾，竟当面争执起来。慈禧说："你事事与我为难，我革你的职！"奕䜣毫不相让地回道："臣是先皇第六子，你能革我的职，不能革我皇子！"慈禧气得大呼小叫，诬说恭亲王要动手打她。一旁太监见势不妙，赶紧将奕䜣劝出。

两人的矛盾越积越深，慈禧确确实实地感到自己的权力与权威受到了极大的挑战与威胁。已经听政四年的慈禧，对处理政事、控制官员早已驾轻就熟，哪怕没有经验丰富、精明能干的恭亲王辅助，也能使帝国正常运转了，于是，她决定踢开不听使唤、碍手碍脚的奕䜣。正在这时，善于观察时局、见风使舵的编修蔡寿祺摸准了慈禧与恭亲王之间微妙而复杂的关系"脉搏"，决心投靠、效忠慈禧。1865 年 3 月 30 日，他上疏参劾恭亲王，列举出奕䜣所谓的四大罪状：贪墨、骄淫、揽权、徇私。慈禧如获至宝，乘机发难，以同治皇帝名义宣布两宫皇太后懿旨："恭亲王著毋庸在军机处议政，革去一切差使，不准干预公事，以示朕保全之至意。"

诏书一发，顿时惹得"朝野骇愕"，中外一片哗然。不论是宗室亲贵，还是部院大臣、外省督抚，都为奕䜣鸣不平，他的一班心腹干将更是纷纷上书抗争，就连洋人也有干涉之意。这是一场双方都没有料到会出现如此局面的较量，慈禧感到了奕䜣力量之强与影响之深，立时罢免，时机尚不成熟，但谕旨已下，又不便收回，弄得她十分棘手；奕䜣仗着自己的身份、能量与才华，以为慈禧奈何他不得，等到谕旨下达，方知这位嫂子非同一般，是一名不可小觑的铁腕人物。

最让奕䜣不得不有所顾忌的是，小皇帝同治为慈禧儿子，她可随意控制利用，以皇上名义堂而皇之地颁发具有慈禧个人欲望与色彩的圣旨，君命如山倒，任是谁也无法抗衡。也就是说，慈禧握有至高无上、为所欲为的绝对权力，稍有不慎，奕䜣极有可能像肃顺等顾命大臣那样人头落地。他越想越忧虑，越想越害怕，不得不赶紧表示让步。这对骑虎背难下的慈禧来说，正好也有了一个台阶，于是，她传旨召见奕䜣，面加训诫。奕䜣刚一进门，就双膝跪地，痛哭谢罪不已。慈禧眼见目的已经达到，迫于内外压力，令恭亲王"仍在军机大臣上行走"，但议政王的头衔则给摘除了，目的是"以示裁抑"。

慈禧与恭亲王奕䜣的权力之争，最终以慈禧的胜利而收场，她的地位因此而变得更加巩固，权威变得更加尊崇，往后去，再也不会有第二个"愣头青"胆敢与她公开对阵叫板了。恭亲王经此打击，"事无巨细，愈加寅畏之心，深自敛抑"，往昔的傲气、锐气、志气等风骨全然消失，好像换了一个人似的，变得唯唯诺诺、谨小慎微。

垂帘听政名义上是两宫主政，但大清王朝的实际统治者、主宰者唯有慈禧一人。在长达二十年的共同主政期间，慈安与慈禧只在两件事上有过不快：一次是慈安命令山东巡抚丁宝桢诛杀慈禧宠爱的太监安德海；另一次是同治帝挑选皇后时，慈安与同治帝绑在一块，与慈禧唱反调，选中了她不喜欢的阿鲁特氏。此外，便无任何重大分歧与争执的记载，两人一直保持着相当融洽和谐的关系，这在中国古代后宫史上也极其少见。于是，就有人说这种长期的平衡关系，主要是慈禧慑于咸丰帝临死前留给慈安太后的一纸诏书，他担心慈禧以子为贵、擅权跋扈、难以控制，命慈安在关键时刻亮出密诏，制服慈禧，将其处死。所以慈禧一直小心翼翼不敢躐等，虽长慈安两岁，但仍严守嫡庶之分称她为"姐姐"，一应政事明知慈安没有异议，事先也要请示一番，"恂恂不敢失礼"。其实，这正是慈禧的虚伪狡猾之处，是她工于心计的表现，所谓如达摩克利斯利剑般悬于头顶的密诏纯属子虚乌有。

然而，就在她们俩相安无事二十年之后的一天夜间，慈安突然身亡。

先是慈禧患血崩病卧床不起，这时的皇帝已由同治变为更加年幼的光绪，一应政事只得听由慈安一人打点。等到慈禧病愈之时，前一天还在召见军机大臣处理国事，身体并无半点异样的慈安却于 24 小时内暴病而卒。当然，清廷留下的官方记录只能是"正常病死"；而以民间视角观之，神秘的死亡与慈禧机诈、阴柔、残忍的个性结合在一起，自然要生发出许许多多的想象、猜测、怀疑与推论。于是，就有了慈禧逼迫慈安"吞鼻烟壶自尽"与慈禧暗下毒药杀死慈安，这两个不同"版本"的传说。

到底是正常死亡，还是慈禧谋杀？专家、学者对此进行过许多合理的研究、分析与解释，大多认为慈禧没有必要毒死慈安，也就是说不具备充分的"作案"动机。但是，也没有无可争议的确凿凭据予以证伪，难以彻底驱散迷雾、解开疑团、廓清事实。

不论慈安属何种死亡，总之是对晚清的影响相当之大。尽管慈安清心寡欲不闻政事，也少有政治谋略与手腕，但只要她在世一天，对慈禧来说，就是一种无形的威胁与潜在的压力，不得不心存几分顾虑与忌惮。慈安逝世，哪怕木偶般的"摆设"也不复存在，纱帘后长期一左一右的并排格局，变成了舍我其谁的唯一。

直到此时，慈禧才真正实现了高高在上、唯我独尊的"远大理想"。

四

在清朝的版图上，慈禧就是主宰，就是真理，就是一切，只要愿意，她可以不受任何约束地为所欲为。

然而，她尚不能做到癫子打伞——无法无天的地步！

自哥伦布航海大发现以后，整个世界便开始向近代化、一体化过渡，封闭了几千年的古代中国，被裹挟着不可避免地卷入其中，先进与腐朽、文明与野蛮、侵略与抗争进行着一场场血与火的殊死搏斗。

作为清朝的主宰者、决策者与"发言人"，慈禧的一举一动关乎近代中国的发展进程与走向，受到西方列强的高度重视，只要不合乎他们的标准与要求，就要对其进行规范与约束。慈禧固执地认为，我在自己的国土行事，并没招你惹你，你凭什么多管闲事？据德龄《御苑兰馨记》所载，外国使节对中国内政的干涉，常使得慈禧怒火中烧，"他们凭什么要管我呀？这又不是他们的国家，他们根本管不了我们的家事！我罚我的百姓还罚不起吗？我派到国外的外交大臣要是也批评他们的国事，他们的政府能喜欢吗……他们不喜欢我们的生活方式，但我们只要自己喜欢好了。他们不喜欢尽管可以离开，我们又从没有去请他们来。"

这就好比家长惩罚自己的孩子，将他打得死去活来，邻居出面劝解，甚至呵斥、阻止，家长会觉得我教训自己的孩子是天经地义的事，外人凭什么指手画脚、说三道四、横加干预？对此，我们不能以粗暴干涉之类的词语简单界定，这涉及教育方法、自由人权等许多复杂的问题，并非三言两语所能道明。

洋人的不时干涉弄得慈禧权威受挫、颜面受损，而西方列强又过于强大，她不得不忍气吞声，将怨恨压在心头。一直隐忍，长期压抑，发展到最后，慈禧终于在忍无可忍的情形下"拍案而起"，来了一个总爆发，丧失判断能力与个人理智地做出震惊中外的决定——同时向西方十一国列强宣战，要将所有洋人赶尽杀绝！

慈禧走向歇斯底里的狂怒失控状态，使得中华民族差点陷入亡国灭种万劫不复的深渊，这是一系列有着连锁反应的因果链，外力与内因多重合力长期作用的结果。

第二次鸦片战争时期，英法联军进军北京，慈禧极力劝阻咸丰帝逃奔热河，要他留在京城抗战到底；于英法谈判代表巴夏礼，她也极力主张杀掉；清廷与英法议和，签订《北京条约》时，慈禧"深以为耻，劝帝开衅端"……从慈禧早期的这些反应与表现来看，居于深宫的她虽熟谙政治权谋，但对西方的认识，仍跳不出传统的"蛮夷"观念，对清朝的综合国力及西方各国的情况根本就不了解，在很大程度上带有想当然及情绪化的味道，这种外交基调对执掌实权后的慈禧影响至深。

慈禧在辛酉政变中成为清廷的实际掌权者，因积极支持洋务的开明派代表人物奕䜣与她为难，慈禧便突然革去他的一切差使，洋人对此极为不满，处处干涉。1884年她五十岁生日之时，本想上上下下地庆祝一番，结果中法战争爆发，搅了她的好事，虽然耗银十一万两置办许多行头砌末，可哪里还有什么心情过生日？好不容易熬过十年，等到六十寿辰之时，六十花甲，一个十分吉利的圆满数字，这回无论如何要举国同庆了。两年前就专门成立了生日庆典处，慈禧要将六十寿诞搞成一个全国性的大型活动，以颐和园为中心举行盛大典礼，从紫禁城到颐和园分设六十处景点，建造各种形式的龙棚、经坛、戏台、牌楼和亭座，每处预算耗银四万两。

正当庆典紧锣密鼓地准备之时，没想到向来就不放在眼里的岛国日本也来凑热闹，竟敢跑上门来与堂堂的大清帝国叫板。慈禧怒不可遏，洋人一直欺负咱们因为实在打不过人家就算了，可一个小小日本也想占便宜，岂非不自量力欠揍吗？慈禧一气之下，就想好好地教训教训日本这龟孙子养的，"不准有示弱语"。清廷积弊，没想到军队也积弱得不堪一击，无论是海战还是陆战，频频传来的消息除了失利，就是失败。眼看胜利无望，如若继续下去，战事旷日持久，必将影响庆典。慈禧心中，个人寿诞比国家战争更为重要，是压倒一切的头等大事。

其实，日人开战，正是觑准了慈禧的要害与软肋："今年慈圣庆典，华必忍让。"果不其然，慈禧一发现战争将影响庆典的"苗头"，便态度急转，由主战很快变为主和。为此，常有史家扼腕叹息，如果不是慈禧太后的六旬庆典从中作梗"捣蛋"，上下一心，集全国人力、物力、财力与日决一死战，鹿死谁手，还真难预料。而战争的结局及此后的东亚势力格局，或许就此全面改写。

中日之战的失败耻辱，彻底震醒了国人沉睡的迷梦，康有为、梁启超等人振臂一呼，一场学习、仿效西方的戊戌维新变法，以前所未有的激进姿态亮相于 19 世纪末的中国。

像维新变法这样牵一发而动全身的大事，没有当时已经"退居二线"的慈禧首肯，半步都不可能前行。但她于改革变法是有条件的，那就是"凡所实行之新政，但不违背祖宗大法，无损满洲权势，即不阻止。"还是因为权力，已经亲政的光绪帝基于急于求成的良好心愿，不顾一切地违反慈禧订立的，二品以上官员由她任免的权力游戏规则，罢免了阻挠改革的属一二品大员的礼部六堂官，任命杨锐、刘光第、林旭、谭嗣同"在军机章京行走，参与新政事宜"。此后，光绪又一而再、再而三地向慈禧的权力挑战。他请开懋勤殿以架空军机处，改变过去的施政体制，另立一个由维新派人士控制的新的权力机构，以达到架空慈禧的目的。他准备聘用富有经验的外国政治家作顾问参与变法，召见日本前首相、明治维新元老伊藤博文。

守旧派对此一片恐慌，认为"伊藤果用，则祖宗所传之天下，不啻拱手让人"……慈禧认为光绪的改革步子走得太快太远，一些事情做得出格过头，在短短的三个月时间就发布了二十七道重要诏书，最为关键的是，触及了她的地位，挑战了她的实权，危及了她的利益。慈禧先是冷眼旁观，"由他去办，俟办不出模样再说。"然后将光绪身边的得力干将撤职，使其成为真正意义上的"孤家寡人"，一点点地束缚他的手脚，最后决定重新"出山"，训政收权。慈禧虽为女人，却有着稳、准、狠的铁腕手段与凌厉风格，由她一手培养起来的光绪皇帝根本就不是她的对手，而维新派领袖康有为、梁启超等一班书生与她相比，也非同一级别。于是，慈禧一出手，光绪的权力立时被收回，维新派不是被抓就是出逃，顿时分崩离析。

仅仅一百零三天的戊戌变法就此夭折，所有已经推行和即将推行的变法措施，全部"冻结"终止。

一场轰轰烈烈的维新变法，就这样无可挽回的失败了，而另一个影响中国近代历史进程的关键人物袁世凯，却由此脱颖而出。维新派领袖看准了小站练兵成功、拥有七千多名新建陆军的袁世凯，决定用其对付守旧派，光绪下旨将他破格提拔为正二品的候补侍郎。

一天深夜，谭嗣同在康有为等人的推举下拜访袁世凯，出示光绪密诏，命他诛杀直隶总督兼北洋大臣荣禄，带兵包围颐和园控制慈禧。一个众所周知的事实，就是袁世凯口头应允，而暗地里却出卖光绪，投靠了慈禧太后。然而，这又是一段显得扑朔迷离的历史。

近来，专家根据大量文档、史实考证，袁世凯在没有投靠慈禧之前，慈禧就已将光绪从养心殿移居瀛台控制起来了。袁世凯在慈禧已然警觉、荣禄预作防范的情况下，以驻防天津的区区七千兵力，攻取北京、围困颐和园、捕杀太后，无疑以卵击石，对率兵举事不得不慎之又慎。夹在名正言顺的皇帝与执掌实权的太后之间，也真让袁世凯左右为难、举棋不定。其实，就当时的情形而言，袁世凯除了遵旨率兵举事惨败、出卖光绪投靠慈禧这两条路外，还有第三条路可供选择，那就是两边都不得罪，装聋作哑，没事儿似的像过去一样继续"埋头苦干"。光绪不会供出袁世凯，谭嗣同等维新派领袖肯定也不会出卖他。事实也正是如此，哪怕面对慈禧的严厉审问与呵斥，光绪帝一直都没有承认所谓的密诏之事，这也成了戊戌政变中一桩无法考证的悬案。

然而，袁世凯最终选择了背叛光绪。其实他走的是一着险棋，皇帝是名正言顺的主子，出卖光绪，一切利害关系姑且不论，仅在道德层面，便将自己变成了一名小人。时至今日，所有档案材料都已解密，各种史实相互印证，袁世凯的主动告密，的确发生在戊戌政变之后。然而，正是他的告密——"围园劫后说"，使得慈禧咬牙切齿，怒不可遏，她一辈子都在耍弄别人，没想到由她一手扶植、培养的光绪帝却胆敢向她发难，且欲置她于死地。

由此，政变向前推进了一大步，慈禧的目的不再仅仅局限于收权主政，更是变本加厉地严惩不贷、否定一切。她立即下令处死捕获的戊戌六君子，缉捕康有为、梁启超等在逃的新党中坚人物，将移居瀛台的光绪帝囚禁起来，将侍奉光绪的二十多名太监不是处死就是充军，无一幸免。做完这一切，慈禧犹不解恨，索性一不做二不休，准备将光绪帝废掉。

令慈禧没有想到的是，西方列强对此积极干预，表示出前所未有的强硬。他们对光绪的戊戌变法主动开放学习西方抱有好感，担心以慈禧为首的顽固守旧势力"回复到四十年前排斥外国势力的时代"。当慈禧对外大肆宣传光绪帝病重准备取而代之时，在华公使很快觉察出隐藏其后的阴谋，英国公使坚持要派一名外国医生为皇帝诊病以判真伪。于是，她想直接废掉光绪的计划，不得不有所收敛与妥协，便退后一步，暂缓废帝，先立大阿哥（即皇长子）。

光绪二十五年十二月二十四日（1900 年 1 月 24 日），慈禧一改清廷自雍正皇帝开始就已不立太子的成例，正式宣布"立端郡王载漪之子溥儁为大阿哥"。她先是举办了一场宴会，邀请各国公使参加，趁公使夫人们玩得高兴的时候，提出欲立大阿哥的想法，夫人们竟置若罔闻地集体沉默，没有一人表态。尔后，她又遍邀各国公使出席册封大阿哥仪式，结果没有一人到场，慈禧不禁恼羞成怒。

在慈禧看来，这些远道而来的洋人，不知为什么总是与她过不去，时时作对。她想好好举行寿诞大庆，每次都让外人闹得不愉快；她发动政变，洋人不给她好脸色；她要抓捕康有为，洋人出面保护；她要废除不知图报、不听使唤、冲动狂妄的政敌光绪，洋人反对；她示意妥协了，退后一步只立大阿哥，洋人依然抵制；还有，那些基督教徒跑到中国，提倡与中国传统悖逆的一夫一妻制，鼓动百姓入教闹事，根本不把大清帝国的法律习俗放在眼里；而英、法、德、俄等西方列强更是在大清帝国的版图上各自划分势力范围，瓜分中国巧取豪夺……由个人恩怨到家恨国仇，它们纷纷攘攘地汇聚慈禧心头，一股强烈的复仇欲望无法克制："外国人已经成为中

国的祸根，但愿有什么方法能让他们永远离开中国，那我将成为世界上最
幸福的女人！"

恰在这时，义和团运动如野火般在华北大地熊熊燃烧，他们焚毁外国
教堂，杀死洋人教民，打出了"扶清灭洋""助清灭洋"的旗号。这种强
烈的排外狂潮与慈禧报复洋人、发泄积怨的心理情绪正相契合。可她毕竟
与洋人打了几十年交道，深知他们的"功夫"与厉害，不敢轻举妄动。而
传得神乎其神的义和团法术——水火不惧、刀枪不入，使得慈禧心中已黯
淡的复仇火苗呼啦啦地上窜不已。为谨慎行事，慈禧派遣刑部尚书赵舒翘
到京畿一带，派大学士刚毅赴保定，查探虚实。两人经过一番实地调查后
发现，所谓的拳民都是一些市井无赖，实不堪用。返京途中，两人不期而
遇，免不了一番商量揣摩，觉得慈禧让他们外调暗访的真实意图，就是加
以利用，以雪洋人逼迫过甚的心头之恨。遂决定隐瞒真相，投其所好。于
是，两人上呈的结果如出一辙，都说义民忠于朝廷，没有他心，民气可用。
慈禧闻言，自是高兴得眉开眼笑，觉得长期积淤心中的大仇小仇，终于可
以发泄报复了。对此，蒋廷黻在《中国近代史》中一针见血地指出："利
用'民心'或'民气'对外，是林则徐、徐广缙、叶名琛一直到西太后、
载漪、刚毅、徐桐传统的法宝。"

1900 年 6 月 16 日，慈禧吩咐召开有光绪皇帝在座，王公大臣、六部
九卿一百多人参加的御前会议，讨论向洋人开战复仇的重大国策。因反对
者众多，殿廷辩论激烈，一时和战不决。第二天，御前会议继续举行。就
在这个节骨眼儿上，一封所谓的洋人"四条照会"传到慈禧手中，其中一
条便是勒令太后归政。权利是慈禧的最后一道底线，是可忍，孰不可忍？
她决定豁出去了拼死一搏，不由得情绪激昂地高声叫道："今日衅开自彼，
国亡在目前，若竟拱手让之，我死无面目见列圣。等亡也，一战而亡，不
犹愈乎？"群臣慑于慈禧淫威，只得纷纷磕头道："臣等愿效死力。"这时，
慈禧想了想，又为自己开脱道："今日之事，诸大臣均闻之矣。我为江山

社稷，不得已而宣战，顾事未可知。有如战之后，江山社稷仍不保，诸公今日皆在此，当知苦心，勿归咎予一人，谓皇太后送祖宗三百年天下。"6月22日、24日，又连续开了两次御前会议，宣战之事形成决议。光绪二十六年五月二十五日（1900年6月21日），慈禧以光绪帝名义，向西方列强十一国正式发布宣战诏书。

其实，诏书刚一颁布，慈禧就意识到自己犯下大错，后悔不已。又一时无以更改，只好暗中嘱意缓攻使馆，尽可能地留有转圜余地。

事后考证，所谓的洋人"四条照会"，系纯属伪造，一种说法，是江苏粮道罗嘉杰得到消息密告荣禄，荣禄立即密报慈禧；另一说法，照会由端郡王载漪在大沽炮台失陷当日伪造，经荣禄进呈，因为洋人的百般阻挠使得策立溥儁为大阿哥、承续皇帝大统成为泡影，作为父亲的载漪便假慈禧之手，以报洋人一箭之仇。

五

慈禧一辈子在皇宫生活了五十多个春秋，独断乾纲，两次成功地发动宫廷政变，以个人喜好与家族利益两立皇储，三次垂帘听政，其政治生涯大致可划分为四个阶段：1853—1861年，在权力的漩涡中挣扎浮沉，终于脱颖而出；1861—1874年，执掌实权，重用汉人，整顿吏治，使得清廷渡过危机，出现了所谓的同治中兴；1874—1898年，排斥异己，控制光绪，不择手段地巩固个人实权，置个人享乐于民族国家利益之上；1898—1908年，发动戊戌政变，废除变法诏令，经过八国联军的武力干预与仓皇出逃之后，慈禧突然间变得开明起来，重启被她否定过的维新变法之门，施行更加开放的改革措施。然而时不我待，清廷已多次弃却改革变法、繁荣图强的大好时机，"清末新政"作为气息奄奄状态下的一抹亮点，怎么也改变不了满清王朝衰朽覆亡的命运与结局。

　　慈禧作为一个统治了近代中国四十七年之久的实际统治者，我们进行分析、研究、描述时，应将其性别作为一个重要的考量因素。

　　女人的生理、心理特征在许多方面有别于男人，加之中国几千年歧视女性的深厚传统，"牝鸡司晨，国之大难"的观念早已深入人心，女人执政，比男人遇到的阻力更大，承担的风险更多，受到的非议更甚。中国古代临朝太后不少，人们熟知的就有汉高祖皇后吕雉、东汉章帝皇后窦氏、西晋惠帝皇后贾南风、唐高宗皇后曌（即武则天）、辽朝景帝皇后萧太后、清初真正的开国之主孝庄太后等，但执掌权力时间最长、影响最大者莫过于武曌与慈禧。

　　慈禧与武则天，两人既有相同相似之处，也有诸多区别。比如她们与闻政事的时间都很长，慈禧实际掌权四十七年，武则天参与执政与独掌大权共五十年之久；两人外貌都妖冶动人，深得皇上宠信；她们那拥有三宫六院的皇帝丈夫死后，两人在私生活方面都不甚检点，只不过武则天毫不掩饰地选择男宠玩弄男性，慈禧则做得比较含蓄，显得谨小慎微，她没有固定的男宠，因为常听淫曲，常看淫戏，就偷偷摸摸地挑选戏班里那些漂亮的戏子留宿；两人都善于发现人才，重用人才；都具有铁腕风格，为了权力不择手段残酷镇压异己，哪怕自己的亲人也不放过……

　　然而，她们之间的区别又是那样显而易见，武则天以太后身份直接登上皇帝宝座，成为中国历史上唯一的女皇，慈禧则一直躲在幕后，给人的印象总是那么鬼鬼祟祟、云山雾罩、神秘兮兮；武则天将个人私事与国家大事分得一清二楚，慈禧则将二者搅在一块，常置个人利益于国家权益之上；武则天胸怀宽阔，善于纳谏，有雄主之风，慈禧则心胸狭隘，嫉妒心强，事事以自我为中心；武则天身上透出的是一种霸气，她开创了一个开放、清明而博大的时代，慈禧则以权谋、机诈著称，使得清朝末年越来越腐朽，加速了晚清覆亡的步伐；武则天留给后人的评说是褒多贬少，而对慈禧的评价，过去几乎全部是负面的，似乎近代历史的所有过错都应该由她一人而承担，甚至出现了"老妖婆""妖精""卖国贼"之类的骂名，近年虽然客观了一些，但更多的仍是讥刺与贬抑……

慈禧与武则天之间的差异，及其产生的不同效应、不同评价，不仅是个人性格使然，更是不同时代作用下的必然结果。

武则天的成功，很大程度上得益于她所处的唐代——那是中国古代历史上最为开放、博大而强盛的王朝，也是一个充满激情与创造力的时代，犹如一个人的生老病死，唐朝是中国古代文明的壮年与盛年时期，武则天所要做的，只需顺其自然、顺应潮流，就能获得名垂青史的成功，就能弥补乃至反驳女人执政犹如牝鸡司晨的负面影响。

而慈禧所置身的时代——晚清，则与武则天的唐朝形成鲜明对照，如果说唐朝是中国古代历史的正剧与喜剧，那么清末则是一出典型的悲剧，悲剧的主角，无疑就是慈禧。

如果没有席卷全球的近代化风暴，没有外人的窥视与入侵，没有西方强势文化的渗透，作为一个在中国古代专制社会中，相对强盛的王朝，如若处于昔日山海隔绝，或是相对封闭的环境之中，尚有一定的资本自我陶醉、优哉游哉。然而，时代变了，置身于列强环伺的夹缝之中，列祖列宗留下的传统文化，不仅没有教后人如何学习吸收西方异质强势文明，反而以一种虚幻的优势与顽固的姿态，不断地束缚着孝子贤孙们前行的手脚。

就历史的规律与本质而言，千古未有的大变局时代，呼唤具有开拓性的伟大人物，领导广大民众冲破羁绊、转变观念、更新知识、创造未来，而历史与命运选择的却是慈禧！作为女人的她，又怎能改变、超越往昔的传统与束缚呢？她所缺少的，正是伟岸与气魄。

正因为她是一个女人，从来就没有什么建功立业、名垂青史的豪情与抱负，没有引导国家走上康庄大道的规划与蓝图，更不用说如俄国彼得大帝那样求变图强、大力改革的雄心壮志了。她有着过人的机敏与才华，但目光短浅，没有远大的识见；她拥有至高无上的权力，却没有为国谋利、为民造福的公心，特别是普通百姓的利益与死活，她似乎从来就没有想过。她是一个女人，一切凭着感觉走，当然，在每走一步的具体过程中，她还是相当用心的。比如辛酉政变，开始时根本就没有想到要夺权，只是肃顺集团欺负孤儿寡母，逼人太甚，她才以一个政治家的风度，缜密地设计、完美地施行了这场具有决定意义的政变。慈禧没有雄心壮志，也就不思进取，对现状十分满足，许多事情见好就收，不向纵深处推进。比如洋务运动，仅限于技艺层面，不去触动制度、文化的内在方面，张之洞正是摸准了她的"脉搏"，才不失时机地抛出了一部《劝学篇》，从理论上为洋务运动划定圈子与框框。慈禧以个人权力为中心，无理性，无规划，无条理，受着一些刺激，凭着个人喜好，走到哪儿算哪儿，结果差点将整个国家引入一条死胡同，若非传统文化具备较强的自我修复能力，华夏民族有着无可比拟的坚韧与顽强，亡国灭种之灾，并非危言耸听。

慈禧一生最为热衷的东西主要有两样：一是权势，二为享乐。

她对权力的喜好，先是具有一种潜在的本能；然后是咸丰帝的诱导，使她在处理政事的过程中，获得了一种支配他人命运的快感；最后则是一种惯性与需要，咸丰帝病逝时慈禧年仅二十七岁，也就意味着往后的大半辈子得一直守寡。鲜花正值怒放，那袭人的香气大多时候只能是孤芳自赏。年轻女人的自然欲望与正常情感，长期处于压抑状态，文艺家可以将此升华为伟大的文艺作品，而作为政治家、权谋家的慈禧，只能将其转化为更汲汲以求权欲，在指挥与统治他人的过程中，获得一种类似于情欲满足的快感。

慈禧对权势的依恋与追求，简直达到了无所不用其极的变态程度，她喜欢看大臣们的磕头跪拜、诚惶诚恐与唯唯诺诺；她大到国家政治、军事决策，小到亲戚的家常务事，包括某王府格格的婚配等，事无巨细，都要过问，插手管管。而她的嫉妒心又很强，最见不得别人比她活得更好，她最喜欢那些因其手中权力，而获得好处的人们对她宣誓效忠、歌功颂德。

她规定，一定级别的朝廷官员，升迁后都要向她叩首谢恩；她的话一言九鼎，哪怕皇帝也要看她脸色行事，凡她拍板裁决之事，就断然不可另行更改……

1900 年 8 月 15 日凌晨，八国联军攻打北京，辅国公载澜急驰入宫奏道："夷兵要攻东华门了。"慈禧于慌乱中穿上宫装，做出投水自尽的姿态。载澜急忙拉住她的衣服劝阻道："不如且避之，徐为后计。"她当然不会就此自杀，也就顺水推舟地"虚心纳谏"，哭哭啼啼地换了一身青衣，装成一位老妇模样，像年轻时随同咸丰帝仓皇出奔那样，赶紧逃离京城。所不同的是，上次逃奔方向为东北，此次则避走西南，行前仍不忘拉上光绪皇帝作为"人质"与"筹码"。

西方列强占领北京，本来要将慈禧作为祸首予以惩处，可经过与清廷的谈判代表奕劻、李鸿章等人反复磋商后认为，中国不能没有慈禧太后，否则将会"群龙无首"，天下大乱。于是，决定在保住慈禧权位的前提下，提出惩治主犯、谢罪赔款等一系列相当苛刻的谈判条件。

慈禧抵达西安，方知洋人并无勒令归政之意，心情不觉由连绵阴雨变为阳光普照。只要能够保住统治地位不受威胁与侵犯，其他的一切，都好说得很，臭名昭著的"量中华之物力，结与国之欢心"，就是在这一背景下"出台"的。当然，慈禧的本意，并非像那些攻击她的人所理解的那样，要尽最大可能地出卖国家利益与主权，而是在"不败和局"、保持大清帝国完整的情形下，以尽可能少的"物力"与代价，求得西方各国的领首与欢心。

经此逃难与屈辱的求和，慈禧虽然愈显衰老疲惫，可头脑却清醒了许多。一番逃难，从另一角度而言，也算是给了她一个走出深宫，了解民情的机会。同时经过一番惊吓与教训，她发现洋人并不占据领土，也不要求改朝换代，他们孜孜以求的，只是经济利益，要将中国纳入世界一体化、近代化的框架与进程之中。迫于压力，也是出于认识的转变，慈禧在羁留西安的逃难时期，就开始以光绪帝名义颁布变法诏书了。此后，她更是将清末变法推进到制度、法律、文化等方面，甚至准备变更国体，筹备君主立宪。

这时的慈禧，在情感上开始对洋人的物事生出几分好感来，比如她特别欣赏西人的衣着服饰，"太后极喜西装，谓亭亭玉立，飘飘如仙子之舞，极惹人爱。"对巴黎的时髦装束也十分羡慕，对法国的香水香粉、镀金镜子更是喜爱得不行。在谈及中西建筑时，慈禧认为"吾国虽古，然无精美之建筑如美国者"，并生出一番"周游全球，一视各国风土"的念想。当然，如果慈禧真的能够成行，肯定会成为当时轰动世界的一条特大新闻。愈到晚年，慈禧愈对西方物质生出亲近与依赖，比如她喜欢坐火车，喜欢喝咖啡，喜欢听留声机，离不开电灯，时不时打打电话，坐坐汽车……由己推人，慈禧明谕各地，选派官员出国游学，又遣五大臣出洋考察各国政治，以作立宪之资。正因为这些带有急转弯味道的亲近西方之举，慈禧的面目，又给漫画成了出卖国家主权、向西方献媚的"洋奴"。

当然，慈禧之所以向西方靠拢，学习模仿，并不是出于国家与民族的利益，以达强国富民之效，她着眼的目的只有一个，那就是保住权力——不仅保住个人权力，也要保住满人的统治地位。权力就是生命，为了它，一切都可上下其手，她可不管什么美丽丑陋、善良邪恶、光明黑暗。所谓的君主立宪，只要满人继续高高在上，这样的变法当然也是可以施行的。她想延续满清统治，其所作所为实则加速了瓦解之势。为限制权力与巩固政权，她对汉人的态度实在令人不齿，一句"宁与友邦，不与家奴"，也从另一角度证明慈禧并非汉人血统，可见出生地"山西说"中认为她是一名经人转卖的汉族女子，并非事实。

慈禧除掌权弄权外，她的另一癖好就是贪图享乐。中国皇帝又名"天子"，自古以来，莫不以天下之富供上天之子一人享用，而慈禧作为一名追求感官享乐的女性，其奢靡铺排，更是在某些方面达到了登峰造极的程度，令人咋舌不已。

据有关资料记载，慈禧太后一天的平均生活费用，约四万两纹银。她每顿饭要上整整一百道菜，这些菜都得精工细作而成。比如她喜欢吃鸭子，就由一名大厨专门用文火炖熬，一次熬一只，一般需两三天做成；再如吃豆芽菜，要派专人一根一根地拾掇，将每根豆芽根部的须儿摘除，并且不能折断豆芽本身；为防他人下毒，所有进餐用的盘子都用银子做成，每道菜只吃三口，第三口刚一下肚，就有太监将盘撤下。

在服饰方面，慈禧约有衣服两千件；鞋子三四十双，一双新鞋平均穿五六天；所有的袜子只穿一次，而这些袜子都由上好丝绸织成；更为荒唐的是，很爱洗澡的慈禧洗一次澡，得四个宫女侍候，用香皂涂涂抹抹，拿毛巾反复搓洗，仅一个澡洗下来，就需要一百条毛巾。一次慈禧乘火车去奉天，便有一节车厢专门为她运载服装、鞋袜、毛巾等物什。她所佩戴的首饰，在形式、质地、种类等方面，更是花样繁多。据《清宫琐记》所述，太后"每日所戴之首饰，其状态颜色，尤必与其衣服之状态颜色相称，日新月异，无一从同。人之富于美之观念者，吾未有见过于慈禧太后者也。"

慈禧六十寿诞时，共计花费白银约一千万两，以当时的行情计算，可以组建一支北洋舰队；而修建"安度晚年"的颐和园，又花去白银约三千万两；仅此两项计算，老太后独自一人就消耗掉了四支北洋舰队，其"威力"远远超过甲午战争中的日本舰队。如果有人对她追求"高品位"的生活提出质疑、予以劝谏，她便恶狠狠地说："今日令我不欢者，吾亦将令彼终生不欢。"

慈禧贪权专权，自然也不是一天到晚，一年三百六十五天全部沉浸其中。她也有休闲放松的时候，将业余生活打点得十分"滋润"。她爱听戏，特别是北方京剧、梆子戏；爱观鱼，爱养花，爱鸽子，还懂得饲养宠物，有一只猴、一只猫；她还会剪裁衣服，调弄化妆品，据说手艺相当不错，堪称一流。还是《清宫琐记》，里面就有这样一段话："太后自己所穿衣服之式样及其色，均由自己亲为裁理。"

慈禧生前逐欢享乐，死后也极备哀荣。慈禧陵墓于1879年开始建造，直至1908年去世，前前后后、断断续续建了近三十年，耗银不计其数。而棺内的殉葬品，包括珍珠、翡翠、宝石等各类珍宝，据有关专家估算，价值约白银六千万两。其中仅凤冠上一颗最贵重的珍珠，大如鸡卵，重约四两，价值便达一千万两白银。

慈禧常说，一个女人如果不爱美，活着就没有什么意思了。只是她以整个帝国的财政与经济为代价，将所谓的"爱美"推向挥霍享受的极致，这种超级变态的穷奢极欲，实则掏空了晚清那本来就已腐朽的支柱与大厦。

六

表面看来，慈禧的日子似乎过得十分风光滋润，但其内里，是掩饰不住的孤独、凄凉、失败与悲哀。

慈禧与其他普通女人一样，的确特别爱美，晚年留下的几张"经典"照片，都装扮得花枝招展，与松弛打皱的皮肤、柔中透威的面孔不甚谐调。她追求感官享受，讲究生活品位与生活情趣，渴望浪漫，哪怕老迈了，还做着五彩缤纷的梦，希望周游世界。而作为专制集权下的一位大权在握的最高统治者，又不得不尽可能地收敛、控制女人那与生俱来的柔弱本性，以铁腕手段、霸权风格、残忍心态治理国家。

慈禧最让人恐惧是的一双眼睛，据宫女回忆，太后有时也拉拉家常，一副安详闲散的样子，眼中泛着柔和，谈着谈着，一旦涉及要害问题，目光顿时变成一道洞穿对方的利剑，让人心惊胆战。凡是与她聊过的大臣，无不感到看似轻松的话语背后，藏着一股凛然杀机，唯恐出现半点差池，全都一身紧张，两腿觳觫，虚汗直冒，往往是一场谈话下来，后背早已湿透。

慈禧精力十分旺盛，接见大臣，"从容处置家国大事，历三小时无倦容"。慈禧反复无常，性情乖戾，"时常表现出没有必要的残忍无情"。在令他人恐惧的同时，她自己也受着角色错位的深度困扰，作为一名女人，却要承担男人那不堪重负的职责，所谓"高处不胜寒"，她没有能够完全敞开心扉的真正朋友，没有本真意义上的情人，亲戚们也怕着她不敢走得太近，就连人间最宝贵的母子亲情这最起码的天伦之乐，她也享受不到。

慈禧只有一个至亲的宝贝儿子，那就是同治帝载淳，按说应该视为掌上明珠，看得比自己的生命更加重要。可面对发动宫廷政变后，政权不稳、太平天国未能剿灭、西方列强虎视眈眈的局势，她不得不将身心与精力，全部投入政事之中，也就忽略了亲情。同治帝在她眼中，更多时候只是一个符号——高高在上的帝王、万民景仰的天子、大清帝国的象征。因此，她施予儿子的，大多是要求，是说教，是束缚，是训斥，她希望同治成为一名流芳千古的完美帝王，而不是一个撒娇的儿子。日子一长，同治对她的感情，除了敬畏，便是淡漠与疏远。与此相反的是，东太后慈安则对同治嘘寒问暖、关爱有加，他反而将慈安视为亲生母亲。

因慈禧的教育不当，同治帝年岁渐长，心中反而生出一种强烈的叛逆情绪，与她公开对着干。比如他主张擒杀慈禧宠爱的太监安德海；故意不选慈禧喜欢的富察氏，而是与慈安站在一起，挑选了阿鲁特氏；慈禧对此极为不满，多次要他"眷顾"自己喜爱却位居第二的慧妃富察氏，同治帝反感至极，索性不召任何妃嫔侍寝，又耐不住青春期的欲望与冲动，便偷偷跑到外面的青楼妓院狎邪淫乐。

正因为有着大量嫖妓寻欢的事实，身患烈性传染病——痘症（即天花）而逝的同治帝，就有了死于梅毒之说。

年仅十九岁的同治帝猝然病逝，对慈禧的打击自不待言，可她却能强忍悲痛，表现得没事一般，甚至还面带微笑地召集王公大臣议事。这所议之事并非为同治帝出殡，而是考虑如何继续垂帘听政，将大清实权攥在手中，赶紧"择其贤者"立储。同治无子，按清朝祖制，得从下辈皇侄中立嗣。名为"集思广益"，实则是众人不得不服从她早就定好的"盘子"：以同治帝的同辈，醇亲王之子载湉为储，即此后的光绪帝。正当众人唯唯诺诺之时，吓得浑身发抖的醇亲王奏道："禀太后，皇上春秋正旺，建储似不合祖制……"直到这时，慈禧才厉声宣布："然则皇上已驾崩了！"宫内顿时响起一片无可抑制的悲痛哭泣。

也不知此时的慈禧是否与大臣一同哭泣，史书没有记载，但以其逞强的个性而言，为维持尊严，估计她得强忍悲痛不让自己失态。但在私下，作为一个失败的母亲，她无时无刻不在思念儿子："自此我之境遇大变，希望皆绝。"据德龄《慈禧太后私生活实录》记载，每逢同治帝的生辰或忌日，慈禧便整日枯坐，脸上堆满愁云，眼里盈满泪水，回忆着儿子生前的琐事与细节。只有失去儿子之后，她才发觉亲情的珍贵，于深深的思念中一个劲地对德龄夸奖同治："他的仪表的大方和华贵，真是人世间所不易见到的……相貌的好看，还是不值得称道的事情，最难能可贵的是他的孝顺和守礼……"

醇亲王乃道光第七子，咸丰帝弟弟，其妻子更是慈禧亲妹，正因为这种关系，慈禧才选择了醇亲王之子载湉。就亲情而言，载湉既是她的外甥，也是她的侄子，长期沉浸在失子之痛中的慈禧，也就将新立的小皇帝光绪视为亲生儿子，尽心尽力地呵护培养。她曾回忆道："皇帝抱入宫时，才四岁，气体不充实，脐间常流湿不干，我每日亲与涂拭，昼间常卧我寝榻上，看着天气寒暖，亲自为他加减衣衫，节其饮食。皇帝自在醇王府时即胆怯，怕听到大声特别是雷声，每有打雷下雨，我都把他搂在怀里，寸步不离。皇帝三五岁后，我每日亲书方纸，教皇帝识字，口授读四书、《诗经》，我爱怜唯恐不至……"

作为一国之主的慈禧，像一个慈母似的为光绪做着这一切，也确实难为了她。只是意想不到的是，她的这番苦心结果付诸东流，悲剧再次重演，不仅没有换来亲情与报答，两人最终反目成仇。

关键的原因，还是慈禧身上那无可更移、无时不在的威严。举行登基大典之后，四岁的光绪跟随两宫皇后接见醇亲王奕譞。离开亲生父母与家庭的光绪一见父亲醇亲王，当即跪下哭道："阿玛，咱们回家。"慈禧见状，自然不会像那些普通女人一样婆婆妈妈地劝啊哄的，而是以其惯有的方式一声怒吼："皇帝，成何体统！"光绪吓得惊慌失措，哇哇大哭。等到奕譞退出宫时，光绪又大哭大叫着追赶不已，慈禧赶紧叫当值的太监一把将他按住。光绪对着醇亲王奕譞离去的方向，拼命挣扎着放声哭嚎："阿玛呀，我的阿玛呀……"

登基当天的这一场景，似乎定下了光绪此后三十多年皇帝生涯的基调，陌生、孤独、恐惧、遗弃、冷落等多重情愫，严重影响了他正常的生长与发育。对慈禧，他更是有着一种撕扯的复杂心理，慈禧是他的伯母兼姨妈，并且扶立他当了皇帝，又视他为亲生儿子，可谓有大恩于他。可光绪因长期笼罩在慈禧的权威与恐惧之下，心头难以对她生出爱意。有恩不报不说，反而涌出冷漠与厌恶之情，这于从小受着传统教育的光绪而言，内心深处也就长期藏有一种无法自拔的负罪与内疚。其实，他更多的还是思念自己的亲生父母，并且格外想念父亲醇亲王，特别喜欢吃母亲带给他的零食。而慈禧却残忍地将这种亲情斩断，希望能够全部转移到她的身上。自光绪进宫后，慈禧就立下了断亲情、立威严、传孝道等三条规则，为了达到这一目的，"西太后待皇上无不疾言厉色，少年时每日呵斥之声不断，稍不如意，常加鞭挞，或罚令长跪……"

光绪无从抗拒这种强加的亲情，无法逃避慈禧的无上权威与严密控制，表面虽然"见西太后如对狮虎，战战兢兢"，暗中则施以消极对抗的方式。也不知是从什么时候起，光绪与慈禧，就这样在一种相互消耗折磨的关系中，彼此成为对方无法征服的敌手，难以解脱的噩梦。

慈禧为满足权欲长期垂帘听政，一再推迟为光绪选后，后又强行将他不甚喜欢的桂祥之女叶赫那拉氏立为皇后，大婚后迫不得已撤帘还政，还是紧紧抓住大权不放。光绪一直隐忍着，却又无从反抗，戊戌变法是其长期积怨与愤怒的总爆发。他曾明确通过庆亲王奕劻转告慈禧说："太后若仍不给我事权，我愿退让此位，不甘作亡国之君。"慈禧闻言大怒："他不愿坐此位，我早已不愿他坐之。"此时的光绪，仍没有看清慈禧的内心与本质，对她抱有一种幻想。

双方的怨恨由暗到明，由里到表，无法缓和之时，不得不付诸一场殊死对决。

光绪自然不是慈禧对手，只能再次成为刀俎下的"鱼肉"，任凭慈禧宰割。他被慈禧囚禁在瀛台，后又被挟持着仓皇外逃，两宫回銮后，慈禧接过光绪戊戌变法时曾经被她否定的改革大旗，一变而为积极推行新政的开明者。本该"大出风头"的光绪，这时却躲在了幕后，似乎完全被慈禧击败，显得默默无闻，陷入深度忧郁之中，对什么也不感兴趣了。

外界难见光绪皇宫生活，难窥真实心态，就是周围那些监视他的太监，恐怕也无法明了他的一些真实想法。其实光绪并未死心，于暗中依然作着较量，他所凭恃的就是年轻，是未来，他在积蓄，在等待。据美国传教士何德兰所著《慈禧与光绪》一书所述，光绪曾向一位他认为不会出卖他的人倾吐肺腑之言说："我没权，没伴，就连内监也像是不把我当回事似的。这宫里最下等的人哪一个不比我强？可总有算账的那一天。太后也不能总活着，我一旦再坐上龙椅，会让那些叫我这样的人也受受我那份罪。"

与此同时，我们从一份光绪三十三年、三十四年的内务府"进呈书籍档"中发现，光绪帝在这段时间，索要了一百多种关于西方政治史与日本新政、宪法制度方面的书籍。这也说明他并没有闲着，而是大量阅读、思考，心存希望地积极准备着，为日后的君主立宪进行充分的积累与准备。一旦慈禧亡故，他就准备放手大干，将自己的治国理想付诸实践。可见，光绪经过戊戌变法失败的沉重打击，也多少懂得一点韬光养晦之道了。

　　然而，一部中国近代史，总是让我们丧气扼腕，光绪三十四年（1908年）十月，七十三岁高龄的慈禧卧病在床，数日不起。那些曾经得罪过光绪，担心慈禧死后遭到报复的小人开始在她耳边进谗，说光绪帝闻知太后病重，喜形于色。慈禧一听，自然大怒不已："我不能先尔死！"于是，光绪帝也就真的死在了慈禧前面，比她早死不到二十小时。

　　皇帝与太后，一对亲密的生死冤家不到一天时间先后辞世，实在是太不正常了，给人们留下了足够的想象空间。于是，关于光绪之死，也就出现了多种说法：一说为袁世凯投毒，因为戊戌维新的出卖，使得光绪帝对他咬牙切齿，他担心光绪重登龙椅后性命难保，便买通宫人下了毒手；另一说法，认为是慈禧暗中谋害；第三种说法，光绪乃病重自然死亡。2008年11月2日，由大陆清史研究专家组成的，"清光绪死因"专项研究课题组，以法医学检测手法，经过五年的探寻研究之后，正式宣布光绪死于急性砒霜中毒。光绪死因之谜，似乎就此破解，然而，到底是谁下的毒手？真凶仍笼罩着神秘的云雾难以廓清。除袁世凯、慈禧外，还有人认为是李莲英。综合前因后果及各种证据，我们更倾向于将光绪的死因归结于，慈禧的操纵与谋害。以她的个性、手腕、心计而言，绝对不愿留下曾遭自己软禁、挟持、迫害，与她誓不两立的光绪皇帝继续活在世上否定她的一切。

　　光绪帝过早辞世，对中国未来的发展走向影响至深。费正清与赖肖尔在《中国：传统与变革》一书中写道："三十七岁的光绪帝的神秘之死使得中国丧失了向君主立宪过渡的最好机会，君权也落入了那些无知而自负的满族亲王之手。"如果光绪健在，君主立宪如日本那样获得成功，此后的日子，必是和平多于战乱，建设压倒破坏，民主多于专制……最起码今日的法制民主建设，不至于仍处于启蒙阶段。

　　慈禧弥留之际，念念不忘的仍是手中大权，她抓住最后一线光阴，赶紧策立新皇。上帝决定她的生死，她要决定别人的命运，甚至是大清帝国的命运。她对皇位继承人的安排与设计，与三十四年前立嗣光绪时如出一辙，选亲而不是择优，从叶赫那拉家族与爱新觉罗的关系出发，局限在两姓的交叉点上，选中了光绪帝兄弟载沣不足三岁的儿子溥仪。

颇有意味的是，慈禧留下的遗命中，其中一条却是"以后勿再使妇女与闻国政，此与本朝家法有违"。"与家法有违"当属堂皇之语，就慈禧的内心与本意而言，她是否感到女人主政于国于己都是一场悲剧，才于死前反省，流露真情，特意立此遗命？不然的话，这不是对她一生的彻底否定吗？作为一名特别要强不肯认输的女人，她会这样做吗？

慈禧一死，清末的政治权威不复存在，互相牵制的各派力量顿时失去平衡，积郁已久的各种矛盾在权力真空中全部爆发，清廷内部百病丛生，地方与中央的离心力加大，国内立宪派积极推行政治改革，海外革命党人加快武装推翻满清朝廷的步伐……

其实，慈禧以其敏锐的"嗅觉"，早已感知到，在风雨飘摇中苦苦挣扎的清廷，危险来自何方。1907年，当端方由湖北巡抚调任直隶总督入京晋见时，她就不无忧虑地对他说："造就人才的是湖北，我所虑的也在湖北。"

如若慈禧晚死，满清朝廷极有可能要多延续一些时日。

作为一名女人，帝国末世的实际统治者，平心而论，慈禧也有许多"出彩"的地方，留下了不少亮点。比如发动辛酉政变后，她就没有扩大打击面，仅仅处死三人，处分十六人，共计十九人而已，表现出一个政治家的风度与胸怀；她"用人公平"，排除阻挠，重用汉族大臣，其力度之大，超过以往任何一任满清皇帝；她支持重用左宗棠，平定西北，收复新疆；她昭雪冤狱，不惜处分一百多名朝廷官员，为一普通民女小白菜平反；她尽可能地争取女性权益，强调女子的独立精神，认为女人应该有自己的生活与精神空间，女子应该读书识字，清末新政时鼓励开办女子学校，1906年下令禁止缠足；没有慈禧支持，早期洋务运动便不可能兴起，为减轻阻力，她杀鸡给猴看，有意打击顽固保守势力的代表人物、当时有名的理学大师、同治皇帝的老师倭仁。由她大刀阔斧、自上而下推行的清末新政，其改革的力度与深度一直没有引起我们的足够重视，很多方面都超过了戊戌变法：私营企业开始大力发展；外资的引进与利用，成为国内建设资金不足的一个有力补充；废除延续了一千三百年的科举考试；特别是将改革由技艺推进到了制度层面——预备君主立宪。

近代所有的落后、失败与贫弱，都可归结于，专制统治下整个国家的制度性群体愚昧，只有不遗余力、大刀阔斧地推行制度改革，中国的民主与富强才有可能获得成功，否则便是一句空话……

作为悲剧人物的慈禧，她的一些想法与行为，总是适得其反、事与愿违。

意欲死后永远享用、埋入陵墓的大量珍贵陪葬品，结果惹得无数盗墓者垂涎不已，睡在寝陵的她半刻也不得安宁。1928 年，军阀孙殿英打着"崩皇陵也是革命"的幌子，干出了一件"前无古人，后无来者"的惊天大事——身为军长的他，率领三个师的部分军队盗窃东陵。陵墓炸开，棺椁打开，已死二十年的慈禧仍然面色如生。为取出含在她口中的一颗夜明珠，一把刺刀捅入她的嘴中，两边嘴角被割开一直延伸到脖根。为搜求藏在她身上的所有宝物，慈禧尸身的所有衣服被扒掉，仅剩一条红色贴身裤衩和一只吊在脚尖上的袜子。两名士兵见状，淫欲大发，准备上前奸尸，若非官长担心慈禧尸体发霉变质、士兵染上不治之症而加以呵斥阻止，她将遭受世间最为邪恶的羞辱。尽管如此，慈禧尸骨仍被"砍为碎片，四处丢散，无从辨认"，"其惨状真是目不忍睹"。

东陵被盗的消息传开，中外一片哗然，最感耻辱与气愤者，当数慈禧于临死前立的末代皇帝溥仪，他发誓报仇雪恨。正是在这种强烈情绪的支配下，溥仪已分不清正义与邪恶，结果在日人的策划下，于1931年的一个夜晚出逃，回到了他先祖的生存之地东北老家，成立伪满洲国，成为日本侵略者操纵的傀儡，沦为民族叛逆与战争罪犯。

不论正说反说，只要客观一些，我们就不得不承认，慈禧的确是一名旷世奇女，有清一代的大人物。正如《慈禧外纪》所言："慈禧必为中国历史上一极有名之君主，其聪睿之识，沉毅之才，远出寻常男子之上。"

若论中国近代史中影响最大者，我们也不得不承认，此人便是慈禧。其他关键性人物的重要影响，或局限于某一方面，或停留在某一时段，而慈禧则属长时间、全局性的深刻影响与改变。只是这种影响与改变，负面多于正面——置身列强环伺、内外交困的帝国末世，笼罩在无法摆脱的悲剧意识、悲剧宿命与悲剧阴影之中，慈禧以其失败的悲剧性一生，将中华民族推向了更加黑暗的悲惨境地。

> 康有为一个最大的失误，就在于不懂得中国黑暗的官场学，看不到事情的实质，抓不住问题的关键。他以为只需打动光绪皇帝，改革大业就可一帆风顺了。

康有为：传统"乌托邦"

一

据出身书香世家的康有为回忆自述，他四岁时"已有知识"；五岁"能诵唐诗数百首"；六岁那年，家族长辈课以属对，上联为"柳成絮"，他不假思索地脱口对以"鱼化龙"，对仗工整、意境奇崛、超然脱俗，担任教谕的伯父康达棻当即赞叹不已："此子非池中物！"十二岁在连州一年一度的龙舟竞渡赛上，他当场赋诗"二十韵"，惊得州吏连呼"神童"，特赠"漆砚盘盒数事"以资鼓励。

然而，被视为"神童"的康有为，在科举道路上却历经坎坷，让那些对他寄予极大希望的康氏家族长辈不禁大跌眼镜：他从十四岁就开始参加童子试，屡次应试，屡次落选。最后还是凭借祖父在连州训导任上驾舟救灾，不幸殉职的荫庇，获了个荫监生的资格，才得以赴京参加顺天乡试。而六次乡试，就有五次落第，直到光绪十九年（1893 年），已是三十五岁的他，才以第八名的成绩考中举人。

莫非康有为的"神童"之誉，乃无端吹捧浪得虚名？事实并非如此，梁启超说他"脑筋最敏。读一书，过目成诵；论一事，片言而决"。一次，他曾相当自负地对众人言道："少时读六朝文，皆能背诵。"接着又说："少时喜欢读杜诗，至今仍能背诵全集。如诸君不信，请任提一句，我即可连接下句，不遗一字。"康有为的确有着过人的聪慧颖悟，攻读也十分刻苦，八股功底相当扎实，用他自己的话说，就是"时为制艺文，援笔辄成"，"但不好为之，不工也"。也就是说，他的心思并未完全专注于科举一途。

康有为的兴趣非常广泛，阅读相当繁杂，除科考必读的儒家典籍外，还系统地饱读诸子百家、经史文学，就连当时最新出版的《瀛环志略》，也有过一番认真研读。这种看似有所失，实则更有所得的阅读，全赖两位叔祖父提供了他人难以企及的条件——先是在左宗棠手下立有军功的叔祖父康国熹，在故乡广东南海县西樵银塘修了一座藏书万卷的澹如楼；其后任过福建按察史的叔祖父康国器回乡，又在澹如楼对面新建书楼一座，收藏各类卷帙浩繁的经集杂史及新版图书数万册。

面对浩瀚的"书海"，求知欲非常强烈的康有为简直"忘乎所以"了，他刚刚放下这本，马上又拣起那本，还想翻翻更多的卷本。新鲜好奇充斥胸间，他一个劲地东啃西食、大嚼大咽，恨不得将两座藏书楼的书籍吃遍啃透。这种"得博群籍"的粗读，严重分散了他的精力，影响了他的科举仕途。对此，他似乎不以为然，仍我行我素，"不务正业"地翻看"闲书"。

十一岁那年，康有为父亲病逝，生活与学业便由祖父康赞修及诸叔父们打理。在"一人得道，鸡犬升天"的古代社会，个人的功名利禄往往牵扯到整个家族的荣耀与利益，一个享有盛誉的"神童"，却在科举场上屡屡失败，连最起码的秀才也拿不到，不禁弄得康氏长辈们颇有几分难堪。他们为他急得不行，严加督责的同时，鉴于过去接受的主要是家庭教育，便找了一位名师——人称九江先生的晚清宿儒、义理学大师朱次琦，为他指点迷津。朱次琦不仅是康有为祖父的老朋友，康有为的父亲及几位学问不错的叔父也都出自朱先生门下。光绪二年（1876年），十八岁乡试再度落第的康有为，前往礼山草堂，正式拜朱次琦为师。

朱次琦主张经史两学相互贯通印证，学问应"济人经世"关涉国计民生。他要求弟子们读遍二十四史，特别是《史记》《汉书》《后汉书》《三国志》，更要深研精读。康有为在朱次琦门下一学就是三年，中间只回家过两次，一次是祖父去世结苫守灵，另一次是回家娶亲。三年系统学习，康有为熟读四库典籍，"得闻中国数千年学术之源流，治教之政变，九流之得失，古人群书之指归，经说之折中……"

在此，我之所以花费笔墨强调康有为的读书历程，是因为兴趣爱好、博览群书及系统阅读，对他有着举足轻重的作用与影响，塑造并改变了他的整个人生。他能够高屋建瓴地进入社会，全赖一生所铸学问——以学问为根基，以学问为武器，以学问而救国。

入礼山草堂，朱次琦给康有为的唯一训示，只有两个字：戒傲。历代文学家、哲学家中，朱先生最推崇韩愈，要求学生们多读其文，尤其是他的代表作《原道》。康有为却与老师意见相左，认为韩愈"道述浅薄"，"不过为工于抑扬演灏，但能言耳，于道无与，即原道亦极肤浅，而浪得大名"，并生发开来，认为上千年来的文学大家皆属装腔作势之辈，实无人真正了解"道"、懂得"道"。认识不同，见解相左，本属正常，朱次琦也未加严责，只是笑了笑，说他的想法太狂了一些。没想到却在同学中却产生了极大的反响，说他目无尊长、胆大妄为到了极点，并带来了一定程度的"恐慌"——"渐骇其不逊"。

康有为不是顽固不化的书呆子，他一边阅读一边思索，对辞章考据之学，对程朱理学不禁产生了怀疑。书读得越多，就越觉得"私心好求的安心立命之所"，无法在故纸堆中找寻。于是，不由得抛开书本，闭门谢客，什么也不读地静坐养心。他尽可能地使自己进入宁静澄明之境，在王守仁式的"吾心即是宇宙，宇宙即是吾心"的体验中，康有为似乎进入了超越个体的博大境界。对此，他在《康南海自编年谱》中写道："静坐时忽见天地万物皆我一体，大放光明，自以为圣人，则欣喜而笑。忽思苍生困苦，则闷然而哭……"

对这种老师厌恶的静坐打禅方式，同学们先是感到奇怪，后见他"歌哭无常，以为狂而有心疾矣"。康有为经常沉浸在这种忘却周围世界的个人内心之中，"飞魔入心，求道迫切，未有归依之时"，此种情形，与洪秀全病中进入谵妄与梦魇状态，视自己为上帝派到人间斩杀妖魔的"天王"，有着相似之处。所不同的是，洪秀全以幻为真，难以自拔，康有为却能及时地回到现实大地。

尽管如此，这次深陷其中的走火入魔，仍在他心上留下了难以抹去的阴影，带来的影响与后果不可小觑。比如他此后便一直没有走出圣人的虚幻，孔子有素王之称，他自号"长素"，不仅以"圣人"自视，更有超越前圣孔子之意；比如他在某些事情上，不近人情的顽固与偏执，便与"歌哭无常"表现出来的人格分裂疾患极其相似……

求道而不得，又与老师在求道的方法上有分歧，加之同学们认为他既狂且癫，康有为终于离开了礼山草堂，告别家人，来到位于广州西南六十八公里的西樵山，入住白云洞的三湖书院，潜心研习佛道。

置身幽山，行吟流泉，睡卧林石，骋思游想，于康有为而言，这是一段率真随性、恣意浪漫的美好日子。他或坐或眠，或行或奔，或歌或哭，或吟或啸，在一种无拘无束、自由自在的物我两忘境界中，由义理之学转向佛道之学。他吸收佛学精义，希望自己有一天也像大慈大悲的释迦牟尼那样普度众生。在对道教五胜道仙术的苦修中，康有为则进入了另一种走火入魔——"视身如骸，视人如豕"。看自己是一堆骸骼，见他人是一群猪猡，这样的修炼算得上大彻大悟、真正得"道"吗？

苦苦寻"道"而不曾得"道"的康有为怎么也不甘心，这时，他认识了一位归乡省亲、游逛西樵山的朋友——广东番禺人、翰林院编修张鼎华。

一番交往，特别是通过张鼎华对三朝以来夷务交涉的介绍，康有为得以"尽知京朝风气，近时人才及各种新书"。联想起以前在藏书楼读过的《海国图志》《瀛环志略》《职方外纪》等书籍，不禁对西方社会产生了浓厚的兴趣，决计前往英人治理的香港见识一番。

从南海到香港十分便利，不需要办理各类进出证件与通行手续。光绪五年（1879 年），康有为第一次踏上了香港这块属于中国人的"异土"，恍惚进入了一个不敢相信的梦幻世界："灵岛神皋聚百旗，别峰通电线单微。半空楼阁凌云起，大海艨艟破浪飞。夹道红尘驰骠袅，沿山绿圃闹芳菲。伤心信美非吾土，锦帕黄靴满目非。"英人统治仅三十多年，原本渔村般的弹丸之地，竟发生了如此翻天覆地的变化！在亲眼所见的震惊中，康有为对西方社会不禁有了全新认识："览西人宫室之瑰丽，道路之整洁，巡捕之严密，乃知西人治国有法度，不得以古旧之夷狄视之。"他不得不承认西方的资本主义，大大优越于中国的帝王统治制度。于是，萌生了向西方寻找真理的念头，在香港购买大量西方书籍而归，进入了另一种全新的如醉如醉的阅读之境。

正是在西学的启迪下，康有为的人生观、世界观发生了根本转变。通过对香港的感性认识，以及阅读中所吸收的西方自然科学与资本主义政治理论，比照、反观、审视中国，康有为深刻地认识到专制社会、传统文化实在是太陈腐、太落后了。在再次对《海国图志》的潜心阅读中，他认为只有学习西方，仿效西方，建立君主立宪制，变法图强，清朝才能找到繁荣强盛的成功之路。

康有为的这种求学、阅读、寻"道"之路，离叔父们所希冀的科举之途越来越远。在母亲"汝祖以科举望汝，汝不可违"的督促下，1882 年，他不得不以荫监生的资格，第一次赴京参加顺天乡试。

"失之东隅，收之桑榆。"科考虽然落选，但康有为几乎因此而"走读"了半个中国，特别是返程时途经上海，作为第一批开埠通商口岸，一个鲜为人知的沿海县镇，已成为万商云集、高楼林立、街衢纵横、五光十色的大都会，康有为再次感到西方力量的强烈冲击。"道经上海之繁盛，益知西人治术之有本"，他又一次倾囊购买西书，"大攻西学书，声、光、化、电、重学及各国史志，诸人游记，皆涉焉。"据有关资料记载，上海江南制造局译印西学新书，三十年间共出售一万两千册，仅康有为一人，前后购书就达三千多册，约占销售总量的四分之一。

倾囊四处求购西书，如饥似渴学习吸收，将中学各流派，西方各学科集于一身。正是这种兼收并蓄的博大胸怀，造就了一个全新的康有为，从而逐渐构建起个人独特的思想体系，为此后的开堂讲学、著书立说、维新变法等一系列活动与发展，奠定了充沛的底气与雄厚的基础。

二

某种程度上，我们不得不承认，康有为锲而不舍的问学求道，从中国传统文化的角度来看，的确带有一定的"先知先觉"色彩。

康有为从朱注六经、科举制艺到经世致用、义理经学为第一变，转向佛道之学为第二变，求道西方为第三变，如果说第一变出于康氏长辈"无心插柳"的安排，那么第二变、第三变则完全出自内心的渴求与自觉。特别是钻研西书，没有老师的指点，又不懂外语，仅凭大量购买的翻译之书，他一本一本地啃着，硬是从那些枯燥深奥的数学、物理、天文、地理、生物等自然科学中，探出了一些门道。"现买现卖"地用这些刚刚学来的算术几何、星云以太、宇宙演化、地质嬗变及生物之学，剖析中国的过去、现在与未来，还将西方几何学中的"公理""实理"等，活学活用于他最早写就的《人类公理》《公理书》等书中。

难能可贵的是，康有为并非一味信奉西学，而是合西学与过去钻研的诸子之学、苦苦修悟的佛学道教于一体，探索长期孜孜以求的"道"，用他自己的话说，就是"合经子之奥言，探儒佛之微旨，参中西之新理，穷天人之颐变，搜合诸教，披析大地，剖析古今，穷察后来"。

也许是参研学问过于用心刻苦之故，1885年3月，康有为突然头痛大作，并影响到眼睛，"不能视文字"。如果是短暂的疼痛，忍一忍，也算不得什么，可一连就是好几个月。他无法忍受，又不得不忍受，于坐卧不安中，每天只好用毛巾裹住脑袋，呻吟着在室内无可奈何地转来转去。母亲遍请名医前来医治，均感束手无策。时间一长，连康有为自己都感到绝望了，不禁默默地整理过去的笔记手稿，等待死神降临。康有为相信天命，以为人的一生全由上天安排，他还特别迷信风水，热衷扶乩问卜，所以他并不惧怕死，并对自己能够综合古今中外之学，"既闻吾道，既定大同"十分满意，可以平静而无憾地死去了。

结果自然是没有死成，救他一命的竟是那些购回的西书。平静等死的日子里，康有为开始研读西医之书，并如法炮制西药，以自己为试验品服用疗治。凭着几本西医书籍，康有为竟然妙手回春、起死回生，病情有所好转后，又在西樵山白云洞隐居调养一段时间，第二年春天，便恢复如初了。

从此以后，康有为更加信服西学，并将阅读研究的重点，由自然科学转向社会、哲学、历史、政治、教育等"泰西之政"。

与一般人不同的是，康有为对科举功名并不热心，于多次落第，他自己真的一点也不在意，长期不倦地刻苦攻读，只以求学问道为旨归。正因为超然于个人的功名利禄之外，于科举也就显得无所谓了。也许是儿时天资过于聪颖出众，师长过于宠爱夸奖之故，康有为从小就显得颇为自负，自视甚高，"以经营天下为志"，性情严肃，不苟言笑。这种自负与自傲，并未随着科举失意的打击有所收敛，反而随着学问的精进不断增强，有时竟达到了不能恰如其分地认识自己，乃至目空一切的地步。

他所追求的，是一种经天纬地、包容宇宙的大视野、大学问、大道德、大理想。哪怕陷入走火入魔、如痴如狂的境地，也不同于洪秀全科举打击的染病谵妄，而是参悟求学所致。他先是在儒圣孔子身上吸取营养，以"正心、诚意、修身、齐家、治国、平天下"为理想；参禅问佛后，便以释迦牟尼为榜样，欲拯救灾难深重的民众于困厄苦海之中；而西方文明的强烈刺激，于西学的不断钻研，更是激发他以圣人为榜样，改革传统社会的意志与决心。与此同时，他仍一个劲地坚持科考，早先是出于母亲及家族长辈的督责，后来则是希望博取功名、占据要津，以便更好地改造社会，实现自己的远大抱负与宏伟目标。

康有为介入社会、干预政治、施展抱负的最初途径，主要是上清书、开学堂、著新书。

光绪十四年（1888年），康有为利用再次赴京应顺天乡试的机会，于12月10日大胆向光绪帝上书，这便是有名的《上清帝第一书》。

在五千多字的上书中，康有为字斟句酌，话说轻了，无疑隔靴搔痒，重了又有触犯"龙颜天威"之险。他向光绪分析内忧外患的严重局势，针对朝政弊端，提出了"变成法、通下情、慎左右"的变法主张。"变成法"就是要打破祖宗之法不可变的传统观念，变法兴治，"十年之内，富强可致"；"通下情"，是希望皇上礼贤下士，集思广益；"慎左右"，认为作为国家的最高统治者，皇上应该明辨忠佞，去奸臣，近忠良，以一身正气带动百姓，共同治理朝政。

在等级制度严格异常的专制社会，作为一介没有任何功名的布衣，康有为并无上书皇帝的资格，试图通过他人代递传呈，也没有成功。上书虽未呈达光绪之手，但其内容却感染、激励着无数书生百姓，一时间，《上清帝第一书》被人广为传抄，康有为的名气也开始在京城慢慢"唱响"。

"抚剑长号归去也，千山风雨啸青峰。"上达天听受挫，康有为回到故乡，一方面潜心著述，一方面收徒讲学，传授新学，培养人才。

光绪十七年（1891年），康有为在拜门弟子陈千秋、梁启超的邀请下，在广州闹市中心的长兴里邱氏书屋开堂讲学，后因"来者日众，旧址不敷周旋"，校址移到卫边街邝氏祠，再移至广府学宫文昌殿后的仰高祠，正式命名为"万木草堂"，取万木培植成栋梁之意。

学堂所收学生，不论门第贵贱、年龄大小、学问高低，只要接受维新变法理论，皆可进入深造。招生方式别具一格，授课更是别开生面。康有为根据自己的求学问道经验，从变法的需要出发设置课程，以孔学、佛学、宋学（陆王心学）为体，以史学、西学为用，可谓上下古今兼顾、中西文理俱备。

康有为每天都要授课四五个小时之久，所讲内容"以穷理创义为要旨……求广大之思想，脱前人之窠臼，辟独得之新理，寻一贯之真谛"。此外，学生主要靠自己读书、写笔记。万木草堂有一个藏书丰富的图书室，据学生回忆，"是以康先生所藏书为基础，同学们家藏的书，则自由捐献"而成。学堂"每人给一本功课簿，凡读书有疑问或心得即写在功课簿上，每半个月呈缴一次"，然后由康有为批示作答。学堂不分年级班次，也没有考试制度，"全在功课簿上窥察各人造诣之深浅"。

应该说，万木草堂不仅是中国第一座引入西学为传授内容的新式私人学堂，也是第一座以素质教育为主的学校。

康有为切入社会的方式无疑是十分高明的，对上，呈书以打动皇帝；于下，通过培养一批维新变法的知识分子骨干力量，从而启迪、唤醒广大民众。"草堂徒侣，康门弟子，其全盛时，数以千计，盖遍于各省矣。"据统计，从1891年最初的长兴学舍，到1898年清廷下令封禁，万木草堂先后培养学子达三千余人，不少成为维新变法的栋梁之材。

从学问到实践，从底层到上流，康有为经过一番不懈探索，对社会现实，也算有了相当深刻的认识。他清醒地意识到几千年专制统治的荼毒之深，改革之艰与变法之难，决心从理论方面入手，推翻顽固的守旧体系，树立崭新的变法思想，以达启蒙、维新、变法、富强之效。为此，康有为创作了他的成名作也是早期代表作《新学伪经考》与《孔子改制考》。

不少学者认为，康有为的两部奇书《新学伪经考》与《孔子改制考》，渊源于晚清著名的经学家、思想家廖平的《知圣篇》与《辟刘篇》，有人干脆就说两书抄袭廖平。说者言之凿凿，廖平本人当年就有指控，而康有为却极力回避甚或否认，倒是弟子梁启超较为客观持平，说老师康有为"见廖平所著书，乃尽弃其旧学"。

按理说，一位集中西学问于一身，并以"圣人"自诩的大家，完全没必要去做抄袭他人这种偷偷摸摸有损道德声望的事情。

廖平为今文经学大师王闿运及门弟子，曾任张之洞幕僚，一生教学为业，主要研究经学，以经学六变著称，主张"尊今抑古"。他将"抑古"思想写成《辟刘篇》，认为《周礼》等古文经传多由刘歆伪造；以"尊今"思想写成《知圣篇》，说西汉今文经传才由孔子改制而作。

康有为与廖平早就相识相知，也曾看过他这两部手稿。一个无可更移的事实，那就是康有为肯定从廖平的著述中受到启发与影响，并援入《新学伪经考》与《孔子改制考》之中。创作受到启发影响，引用他人资料是一回事，而抄袭则又是另一码事了。在此，我们无意考证甄别，仅着重于作品的影响与人们的认可，会心于美国学者列文森在《儒教及其现代命运》一书中所言："不管康是否是一位抄袭者，但正是他临危不惧地改变了历史。"

同样是对"新学伪经"的考订，廖平的着眼点在于经学正统的学术问题，而康有为却将其纳入变法改制、救亡图存，寻找理论根据的政治框架。秦始皇焚书坑儒，人们以为六国典籍及民间藏书已被烧尽，汉代建立后，便四处搜求着老宿儒，凭借他们的口耳相传、记忆诵读，硬是复原了昔日的孔子六经。及至汉武帝末年，事情陡然起了变化，一批藏得很深、未被焚毁的典籍陆续被人发现。

如此一来，就出现了两种不同的经书，并形成了两个分歧日甚、相互排斥、水火不容的学派——今文经学派与古文经学派。今文经学推崇孔子，认为他是"托古改制"的政治家，身受大命的"素王"，以治《公羊学》

为主；古文经学则将时代推得更远，崇奉周公，以治《周礼》为要，认为六经不过是一些史料，孔子仅是一位史家而已。先是今文经学盛行，到了西汉末年哀帝时，致力于古文经学研究的学者刘歆助王莽篡权，被封为国师，于是古文经学成为官学与显学。因王莽篡汉建立的朝代名新朝，于是，刘歆的古文经学又称新学，意即“新朝之学”。自此以后，今文经学便一落千丈，直到清道咸年间，才慢悠悠地缓过一口气来，大有死灰复燃之势。

《新学伪经考》中所要考证的，就是刘歆所传经学的真伪，对他一手捧起来的古文经学予以否定。经过一番论证，康有为得出的结论是，秦始皇焚书，并未毁及六经，汉初所传，全是孔门足本；因此之故，西汉经学，便无所谓古文者；大凡所传古文，皆为刘歆伪作；刘歆之所以作伪，就是为了湮灭、搅乱孔子的微言大义，帮助王莽篡夺政权。

康有为拿刘歆与新学“开刀”，得出了一切古书都需重新考证、检查、评估的结论，动摇了正统清学的立足点，也就难怪梁启超将其视为“思想界之一大飓风”了。

如果说《新学伪经考》是“破”，那么《孔子改制考》便是“立”。不破不立，有破有立，边破边立，这才是康有为离经叛道的本意与目的所在。

《新学伪经考》以今文经学为正宗，奉孔子为圣人，认为自东汉以来的孔子六经全为刘歆伪篡，那么，孔子的“真经”与“大义”到底是什么呢？这，便是《孔子改制考》所要解决的问题。

又是一番考据论证，康有为得出了新的结论：《诗》《书》《礼》《易》《乐》《春秋》等先秦六经为孔子亲作，但其中关于神农、黄帝、尧、舜、禹以及上古文物、制度均不存在，全为孔子假托。孔子何以“托古”造假？在于先秦时期，周衰礼废，为求通达，孔子不得不进行“改制”。如此一来，圣人孔子就成了中国最早的改革先师与样板。

至于孔子设计与改革的具体内容，康有为给出的答案是，孔子将社会发展的过程分为必须经历的三个阶段，即据乱世、升平世与太平世。据乱世对应君主专制时代，升平世为君主立宪时期，而太平世属民主共和时代，此乃人类社会的最终归宿。于是，康有为笔下的历史观，再也不是传统的治乱循环模式，而是由低级向高级不断过渡的发展史观。

康有为认为目前中国所处的时代，正是升平世，按照孔圣人在两千多年前早就设计好的蓝图，就是要废除专制统治，实行君主立宪。

《孔子改制考》的目的，由此昭然若揭，不过凭借孔子的权威，利用他的神圣，打着他的旗号，行社会改革之实。此书一出，所带来的实际效果，是继《新学伪经考》的"飓风"之后，又在思想界造成了一次更加震撼的"火山大喷发"。

三

中日甲午战争爆发，陆军在朝鲜一触即溃，北洋舰队全军覆没，日军海陆并进直入中国领土，京城岌岌可危。清廷不得不屈辱求和，准备签订割地赔款的《马关条约》。

正在北京参加会试的康有为闻讯，不禁义愤填膺，拍案而起："呜呼噫嘻！万里之广土，四万万之众民，而可有此约哉！"当即奋笔疾书，以一天两夜时间，草拟了一份一万八千多字的上皇帝书，是为康有为《上清帝第二书》，内容主要有三：一曰拒和，建议皇帝下诏，鼓天下之气；二为迁都，"旅顺已失，威海既隳，海险无有，京师孤立"，建议迁都西安，变被动为主动；三是练兵，以强天下之势，然后力战；四乃变法，提出富国、养民、教民、革新庶政等变法方案。

《上清帝第二书》写成，康有为在弟子梁启超、麦孟华等人的帮助下，联络广东、湖南两省，以及全国各地前来京城应试的举子签名，共同上达皇帝。因汉代实行征辟制度，凡征召入京任职的文人学士，全以公家车马接送，时人称为"公车"。科举选士制度确立，入京参加考试的举人没有这种待遇了，但"公车"之名却沿袭下来，人们仍以"公车"称呼那些入京应试的举子。因此之故，康有为发起的这场史无前例的上书活动，又称"公车上书"。

"公车上书"近来多遭学人诟病，原因在于，笼罩其上的神圣光环在新的考证与史料面前被打破。据《康南海自编年谱》所叙，康有为发动十八省一千三百多名举子联名上书为都察院所拒，后在其所著《汗漫舫诗集》中，又有如下文字："东事战败，联十八省举人三千余人上书，次日美使田贝索稿，为人传抄，刻遍天下，题曰《公车上书记》。"康有为带头联合十八省举子，齐集松筠庵确有其事，因中途有数百人取回"知单"，所以列名的举人只有六百零二名，加上领衔的他，实际数字为六百零三人。正在这时，《马关条约》已经签字的消息传来，康有为第二天又得知自己考中进士，"公车上书"就此搁浅，并未上呈，所谓都察院被拒也属虚构。

其实，签字人数的多少与是否上呈并非特别重要，重要的是"公车上书"产生了轰动性的影响，唤醒了"吾国四千年之大梦"，人们争相"索稿传抄"《上清帝第二书》。

通过理论著述《新学伪经考》《孔子改制考》以及"公车上书"，康有为维新变法的领袖地位无可置疑地得以确立。

然而，康有为给自己的定位实在太高，早年就以"圣人"自诩，以睥睨天下的姿态待人接物，以传之后世、流芳千古的想象，活在今生、奋斗不止。他在广州万木草堂讲学时，孙中山有意结交，并托人转达此意，不料康有为回道："孙某如欲订交，宜先具其门生帖拜师乃可。"孙中山觉得他过于妄自尊大，也就打消了交往的念头。

康有为不做第二，只做第一，从来不愿屈居人后，"长素"之号便是其真实写照，哪怕名列孔子之后也不甘心。作为一个有着七情六欲的尘世之人，康有为实在难以达到先知先觉、十全十美的圣人境地，所以不得不在一些事情上大加琢磨做点手脚：一是作秀，二是造势，三是做假。比如《新学伪经考》与《孔子改制考》借用新的史料，参考新的成果，受到他人的启发，本来是再正常不过的事情了，而极其自信、自尊与自夸的康有为，为了显示自己先知先觉、超越常人的"风采"，不得不"斩钉截铁"地否定与廖平的牵连与瓜葛。是呵，超然的圣人，哪能拾人牙慧，容下半点污垢与缺点？结果适得其反，知情者据此拥有足够的理由认为康有为为人不仁，是一个抄袭、剽窃他人的伪君子。

就留传下来的有关"公车上书"的原始资料而言，都由康有为及其门生弟子撰述，而专家学者只要稍稍往里开掘，翻检、参考、比照、归纳同时代其他人的记述，就会发现许多难以自圆其说之处，于是，一段历史就在抖落刻意的伪装、去掉精心的涂饰中回归本原。"圣人"康有为像这样的做假伪饰还有不少，后面的关键紧要之处，我们当有所提及与指认。

沸腾的热血与赤诚的呐喊，直到引起帝师翁同龢的注意，得到他的保举与推荐，康有为的行为才慢慢与其朝思暮想的目标挂起钩来。

不久，康有为又呈《上清帝第三书》，这回总算感动了"上帝"，经过一番周折，终于"上达天听"。康有为共上清帝七书，内容不外吁请皇上集思广益，富国养民，教士练兵，设立议院，颁行宪法，推广新政，发愤图强。

受中日甲午战争失败的强烈刺激，光绪皇帝满心希望励精图治，却又找不到路径与方法，大有有力无处使的郁闷之感，康有为的上书内容，与他心中的一些想法可谓不谋而合。光绪阅后先是高兴，"上览而喜之"，眼前一亮，顿觉柳暗花明；继而相当重视，破格令军机处抄录三份，在他上朝的乾清宫及处理政务的勤政殿各留一份以作备览，另一份传发各省大员，原件送交慈禧太后"懿览"；接着颁发上谕，按康有为上书的有关内容，令各部院堂官及各省将军督抚专折保奏人才。

康有为欣喜不已，又一鼓作气地连呈《上清帝第四书》《上清帝第五书》，结果两书都被工部扣押，没能到达光绪手中。维新的曙光刚刚破晓，几缕光线还来不及扩展，东方天空的鱼肚白就被倏忽而至的乌云遮盖了。犹如一个正在蹦跳的皮球，突然被刺出一个洞来，"嗤"的一声怪响过后，康有为不禁全身泄气。失望至极，深感改革维艰，事不可为，就想在河水结冰之前离开京城，南返广东。

1897 年 12 月 11 日，北京南海会馆汗漫舫，康有为装好行李准备启程。就在这时，上完早朝的翁同龢气喘吁吁地赶了来，他并不是前来送行的，而是力劝康有为留下，"告以上眷至笃，万不可行"。康有为被光绪帝的诚意及翁同龢的鼎力举荐感动了，打好的行李又搬回他在京城的常住之所汗漫舫。

于是，第二天给事中高燮正式上折保荐康有为，并请皇帝予以召见。结果遭到恭亲王奕䜣及礼部尚书许应骙等人的反对。翁同龢再行保荐，光绪皇帝在老师的鼓动下，自然有所心动，而恭亲王奕䜣又奏道："本朝成例非四品以上官不能召见，今康有为乃小臣，皇上若欲有所询问，命大臣传语可也。"当时的康有为，虽然中了进士，却因顽固的保守派所阻，殿试、朝考卷被逐出十名之外，仅授了个工部虞衡司主事的六品小官。

据传康有为能够考中进士，还是沾了弟子梁启超的光。那届科考典试总裁为顽固的守旧派官员徐桐，他对宣传维新变法的康有为早就恨之入骨，事前便与其他考官暗通声气："粤省卷有才气者必为康祖诒（康有为字），即勿取。"考官阅卷时，将梁启超的试卷误认为康有为的卷子，结果梁启超给乃师康有为当了一回"替罪羊"，名落孙山。

皇帝虽集大权于一身，有时也不得不受制于"祖宗成法"，不能肆无忌惮地为所欲为。光绪皇帝则更甚，慈禧太后这道无法突破、难以摆脱的"紧箍咒"几乎制约了他一辈子。四品以下的官员不能见，普通老百姓更不可能一睹"天颜"了，皇帝的高高在上、神秘莫测由此可见一斑。不得已，光绪皇帝便命总理衙门大臣在总署平日接见外国公使的西花厅召见康有为，"询问天下大计，变法之宜"。

李鸿章、翁同龢、军机大臣荣禄、刑部尚书廖寿恒、户部左侍郎张荫桓，出席了这次召见会。张荫桓因事中途退出，荣禄话不投机提前离去，三个小时的召见，自始至终只有李鸿章、翁同龢、廖寿恒三人参加，就变法的一些具体事宜，向康有为提出询问。

好不容易才争来这样一次难得的机会，康作为自然抓住不放，作答时，显得胸有成竹，时而侃侃而谈，时而义正词严，时而据理力争，大有四两拨千斤的派头与气势。

次日早朝，赞同变法的翁同龢，将此次会见的情形向光绪帝做了汇报，称赞康有为是可用之才。其实，翁同龢早就在光绪面前说过"有为之才，过臣百倍"，"请举国以听"之类的话。难能可贵的是，翁同龢的这种夸奖完全发自内心，他曾在致密友的一封书信中写道："康梁有其经世之才，救国之方，此弟之所以冒万死而不辞，必欲其才能得所用而后已也。"

光绪听了翁同龢的进言，心头又是一阵振奋与激动，决定马上亲自召见康有为。还是恭亲王奕訢出来作梗，说先可以让康有为将变法意见呈上，果若可行，再予召见不迟。光绪帝不好驳回，只得依言而行。

康有为此次遵旨呈送光绪皇帝的条陈，即《上清帝第六书》。1898年1月29日呈总理衙门代奏，因许应骙攻击阻挠，结果扣压了一个多月，直到3月11日才送达光绪手中。康有为得知第六书送达皇上的第二天，又呈《俄彼得变政记》一书及《上清帝第七书》。

康有为提供给光绪皇帝的变法蓝本，就是俄国的变法与日本的维新。继《俄彼得变政记》之后，又进呈了《日本变政考》。他建议光绪帝学习彼得大帝变法的勇气与发愤的精神，效法明治维新的变法理论与内容措施，"以俄彼得大帝之心为心法，以日本明治之政为政法。"在康有为的激发下，光绪皇帝深刻地认识到，"若不变法图强，社稷难资保守"，于是，他决心以彼得大帝与明治天皇为榜样，以锐意进取、狂飙突进、摧枯拉朽之势，进行一场从上到下的全面改革。

1898 年 6 月 11 日，光绪帝颁布《明定国是诏》，轰轰烈烈的清末维新变法就此拉开序幕。

这是一场仅仅存在了一百零三天就告夭折的变法，所以又称"百日维新"。关于慈禧太后发动政变、袁世凯叛变告密之类有关戊戌变法的记叙与资料，实在是多之又多，在此，我们没有必要重复饶舌，仅从康有为的角度，对这场见仁见智的运动稍作审视。

作为改革的总设计师，康有为与实际领导人光绪皇帝之间，仅在维新变法运动开始之后，即 1898 年 6 月 16 日，才有过一次两个多小时的召见，这也是他们一生中唯一的一次见面。这次会见，君臣之间可谓推心置腹，康有为给光绪出了不少好主意，如建议不撤旧衙门，只增新衙门；不革旧大臣，只擢用小臣，多召维新人士破格提拔；所有变法都以诏书下发，不交各衙门复议，以避免议驳减少阻力；还定下了废除八股的基调，并提及如何筹措资金、译书游学等诸多事项……这场谈话的信息量不谓不大，密度与质量不谓不高，但如梦丝般的诸多问题，仅凭这两个多小时，怎能一一解答、解套？

康有为被召见后，光绪帝想委以重任，召集军机大臣相商，结果再次受到守旧官员嫉恨，仅建议让他在总理衙门章京上行走。光绪帝无奈，只好给了他这么一个六品闲职。为避嫌疑，也不敢再行召见，便特许他专折奏事之权。于这赐予的特权，不知什么缘由，康有为一次也没用过，每有新的谋策及所编书籍，仍由他人代递。只有上呈，没有下达，光绪帝与设计师无法沟通交流，在具体执行的过程中，必然大打折扣。

最要命的是，变法第四天，慈禧太后就强令光绪帝下诏，以"渐露揽权狂悖情状，断难胜枢机之任"为由，令协办大学士、户部尚书翁同龢"开缺回籍"。翁同龢不仅是光绪的老师，也是他的左右手与主心骨，无论大事小事，他都要与翁同龢商量。没有翁同龢的支持、推荐与激励，康有为的上书无法呈达光绪之手，光绪也不可能痛下决心振作精神奋发有为。

作为支持维新派的重臣与帝党领袖，翁同龢一去，等于失去了变法的核心人物，光绪帝神情恍惚，在一些关键性的问题上，无法自持自重。叶昌炽在《缘督庐日记》中写道："康梁之案，新旧相争、旗汉相争、英俄相争，实则母子相争。"翁同龢如若留任，别的不说，最起码可在光绪与慈禧之间起一种至关重要的调和作用。戊戌事变后翁同龢为此不禁叹道："老臣在，不至决裂至此。"戊戌之变惹怒慈禧的，主要是康有为针对她个人的兵变之举。作为女人的慈禧一旦被激怒，就完全失去了理智，将中国的政局弄得一塌糊涂，结果走向了维新变法、发愤图强的反面。

变法中的光绪帝，一直处于真正的孤家寡人状态，他在朝廷中的支持者，相继被慈禧除掉——志锐遭遣，文廷式革职，翁同龢被逐，就连过去在帝、后之间起缓冲作用的军机大臣李鸿藻也于 1897 年死去。"上扼于西后，下扼于顽臣"，无人可以咨询、商量、交流，本来就神经质、好冲动，并患有忧郁症的光绪皇帝，稍不如意便躁动不安、暴怒难抑、一意孤行。他总想将一应大事一口气办成，据不完全统计，百日维新期间，光绪帝颁布的新政谕旨多达二百八十六件，内容包括政治制度、机构改革、发展工业、建设铁路、开办银行、改革教育、加强国防等等，涵盖面之广，几乎包括了社会的每一层面。年仅二十七岁的光绪帝在没有经验、没有左右臂膀、没有强大支持势力等情形下，不免操之过急，忽略了改革的阻力与艰难，忽略了事情的发展与进步得有一个循序渐进的过程。

人们往往将维新变法的失误，归罪于康有为，认为是他的书生之见与急于求成所致。其实，只要我们稍加分析，就会发现康有为这个"黑锅"背得实在有点冤枉。他不仅没有掌控、左右政局的实权，就连与光绪再见一面的机会也不可得。康有为与皇帝之间的联系，便是上书"遥控"。光绪招惹慈禧最早动念发动政变的事件，便是下旨撤除衙门与裁汰冗员，慈禧曾特别"指示"，二品以上官员的任免必须经过她的"首肯"。光绪一气之下将怀塔布、许应骙等礼部六堂官全部罢免，好比捅了一个"马蜂窝"，惹得一班干臣向慈禧大告恶状。其实，康有为在与光绪的唯一一次交谈中，就明确建议，不撤旧衙门，不革旧大臣。光绪一激动一发怒，就忘了康有为的"指点"，身边又无"高参"筹划，"导火索"就此点燃。康有为不能及时地将自己的谋略上达天听，君臣无法密谋决策，难以校正改革的失误。

戊戌变法，既缺乏通盘考虑，也没有什么有条不紊的规划与切实可行的措施，更谈不上稳扎稳打、循序渐进，基本上是光绪独自一人，按照康有为过去的上书内容，参照俄国、日本的改革经验，在一种急躁失控的情绪之下"跟着感觉走"。如果说在促成光绪帝毅然下定决心变法时，康有为的确起过关键的决定性作用，那么在改革的具体路径及施行过程中，他所发挥的实际作用，显然被夸大了。

当然，康有为在百日维新期间，也有着不可推卸的重大责任。

国家的积弱，社会的保守，国民的惰性，几千年的沉重包袱非一日所能形成，更非一日所能丢弃。作为一介书生，康有为缺少从政经验，把改革看得过于简单。比如军机大臣召见时，他与因署任直隶总督前来谢恩的荣禄在朝房相遇，荣禄问他有何"补救时局之术"。康有为说："非变法不可。"荣禄道："固知法当变也，但一二百年之成法，一旦能遽变乎？"康有为回道："杀几个一品大员，法即变矣。"可见康有为对待变法的认识与态度，显然太过天真草率。涉及制度的深层次改革固然需要流血，但不是杀几个高级官员就能解决根本问题的。以为改革一蹴可就，没有团结可以团结的力量，将原本可争取的对象，也推向了变法的对立面。

康有为最大的失误，就在于不懂得中国黑暗的官场学，看不到事情的实质，抓不住问题的关键。他以为只需打动光绪皇帝，改革大业就可一帆风顺了。如果换上另一个朝代与另一个皇帝，事情也许可行，然而，他似乎半点也不明了光绪的后面，虽隐实显地坐着大权在握、虎视眈眈的太后。就连曾国藩、李鸿章、左宗棠等重臣都畏之如虎，且能将他们玩弄于股掌间的慈禧，康有为竟然视而不见。慈禧太后虽然归政，可她仍能翻手为云，覆手为雨。对此，就连康有为的弟弟康广仁也看得十分清楚，他说皇上"无赏罚之权，全国大柄，皆在西后之手，而满人之猜忌如此，守旧大臣之相嫉如此，何能有成"。要想变法成功，对慈禧太后唯有争取，得到她的同情、理解与支持，不能忽略她，万不可刺激她，更不能惹怒她。康有为似乎从来就没考虑过慈禧太后的威严与力量，是无意间的疏忽，还是有意为之？最后，他也将改革的成败与否归于慈禧，只是这种归结的落脚点，不是化解矛盾，而是完全激化，结果势不两立。他想利用袁世凯，史家学者们都说他过于轻信了一个两面三刀的阴谋家。问题的症结不是轻信与重用，而是他在考虑动武的时候，根本就没有想过，根据当时的情势与权力格局，不存在围园擒后这种可能。如果没有此谋与袁世凯的告密，维新变法也会中断或者延缓，但不可能被恨得咬牙切齿的慈禧全盘推翻，慈禧也不会产生废除光绪另立新帝的念头，更不会发生由一系列因素而形成的合力所导致的八国联军进占北京……

中国古代社会的每一次重大变革，从王安石变法到张居正改革，再到戊戌维新，皆从儒家原典与传统社会寻找变革动力，结果无一不以惨败而告终，这也说明中国传统社会缺少变革的内驱力，缺少转型的机制与可能。

四

在百日维新的最后时刻，康有为欲挽狂澜于既倒，除密谋由谭嗣同策反袁世凯外，还策划由毕永年带一百人进颐和园捕杀慈禧，又想利用大刀王五及湖南会党发难，还向英、美公使求援，并让伊藤博文在觐见慈禧太后时"剀切陈说"使她回心转意……他尽心尽力做了所能做的一切，将个人的生命能量发挥到了一种少有的极致，虽无力回天，但其精神与勇气着实可嘉。

也许是意识到了维新变法在最后时刻的重大失误，康有为至死都不承认自己有过密谋兵变之举。策反袁世凯的确凿证据自不待言，而削发为僧的毕永年后来也留下了一本《诡谋直纪》，记下了当年所发生的一切。为了掩盖捕杀太后兵戎相见的计谋，对谭嗣同临刑前的绝笔诗也作了一定的篡改。"望门投止思张俭，忍死须臾待杜根。我自横刀向天笑，去留肝胆两昆仑。"一百多年来，谭嗣同的这首《狱中题壁诗》不知激励、鼓舞过多少中华优秀儿女，而原诗却与流传的有所区别："望门投止思张俭，直谏陈书愧杜根。手掷欧刀仰天笑，留将公罪后人论。"将"掷刀"改为"横刀"，最后一句的"公罪"之论全部改写，也就抹去了武装夺权的痕迹，显出一种忍辱负重、舍身成仁的气概。

被康有为及其弟子篡改的还有所谓的衣带诏。维新变法进行到第九十五天，光绪帝在慈禧的胁迫下压力重重，自感情形不妙，却又无计可施，便给他所信任的军机四卿之一杨锐下了一道密诏，让他与林旭、刘光第、谭嗣同等人筹商，想出既不得罪太后，又能使改革继续进行的办法。而康有为却将"密诏"改为"衣带诏"，将诏书的对象由杨锐改为他本人，将内容改为要康有为等人"设法相救"。谭嗣同游说袁世凯发动军事政变，向他出示"衣带诏"时，机警狡猾的袁世凯当即就表示怀疑，而光绪帝也一直否认自己下过这样的密诏。幸而杨锐的儿子保存了父亲交给他的密诏原本，杨锐交给康有为的光绪密诏只是一份抄本。

光绪当年确曾派人给过康有为一份密诏，只是内容有别。因局势恶化，光绪让他前往上海"督办官报"，"汝可迅速出外，不可迟延。汝一片忠爱热肠，朕所深悉。其爱惜身体，善自调摄，将来更效驰驱，共建大业。"关于"衣带诏"的篡改，学界另存一说，康有为是在这份密诏的"汝可迅速出外"之后，添加了"求救"二字。如此一改，就变被动的外出避难为主动的寻求救兵了。

变法失败，康广仁、杨深秀、谭嗣同、林旭、杨锐、刘光第等戊戌六君子，喋血菜市口。康有为在英人的帮助下，侥幸逃脱清廷的严厉搜捕，经香港逃到日本，可谓九死一生。此后的康有为，便以"更生"为号，所致力的"事业",就是延续"百日维新"中断的一切,保皇复辟。

一个没有功名官爵的书生,在一个有着几千年森严等级的极权社会里,受到最高权力统治者光绪皇帝的器重,托以经天纬地的大任,掀起了一场前所未有的维新变法,这一切,看似比登天还难,却神话般地在康有为身上实实在在地发生过。因此,他对光绪皇帝感恩戴德,但求肝脑涂地、以身相报。自变法失败仓皇出逃,就将自己的生命置之度外,在逃亡船上听说光绪已死,康有为痛不欲生,当即给弟子写了一封绝命书,就要投海自尽。幸而被英人濮兰德拦住,说传闻不可信,不妨弄清确凿消息后再说。他之所以活着,仿佛就是为了光绪皇帝。

此后逃到日本,康有为求助于英、美、日各国,希望列强共同干预,勒令慈禧太后归政。眼见没有结果,又远赴加拿大、英国等地,每到一处,都以伪造的"衣带诏"为据,发表演讲,鼓动海外华侨支持皇上复政,共同参与他的保皇大业。他发起成立"保救大清光绪皇帝会",短短两年时间,就在世界各地的华人社会刮起了一股保皇旋风。当时海外华人共五六百万人,遍及五大洲二百余埠的保皇会成员竟多达百万余人,如此大规模的世界性华人统一组织,哪怕在华侨史上,也属第一次。可见康有为的活动能量之大,并非某些人想象的呆子型书生,而是一位善于利用广泛资源创造神奇的人物。

此后的庚子勤王,创办学校、报刊与实业,与同在海外活动的以孙中山为首的革命派针锋相对,便是在"皇上一复辟,可立行变法自强,立与民权议政,立与国民自由自主"的信念下展开,他坚信"圣主必复,中国必全,幸福必至"。

在流亡海外的十六年时间里,康有为环球三周,四渡太平洋,九越大西洋,八过印度洋,还在北冰洋待了一个星期,游历四十二个国家和地区。对此,他以相当自豪的口吻说道:"若我这游踪者,殆未有焉。"又说"足迹已遍天下,觉大地无可游者"。就现有资料而言,这样的游历与行程,的确创造了"国人第一"的奇迹。当然，他的这种游历，并非单纯的游山玩水，而是考察各国历史、地理、政治、制度等，"比较中西"，以作未来发展之借鉴。

1908 年，光绪帝驾崩，正在南洋的康有为闻讯，如五雷轰顶，当即发起各种致哀悼念活动，并为光绪服丧百日，然后才剃发除去丧服。

尽管光绪已死，复辟无望，但康有为还是坚持唯有君主立宪才能救中国，继续维护清朝统治。辛亥革命爆发，满清政权覆亡，皇帝被推翻了，君主没有了，康有为仍一意孤行地不改初衷，坚持保留君主名号，造出一个"虚君共和"的新名词，以代替过去的"君主立宪"。他认为虚君的人选有二，一为宣统皇帝溥仪，另一位就是孔子的后裔衍圣公。正是在这样的思想支配下，康有为在张勋复辟的丑剧中，扮演了一个不甚光彩的角色——请出已经退位宣统溥仪，恢复大清国号，改 1917 年为宣统九年，废除民国刑律，实行君主立宪政体。尽管康有为在复辟王朝中不获重用，仅戴了个弼德院副院长头衔，但他以"文圣"自诩，建言献策，草拟了一大堆有关尊孔教、复读经、除满汉、表忠烈、续世爵、复绅士、改新律、起遗老之类的诏书。结果闹剧只演了十二天，就在讨逆军的枪炮声中匆匆收场，康有为不得不逃进位于东交民巷的美国使馆寻求保护。

正如真理与谬误只有一步之差，圣人与小丑、圣人与罪人其实也只有一步之遥。如果说戊戌维新受挫，康有为的出逃尚有一种激荡人心的悲壮刚烈之感，那么于张勋复辟闹剧草草收场中的溜之大吉，则显得十分滑稽可笑。

同样的失败逃命，前者推动了历史的发展与进步，后者则属典型的逆历史潮流而动。国人虽然习惯了两千多年的帝制，但他们早就愤恨于这种迫不得已的苟且偷生。"敢有帝制自为者，天下共击之！"帝制一旦被推翻，要想回到变态的过去，民众肯定不会答应。表面上看，都是尽心尽力地辅助皇帝，但时间有先后，性质便判然有别，前者为英雄，后者不过在历史的舞台上扮演了一回丑角。

逆历史潮流而行，就连得意门生梁启超，也不得不站出来反对他，康有为自然是气得半死。于是师生失和，分道扬镳，相得益彰的"康梁"并称，在一段时间内变成了互为政敌的"康梁"反目。

康有为的故步自封、顽固不化，固然与其个性因素密切相关，比如性格怪异、好走极端、过于自尊、不肯认错，等等；同时我们不得不承认，这也是他的一种政见与认识。

变法失败，康有为肯定有过一番深刻的反思，他晚年曾忏悔道："追思戊戌时，鄙人创议立宪，实鄙人不察国情之巨谬也。程度未至而超越为之，犹小儿未能行而学逾墙飞瓦也。"作为冷静的旁观者，西人李提摩太说维新变法"败于激烈，过于急进"；赫德说维新派"不顾中国的吸收力量，三个月内所想改革的政事，足够中国九年消化"。他们的评说无疑有着一定的道理。如果维新变法都有过速之嫌，那么以中国的专制之深厚，民智之低下，民风之未开，革命是否更加急进激烈？于国人而言，民主、共和是否过于"铺张奢侈"？其实，就维新变法以来中国一百多年的历史发展情形而言，只要我们稍稍持平、客观一些，就会觉得，保守的君主立宪制于古老的中国，实则具有一定的合理性，也就难怪民初有着较为广泛的"市场"了。

康有为成立保皇会，在海外刮起保皇旋风，是为了报答光绪的知遇之恩，带有一定的感情色彩。那么光绪死后，他仍不遗余力地鼓吹君主立宪，则属理性的政治认识了。他一生最恨者两人，慈禧太后与袁世凯。可当清廷在慈禧的主持下宣布预备立宪时，康有为不禁"大喜欲狂"，将过去大骂的"逆后"一词，改为"西后""太后"乃至"圣母"。袁世凯出卖维新人士，康有为恨不得寝其皮食其肉，一有机会，就对他大加攻击。但当辛亥革命爆发后，为使事情的发展纳入君主立宪的轨道，康有为等人调整方略，提出了"和袁、慰革、逼满、服汉"的八字方针，在一定程度上与袁世凯合作。当然，康有为后来又极力地反对过袁世凯的洪宪帝制，他所反对的，并非君主立宪体制，而是袁世凯个人——他认为袁世凯无法与"有清三百年之天子"相比，没有资格称帝。他对前清怀有一种刻骨铭心、忠贞不渝的感恩戴德，死前二十八天，即 1927 年 3 月 8 日，康有为庆祝七十寿辰，还穿着担任工部主事时的前清官服，将末代皇帝溥仪亲书的"岳峙渊清"匾额与赠送的玉如意一柄视为上宝，设香案遥拜，叩谢"天恩"。

五

为给改革披上合理外衣，对付顽固守旧派的攻击，康有为抬出所谓的圣人孔子，托古以改制。《新学伪经考》《孔子改制考》的内里，实有着发扬光大孔教之意。康有为眼里的儒教，不是诸子百家中的一种学问，也不仅仅是专家学者们认可的准宗教，而是一种地地道道的泛宗教与宗教。他将孔教与佛教、耶教、喇嘛教等其他盛行的宗教进行比较，认为孔教顺人之情，极为自然，最适合于人类："孔子之宗教，为人道宗教，社会程度较高时代之宗教也。其他各宗教，而神道宗教，社会程度较低时代之宗教也"，"孔教之教，乃世界文明大同时代之宗教也"，"在现代科学发明时代，最为适宜"。

康有为研究西方的近代化，从中发现了一个成功的文化秘密，那就是宗教的重要作用。因此，他要以中国的孔教担当起整合民族精神资源的重任。他的主观意图、改革维新的落脚点，是以孔教为思想核心与基础，以孔教为内在的凝聚力，联合广大的士大夫阶层，团结全国四万万同胞，全民一心，励精图治，振兴强盛。为达此目的，1897 年，康有为在广西桂林成立圣学会，将孔教教义付诸实践。他曾决定将创办的《强学会报》改用孔子纪年。维新变法中，又正式提出了建立孔教会的设想，向光绪皇帝上折，提出成立孔教会的建议及具体方案。流亡海外时，他建立孔子庙，成立孔教会，开展保教活动，诚如他自己所言："乃年来孔子之祠，尊孔之会，创发于海外，波靡于美、亚，风发响应，雾沓鳞萃。"

辛亥革命后，康有为回国，发动门人在国内各地遍设孔教会，创办孔教会杂志，向袁世凯、教育部、内务部上书争取合法地位。"宗祠孔子以配上帝，诵读经传以学圣人。"1913年夏，孔教会发动请愿，要求将孔教定为国教，写入宪法。他们将孔教视为一剂振衰起敝、"救济社会"的灵丹妙药："定孔教为国教，然后世道人心，方有所维系，政治法律方有可施行。"

康有为出任孔教会会长，原本力排古文经学、贬弃宋学的他，主动捐弃前嫌，将儒家各派纳入他的麾下，并与昔日不共戴天的政敌袁世凯"携手合作"。康有为借袁世凯权势推行孔教，袁世凯借孔教为复辟帝制张本，他们相互鼓动，相互利用，上演了一出"有声有色"的尊孔祭孔闹剧：发布尊孔令，认为孔教"放之四海而皆准"；命学校祭孔，定孔子生日（农历八月二十七日）为圣节，学校放假一天；在孔子故里山东曲阜召开第一次全国孔教大会暨正式成立总会，举行大规模的祠孔典礼。以袁世凯1913年9月25日正式颁布《祭孔令》为标志，康有为导演的尊孔复古闹剧达至高潮。

儒家作为诸子百家中的一门学说，自有其存在的合理性与现实意义，但若不合时宜地将其拔高到无与伦比的高度，无疑毁其根基，将一门本来包含诸多积极因素的学问弄得臭名昭著。康有为建立的是一种与现代文明格格不入的思想文化专制制度，因此，孔教运动自推动之日起，破产的命运就已注定。张勋复辟失败第二年（1918年），康有为不得不辞去孔教会会长一职，尊孔闹剧就此黯然收场。

康有为推行孔教，助张勋复辟，在民国初年的两场闹剧中，扮演看似主角，实为小丑的角色。对此，梁启超毫不留情地说他的老师已由一位历史的巨人，蜕变成一个历史的侏儒。

康有为常对人说："吾学三十岁已成，此后不复有进，亦不必求进。"言语中透着一股少有的偏执炫耀与故步自封。他的失败，在于学术方向虽然不断变换，但其思想理论体系一旦形成，就基本没有什么发展了。社会不断前进，康有为置身其中，没有调整早期的思维定式与思想框架，不仅无法与时俱进，无法融入时代主流，无法与历史发展的节律合拍，反而向落伍的方向转化，将新生事物套入自己的思维定式、思想框架向后逆转。

当然，无论后期行为显得多么可笑，康有为也足以称得上是一位伟大的哲学家、思想家、改革家、教育家。他所坚持的尊孔复古、君主立宪，我们也不能简单地视为顽固反动，应从他一生的理想追求、思想脉络中加以理解。他托古改制，有借用孔子的功利主义味道，但其态度是真诚的，对孔子本人是虔敬的，对儒教也是信奉不二的。从《新学伪经考》《孔子改制考》到成立孔教会、以定孔教为国教，是其思想向一种特定方向掘进、发展的结果。

专制政体、传统思想在革命的暴风骤雨中，受到摧枯拉朽的打击，原有的秩序不复存在，新的伦理规范没有形成，人们在一种无所归依的思想迷惘中行为失控，社会动荡不安，康有为所做的，便是重拾孔子，恢复旧的道德秩序。他的失误在于忽略了社会的前进，还有另外一种选择，那就是创造建设新的社会规范。以他渊博的学识、深刻的认识、广泛的影响，完全可以致力于后者，然而，他却"驾轻就熟"地顺着自己的思想发展轨迹，选择了尊孔复古。

康有为崇拜孔子，信奉孔教，但其"长素"的野心又使得他不断地做着突破孔子、超越孔教的努力。晚年的康有为仍继续努力不止，只是这种努力不是转向新的领域，失却了早期前往香港上海实地考察、大购西书而归、刻苦钻研探索的锐意进取精神。他以一种机械般的惯性在昔日的学问轨道上滑行，以成名作《新学伪经考》为序幕与开端，破除沿袭了一千多年的历史迷途；以《孔子改制考》为发轫，建立起个人的思想雏形；而最后建设的巍峨大厦，构筑的思想体系，便是死后八年才全部出版的《大同书》（全书三十卷，约二十一万字，分为十部，生前仅在《不忍》杂志上登过两部）。

《大同书》才是他真正的代表作，从酝酿而创作、修改，到最后完成，经历了一个相当漫长的历程，前后长达二十年之久。早在戊戌变法之前出版的《孔子改制考》一书中，他以孔子"三世说"为基础的大同思想就已形成。他给三世的定义是：文教未明为据乱世；渐有文教的小康社会为升平世；文教全备，远近大小如一的太平世，便是人类最高，也是最后的理想社会——大同之世。

框图既备，康有为"以勇礼义智仁五运论世宙，以三统论诸圣，以三世推将来"，开始了"添砖加瓦"的搭建、修筑工程。他不仅吸取了中国古代，特别是儒家的学术成果，还以西方自然、社会科学为参照，并根据自己周游世界的所见所闻，中西对比，博采众长，苦心经营，不断修订，最终完成了具有完备形态体系的《大同书》。著名史学家范文澜对其思想渊源与学术构架作过一番概述："混合公羊三世说、礼运篇小康大同说、佛教慈悲平等说、卢梭天赋人权说、耶稣教博爱平等自由说，还耳食一些欧洲社会主义学说，幻想出一个'大同之世'。"

《大同书》是一部超越了狭隘的民族视野，超越了中西方文化，从世界整体的角度进行论述的著作。康有为以其丰富的想象，独特的思路，列举人类社会现存的一切重大问题，力图予以详尽的分析，提出解决的途径，给出理想的答案。《大同书》认为据乱世的专制制度是"恶浊乱世"，升平世的资本主义社会虽比据乱世有所进步，但仍然弊端丛生，他所向往的，就是属于大同世界的太平世。这一人类的理想社会，是以"公产"为核心，以"公政府"为中枢，以"平等"为要旨，没有剥削，没有压迫，没有家庭，没有国界，没有军队，人人充分享受着高度物质文明与精神文明的极乐世界。

按照康有为的设计，大同社会是一个拥有最高福祉与终极完善的精彩社会，从辩证哲学的角度而言，这样的社会根本不可能在人间实现，只存在于康有为的想象之中，带有明显的乌托邦意味。这一乌托邦既受到基督教中的理想天堂以及佛教中脱离了苦海的西方极乐世界的影响，又是传统儒家思想地地道道的体现。他所描绘的大同世界，是一个政治组织化的世界性国家，就其实质而言，并非生命本质与世界本身的否定，只是对现存社会秩序的否定，是尘世幸福的扩展，是道德完美的体现，是天人合一的追求，属于儒家型的乌托邦。因此，我们完全有理由将《大同书》视为康有为"文化身份的认同"，正如他经常暗示的那样——大同学说标志着孔子最高理想的复兴。

面对西方文明强势话语的霸道与挑战，做出积极回应的中国仁人志士可谓多矣，但从人类文明的角度出发，以整个世界的命运为旨归，高屋建瓴地进行阐述，康有为即使不是唯一，至少也是国人中第一个进行这种思考与探索，并撰成论著的先行者。《大同书》的出版，对国人而言，无疑有着相当重要的建设意义，它被翻译成多种文字在国外流传，受到日本、美国、苏联、德国等国学者的高度重视，特别是美国学者汤普森，更是认为康有为的《大同书》是东西方古今所有著作中最为杰出的一部。

无论是立功，还是立言、立德，康有为都是一个彻头彻尾的失败者：以事功而论，他一辈子最为轰轰烈烈的维新变法事业归于失败，君主立宪变成梦想，复兴孔教破产。就立言来看，《新学伪经考》《孔子改制》缺少学术价值，主观臆断的色彩相当浓厚，不少证据、资料看似有理有据，实则缺乏严密的学理基础，经不起考究与推敲，刚出版就遭到学术界的非难与批驳，两书的价值主要体现在当时的现实政治意义；而《大同书》就其整个体系而言，带着明显的空想性质，大同社会只是一种思想的演绎，一种理论的呈示，一个永远也不可能在人类实现的乌托邦。从立德而言，康有为想将自己打扮成一名圣人，结果文过饰非，制假售假，适得其反，常为人所诟病，史学家大多不相信康有为自己的陈述，认为他有"倒填年月的毛病"。

此外，他的一些言行常常自相矛盾，授人以柄：他提倡众生平等，晚年却使用奴婢数十人；赞美西方的一夫一妻制，却五次纳妾，六做新郎；他口称戒杀，却每天吃肉；他喜欢西学西器，而礼俗器物语言皆以中国为要；他歌颂民主政体，而专行君主立宪；他宣传世界大同，却事事以中国为核心；他学习信奉西方的自然科学，比如在桂林讲学时突遇雷电风雨，便临时改变教学内容，从声学、光学、电学的原理原则，为学生现场讲解宇宙自然现象，破除雷公电母之类的迷信思想，但又非常迷信天命、风水、扶乩、占卜之类的"国粹"，以为人的一生皆由上苍安排造作，比如对戊戌之变的死里逃生，就曾言道："身冒十一死，思以救中国，而竟不死，岂非天哉！"

纵观康有为的一生，虽然总在失败的打击中挣扎浮沉，且有过两次小丑之举，但他并非近代历史的悲剧性人物。

梁启超曾评价康有为道："若夫他人有著二十世纪新中国史者，吾知其开卷第一叶，必称述先生之精神事业，以为社会原动力之所自始。"又说："世人无论如何诋先生，罪先生，敌先生，而先生固众目之的也，现今之原动力也，将来之导师也……中国不患无将来百千万亿之大政治家、大外交家、大哲学家、大教育家，而不可无前此一自信家、冒险家、理想家之康南海。"

其实，康有为更多的，是唤醒了中华民族的自信，促成了晚清政治的改革，抒发了世界的大同理想，激发了人类的高贵情愫，描绘了传统乌托邦的美妙图景。他既有维新变法的实践，也有传统保守的顽固；既有西方民主的启蒙，又有极权专制的愚昧；既有圣人的气势，又有庸人的流俗；既有天理的纯粹，也有人欲的泛滥……他是一个失败的改革家、守旧的政治家、空想的哲学家、独特的思想家、成功的教育家，一句话，康有为集成败毁誉于一身，是一位悲剧与喜剧兼而有之的正剧人物。

当任公先生全盛时代，广大社会俱感受到他的启发，接受他的领导。其势力之普通，为其前后同时任何人物——如康有为、严几道、章太炎、章行严、陈独秀、胡适之等等——所赶不及。

梁启超：“少年中国”的呼唤者

一

提及梁启超，时人总是“康梁”并称。

康有为排列在前，并非他的光芒遮住了梁启超的风采，而是一种习惯性的师生排序。“长江后浪推前浪”，作为学生的梁启超，显然达到了“青出于蓝而胜于蓝”的境地。如若比较，自然是康有为光灼于先，梁启超闪烁其后。

认识康有为，是梁启超人生的一大关键性转折。

那是光绪十六年八月（1890 年 9 月）的事情。

与梁启超一同在学海堂求学的陈千秋得知康有为敢于上书皇帝请求变法，南归后携眷迁到了广州布政司前惠爱街的云衢书屋，禁不住慕名前往谒见，立时为康有为的渊博学识与新颖思想所倾倒，毅然退出当时名列广州五大书院之首的学海堂，改投康有为门下继续学业。不久，陈千秋又热情洋溢地向同窗挚友梁启超，介绍康有为的孔子改制、维新变法、救国救民等主张，梁启超一听，也被这些闻所未闻的崭新思想吸引。在陈千秋的鼓动下，梁启超决定前往云衢书屋，拜会一下康有为。

此时的梁启超虽然只有十七岁，但他少年得志，十一岁成为秀才，十六岁考中举人。天资过人、聪明绝顶的他，看起来似乎是一位比昔日神童康有为还要神童的人物。于时流推重的训诂辞章学又颇有研习，自以为装了满肚子学问，有意无意间，免不了流露出几分沾沾自喜的味道。就年龄而言，康有为比梁启超大十五岁，但其"职称"却要低他一个档次，只是一个相当于秀才资格的监生。就这监生的名分，也不是康有为自己考来，是受祖父因公殉职的荫庇而获得，称荫监生。按照一千多年的科举习惯，梁启超应是康有为的"前辈"。可想而知，身为举人、自命不凡的梁启超前去拜访一名"准秀才"，多多少少会有那么一种枉驾屈尊、不以为然的派头。然而，两人初一见面，稍加交谈，康有为"乃以大海潮音，作狮子吼"，梁启超顿感"冷水浇背，当头一棒"，只觉昔日所习，全是一些无用的旧学，一块应付科举考试的"敲门砖"。

梁启超"且惊且喜，且怨且艾，且疑且惧"，当天晚上，竟然通宵未眠。过去不知花费多少精力与心血才"颇有所知"的训诂、辞章之学，根本不是什么学问，转瞬间在他眼里就成了一堆废而无用的垃圾。凭借与支撑轰然倒塌，自得与自喜荡然无存，一时间，他心头迷惘不已，茫茫然无所归依，又如何能够安然入睡？第二天，梁启超又再次谒见康有为，虚心请教"为学方针"。"先生乃教以陆、王心学，而并及史学西学之梗概"，于是，梁启超"决然舍去旧学"，像陈千秋那样自动退出学海堂，"遂执业为弟子"，成了康有为的第二名学生。

康有为开设的讲学内容——"以孔学、佛学、宋明学（陆王心学）为体，以史学、西学为用"——于梁启超来说，简直就是一场脱胎换骨的彻底改造，他认为自从"请业南海之门，生平知有学自兹始"。

先是陈千秋，然后是梁启超，此后又有翁同龢、光绪帝，以及许许多多的热血青年、朝廷大臣，在康有为的感召下，成为维新变法的骨干与生力军。可见康有为身上，的确有着一股强大的磁铁般的吸附力。当然，即使神灵也非万能，康有为也常被那些无法进入其磁场的顽固守旧人士视为"癫狂"，称作"疯子"，骂为"叛逆"，时时受阻，事事受挫。

可以想见的是，如果没有结识康有为，梁启超的人生不外乎循着千百年来一以贯之的轨道，在旧学的迷宫中兜圈子，经由科举之途捞个一官半职，成为官僚机构中的一颗"螺丝钉"。然而，康有为如一道炫目的闪电出现在他的眼前，于闪电所照耀、指示的学问之真谛，梁启超无法回避，也不可能放弃。这既是一种偶然与幸运，也是一种必然与宿命。他不得不听凭心灵的召唤紧急转向，让那神奇的酵母在他的身上不断发酵，催化出矫健生命所必需的丰富养料。

梁启超师从康有为，在万木草堂一学就是四年，度过了一段相当重要、富有意义的青春时光：他每天记下康有为的讲义，"一生学问之得力"皆有赖于此；康有为创作《公理书》《大同学》等著述，常与陈千秋辨析入微地商榷不已，梁启超在一旁默默"听受"，获益匪浅；此后，康有为撰述《新学伪经考》，梁启超帮助校勘；又著《孔子改制考》，他则从事大量的"分纂"工作……

1895 年 2 月，梁启超虽然结束了万木草堂的学习生活，但在此后的几年时间里，他一直是康有为思想上的服膺者与政治上的追随者。作为康有为的得意门生与有力助手，梁启超帮忙做了许多事情，分担了大量工作。比如轰动一时的"公车上书"，康有为于一天两夜匆匆草就的长达一万八千多字的《上清帝第二书》，便主要由梁启超誊抄，然后又帮着联络、组织在京举人签名；他积极参与创办强学会、南学会，先后担任《中外纪闻》《时务报》《知新报》等报主笔，用那支生花妙笔全面而系统地论述维新变法思想，对洋务派的专注练兵与购置机械等不知本源的做法，提出尖锐批评，主张从"根本"上进行变法，内容涉及政治、经济、文化、教育等各个领域；1897年10月应湖南巡抚陈宝箴之聘，担任长沙时务学堂总教习，为维新变法培养了一大批中坚和骨干力量，蔡锷、唐才常、林圭等出色人才，全出自时务学堂，十多年后他曾自豪而伤感地回忆道："当时学生四十人，日日读吾所出体裁怪特之报章，精神几与之俱化。此四十人者，十余年来强半死于国事，今存五六人而已"；百日维新期间，他以六品衔专办译书局事务，虽未担任重要职务，但许多重要的变法奏折大多出自他之手，被康有为倚为左右臂膀……

自"公车上书"起，梁启超的天才与勤奋、踏实与能干、宣传与主张不仅赢得了康有为的赏识与器重，也开始崭露头角、脱颖而出。特别是《时务报》上连载的政论文章《变法通议》，更使他声名鹊起，"名重一时，士大夫爱其言语之妙，争礼下之。自通都大邑，下至僻壤穷陬，无不知有新会梁氏者。"作为戊戌变法的纲领性文集，《变法通议》不仅达到了开发民智、启迪民众之功效，在维新变法过程中，也起到了一定的指导作用。1898年7月3日，光绪召见梁启超，命他呈上《变法通议》，此后光绪皇帝颁布的一百多道变法条令，便时时闪现着《变法通议》的"影子"。

二

尽管成名作《变法通议》，给梁启超带来了极大影响，声誉直逼乃师，渐被人们称为"康梁一体"，但他宣传与论述、阐释与发挥的，不过是康有为的政见与思想，尚未形成自己的思想理论体系，几乎完全笼罩在康有为的光芒之中。

戊戌变法失败，年仅二十五岁的梁启超仓皇出逃，侥幸得脱，抵达日本东京后，为安全与方便起见，给自己取了个日本名字——吉田晋。不久，康有为经香港辗转而至，经过一番戏剧性的逃亡历程，师生俩在异国他乡重逢，不禁热泪盈眶、感慨万端。康有为告知梁启超，他在广东新会的老家被抄，一乡人奔走逃难，宗亲中一孕妇突遭惊吓竟至堕胎而死，所幸其父、其妻已携全家逃至澳门。师生俩惨遭劫难，不仅没有心灰意冷，反而坚定了君主立宪的政治目标。有家难归，有国难回，便将目光与行动放在海外，与世界各地华人联系，尽可能地争取广大华侨与国际友人的支持。

日本自明治维新后，三十年来资本主义蓬勃发展，已由一个不甚起眼的蕞尔岛国跻身西方列强行列。梁启超置身其间，目睹并感受着日本的先进与发达，深受刺激，更加坚定了奋发图强的意志与信心。经过近半年的学习与努力，他终于攻克了日文这道"难关"，开始阅读大量翻译成日文的西方著作。中文译著偏重于西方兵学与工艺，而日本则"广求智识于寰宇"，政治、哲学、宗教、经济、文化等，几乎无所不译，无所不备。梁启超发现了一个在国内无法想象的西学宝库："其所译所著之书，不下数千种"，"皆开民智、强国基之急务也"。他像一个饥饿之人，开始忘乎所以地大嚼大咽，正如他自己所说的那样："自居东以来，广搜日本书而读之，若行山阴道上，应接不暇，脑质为之改易，思想言论与前者若出两人。"

坏事变成了好事，逃亡反让梁启超眼界大开。以日文作"拐杖"，他漫步于人类先进文明绵绵不绝的知识山峰。日文译著、西学宝典，成为继康有为之后又一新的"酵母"，引导他开始一番新的探索与转型。于是，过去无数受阻的路径、未通的道理突然间变得畅达与显豁，由此引发了一场思想观念的巨变：由过去的今文经学，转向西方资产阶级的学说精髓，以天赋人权、自由平等塑造新的国民，建设新的国家。

自 1899 年 12 月 20 日始，梁启超乘船由日本横滨起航，先后访问、游览了檀香山、澳大利亚及美国本土。出行的主要目的，欲在世界各地发展康有为创立的保皇组织，尽力促进维新变法。每到一地，梁启超的活动范围主要集中在海外华人圈，不外乎交游、集会、演讲、筹款、组织，宣传救国的改良主张，考察当地的风土民情。日本仿行西法而获成功，已令梁启超眼界大开、感触深刻，一旦踏上西方资本主义民主的原创国家，梁启超在不断的比较中更是叹服不已："从内地来者，至香港、上海，眼界辄一变，内地陋矣，不足道矣。至日本，眼界又一变，香港、上海陋矣，不足道矣。渡海至太平洋沿岸，眼界又一变，日本陋矣，不足道矣。更横大陆至美国东方，眼界又一变，太平洋沿岸诸都会陋矣，不足道矣。"真是"不比不知道，一比吓一跳！"梁启超在"吓"与"跳"中，详细考察美国的社会状况，旁及经济、文化等诸多方面，探究美国民主自由、繁荣富强的内在缘由。"成功自是人权贵，创业终由道力强。"他得出的结论，是因为美国有十分完备的宪法、运行良好的国会、切实可行的制度以及震慑人心的精神指导。

以美国民主现状反观中国，自是不可同日而语，仅就生活在当地的华侨而言，以梁启超有限的了解，不禁窥见了华人勤劳节俭、进取不息的背后，有着令人叹息的短绌与缺陷：无政治能力（有族民资格而无市民资格），有村落思想而无国家思想，保守心太重，只能受专制不能享自由，无高尚之目的等等。"余不忍道，又不忍不道。"他发现旧金山的华侨社区环境肮脏，团体松散，打架斗殴屡见不鲜，每逢会馆选举，更有凶案发生，远不如美国白人社区。关于华人在美国的群体形象，他在《新大陆游记》中形象地描绘道："试集百数十以上之华人于一会场，虽极肃穆毋哗，而有四种声音：最多者为咳嗽，为欠伸声，次为嚏声，次为拭鼻涕声。吾尝于演说时默听之，此四声者如连珠然，未尝断绝。又于西人演说场剧场静听之，虽数千人不闻一声。""西人行路，身无不直者，头无不昂者。吾中国则一命而伛，再命而偻，三命而俯。相对之下，真自惭形秽。""西人行路，脚步无不急者，一望而知为满市皆有业之民也，若繁忙者然。中国人则雅步雍容，鸣琚佩玉，真乃可厌……西人数人同行者如雁群，中国人数人同行者如散鸭。"对此，他借用一位友人的话一针见血地指出："中国人未曾会行路，未曾会讲话。真非过言。斯事虽小，可以喻大也。"又借一位法国学者之口予以评述："国民之心理，无论置诸何地，皆为同一之发现，演同一之式。"

一番比较，梁启超不禁由美国华人的生活方式及生存现状，对中国国民性展开了深层的思索与探究。置身美国这样的民主发达国家，华侨华人尚且如此，而在有着几千年专制统治的中国本土，就国民的教育程度与人格素质而言，民主共和恐更难实行。由此得出的结论，差不多影响了梁启超后半生的思想与实践："觉我同胞匪唯不能自治其国而已，乃实不能自治其乡，自治其家，自治其身。"因此，中国不能行革命，不能实行美国、法国的民主共和制，只宜于英国、日本的君主立宪制，甚或是稍逊一等的开明专制。正因为国民素质低下，实有必要作振聋发聩之语，唤醒国民内心深处那潜藏已久的激情与活力，刷新旧貌，以新民风、振民力、造新人。

梁启超精力旺盛，是一个名副其实的社会活动家、实践家，但以其兴趣及所长，更是一个宣传家、教育家与启蒙家。他以报刊与出版、文章与思想，作为鼓动"新民"、启蒙"新民"的主要手段，"人群之进化，莫要于思想自由、言论自由、出版自由"，于约翰·穆勒的这一名言，梁启超可谓情有独钟。

流亡日本不到三个月，梁启超就在华侨的支持下以"主持清议，开发民智"为宗旨，创办了《清议报》（旬刊）。他连续创作《爱国论》《自由书》《少年中国说》等文章在《清议报》发表，不仅开创了短评、时评等体裁，就连创用的"记者""党报""机关报"等新闻专有名词也一直沿用至今。《清议报》以"广民智振民气"深受读者喜爱，发行量很快达四千多份，遍及世界各地，尽管清廷严禁《清议报》入境，但还是有一部分通过秘密渠道偷偷运回国内。1901 年 12 月 22 日，就在《清议报》出满一百期的第二天，报馆不幸毁于一场大火。一个半月后，梁启超又以百折不回的意志创办了《新民丛报》（半月刊），几乎同时，又创办了中国第一份专门刊登小说的杂志《新小说报》，此后还创办过《政论》《国风报》等报刊。

《新民丛报》创办不到一年，就由最初的发行量升至常销量万份左右，最多时达一万四千余份，在国内外设有九十七个销售点，盛极一时。《新民丛报》"采合中西道德、广罗政学理论"，注重国民精神气质、心理素质的改造，以塑造近代社会的理想人格形象。传统中国欲实行近代化，首先应当实现国民的近代化。为此，梁启超在《新民丛报》上撰文抨击君主专制制度，批判专制伦理纲常，剖析民族劣根性，大力传播西学，倡导自由、自尊、进取、冒险、独立、合群的思想，热切呼唤"新民"的诞生。他心中的"新民"，不仅有着强健的体魄，更应积极上进，热爱自由民主，善于求强致富，遵守法律秩序。他为"新民"定下十二条标准：公德、国家思想、进取冒险精神、权利思想、自由思想、自治思想、自尊、合群、毅力、义务思想、尚武思想、自我修养。他犀利地指出几千年专制文化积淀在民族心灵深处的劣根性，主要在于中国人只讲私德，不讲公德；只知有家，不知有国，只顾一身一家荣华富贵，不顾国家兴亡盛衰；柔弱尚静不善竞争，依赖成性没有独立人格，浑浑噩噩缺少责任与担当。

他分析造成国民劣根性的内在根由，在于数千年之专制与腐败，并站在救亡图存的高度提出造就一代"新民"的途径，主要在于推翻专制主义政体，实行民主立宪；学习其他民族长处，培养国民的团体意识、竞争意识、法律意识、公德意识以及义务观念、自治思想、合群思想、国家思想等"近代精神"；继承优秀的传统文化遗产，从儒家伦理学说中提炼"新民"所应遵循的品格，如正本、慎独、谨小等。培养"新民"应为"今日中国第一急务"，一旦"新民"横空出世，那么新制度、新政府、新国家也将随之而来。

从早期的《时务报》到《清议报》《新民丛报》，梁启梁不仅是创办人，还是杂志的主笔。随着年龄的增长、经验的丰富、时局的发展，梁启超所办杂志越来越好，文章更具影响力。对此，著名诗人、文学家黄遵宪热情洋溢地赞道："《清议报》胜《时务报》远矣，今之《新民丛报》又胜《清议报》百倍矣。惊心动魄，一字千金，人人笔下所无，却为人人意中所有，虽铁石人亦应感动，从古至今文字之力之大，无过于此者矣。"又说梁启超"一言兴邦，一言丧邦，茫茫禹域，唯公是赖"。事实也正是如此，《新民丛报》至 1907 年 8 月停刊，历时五年半之久，是梁启超一生创办刊物中时间最长、影响最大、最为成功的一本，被誉为"丛报界之魁首"。而由他亲笔撰写，发表在《新民丛报》上的文章，更使得 20 世纪初几乎所有青年学子为之倾倒折服。"得渠一言，贤于十万毛瑟也。"作为"天纵之文豪"，当时中国舆论界的"骄子"与"执牛耳者"，梁启超"一言"，胜过十万支毛瑟枪的威力。此说虽不无夸张，但也道出了梁启超的确具有一股神奇的魔力。他的文字，常以饱满的情感、流畅的行文、新颖的观点、丰富的知识、雄奇的辩论、严谨的逻辑、深刻的述评，令读者痴迷不已："读时则摄魂忘疲，读竟或怒发冲冠，或热泪湿纸，此非阿谀，唯有梁启超之文如此耳！"胡适、鲁迅、毛泽东、郭沫若、邹韬奋、王芸生等人，无一不受过梁启超文字的洗礼与思想的启蒙。

可以毫不夸张地说，梁启超开启了中国近代以来，言论史上一个极其重要的时代——梁启超时代。

三

以"帝师"自居的康有为逃至日本，思想不仅没有发生转化，反而变得越来越僵化，越来越保守，总在保皇救主、复辟勤王、尊孔保教之类的老套中兜圈子、打转转。而年轻的梁启超在"欧风美雨"的冲击下，思想观念、知识结构、学术风格、精神面貌较之戊戌变法时期，已发生了实质性的变化，可谓焕然一新矣。他在《新民丛报》上连载的一系列文章，后汇编成册，是为《新民说》。作为中国最早的启蒙杰作，《新民说》充分说明梁启超已突破乃师康有为的藩篱与羁绊，形成了自己独特的思想与风格，其影响也由"康梁并称"逐渐超越其上。

认识不一，分歧日现，师生之间不免出现裂痕。梁启超再也不谈"伪经"与"改制"，对康有为倡设的孔教会"屡起而驳之"，他认为"孔学不适于新世界者多矣，而更提倡保之，是南行北辕也"。梁启超倾慕西方的民权与自由学说，与康有为的文化保守形成鲜明对照，俨然形成两个不同的思想派别。在政治上，梁启超也与康有为的保皇主张针锋相对，倡导"破坏主义""扑满思想"，不仅倾向革命，还一度与孙中山、陈少白等革命党人频繁交往，有过与革命派合并组党之意，"拟推中山为会长，而梁副之"。后又联合韩文举、欧渠甲、唐才常等所谓的"康门十三太保"，联名致书康有为，劝他主张共和，退出政坛："吾师春秋已高，大可息影林泉，自娱晚景。启超等自当继往开来，以报师恩。"

面对梁启超的思想转变及一系列言行举止，可以想见的是，一贯自尊自负的康有为会采取怎样激烈的态度与回应——由强烈不满到责备训斥，又严加督促，勒令梁启超即刻远离革命派，由日本前往美洲办理保皇会事务，不许稽延！

鉴于多种因素，比如康有为作为导师的威严，以及改良派同党中的领袖地位，对梁启超长期形成的敬意与恐惧、支配与影响；比如梁启超对革命派的一些思想，尚存一定的保留态度等等，因此，他对曾不无谦虚地说过"启超之学，实无一字不出于南海"的恩师没有违逆，而是即刻打点行囊，忍气吞声地遵命而行。

于是，梁启超似乎又回到了康有为的麾下，开始像过去那样"卖命"效力。加之游历美洲，梁启超经过一番耳闻目睹、实地考察、对照比较与思考探索，由共和政体的诸多弊病，得出民主共和不如君主立宪的结论；又由在美华侨生发开来的一番中美对比，认为中国国民素质低下，民智未开，"共和国民应有之资格，我同胞虽一不具"，"只可以受专制，不可以享自由"。如此一来，梁启超的思想便开始转向了，由靠近、认同乃至联合革命党人转而反对革命与共和，由倾向共和政体一退而拥护君主立宪，再退而倾向开明专制。1906 年，梁启超在《开明专制论》一文中写道："与其共和，不如君主立宪；与其君主立宪，不如开明专制。"最终与孙中山为首的革命派分道扬镳，展开激烈论战，并争夺华侨和会党群众，在华人中募集资金，将孙中山好不容易建立起来的一些革命团体变成保皇会组织，两人也因此而反目为仇。

与革命派决裂之后，梁启超又通过和平请愿、武装暴动等方式，以实现君主立宪的思想主张。此时，他已成为改良派的实际领导人，联络、组织、策划、活动等一切事宜均由他主持，康有为已逐渐成为一尊架空了的精神偶像与名义领袖。

1911 年 10 月 10 日，武昌首义爆发。康有为惊惧万分，担心清廷被革命党人推翻，君主立宪成为一张画饼。于是，赶紧撰文抨击国会政党，斥责自由平等，抛出所谓的"虚君共和"政治理想。梁启超紧跟乃师步伐，也将"虚君共和"作为海外立宪党人的政治方针加以贯彻。但为了适应国内迅速发展变化的政治形势，他又提出了"和袁、慰革、逼满、服汉"的八字方针。

1912 年 2 月 12 日，清帝逊位，延续了两千多年的帝制就此结束。君主立宪派已是无皇可保，无君可立，面对民主共和的汹涌大潮，梁启超很快默认了这一新的现实，与顽固坚持"虚君共和"的老师告别，再次提请康有为退出政坛，不再过问政治。梁启超此举可谓一箭双雕，既表明了自己的政治追求，也为海外立宪党人回国接近权力中心，作了一个有力的铺垫。但也遭到了康有为另外两名弟子——徐勤与麦孟华的不满，他们反对康、梁两派公开分手。于是，康有为与梁启超虽然政见不一，异途而趋，但在此后的几年时间里，仍维护着表面的师徒情谊，保持着藕断丝连的关系与往来。

　　1912 年 10 月 8 日，梁启超终于结束海外流亡生涯，乘船抵达天津，回到阔别十五年之久的祖国。面对达官名流络绎不绝的拜谒，以及社会各界人士的热忱欢迎，梁启超感到了从未有过的温暖与补偿；于喧闹的宴请与轰动的演说中，更是得到了一种浮华的虚荣与满足。对此，他在一封书信中写道："盖上自总统府、国务院诸人，趋跄唯恐不及，下则全社会，举国若狂。此十二日间，吾一身实为北京之中心，各人皆环绕吾旁，如众星之拱北辰……"得意之情溢于言表，但其所叙也确为当时各界欢迎之盛况。

　　此后的事实表明，梁启超并没有辜负国人对他的殷殷期盼与热切瞩望。特别是在袁世凯逆历史潮流而动，公然帝制自为期间，无论是作为反对帝制的精神领袖，还是作为护国战争的实际主帅，梁启超对推翻洪宪帝制，都起到了无可更替的关键性作用。

　　归国后的梁启超，很快就投身到政治漩涡中心。为将民国纳入他所欣赏并为之追求的两党政治格局，一段时间，他对政党政治乐此不疲。1913 年 2 月 24 日，梁启超正式加入共和党。为与国民党抗衡，又组织策划将共和党、民主党、统一党三党合一，力促进步党成立。宋教仁被刺案发生之初，就连梁启超也受到怀疑，被列为"刺宋之人"的"第二候补者"。其实，梁启超与宋教仁虽然所持政见不同，但他们惺惺相惜，都十分推崇英美式的两党制，一上台执政，一在野监督，互为一体，两者不可分割。

　　宋教仁曾专程密访梁启超，对即将到来的国会大选，两人相互勉励。宋教仁说，你若上台执政，我愿在野相助；否则我当政，也请你善意监督。梁启超当即表示，一旦国民党执政，进步党愿以在野党身份在议会内进行监督。因此，被梁启超视为"我国现代第一流政治家"的宋教仁被刺，他不禁哀愤不已，对卑鄙无耻的暗杀行径撰文予以猛烈抨击："歼此良人，实殆国家以不可复之损失。匪直为宋君哀，实为国家前途哀也。"梁启超的目光与视野显然高人一着，已明确预见到宋教仁被刺，将对国家与民族造成无可挽回的伤害与损失。

随着兴师讨袁的"二次革命"失败，袁世凯乘机扩大势力，扩张权力。梁启超环顾国内，觉得无人能与袁世凯相匹敌，为实现自己的政治理想，他决定抛却前嫌，与"中国第一强人"袁世凯合作，拥护袁氏的开明专制统治。正如他在《护国之役回顾谈》中所言："想带着袁世凯上政治轨道，替国家做些建设事业。"梁启超的目的，欲通过自己的意志与努力，感化、影响袁世凯，促使他由开明专制走上立宪政体的轨道。他一再强调说："开明专制者，实立宪之过渡也，立宪之预备也。"于是，进步党与袁系力量联手组建政权，成立了以熊希龄为国务总理的内阁。因司法部长梁启超、教育总长汪大燮、农商总长张謇以及熊希龄本人都是全国闻名的社会名流，所以熊希龄内阁又被称为"第一流人才内阁"。梁启超以其声望、经验与才干，成为这一内阁的骨干乃至灵魂。

然而，梁启超的希望很快就被无情的事实击成碎片，化为泡影。袁世凯以军警为工具，胁迫国会选举自己为正式大总统，此后，又在专制独裁的道路上越走越远：公然下令解散国会，踢开"第一流人才内阁"，废除曾经指天发誓遵守的《临时约法》，取消责任内阁制，下令撤销国务院，恢复清廷的大部分官场仪式，恢复文武官员的称谓，恢复祀天祭典，以复古运动为先导，将总统终身制引向帝制复辟的不归路。

由满怀期待到彻底失望，一旦袁世凯的称帝企图日渐显露，梁启超担心深陷其中不能自拔，赶紧背袁而去。鉴于梁启超的特殊地位及影响，袁世凯自然是百般劝慰、极力挽留，希望继续为他装点门面、迷惑他人。辞职不准，梁启超只有改请长假，但袁世凯只准假半月。无奈之下，便以"专事著述"为名，坚请辞职。袁世凯见梁启超去意已决，强留无益，只好准辞。

1915 年初，袁世凯的帝制活动日益频繁，梁启超成为拉拢的重点对象，希望他在变更国体上投赞成票。梁启超"知祸将作，乃移家天津，旋即南下，来往于广东上海间"。在离津南下之前，为了民族与国家的未来，也为他们曾经有过的私人情谊，梁启超给袁世凯写了一封长信，劝其赶紧回头，不要称帝自为。他在信中写道："启超诚愿我大总统以一身开中国将来新英雄之纪元，不愿我大总统以一身作中国过去旧奸雄之结局；愿我大总统之荣誉与中国以俱长，不愿中国之历数随我大总统而斩。"言辞之真诚恳切，真可谓"临书恻怆，墨与泪俱"。而袁世凯的回报，则是派出凶手，"各挟爆弹"，欲暗杀除掉之而后快。

为阻止袁世凯的倒行逆施，梁启超不顾个人安顾，又与袁世凯的心腹爱将冯国璋一同北上力劝。当袁世凯一意孤行，复辟活动公开化之后，梁启超不得不发挥自己的特长，舞动一支生花妙笔，亮出"利剑"，写下传诵一时的名文《异哉所谓国体问题者》，批驳杨度等筹安会成员及美国人古德诺鼓吹帝制的观点，向全国人民鲜明地表达自己反对帝制的坚决态度。

在文章发表之前，袁世凯已有所闻，派人送上二十万元巨款，请求文章不要发表。梁启超自然不会为金钱所动。袁世凯又派人威胁不已，只因他深居天津租界，才免遭毒手。《异哉所谓国体问题者》在《大中华》杂志率先发表，道出了"全国人人所欲言，全国人人所不敢言"之语，很快就被京津各报相继转载，举国震动，成为护国讨袁战争的一首亮丽序曲。

袁世凯的称帝行为一旦暴露、公开，自然引起国内外仁人志士的强烈反对。孙中山领导的革命党更是紧锣密鼓地开展武力讨袁，1915年12月5日，革命党人在上海发动"肇和之役"，结果以轰轰烈烈为开始，以彻底失败而告终。就连实力雄厚的革命党人也惨遭失败，其他各反对派更是无力阻袁、反袁。于是，袁世凯加快了称帝的步伐，准备于1916年元旦举行皇位登极大典。

然而，袁世凯怎么也没有想到的是，另一支潜在而强大的反对力量正在密谋中形成。梁启超与蔡锷、汤睿等四人，在天津商议对策，觉得旧国民党人逃亡海外，国内的许多军人、文人又被袁世凯收买，如果不将讨袁的责任背在身上，恐怕中华民国从此就要完了。蔡锷更是怒不可遏地说道："袁世凯便安然登其大宝，叫世界看着中国人是什么东西呢？国内怀着义愤的人，虽然很多，但没有凭借，或者地位不宜，也难发手。我们明知力量有限，未必抗他得过，但为四万万人争人格起见，非拼命去干这一回不可！"

梁启超由"联袁拥袁"，到"离袁劝袁"，最后不得不"反袁讨袁"，他一生中最为辉煌的政治时期也由此而拉开帷幕。

于是，就有了蔡锷在梁启超的精心安排下，由北京秘密逃至天津，又经上海东渡日本，转道台湾、香港、越南海防，然后乘滇越火车进入云南。梁启超则由天津入住上海租界，一方面遥控云南局势，一方面获取北京信息，同时争取南京冯国璋的支持。

1915 年 12 月 25 日，蔡锷、唐继尧、李烈钧等人向全国通电，宣布云南独立，反对帝制，武力讨袁，一场声势浩大的反袁护国战争开始了。在此期间，梁启超先后寄给蔡锷书信五封，于政治斗争、军事方略、财政收入等方面提出了切实可行的指导方案，对护国战争的顺利进行发挥了重要作用。

就在护国军进行艰苦的浴血苦战之时，原来答应举义响应的广西都督陆荣廷坐视观望，迟迟不肯行动。广西不独立起兵反袁，护国军就无法按照原定的计划，通过广西进取湖南、江西，会师武昌，同时也难下广东，打开海外援助的必经之道。梁启超急得不行，赶紧给并不认识的陆荣廷写了一封三千字的长信，分析形势，晓以大义，并默许他可出偏师东下广东扩大地盘。梁启超的书信无疑发挥了关键作用，陆荣廷派代表到上海与梁启超相商，并说只要梁启超动身前往广西，他将马上举兵反袁。梁启超闻言，毫不犹豫地决定冒险赴桂，助陆独立。他在给女儿的书信中写道："此行乃关系滇黔生死，且全国国命所托，虽冒万险万难不容辞也。"他取道香港，偷渡越南，忍着病痛，又由越南海防、河内、谅山，经镇南关进入广西，抵达南宁。令梁启超感到快慰的是，还在赴桂途中，陆荣廷就已于1916年3月15日宣布广西独立，困窘的反袁局势立时扭转，实为护国战争取得最后胜利的一大关键与转折。

四

面对全国日益高涨的反袁护国形势，袁世凯于军事失利、外交失败、内部失和的无奈中，不得不于1916年3月23日下令取消帝制。他的目的，是只想缓和局势，摆脱危机，并不想就此退出历史舞台，所以仍居大总统高位不肯下台。

为团结南方各派反袁力量，1916年5月8日，作为南方统一政府的护国军军务院在广东肇庆成立，梁启超出任抚军兼政务委员长，总理一切政务。按最初设想，"盖袁氏既已叛国，失去大总统资格，依约法当由黎公（黎元洪）继任也。"因此，护国军政府连续发布宣言、布告、电报，非去袁不可。梁启超更明确指出："袁氏一日在位，中国一日不宁。袁氏朝退，兵祸夕解。"

护国军军务院，作为南方各派势力的联合体，可谓兼容并蓄，既包括了革命党人、进步党人，也容纳了唐继尧、陆荣廷、龙济光等地方实力派人物。各派表面统一，但实际上仍我行我素，都在为本派利益明争暗斗不已。梁启超不得不在各派势力间苦力周旋，尽可能地将他们撮合成一个相对紧密的团体，在以武力迫袁退位的同时，准备与北方代表进行和谈。5月20日，梁启超抵达上海，为探知冯国璋在袁世凯去留问题上的态度及寻求外援。5月30日，当他得知父亲已于3月14日逝世的消息后，当即向护国军军政府提出辞呈。梁启超一去，南北和谈受到影响，也给此后张勋复辟造成了一定的可乘之机。

　　1916 年 6 月 6 日袁世凯病逝，消息传出，在上海居丧的梁启超于次日连发数电，分致黎元洪、段祺瑞、冯国璋及各独立省都督总司令，促请黎元洪就任民国大总统。黎元洪在众人的一致拥戴下就任大总统后，梁启超又致电黎元洪，希望他委任段祺瑞组织新内阁。6 月 29 日，段祺瑞出任国务总理组织新内阁后，采取了一些肃清帝制影响的举措，如惩办祸首、裁撤帝制机关，废止将军、巡按等旧称谓，解除报禁等。不久，护国军军务院也在梁启超的力主下解散，国会召开，旧国会恢复。

　　从上我们看出，在护国讨袁战争中，梁启超起到了统领各方的核心作用。如果说创建民国为革命党首功，那么再造共和之首功，则非梁启超莫属。一介书生，竟担负起左右捭阖、纵横驰骋的重任，且出色地完成了历史赋予的不朽使命，功勋永难磨灭。

　　也正是在护国讨袁战争中，梁启超终于与老师康有为撕破脸皮，双方站在相互反对的立场上，公开决裂断交。

　　梁启超反袁，康有为也反袁，但师生俩反袁的立足点不一。梁启超反袁是为了恢复共和，而康有为之所以反袁，则是因为袁世凯悖逆了大清正统，其目的还是维护帝制，只不过帝制下的对象不同而已。

　　1916 年 3 月，梁启超应陆荣廷之邀偷偷潜入广西之前，出于礼节，派同为康有为门生的汤睿辞行。康有为对梁启超的反袁行为表示赞许，却"正色大声疾呼"，提出复辟清室的要求。声言如果不从，便成敌人与对手。袁世凯于 3 月 23 日被迫取消帝制，康有为则于 4 月 4 日在《上海周报》发表《为国家筹安定策者》一文，公开为清廷复辟摇旗呐喊，真是一波未平，一波又起。梁启超忍无可忍，终于拿起笔来打破沉默，在《时事新报》上发表《辟复辟论》，以含讥带讽的笔调，对康有为的复辟主张予以严厉抨击："吾既惊其颜之厚，而转不测其居心之何等也！"又起草反复辟通电："如有再为复辟之说者……罪状与袁贼同，讨之与袁贼等！"

　　1917 年 6 月 14 日，张勋率五千名辫子军进入北京，密谋清室复辟。

康有为在其电召下化装成一名老农，兴冲冲地登上火车来到北京参与策划，帮着草拟一道道所谓的谕旨。

本想脱离政治，读书做学问的梁启超再也坐不住了，不觉拍案而起，再次卷入政治漩涡。他一面撰文发表反复辟通电，一面进入段祺瑞军组织的讨逆军中赞画戎机、出谋划策。

没想到辫子军实在不堪一击，仅仅四天时间，就在段军的攻击下土崩瓦解。一场上演了十二天的复辟闹剧就此匆匆收场，溥仪不得不再次宣布退位，张勋逃往荷兰使馆，康有为只好又将自己装扮成一名老农逃往美国使馆。

梁启超在《反对复辟电》中半点不留情面，将康有为批驳得体无完肤："此次首造逆谋之人，非贪黩无厌之武夫，即大言不惭之书生，于政局毫无所知。""武夫"指张勋，"书生"自然是康有为了。有人说他半点不给老师面子，不留丝毫余地，梁启超道："师弟自师弟，政治主张则不妨各异，吾不能与吾师共为国家罪人也。"康有为哪里受得了"大言不惭之书生"这样的指斥？加之他因附逆遭通缉之日，正是梁启超被任命为段祺瑞内阁财政总长兼盐务署督办之时。因此，于复辟之失败，康有为不仅不反省，反将一肚子怨气全部发泄在梁启超身上，捶胸顿足，伤心落泪，写诗大骂不已："鸱枭食母獍食父，刑天舞戚虎守关。逢蒙弯弓专射羿，坐看日落泪潸潸。"他说梁启超忘恩负义，违背伦常，连禽兽都不如。从此以后，康有为对梁启超简直恨之入骨，凡梁启超赞成的，他必反对；凡梁启超反对的，他则极力赞同；康梁一体被撕成隔离的两半，大有势不两立、水火不容之势。

但梁启超对康有为仍执弟子礼，正如他所说的那样，师弟自师弟，政治归政治，是不同的两码事。经刘海粟等人一番积极斡旋，师徒俩紧张的交恶关系多少有所缓解。日后梁启超专程赴上海看望，向老师连叩几个响头以示赔礼谢罪，而缺少气量、固执己见的康有为却难以释怀，将他晾在一边不愿理睬。梁启超倍感尴尬，交谈不到一分钟，便匆匆告辞而出。1922 年，康有为原配夫人去世，梁启超又亲往吊唁。

尽管如此，梁启超还是念念不忘他们之间曾经有过的亲密无间的师生情谊。1927 年 3 月 8 日，康有为在上海隆重庆贺七十寿诞，梁启超因事不能前往，便写了寿文、寿联托人送去。他将《南海先生七十寿言》亲手书于八幅寿屏之上，对康有为颂扬备至，认为"戊戌以后之新中国，惟先生实手辟之"。寿联则对康有为的成就予以充分肯定："述先圣之玄意，整百家之不齐，入此岁来已七十矣；奉觞豆于国叟，致欣忻于春酒，亲授业者盖三千焉。"联中暗将康师比作孔子，深合常以"圣人"自居的康有为之心。于是，对这个常跟自己过不去而被他称作"梁贼启超"的忤逆弟子，康有为脸上终于露出了几分满意的微笑。

就在举行寿诞庆典半个多月之后，康有为竟于青岛突然逝世。身在北京的梁启超闻讯，痛哭不已。因康家生计困难，赶紧电汇数百元，以作棺材之资。又与其他康氏受业弟子在北京宣武城南畿辅先哲祠设灵位举行公祭，声泪俱下地宣读祭文。还率清华院全体同学在法源寺开吊三天，披麻戴孝地身穿孝子服，站在孝子位上执礼甚恭。梁启超生平最喜麻将，康有为逝世后一个月，他连麻将摸都没有摸过一次。

梁启超忘不了自己的学术、政治之基，实始于老师康有为，他要报答他的恩情。然而，正如他在《保教非所以尊孔论》一文中所说的那样："吾爱孔子，吾尤爱真理；吾爱先辈，吾尤爱国家；吾爱故人，吾尤爱自由！"

五

梁启超素以善于吸收、因时而变著称，这既是他的长处，也最为人所诟病。他也承认自己是一个"流质善变"的人，并说自己"太无成见"。颇有意味的是，作为老师的康有为却又"太有成见"，总是以不变应万变，所以故步自封、顽固不化。梁启超常"不惜以今日之我与昨日之我战"，"所谓我操我矛以难我者也，今是昨非，不敢自默"。他的不断变化，既有前进，也有退步，呈出一条略带回环的曲线。总的来说，是以上升的趋势顺应潮流、趁势而变、因时而行。

最令人称道与难能可贵的是，梁启超之变，不是见风使舵、趋炎附势，不是为了一己私利与个人好恶的小人之变，而是基于民族的进步、大众的福祉，站在时代前沿，凭着个人的赤诚与良心，以一种强烈的忧患意识与使命感的内在召唤，承担一个本真意义上的知识分子所应具有的道义、责任与担当，追求真理与正义，推动社会的发展与进步。所以梁启超只有公仇，没有私仇；只有公敌，没有私敌；他既不盲从，也不谄媚，更不屈服；他是近代史上最无私心之人，既不追名逐利，也不擅权渔色，一辈子活得光明磊落、坦荡无畏。

在中国近代重量级人物中，我心中最为服膺敬佩者，当数梁启超。原因就在于他的多变与善变，为了真理与进步不惜解剖自己、否定自己，于天真中透出成熟，激情中蕴含深刻，超脱中见出执着，永远保持着一份独有的冷静与清醒，吸收世界先进文明营养，站在时代潮流前列，与历史同步。

有人做过统计，梁启超一生约有十变（也有七变、八变、十二变之说）。舍科举旧学，倡导变法维新，为第一变；由改良渐趋革命，为第二变；游新大陆后，由赞同民主共和一退为拥护君主立宪，再退为倡导"开明专制"，此其第三变；面对清廷"皇族内阁"假立宪的行径，为革命派前赴后继的起义暴动所感染，认为革命比改良更能解决中国的出路问题，是其第四变；从倒袁转向附袁，又由附袁起而反袁，为第六变、第七变；而第八变，则与乃师康有为彻底反目，参与荡平张勋的拥清复辟；第九变，弃政从学，孜孜于著述与教育；最后一变，与严复、康有为、章太炎等近代启蒙思想家殊途同归，由传播倡导西学，复归儒家哲学，鼓吹"东方文明"。

梁启超参与平叛张勋的第二次挽救共和成功，1917 年出任段祺瑞内阁财政总长，以实现改革中国财政积弊的宏伟夙愿。然而，时值各派军阀混战，段祺瑞扩军不已，军费开支直线上升，全国财政陷入困境。虽经多方运力，无奈积重难返，不到三个月，梁启超就在焦头烂额地疲于应付中心灰意冷，向段祺瑞提出辞呈。自此以后，他才真正"金盆洗手"，彻底脱离政界。当他回忆自己的从政经历时，不由得表明心迹道："因为我从前始终脱不掉'贤人政治'的旧观念，始终想凭借一种固有的旧势力来改良这国家，所以和那些不该共事或不愿共事的人，也共过几回事。虽然我自信没有做坏事，但多少总不免被人利用我做坏事。我良心上无限痛苦，觉得简直是我间接的罪恶。"

光阴荏苒，岁月蹉跎，梁启超为之奋斗的民主、自由、富强迟迟没有出现。于军阀混战的满目疮痍中，他仍苦苦地思考着、探求着。为寻求未来中国的光明发展之路，1918 年底，梁启超与蒋百里、丁文江、张君劢等七人，以"欧洲考察团"名义赴欧游历。在一年的时间里，梁启超等人先后考察了美国、法国、比利时、荷兰、瑞士、意大利、德国。时值第一次世界大战刚刚结束，"输家不用说是绞尽脂膏，便赢家也自变成枯腊"。面对元气大伤的欧洲，梁启超觉得西方的物质文明，"我们人类不唯没有得着幸福，倒反带来许多灾难"，"科学万能"的梦幻破灭了。于深沉的反思中，梁启超感到建立在物质文明基础上的自由民主、代议政治等西方精神文明，大有摇摇欲坠之势。

于是，孔孟之学在他心中开始慢慢复活。欧游归来，梁启超创作了《欧游心影录》，认为诞生于西方文明中的许多学问、方法、途径并不适于中国，比如社会主义就是。当然，他也不是一味地妄自尊大、否定西学，而是提出了"化合"新文明、重建"新文化体系"的构想，具体分四步进行："第一步，要人人存一个尊重爱护本国文化的诚意；第二步，要用那西洋人研究学问的方法去研究他，得他的真相；第三步，把自己的文化综合起来，还拿别人的来补助他，叫他起一种化合作用，成了一个新文化系统；第四步，把这新系统往外扩充，叫人类全体都得着他好处。"这种构想，与康有为面对西方文明的挑战作出回应而创作《大同书》颇为类似，只是梁启超未能向深处开掘，撰写理论性、系统性的著述。

梁启超息影政治后的十多年时间里，主要时间与精力，放在了学术研究与教育事业，留下了《中国历史研究法》《清代学术概论》《中国近三百年学术史》等极具价值的学术专著，他也因此而被公认为，是中国近代学术研究的开拓者与奠基人。教育方面，他在南开大学、清华大学长期讲学，还在全国各地巡回演说，仅1922年4月1日至1923年1月13日的大半年时间里，就为全国各地学校、团体先后公开演讲五十余次。其次数之多，听众之广、题材之博，在中国近代学术演讲史上首屈一指。

作为一代产生巨大影响、著作等身的国学宗师，梁启超的学问欲远甚于政治欲，哪怕涉足政坛，也没有中断学术研究，停止发表学术论文。他一生几乎每天都在做学问、写文章，且才思敏捷，下笔成章，一气呵成，不必修改，留下了一千四百余万字的皇皇巨著，内容涉及史学、文学、哲学、法学、政治学、经济学、社会学、新闻学、宗教学、金融学、科技史、国际关系、图书文献学、中外文化交流等诸多学科，上括古今，兼及中外，特别是在构建近代史学理论体系及全面总结有清一代学术发展史方面，成就最为突出。

他不仅参与了中国近代后期的几乎所有政治活动，并且从戊戌变法到1928年国民党统一中国，这三十年间所发生的一切重大事件，在他的著述中都得到了全面反映。他的著作，即使撇开中西汇通、古今纵横、影响深巨不论，仅就数量而言，也远远超过了朱熹、王船山等人，成为中国自古以来著述最多的伟大学者。这些文字，实属中华民族的宝贵精神财富，但因数量过多，涉猎太广，较为深厚，至今仍未能展开深入、系统的研究。既然研究不够，遑论吸收消化？

梁启超兴趣广泛、能力超群、求通求达、求新求异，在革命与专制、中学与西学、开明与保守、民主与专制之间变化、矛盾、徘徊不已。但是，他一生也有诸多不变之处——对社会、对人生始终抱有强烈的改造欲望，时刻葆有刚强的毅力与旺盛的激情，其爱国之心、立宪之志、新民之道更是持久不变！正如郑振铎在《梁任公先生》一文中所言："他的宗旨他的目的是并未变动的，他所变者不过方法而已。"

精力充沛、正当盛年的梁启超，本可为这个世界做出更多贡献，留下更多财富，然而，平素不善保养的他积劳成疾，小便带血，身患肾病。本非不治之症，结果碰上了一场偶然而倒霉的医疗事故，1929 年 1 月 19 日，梁启超与世长辞，年仅五十六岁。

梁启超的壮年早逝，在当时就引起了社会各界的诸多猜测，直到1970 年，梁启超之子梁思成因病入住父亲病逝的协和医院，才从自己的主治医生那里获知父亲病逝真相：1926 年 3 月，梁启超便血腰疼前往协和医院求医。医院以最好的医生、最先进的设备为其查验，经 X 光透视表明，左肾有一处黑斑，患有肾结核，需切除治疗。结果在手术时，值班护士用碘在梁启超的肚皮上标错了地方，而主刀却没有仔细核对挂在一旁的X 光片，竟将好端端的右肾给割除了。手术后，梁启超的病肾仍留体内，便血不止；而好肾又已割除，因此身体逐渐衰弱，病情恶化日甚一日，终至一病不起，自称可活八十岁的他就此溘然长逝。协和医院出现如此重大医疗事故，自然难辞其咎。他们虽然很快就发现了这一悲剧性的错误，但梁启超作为一代影响巨大的思想文化巨擘，内情一旦公布，协和医院的声誉极有可能一落千丈，遂将事实真相作为"最高机密"归档，长期隐瞒。后来医学教学讲授如何通过 X 片辨别左右肾脏，举出梁启超这一病例，遮蔽了几十年的"最高机密"才大白于天下。而此前有关梁启超的资料、传记等，在述及此次手术时，因割除的是右肾，大多也是说右肾长了一个瘤子，经手术割除，而病情却未好转云云。

与梁启超的情形相反，康有为在中医无效平静等死的日子里，仅凭研读几本西医书籍，自己为自己诊断疗治，竟然"妙手回春"、死里逃生。梁启超贻误于西医，当时就有著名文人陈西滢撰文质疑协和医院，质疑西医："腹部剖开之后，医生们在右肾上并没有发现肿物或何种病……他们还是把右肾割下了！可是梁先生的尿血症并没有好。他们忽然又发现毛病在牙内了，因此一连拔去了七个牙。可是尿血症仍没有好。他们又说毛病在饮食，又把病人一连饿了好几天。可是他的尿血症还是没有好！"陈西滢据此认为"西医就是拿病人当试验品"。

此文一出，徐志摩等人撰文大力支持，社会舆论顿时哗然，西医一时成了众矢之的。尽管梁启超私下里也认为"手术的确可以不必用"，但他是西医科学的坚定支持者。面对一片反对西医的声音，躺在病床的他从维护科学与西学的角度出发，当即写下《我的病与协和医院》一文，既为西医辩护，也是为科学辩护，希望人们不要因为个别病例的误诊而打倒西医，全盘否定西医的科学性。

借西方文明之火，以传统文化为薪，锻铸新型国民，像一根红线那样贯穿着梁启超人生之始终。他的毕生成就，既在学术、事功，更在迎接新世运，开出新潮流，呼唤新国民。他认为中国乃"少年中国"，他自己也是"少年中国之少年"。他历来主张欲革新国家，必先革新国民的精神和思想。开展国民运动，最重要的就是塑造"现代青年"："养足你的根本智慧，体验出你的人格人生观，保护你的自由意志。"他至死都在进行着启蒙广大民众的努力，号召国民关心国家、关心社会、关心政治，开辟新中国，建设新世界。梁漱溟曾在《纪念梁任公先生》一文中写道："当任公（梁启超之号）先生全盛时代，广大社会俱感受到他的启发，接受他的领导。其势力之普通，为其前后同时任何人物——如康有为、严几道、章太炎、章行严、陈独秀、胡适之等等——所赶不及。我们简直没有看见过一个人可以发生像他那样广泛而有力的影响。"这种影响，不仅惠及当时一代人，而是长期持续着，施及今天乃至未来。

记得笔者十八岁那年读师范时，初见梁启超的《少年中国说》，一下子就被他那汪洋恣肆、辽阔奔放、一泻千里的激情与生动形象、诗意盎然、绚烂多姿的文字所吸引，不知不觉地深陷其中，直至花了几个早晨的工夫将全文背下，才像完成了一桩重大任务似的心有所安。尽管篇幅有限，我还是忍不住将《少年中国说》的最后一段抄录下来，作为本文结尾，与读者诸君共享：

"中国而为牛为马为奴为隶，则烹脔鞭笞之惨酷，唯我少年当之；中国如称霸宇内，主盟地球，则指挥顾盼之尊荣，唯我少年享之……故今日之责任，不在他人，而全在我少年。少年智则国智，少年富则国富，少年强则国强，少年独立则国独立，少年自由则国自由，少年进步则国进步，少年胜于欧洲，则国胜于欧洲，少年雄于地球，则国雄于地球。红日初升，其道大光；河出伏流，一泻汪洋；潜龙腾渊，鳞爪飞扬；乳虎啸谷，百兽震惶；鹰隼试翼，风尘吸张；奇花初胎，矞矞皇皇；干将发硎，有作其芒；天戴其苍，地履其黄；纵有千古，横有八荒；前途似海，来日方长。美哉我少年中国，与天不老；壮哉我中国少年，与国无疆！"

提及功名，我们不得不特别指出的是，作为一名学贯中西的饱学之士，孙中山可能是中国近代史上唯一没有陷入科举怪圈的人物。他没有参加过一次科举，就连这样的念头也不曾有过。

孙中山：民国之父

一

鸦片战争在带给中国炮火与灾难的同时，也开启了几扇认识西方世界的窗口，唤起了沉睡不醒的有志之士与部分民众。就地理位置而言，鸦片战争源于广州，因此，广州及其周边地区——珠江三角洲，相应地占有了得风气之先的条件与便利。撇开其他不谈，仅影响中国近代历史的重量级关键人物，如惊雷霹雳般一下子就涌现了洪秀全、康有为、梁启超、孙中山等四位。

洪秀全出生于广东花县（今广州花都区），康有为的故乡是广东南海县（今佛山南海市），梁启超生长于广东新会县（今江门新会市），孙中山诞生于广东香山县（今中山市），这么多风云际会的顶尖级人物，突然出现在以广州为中心，半径约一百二十公里的区域内，看似偶然，实属必然。法国著名史学家、批评家丹纳认为，一种文明的发生、发展及性质，取决于种族、环境与时代三大因素。中国近代社会的发展变化，究其实，也是一种文明的发展与转型——由传统农耕文明向西方工业文明的转化与变迁。种族因素姑且不论，环境与时代的确成为极其重要乃至决定性的因素。

广州在清廷近两百年的闭关锁国中，是唯一一直对外开放的商埠，又因其毗邻香港、澳门，较之厦门、福州、宁波、上海等其他四处通商口岸有着更多的地理优势。珠江三角洲作为一块难得的"风水宝地"，一时间因缘际会、风起云涌，也属势至所归。基督传教士经香港来到广州，正是他们的通俗宣传册子，成为洪秀全"太平天国"的源泉、基础与动力；康有为若非涉足香港，由耳闻目睹的震惊，到大购西书而归的刻苦研读，就不会有此后的维新变法；梁启超最初虽未亲往香港、澳门，但他直接受益于康有为中西文化融汇的"乳汁"；孙中山则比他们三人走得更远，十二岁就由水路经澳门远赴美国檀香山，并在那里习业读书。

其实，早在孙中山之前，珠江三角洲就已走出了中国的第一位留学生——毕业于美国耶鲁大学的广东香山人容闳。1872年，又是他，作为学生监督、驻美副使率领中国最早的官派留学生——三十名留美幼童常驻美国，长期浸润在"欧风美雨"之中。

孙中山"生而为贫困之农家子"，全家住一间简陋小屋，靠租种几亩薄田过活，难得吃上一顿米饭，常以白薯为食。家中自然无钱为他单独聘请塾师，七岁时，便在别家私塾中附读。九岁入村塾，村塾是一种带义学性质的学塾，经费从村中公产田收入中支出，以资助贫困子弟求学。也就是说，孙中山在赴美之前，已熟读《千字文》《三字经》《幼学琼林》《古文评注》等训蒙读物，及四书五经，有一定的传统文化基础。

孙中山得以赴美，全赖远涉重洋的兄长孙眉。凭借自己的吃苦耐劳，孙眉在檀香山独自经营了一所农牧场，后又开设商店，使得全家的经济条件大为改观。1878年，孙中山在远赴异国他乡途中，"始见轮舟之奇、沧海之阔，自是有慕西学之心，穷天地之想。"檀香山的五年习业、学习生活，对年少的孙中山更是有着脱胎换骨的改造与变化。正是在这里，孙中山亲身感受到西方法制社会的良好秩序，读到了华盛顿、林肯等伟人的传记，接触到民主共和思想，娴熟地掌握了英语这门国际性语言，为此后七次周游世界从事革命活动，大量阅读西方原著，在海外联系外交、发表演说提供了极大便利。

孙中山多次指挥革命党人进行军事活动，任过大元帅，可他没有受过军事训练，从未有过参军经历，仅在檀香山就读的意奥兰尼男子中学，上过兵操课，随着军事口令，摆动双臂，迈着健步，一副雄赳赳、气昂昂的样子。对这适于现代武器的新式操练，孙中山不仅感到有趣，也觉得很有意义。这恐怕算得上他早年唯一的军事训练了。在檀香山，孙中山还想剪掉辫子，加入基督教，因遭到哥哥孙眉的极力反对而作罢。但他后来还是因为反对偶像崇拜、扯毁关帝画像而惹恼孙眉，不得不听从他的安排，中途辍学回国，返回故乡翠亨村。

但孙中山终究不是"池中之物"，很快又转入香港继续念书，完成中学学业后，进入医校学习西医。当然，他在檀香山受阻于兄长孙眉的事情，很快就如愿以偿地得以实现——加入了基督教，剪掉了那根拖在屁股后面长长的辫子。1892 年 7 月，孙中山在香港雅丽医校完成五年学业，以第一届毕业生第一名的优异成绩，获得医学博士学位。医师在英国被视为上等人，不仅具有颇高的地位，且经济收入相当可观。孙中山先后在澳门、广州行医，因其医术高明，一时间声名鹊起，求医问诊者络绎不绝。如果孙中山安于此道，一辈子完全可以过一种优裕富足的平静日子。然而，医生仅仅能疗治国民贫病羸弱的肉体，他的远大志向则是"借医术为入世之媒"，"而从事于医国事业"——疗救满目疮痍、积贫积弱的旧中国，以及几千年专制积淀下来的国民劣根性。

还在七八岁的时候，孙中山幼小的心灵，就播下了一颗排满、复仇的种子。追根溯源，种子的播撒来自他的广东老乡洪秀全。翠亨村有一村民冯爽观，早年参加过太平军，也曾亲眼见过"天王"洪秀全。太平天国失败后，他不声不响地回到故乡，依旧做那不甚起眼的农活。有事无事，他会在村头榕树下，绘声绘色地给孙中山等一帮孩子，讲当年太平天国的故事。从起义之初到天国覆亡，孩子们刨根究底地问着，他则一段一段地讲着，孙中山总是听得兴致盎然、津津有味。

一次，孙中山听着听着，竟情不自禁地叹道："唉，要是洪秀全灭掉满清就好了。"冯爽观闻言，端详了一会儿孙中山道："你长得很像洪秀全，长大后就做洪秀全吧。"正所谓"说者无心，听者有意"，孙中山自此真的就以洪秀全自许，毫不隐讳地称自己是"洪秀全第二"。村里的孩子们也管他叫"洪秀全"，那些大人们有时也跟着自家孩子"洪秀全"长，"洪秀全"短地称呼他。做一个能够推翻满清统治的新的洪秀全，这便是孙中山儿时的追求与理想。

1884年中法战争失败，孙中山清醒地认识到满清政府的"政治不修，纲纪败坏"已无可救药，从小埋下的反抗种子破土而出，决心"倾覆清廷，创建民国"。正如他在《建国方略》中叙述的那样，于学业之余，"致力于革命之鼓吹，常往来于香港、澳门之间，大发厥词，无所顾忌"，但附和者甚少，多以大逆不道、中风狂悖而避之。而真正促使孙中山下定决心放弃医业，开始政治斗争成为一名职业革命家的转折，在于上书李鸿章的失败。

孙中山在宣传推翻满清的同时，对清政府多少还抱有一定的幻想，希望通过上书自荐，求知于当道的方式，改革弊端，以推动中国富强。因此，他早就酝酿着一份上清廷书。后来选择李鸿章作为上书对象，一是李鸿章作为洋务运动的领袖，其思想的开明、时务的通达与新政的成效，着实感染了孙中山，认为他是"识时务之大员"；二是将李鸿章引为同道，因为他不仅信奉西医，还是孙中山曾经就读过的西医书院的名誉赞助人；三呢，是因为康有为的上书都不能上达"天听"，孙中山觉得自己既无功名又无官职，不会有官员敢于代呈，更难以到达皇帝手中，于是，就降格以求地转向朝廷握有实权的要员了。提及功名，我们不得不特别指出的是，作为一名学贯中西的饱学之士，孙中山可能是中国近代史上唯一没有陷入科举怪圈的人物。他没有参加过一次科举，就连这样的念头也不曾有过。

关于孙中山上书李鸿章，过去流行的说法，是他经人介绍，在天津前往李鸿章处拜访，结果受到李鸿章傲慢无礼的接待。此外，还有孙中山冒死谒李鸿章，劝其革命等多种说法。但经史家严格考证，事实真相是，孙中山经人辗转介绍，上书还是到了李鸿章手中，但并未被予以接见。不是李鸿章摆臭架子或耍"大腕"脾气，而是中日甲午战争爆发，正在芦台督师练兵的他，哪有心思顾及一位名不见经传的医生上书呢？因此，他经人反馈给孙中山的答复是："打完仗以后再见吧。"后来他们俩虽有过多次"再见"的机会，但终其一生都没有打过一次照面。比如八国联军进占北京时，孙中山想劝时任两广总督的李鸿章割据独立，却因李鸿章奉旨北上议和而作罢。就在李鸿章北上途中，孙中山还暗中救过他一命。维新派视李鸿章为死敌，孙中山的几个日本朋友也计划暗杀他，因孙中山坚决制止反对才没有下手。

至于当年那封呈给李鸿章的上书，李鸿章是否看过，也难说得很。其实孙中山的上书，虽是他十多年来苦苦探索的结晶，但与康有为上书皇帝激进的政治改革主张相比，只算得上一份温和的经济改革方案，他将富强治国的途径，主要归结为四条："人能尽其才则百事兴，地能尽其利则民食足，物能尽其用则材力丰，货能畅其流则财源裕。"

连最起码的经济改革都难以付诸实现，孙中山一腔沸腾的热血，顿时化作点燃满清大厦的熊熊烈火。

二

孙中山乳名帝象，因母亲信奉村庙中的北方真武玄天上帝（简称北帝），故名；入学时取名孙文；后取号"日新"，在与外国人交往时，常以"日新"的谐音"逸仙"自称，所以欧美等国至今仍称他为孙逸仙；孙中山之名，乃由他在日本东京一家旅店投宿时，使用的日本化名"中山樵"演变而来，以中国姓、日本名拼缀而成，成为人们对他的尊称。

孙中山在海外创立兴中会，成立革命党，组织革命军，致力于推翻满清政府，每次都以轰轰烈烈开始，以惨遭失败而告终。国人历来注重宣传、强调宣传，舆论的力量之强大，有时真能达到"众口铄金，积毁销骨"的地步。清廷的文告、报纸等宣传资料，都将孙中山视为土匪强盗，提及孙中山时，总是称他为"孙汶"。"文"字加上三点水，就不是秀美如文了，而是占据江河湖泊的草寇与强盗。清廷这么一宣传，不仅不明真相的群众以为，他真的是什么红眉毛、绿眼睛的土匪大王，甚至许多维新党人、革命志士都对他产生了天大的误会。

比如留日学生最先知道孙中山时，都以为他不过是广州湾的一名海贼；章士钊起先也有过类似误解，后见到孙中山一封手札，字迹雄伟，当即"骇异"，这才改变孙中山目不识丁的草莽英雄印象；最有代表性的是前清举人、国民党元老吴稚晖，他最先知道孙中山，是从报纸上读到的孙汶造反，第一次在广州发动武装起义失败。他记住了孙汶这一名字，后来就一直关注他的行踪，长期以为他不过一名长相鲁莽、举止粗野的江洋大盗而已。十年后，即 1905 年春，已自命为革命党的吴稚晖，终于在英国伦敦与孙中山见面了，他根本就没有想到站在眼前的孙汶或孙文，竟是一名态度诚恳、和蔼可亲的绅士！后来，两人不仅成为一对交往密切的好朋友，吴稚晖还加入了孙中山创办的同盟会，历任国民党中央监察委员、国民革命军总政治部主任、国防最高委员会委员等要职。吴稚晖在晚年的一篇文章中写道:"我起初不满意孙文,就是因为他不是科第中人,不是经生文人,并且疑心他不识中国字。到后来,才知道他手不释卷。"

作为一名被革命党人誉为"先知先觉天赐其勇"的领袖,孙中山所从事的革命事业要想扩大影响,获得广大民众的同情、理解与支持,可想而知要付出多大的坚持与努力。清廷除武力剿灭外,其混淆黑白、掩饰真相的宣传更是蒙蔽、欺骗了上自官僚,下至百姓的广大民众。孙中山除了武力暴动外,不得不"以革命的两手,对付反革命的两手",一次次地宣传革命党人的政治主张。但在铁板一块的帝王专制统治下,其收效总是微乎其微。一时间无法唤醒民众,孙中山只有依靠那些少数觉悟了的革命党人,以宝贵的生命为代价,在清廷力量相对薄弱的粤、滇、桂等边境地区,百折不回地发动一次又一次武装暴动。

要想撼动有着两千多年深厚根基的专制皇权,实在是难之又难。首先是认识,别说普通百姓,就是那些站在时代前沿的优秀知识分子,也难以认同。鸦片战争之前的中国社会,从未出现过这样一位先知先觉者。专制的土壤诞生不了民主斗士,层出不穷的只是一些为帝王专制"添砖加瓦"的臣民。

西方文明伴随战争的炮火与硝烟进入中国,受武力侵犯、强权逼迫,哪怕是好的东西,接受时也会产生一种心理扭曲与人格侮辱之嫌。在心灵的沉重痛苦与行动的举步维艰中,传统社会开始慢慢变化与转型。林则徐睁眼看世界,但对高高在上的皇帝仍诚惶诚恐;曾国藩虽有过取代清廷之想,也仅限于个人内心深处的一闪念而已;洋务派开办实业,目的就是维护风雨飘摇的清朝政府于不倒;洪秀全以横扫一切的姿态,与清廷势不两立,但他建立的,是一种更加专制残暴的统治,于人类政治与社会进步而言,实在是一种极端的反动;康有为、梁启超出现了,他们也是换汤不换药的维新而已;只有孙中山,才有了推翻满清的认识与自觉。

当然,他最先号召人们的民族革命旗帜,是从汉人的角度出发,取代满清统治，"驱逐鞑虏，恢复中华"。孙中山的伟大就在于，能够不断地丰富发展自己，唤醒汉人的民族意识，驱逐满清朝廷，然后推翻历代皇帝依附其上的专制统治，像美国那样，建立一个崭新的民主共和国。即使今日观之，也是中国历史上的一项伟大壮举。欲达到这样的认识，进入民主共和的境界，于孙中山个人而言，尚属不易，而要使国内精英接受，使广大民众理解，真是难之又难，所以孙中山一反"知之非艰，行之惟艰"的几千年传统认识观念，旗帜鲜明地亮出自己的哲学思想——"知难行易"！

孙中山的影响，先是在国外造成了极大声势，然后才慢慢渗入国内。辛亥革命前的孙中山，大多时间都在海外活动，也就难怪有人不以为然地说他只是"半个中国人"了。

孙中山于1895年在广州发动第一次武装起义，在清廷的封锁与歪曲下，民众要么不知，要么以为是一次海盗行动。起义失败后他不得不逃亡海外，由香港乘船刚抵日本神户时，已有日本报纸以《支那革命党首领孙逸仙抵日》为题的新闻报道。孙中山一见，遂对同行的陈少白道："革命二字，出于《易经》'汤武革命，顺乎天而应乎人'一语。日人称吾党为革命党，意义甚佳，吾党以后即称革命党。"于是，"革命"一词由是产生，取代了过去的"造反""起义""光复"等同类词语，一直沿用至今。为争取海外华人支持，考察、了解西方的民主制度，孙中山又前往檀香山、美国，后辗转至英国伦敦。

在伦敦，孙中山经受了人生中一次生死攸关的考验，被清驻英使馆拘禁，准备雇一艘轮船将他偷偷递解回国，然后杀害。关于他的被拘，孙中山在《伦敦蒙难记》中说是在马路上遭两华人挟持，事实上，是他自己进入使馆宣传革命被抓。据陈少白所言："当时孙先生对我说，他早已知道公使馆，他故意改换姓名、天天跑到使馆去宣传革命。后来，公使馆的人疑惑起来，因为当时广州起义之事传闻还盛，以为这人或者就是孙逸仙。公使随员邓廷铿，因为是同乡，就试出他确是孙逸仙，于是孙先生就被他们拘禁起来了。"《伦敦蒙难记》用英文写成，最初在英国布里斯特尔出版发行。孙中山之所以撰文为"挟予而入"，是一种政治策略的需要，清廷公然在大街上抓人，实有侵犯英国主权行为之意。此后孙中山未予更正，也就以讹传讹、积假成真，并被不少研究专著认同、征引。

被拘的孙中山唯一能做的事情，就是自己挽救自己：让清使馆无视国际公例，限制人身自由的秘密为英人所知，通过外人迫使清廷屈服。经过一番努力，孙中山终于打动了一名年长的英籍仆人柯尔，在两张名片上给家住伦敦的詹姆斯·康德黎写了一封短信，告之真相。康德黎原任香港雅丽医校校长，既是孙中山的老师，也是他的朋友。饶有趣味的是，六个月之前，就在孙中山准备离开檀香山的前几天，他在火奴鲁鲁街散步，突然发现康德黎及其夫人乘坐一辆马车迎面驶来。孙中山奋力一跃，登上马车。仓促之间，康德黎夫妇大为惊异，以为暴徒行凶。后认出是改装易服的孙中山，康德黎不禁与他握手相笑。到伦敦后，孙中山专程拜访，康德黎夫妇热情接待，并安排他在就近的葛兰旅店住下。

1896 年 9 月 17 日，孙中山神秘失踪不知去向已经六天了，康德黎正为此焦虑不安，深夜十一点多，柯尔妻子送来孙中山写在名片上的密札。康德黎不敢怠慢，当即到警署报告，第二天正值星期日，他四处奔波，找遍英国外交部、警署、私家侦探等，直至晚上九点，都因周末休息而无甚进展。他担心清使馆提前行动将孙中山偷运出境，情急之下，想到了新闻媒体。只要报纸作为新闻予以报道，必然引起社会公论，事情定会出现转机。于是，他赶紧乘车赶到《泰晤士报》，找到记者，将孙中山被清使馆幽禁的前因后果详加叙说。然而，《泰晤士报》并未及时报道，康德黎不得不通过英国外交部、警署、侦探等严密监视清使馆，以防不测。直到 10 月 22 日，才有风闻此事的《地球报》记者前来采访康德黎，率先以《革命家在伦敦被诱捕》为题加以报道。接着是伦敦各报记者一窝蜂似的涌到康德黎住所采访，纷纷登载孙中山被拘一事，就连马路边的广告牌上也有写有相关新闻。清政府在英本土侵犯英国的特别主权与外交权利，不仅轰动伦敦全城，并且激怒了几千市民，他们围住清使馆抗议示威："如果不赶紧放人，就砸毁使馆！"此时，英政府也出具正式公文，要求清使馆放人。

在多方压力下，陷入不义与被动的清廷驻英使馆官员，不得不取消以七千英镑雇租一艘轮船运送孙中山回国的计划。当孙中山步出幽室之时，使馆外面观者如潮，各报记者纷纷拥上前来，询问采访。

一桩坏事就此变成好事，孙中山之名，不仅传遍全球，他的革命事业，也渐为世人特别是海外华人同情、理解与支持。

孙中山脱险后，又在伦敦居住了大半年时间，考察英国的社会风俗及政治制度，研究世界各派政治、经济学说。据康德黎所述，他去的最多的地方就是伦敦大不列颠博物院图书馆，"阅读有关政治、外交、法律、军事、海军的书籍；矿业、农业、畜牧、工程、政治、经济等类，占据了他的注意，而且细心和耐心地研究。"

孙中山理论思想的形成，实得益于他孜孜以求的广泛阅读，他一辈子可谓手不释卷。据有关研究资料统计，在已刊行的孙中山著作中，共涉及七十多个国家与地区，两千多个地名，古今中外人物一万多名，重要事件一百余件，各种主义、思想、学说、流派等一百五十多种。这些渊博的学识，实与他的考察游历、亲见亲闻以及虚心求学、潜心阅读密不可分。当然，他不只是机械被动地吸收，而是尽可能地化为自己的血肉，结合中国的实际，思考探索，"把各国政治的得失源流，拿来详细考察，预备日后革命成功，做我们建设的张本。"

1900年10月，孙中山吸取第一次暴动失败的教训，经过长时间的酝酿，利用八国联军侵华，清廷无暇南顾之机，乘势发动第二次革命——惠州起义。起义之初，势如破竹，参加义军的民众多达两万余人。此次起义虽坚持月余，结果仍因敌众我寡而归于失败。令孙中山稍感欣慰的是，上次广州起义失败，举国上下，都视为"乱臣贼子，大逆不道"；惠州起义失败，没有了"恶声相加"，有识之士还为之惋惜不已。可见孙中山从事的革命事业，已渐渐深入人心。

此后，孙中山又宣传、组织、发动了萍浏醴起义，广东潮州黄冈起义，广东惠州七女湖起义，广西防城起义，广西镇南关起义，广西钦、廉、上思起义，云南河口起义，广州黄花岗起义。于颠踬中爬起，于失望中振作，孙中山先后发动过十次大的武装起义，全部惨遭失败。直到1911年10月10日，湖北党人发动的武昌首义爆发，这才一举获得成功，完成了"驱逐鞑虏"的历史使命。

三

武昌起义于孙中山来说，有一个怎么也绕不过去的尴尬，那就是他并未领导这次起义，并且事后才在美国得知。

应该说，辛亥革命成功，是中部同盟会的功劳。孙中山偏重华南起义，以为边陲地带远离清廷军枢重地，比内地容易突破，且进退有余。因此，虽多次失败，他也并未调整战略，仍着眼于再次发动南方边境起义，并将经费的筹措，视为起义成败的关键。而以谭人凤、赵声、宋教仁为首的同盟会员，则鉴于过去失败的教训，在认识上与孙中山发生了严重分歧，自行成立了包括长江中下游各省在内的中部同盟会。在讨论起义战略问题时，宋教仁提出上、中、下三种方略："在边地进行为下策，在长江流域进行为中策，在首都和北方进行为上策。"事实证明，下策行不通，而上策的条件又不成熟，所以"取中策为好"。

武昌首义正是中部同盟会在"取中策"的指导思想下，运动新军而取得的硕果。武昌起义成功，革命党人纷纷赶赴武汉，黄兴以战时总司令身份率民军与清军作殊死之战，宋教仁起草《鄂州临时约法》，而孙中山率一行人则在美国宣传演说、奔波筹款。10 月 11 日，经过一番旅途劳顿，刚刚抵达科罗拉多州丹佛市的孙中山不顾疲劳，工作到深夜才上床休息。直到第二天上午 11 点钟，孙中山才醒来用餐。经过回廊报馆时，他顺手买了一份报纸，进入饭堂翻阅，一行醒目的英文顿时跃入眼帘："武昌为革命党占领。"

孙中山当时的惊喜之情可想而知，然而，他却没有及时回国领导这场轰轰烈烈推翻清廷的武装起义，而是取道芝加哥赴华盛顿与美国政府接触，又经纽约前往英国、法国。"吾当尽力于革命事业者，不在疆场之上，而在樽俎之间。"他的目的，一是争取西方列强的支持与承认，二是向西方国家的财团、银行借款，以资革命与建设。经费问题，一直困扰着孙中山，也被他视为革命的重中之重，以为只要拥有足够的资金，一切事情就可迎刃而解。他甚至于将某次起义失败的原因，直接归咎于筹集的款项不够。

赴欧活动的结果，是西方列强既不承认革命党人建立的政权为中国的合法政府，也未借到一分钱款。失望之余，孙中山不得不由法国马赛港启程回国，于 1911 年 12 月 21 日抵达香港。从美国到英国、法国，孙中山一路行来，费尽口舌，结果一无所获，白白浪费了两个多月的宝贵时间。如果他及时回国领导革命，武昌首义后的中国格局，肯定会是另一番光景，至少不会出现南方革命军互闹分裂，出现武昌、上海（南京）两个中心的局面。

由香港换船到达广州，孙中山又犯了一个不大不小的错误：广东的胡汉民等革命党人，力劝孙中山不要"北上"，而是"留粤"整顿军队，打好基础。胡汉民为他分析说，满清政府虽然人心已去，但袁世凯控制的数万北洋精兵仍在，这一势力不扫除，革命就谈不上彻底，民主政权就无从建立。如果孙中山赶赴沪宁，"必被推戴，幕府当在南京，而兵无可用，何以直捣黄龙？"因此，他建议孙中山留下来，"就粤军各军整理，可立得精兵数万，鼓行而前，始有胜算。"

胡汉民的分析，就此后的发展情形而言，确属真知灼见。而孙中山却认为"四方同志正引领瞩望"于他，不由得说道："我若不至沪宁，则此一切对内对外大计主持，决非他人所能任。"而事实并非孙中山所言，他的"舍我其谁"多少带有盲目自信的味道。武昌首义后，未曾有人提出非由孙中山主政不可，除黄兴等忠心耿耿的同盟会员真正瞩望于他外，其他各光复省份的要员、原立宪派人士以及部分革命党人所瞩望的，却是手握北洋重兵的袁世凯，只要他反戈一击，推翻"贵族专制之满清"，"当奉为大总统"。

孙中山满怀激情，百折不挠，力任艰巨，心胸宽广，毫无个人私欲杂念，全身闪射着一股浪漫的革命气质，但他的确算不上一位精明出色、富于权谋的战略家。他欲以其一心为公、满身正气以及大无畏的革命精神，与有着几千年帝王专制积淀的权谋文化、官场哲学进行较量，无疑手持长矛与风车搏斗的堂·吉诃德。

其实，在内心深处，孙中山也深知彻底改革中国社会之艰难，这种艰难可能远甚于用武力推翻满清王朝与专制统治。当武昌起义进展迅速，全国各地很快响应，各省纷纷独立时，他曾不无忧虑地说道："这回革命一起……太过迅速、容易，未曾见有若何牺牲及流血，更不知前仆后继之人及共和之价值，而满清遗留下之恶劣军阀、贪污官僚及土豪地痞等之势力依然潜伏，今日不能将此等余毒铲除，正所谓养痈成患，将来贻害民国之种种祸患未有穷期，所以正为此忧患者也。"

认识是一回事，而行动则又是一码事。作为一位有着丰富阅历与经验的仁人志士，孙中山既能深入其中，又能超乎其外地分析、审视中国社会，常能透过现象窥其内里，抓住实质。他深刻地认识到中国的事情只能慢慢来，急不得，改造得有一个过程，但他又是一个被人称为"孙大炮"的急性子，总希望革命能够毕其功于一役，恨不得中国转瞬间便与英美比肩，甚至超乎其上，重现汉唐中华之风采。急躁之时，不是被人利用，就是走向事情的反面，常令后人为之扼腕长叹。

孙中山身单力薄地仓促北上，作为闻名全国、享誉世界的反清第一斗士，很快就以十七省代表投票，共得十六票的结果，当选为中华民国南京临时政府的临时大总统，由此，非法、秘密、在野的中国同盟会革命党领袖，第一次公开亮相，正式登上中国近代政治舞台。他以一己之力，在任内尽可能地铲除专制余毒，如颁行《中华民国临时约法》，以国家法典的形式第一次宣布人民享有的各种自由权与政治权，废除行跪拜礼及"大人""老爷"等称呼，提倡男女平等，限期剪辫放足，禁止种族歧视、刑讯逼供、乱捕仇杀、贩卖人口、蓄养家奴、吸食鸦片等。

然而，孙中山北上组建临时政府，在深得广大民众欢迎的同时，却激起了长袖善舞的袁世凯的强烈反弹。南北正在议和，南京临时政府成立，无疑打碎了他逼退清帝、赞同共和、出任总统的美梦。于是，袁世凯马上改变态度，由赞成共和退为过去的拥护君主立宪，并做出武力南侵的姿态。

此时，身为临时大总统的孙中山，所遭受的压力除了外部的袁世凯之外，还有来自内部的各种纷争。

他从海外归来时谣传他带回大笔资金，当得知他"不名一钱也，所带回者，革命之精神耳"，各方人士不免大失所望。进入南京临时政府核心领导层的，只有黄兴、胡汉民等，极少数同盟会员全力支持孙中山；而旧官僚与立宪党人根本就瞧不起孙中山，他们推选孙中山，只是利用他的声望稳定社会秩序而已，所以他们不可能大力支持他，有的还公开与他对着干；哪怕同盟会中的部分革命党人，也对孙中山阳奉阴违。

临时政府没有经费，孙中山想借款或是发行债券，议案不是遭反对，就是被"看冷"不予合作，无法通过。孙中山主张北伐，"革命之目的不达，无和议之可言也。"其态度之坚决，真可谓斩钉截铁。然而，社会普遍厌战，大部分革命党人也希望南北议和逼清帝退位，如汪精卫就公开支持袁世凯出任民国大总统。孙中山要钱没钱，要人没人，事事掣肘，"政令不出南京，甚至出不了总统府"。同盟会老成员冯自由自海外归来，拜访临时大总统孙中山时祝贺道："我辈夙昔志愿，竟成事实矣，何等痛快！"孙中山听了，真是有苦难言，不由得皱着眉头回道："何来痛快？直苦恼耳！"

各种苦恼与压力积在一起，孙中山只有附和众议，向袁世凯伸出橄榄枝，多次公开表态：只要袁世凯赞同共和，清帝退位，他愿将临时大总统一职让出。

此后的结果众所周知，孙中山向南京临时政府参议院提请辞职，袁世凯以十七票的"满分"成绩（比孙中山还多了一票），全票当选为中华民国临时大总统。

其实，革命目的未达，旧社会势力未除，孙中山是极不愿意让出临时大总统之职的。而迫于无可奈何的现实，又不得不主动辞职，这将成为他心头一辈子永难弥合的伤痛。

四

辛亥革命后，两大事件激起了孙中山后半生的巨大转变，使得他不断向集权与"左倾"过渡：一是因"宋案"引发的"二次革命"，二是部下陈炯明的叛变。

袁世凯当选为民国正式大总统后，孙中山与他有过一段短暂的政治蜜月期。应袁世凯之邀，孙中山于 1912 年 8 月 24 日抵达北京，民国初年的两位伟人，似乎握手言和、开诚布公地坐在了一起。当晚的接风宴会结束后，袁世凯看着孙中山远去的背影，情不自禁地说道："不图中山如此透亮！"而孙中山刚回府邸，便对人说道："袁总统可与为善，绝无不忠民国之意，国民对袁总统，万不可存猜疑心，妄肆攻讦，使彼此诚意不孚，一事不可办，转至激迫袁总统为恶。"在北京期间，孙中山与袁世凯会晤十三次，谈话时间一般自下午 4 点至晚 10 点或 12 点，有三四次更是谈至凌晨 2 点方告结束。内容涉及国政外交，两人相谈甚欢，大有相见恨晚之意。

据有关资料记载，孙中山与袁世凯曾在两次宴会上高呼对方万岁，袁世凯所呼分别为"中山先生万岁""孙中山先生万岁"，孙中山回应的呼声分别为"袁大总统万岁""大总统万岁"。两人虽为一时激动所致，但显然不是在作秀，而是出乎内心的真情流露。

就孙中山当时的本意而言，他的确想告别革命，从事国家建设，并不再过问国民党党务，一切全部交由宋教仁负责。国家经济命脉在于交通运输，铁路又是交通运输的重中之重，因此，孙中山想从事全国铁路建设。他在一次宴席上说道："让项城（袁世凯字）做总统十年，练兵百万，我经营铁路设计，把铁路线延长二十万里，民国即可富强。"袁世凯回道："建设铁路，君自有把握；若练精兵，百万恐非易耳。"

孙中山是一个浪漫的理想主义者，袁世凯则是一个干练的现实主义者，他由小站练兵起家，自然知道练兵不易，而他特授孙中山以"筹划全国铁路之全权"，并说"君自有把握"，要么是不知建设铁路之艰难，要么就是有意恭维孙中山。孙中山说他修筑二十万里（十万公里）铁路，就当时的条件而言，实难达此目标，不过是他心中的宏伟蓝图而已。据统计，1949 年中华人民共和国成立之前，全国七十年共修铁路两万公里；截至 2005 年底，全国铁路实际运营里程七万五千四百三十八公里。也就是说，直到今天，全国铁路也未达十万公里。

实际情形是，孙中山在上海组织了一个铁道协会，视察费用耗去百十万两，铁路却是一公里也未修成。

1913 年 2 月，孙中山一行考察日本实业及解决经营铁路经费问题。3 月 20 日晚，宋教仁被刺，正在长崎的孙中山获悉，立即中止活动，于 23 日启程回国。

孙中山的建设理想由此化为泡影，不得不回到过去，继续投身政治革命，发动讨伐袁世凯的"二次革命"。袁世凯则"看透孙、黄除捣乱外，别无本领。左是捣乱，右是捣乱……我即举兵伐之"。

"宋案"爆发，昔日互相欣赏、对呼万岁的两位巨人立时"翻脸"，成为不共戴天的一对死敌。

不到两个月时间，各地讨袁相继失利，独立省份纷纷宣布取消独立，南方残存的革命势力几乎被袁世凯全部摧垮。"二次革命"惨遭失败，死难革命党人一万多人，被通缉或捕杀的旅长以上武职人员及厅长以上文职人员不计其数。孙中山、黄兴、陈其美等革命党人纷纷逃往日本。

检讨、反思"二次革命"，孙中山将失败之由归咎于内部不团结，行动不统一，纪律涣散，革命党人不能听从他的意见与指挥。"癸丑之役，文主之最力，所以失败者，非袁氏兵力之强，实由党人心之涣散。"特别是对国民党第二号人物黄兴，孙中山更是责备多多，他每提一议，比如"宋案"爆发后孙中山主张以武力先发制人，要到日本借款，拟亲赴南京兴师讨袁等等，都遭到黄兴的极力反对。为使革命党恢复到同盟会时期的战斗精神，以进行"第三次革命"，孙中山决心严格整肃国民党。1914年春，革命党重要成员聚集日本东京，孙中山决定改弦更张，将国民党改组为中华革命党，于志愿加入者，必须亲书誓约，严肃宣誓，接受"附从孙先生，再举革命"，"永守此约，至死不渝，如有二心，甘受极刑"等条件，并加盖指模。《中华革命党党章》还以入党时间之先后，将党员分为"首义党员""协助党员""普通党员"等地位不同的三种党员，并以"元勋公民""有功公民""先进公民"区别对待，享受不同的权利。与此同时，又严格划分党员与非党员界限，规定非党员在革命时期不得有公民资格，造成党员与党员、党员与非党员之间的不平等，形成人为的党内隔阂与党群隔阂。

孙中山此种实行党权高度集中、党魁个人负责制的做法，将民主制度下的政党拉回到专制集权下的旧式会党，等同于混迹于江湖上的秘密会社，于一位长期追求民主与自由的领袖而言，无疑是一种严重倒退。

孙中山的做法遭到了黄兴等党内部分人士的强烈反对。其实，他们也并非从民主的角度提出异议，而是觉得宣誓、打手模之类的仪式有损人格尊严。

中华革命党成立后，在铁的纪律与管理下，革命党人深入各省联络讨袁，举行暴动，施行暗杀，策动兵变，虽令地方军政要员闻风丧胆，却没有获得一次成功，就连声势最大的上海"肇和之役"，在1915年12月5日起义当天，就惨遭失败。

尽管如此，孙中山对反袁依然充满必胜信心，哪怕片刻的灰心犹豫，也不曾有过。他在给美国友人的一封信中写道："我深信不疑，我一定能比推翻满清更容易推翻袁氏政权，那一天为期不远。"

孙中山预言的"那一天"真的说来就来。袁世凯恢复帝制，在梁启超的策划下，蔡锷等人在云南率先发动护国起义，陷入四面楚歌的袁世凯在忧虑惶恐中病逝。讨袁护国成功，孙中山领导的中华革命党所起的作用，只是部分协助而已。当然，与其说袁世凯败于他人，不如说他败于自己。如果不是他本人昧于时势，倒行逆施，最终落得个众叛亲离的下场，无论孙中山怎样下力"发功"，恐怕也一时难以将他拉下"马"来。

袁世凯一死，一切问题似乎迎刃而解。孙中山马上下令"罢兵"，停止一切党务活动，解散革命党领导的军队，"当息纷争，事建设，以昭信义，固国本"。再造共和成功，孙中山念念不忘的，仍是建设之事。千头万绪之中，仍"以交通便利为第一要着"。

然而，孙中山是怎么也回不到国家建设之路上去了。此时的他，又犯了一个相当天真而自信的错误，以为只要袁世凯一倒台，共和就有了保障。殊不知袁世凯之死，也就意味着北洋凝聚力的失去，中国社会，将陷入各路军阀纷争不息的混战时期。孙中山没有留下一支以作维持共和之用的强有力军队，等到事件猝发，形势窘迫，也就悔之晚矣——精兵强将解散易，组织难。于是，促成孙中山后半生的另一巨变即已潜藏其中。

于南京临时政府起草的《临时约法》之后，袁世凯曾于民国三年（1914年）又公布过一个符合他个人利益的《新约法》。《新约法》规定总统有如君主，可以独揽一切大权，参政院不过是总统的一个咨询机构，总统只要经过参政院同意，就可解散立法院。在国人心中，《临时约法》已成为民国象征，"拥护民元临时约法，即所以拥护民国。"鉴于袁世凯之后的北京执政府以《新约法》为准，孙中山不得不重举大旗，再次发动护法运动，维护辛亥革命带来的民主共和制。

维护约法必以实力为基础，孙中山没有军队，缺乏实力，只有寻找合作伙伴，利用军阀反对军阀。1917年7月17日，孙中山借助陆荣廷、唐继尧等西南军阀势力，率章太炎、朱执信、廖仲恺、陈炯明等人南下广东，在广州召开非常国会，组织护法军政府，被推选为大元帅。孙中山力主北伐，恢复约法，但西南各省军阀只是借重孙中山的影响，与北京政府分庭抗礼，"顺时势以保地盘"。孙中山处于西南各省军阀的要挟与"夹缝"中举步维艰，当他深刻地认识到南北军阀如一丘之貉后，不得不愤而辞职，前往上海。

护法战争虽然劳而无功，但在运转过程中，孙中山也拥有了一支看似属于他的军队，这便是陈炯明的粤军。护法军政府成立后，孙中山事事遇阻，唯有作为革命党人的广东省省长朱庆澜真心实意地拥戴孙中山，将他直辖的二十营警卫军拨给孙中山作为护法军的基干队伍，孙中山又以援闽名义，将这二十营人马交给部下陈炯明前往潮汕扩充整编，然后开赴漳州屯驻。孙中山为其提供枪炮，典押自己的房屋维持部队军饷。1918年4月，他离开广州前往上海途中，又专门视察这支队伍，对其经费与弹械供应做出妥善安排。陈炯明不负所望，以八千人的队伍为基础，加强训练，不断扩编，在短短的时间内，终于打造成一支能征善战，拥有两万人之众的粤军。1920 年 10 月，粤军挥师西进，一举击溃占据广州的军阀陆荣廷、莫荣新。孙中山得以从上海返回广州，重组军政府，1921 年 5 月 5 日，出任广东革命政府（非常）大总统。

孙中山对民国元年迫不得已的辞职耿耿于怀，心中一直存有难以抹去的"总统情结"。哪怕与袁世凯处于"蜜月"时期，准备一心从事经济建设之时，对总统一职也心向往之。一次，孙中山对袁世凯说："十年以内大总统非公莫属。"有人问："十年以后呢？"孙中山毫不掩饰地答道："维持现状，我不如袁；规划将来，袁不如我。为中国目前计，此十年内，仍宜以袁氏为总统，我专尽力于社会事业；十年以后，国民欲我出来服役，尚不为迟。"

不料孙中山的话真的应验了，辞掉临时大总统的他，十年之后，出任非常大总统。只是此时的"服役"就职，他将面临比民国元年更加严峻、复杂、凶险的政治局势。

于是，一种奇怪的现象出现了，中华大地一时间出现了两个中央政府——北京北洋政府与广东革命政府，双方都标榜自己为正统，视对方为非法；都以武力为手段，以消灭对方、统一全国为目的。

有了广州这一大本营，又讨平了广西的陆荣廷桂系势力，两广联成一体，1921 年 10 月 8 日，孙中山向广东革命政府非常国会提出北伐议案，并获通过。

然而，就在孙中山紧锣密鼓地成立北伐军大本营，以大元帅名义下达北伐令，分军出师北伐并取得节节胜利之时，却发生了一件令他做梦也没有想到的非常事件——陈炯明叛变！

陈炯明在思想认识上与孙中山有着严重的分歧，他不主张北伐，认为"以广东一省之力，而抵抗全国武人，殊非易事"。陈炯明的本意，是想从广州着手，将广东建设成方方面面起表率作用的模范省，推及西南，然后影响全国。基于这样的思想，陈炯明对孙中山的出师北伐，武力统一中国极不以为然，认为是一种冒险，绝无成功希望，对其命令常常阳奉阴违或有意阻挠。

比如孙中山要求调动四十营粤军参加北伐，由广东承担北伐军费，陈炯明不便公开反对，就以不作明确答复的方式回避拖延。作为广东人的陈炯明，以为广州由他率领的粤军打下，便将广东视为个人地盘，既不容他人染指，也不愿损耗自己为孙中山出力。如果将他们两人作一比较的话，孙中山是一位名副其实的政治家，他高瞻远瞩、胸怀远大，着眼点在于全国乃至世界；而陈炯明充其量只是一时得势的政客，他的着眼点，是脚下的地盘与目前的蝇头小利。

近来部分书籍、文章为陈炯明"辩诬"，说陈炯明是想推行美国式的联邦制，实行联省自治。其实，所谓的联邦制、联省自治，在中国这块有着几千年皇权专制土壤的国度，只能起离心力的作用，那就是各路军阀占地为王，将整个国家分裂成无数小国，给西方列强特别是日本的各个击破、瓜分瓦解、乘机吞灭带来便利。联邦制于列强环伺的中国而言，只会加速崩溃的进程，带来亡国亡种的惨剧。

即使认识有别，不予支持也就罢了，然而，以势力范围、个人利益为重的陈炯明，忘了自己的实力资本其实源于孙中山，更忘了孙中山对他的栽培提携之恩，竟然发动武装叛变，炮轰总统府，欲置孙中山于死地。

陈炯明的这一举动，实在出乎孙中山意料之外，他想粤军由自己一手培养，主要将领陈炯明、叶举等人跟随他多年，即使不赞同北伐，也不至于向他动武。然而他错了！孙中山一辈子在很多事情上都显得十分天真，或是过于轻信他人，或是将事情看得过于简单，结果犯下无以更改的错误。当然，也正因为这种天真，使得孙中山始终葆有着一股浪漫的革命激情与纯粹的理想情怀，全身透射着一股特殊的人格魅力。

陈炯明叛变后，马上派人联系吴佩孚，欲对孙中山南北夹击。此举一旦施行，北伐军将陷入全军覆没的境地，孙中山此后东山再起的一点火种也将全部扑灭。幸而吴佩孚不屑与他联合："竞存（陈炯明字）太无人格了，别人可以打中山，你不能打中山。"就连吴佩孚手下的将领曹锟、王承斌、熊秉琦，也鄙视陈炯明，认为与他联合，今后自己的部下效仿这种犯上作乱怎么办？

陈炯明叛变孙中山，于公于私，都无半点可取之处。于私是犯上作乱，违反传统人伦，德行有亏；于公则破坏内部和平，阻挠统一大计。对此，笔者以为李宗仁的一段话说得最为到位："陈氏最大的错误，在于其为人有欠光明磊落。他身为革命党员，受中山厚托，揽军政大权于一身，如以中山计划为不可行，大可剀切陈词，力辩此计划的非计。如中山不纳，也大可洁身引退，以见一己的坦诚无私。做一个革命党人，原应以国家民族为重，不能盲从领袖。而陈炯明既不敢公开提出自己的主张，对中山的计划又口是而心非。到了最后关头，竟至唆使部曲叛变，不论公谊私交，陈氏都不应出此下策，沦为叛逆，实不可恕。"

于陈炯明的叛变，孙中山可谓痛心疾首、后悔莫及："文率同志为民国而奋斗垂三十年，中间出死入生，失败之数不可偻指，顾失败之惨酷未有甚于此役者。"

因此，继承孙中山北伐政策，统一全国后的国民党总裁蒋介石，可以原谅他过去的一切政敌如吴佩孚、段祺瑞、曹锟等人，而对陈炯明，却一直持不予宽恕的立场，不予理睬的态度。

一次，陈炯明部下兼好友马育航问他，如果让你重新选择，是支持北伐，将联省自治的理想推迟三五年，还是与孙中山决裂，让联省自治变得遥遥无期？陈炯明闻言，睁大眼睛，木然呆坐，长久默然。此时的陈炯明，心中是否产生了一丝悔意？然而，他也是一位极富个性的人物，一般不会轻易表露自己内心的真实情感。

1933年9月22日，年仅五十五岁的陈炯明在贫病交加中郁郁而终。

陈炯明叛变造成的直接后果，是中断了北伐进程，但内里的深远影响，却一直为人们所忽略：从孙中山个人及其领导的革命党人，到中国社会的未来发展变化及走向，都或深或浅打上了因陈炯明叛变而留下的历史烙印。

为肃清内乱，孙中山一方面联合部分滇军、桂军等军阀势力组成讨贼军；一方面目光向外，获取俄国援助，以俄为师，联俄联共，重塑国民党，"改组党务，创立党军，宣传党义"。

作为权宜之计，孙中山联合军阀讨陈，便在某种程度上等于将自己降低到了军阀的水准，与"树立真正之共和"的目标越来越远。随着形势的好转，又不得不回过头来驱逐、消灭那些曾经与之合作、利用过的军阀。孙中山向西方列强呼吁援助，却没有任何一个西方国家支持他，即他在广州成立的南方革命政府，也得不到他们的承认。

唯有苏联，不仅主动废除过去强加在中国头上的一切不平等条约，还愿意在外交上、物质上给予孙中山实质性的帮助。这是他一生中得到的唯一一次国际援助，不得不十分珍惜并加以利用，正如他自己所说的那样，就像一个溺水之人抓住了一根救命的稻草。但联俄的结果，则使得孙中山在"向后转"改组中华党，崇奉一个领袖的基础上，变得更加左倾。对此，史扶邻在《孙中山：勉为其难的革命家》中，一针见血地指出："他愈了解布尔什维克的胜利，便愈决意要落实其一党专政的计划。"

其结果是逐渐形成"一个领袖，一个政党，一个主义"的威权政治体制：成立黄埔军校，学习苏联红军将党凌驾于军队之上组建党军；又将党军制度推而广之以建立党国。

五

1924 年 10 月，中国政局出现了一次新的转机。

北京政府陆军检阅使、直军第三军总司令冯玉祥在第二次直奉战争期间，趁直、奉两军在山海关、石门寨激战之际，10 月 19 日突然回师北京，发动武装政变，包围总统府，囚禁贿选总统曹锟。接着迫使曹锟辞职，吴佩孚南逃，直系军阀垮台。

北京政变得以发动，除直系内部矛盾外，实与孙中山革命理论的广泛宣传密不可分。孙中山曾指示于右任、焦易堂等秘密联系冯玉祥，送他六千本《三民主义》，一千本《建国大纲》和《建国方略》。冯玉祥又将这些赠书作为必须悉心研读的资料，分发给部队官兵。据冯玉祥《我的生活》一书所述："中山先生把他手写的《建国大纲》命孔庸之先生送给我，使我看了对革命建国的憧憬，益加具体化，而信心益加坚强。其间，徐季龙先生奉中山先生之命，常常驻在我们军中，教育总长黄膺白先生及其他国民党友人亦过从至密，他们都多次和我洽商反直大计。"

因此，政变成功后的冯玉祥第一个想到的就是孙中山，马上拍发电报，邀他北上，主持国家政局。

孙中山曾与段祺瑞、张作霖，订有共同讨伐曹锟、吴佩孚的协议，如今曹吴已倒，和平的希望与曙光出现在东方天际，一向推崇武力夺取政权的孙中山，接电后当即决定北上，召开国民会议，以共同协商的方式达到革命之目的。这既是孙中山基于现实、依据情势的一种调整与转变，也是他晚年思想认识的向前发展。

赴京前夕，许多同志都劝孙中山不要北上自投罗网，因为那里是北洋军阀的范围，他们的军队仍在，势力仍强；那里更是一块专制皇权的凝聚之地，浓得化不开的专制氛围，会令人压抑、窒息。但孙中山慨然答道："明知其异常危险，将来能否归来尚不一定。然余北上，是为革命，是为救国救民而奋斗，又何危险之可言耶？况余年已五十九岁，虽死亦可安心矣。"

1924 年 11 月 13 日，孙中山动身离开广州，他的心头，突然涌出一股莫可名状的沉痛与悲壮："这次北上，不论成败，决不回来，革命大任，交黄埔军校同志负之！"

颇有意味的是，孙中山每次离开广州，似乎都有一种壮士一去不复返的悲壮情绪笼罩心头。1922 年出师北伐前，他曾说道："我北伐而胜，固势不能回两广；北伐而败，且尤无颜再回两广。"而此次可谓一语成谶，孙中山真的再也没有回到生他养他的故乡广东，没有回到他所建立的唯一一块根据地。

离开广州时，他已患病在身，沿途二十多天宣传革命的连续演讲，与中外友人的频繁会晤及通宵达旦的谈话，还有了解情势的不时读报，大脑不停地思考国策大计……过度的劳累与忧愤，使得病情不断加重。抵达北京时，他已病得不能走下火车，只能躺在一张藤椅上被人抬下，更不能像以前那样进行声情并茂、振奋人心、吸引大众的演讲，只能以传单的形式散发一份简短的《入京宣言》。

医院诊断结果表明，孙中山所患肝癌已进入晚期。孙中山暴躁易怒，从医学的角度而言，怒则伤肝，他的"大炮"性子显然给他的肝脏带来了一定的麻烦。如果他不是一位职业革命家，如果他对革命事业不是那么过于急躁，如果他不是非常急切地考虑改变国家积贫积弱的现状，并为之长期焦躁、忧虑，那么，他极有可能不会患上肝病，至少不是属于不治之症的肝癌。

既已进入肝癌晚期，肉体生命非人力所能挽回，本是名医的孙中山一旦得知实情，自能以一种达观的态度面对死亡，在生命的最后时刻做一些力所能及的事情。

临终前夕，孙中山留下了三篇遗嘱，一为国事；二为家事；第三篇则用英语口述，由鲍罗廷、陈友仁、宋子文、孙科记录，留给苏联政府。

在给苏联的遗书中，孙中山说道："我遗下的是国民党。我希望国民党在完成其由帝国主义制度解放中国及其他被侵略国之历史的工作中，与你们合力共作……我已命国民党长此继续与你们提携，我深信你们政府亦必继续前此予我国之援助。"孙中山已明确地预见到他缔造的国民党将对中国的政治、社会与前途产生极其深刻的影响，只是没有想到蒋介石领导下的国民党，会在短时间内违背他的遗愿，令他所希望的国共、中俄长期而真诚的合作化为泡影。

关于家事，他一生坦荡无私，所有积蓄全部用于革命，无甚家产，唯有华侨赠给他的一幢位于上海利爱路二十九号的房子，再就是一些常用的书籍与衣物。他最放心不下的是年轻的爱妻宋庆龄，宋庆龄真挚的爱情，是他不断失意与打击中的强有力的支撑，是他长期处于激动与暴躁状态中的心灵的温暖与抚慰。弥留之际，他感谢宋庆龄十年来为他献出的美丽青春与纯真感情，一再叮嘱廖仲恺夫人何香凝，希望她好好照顾宋庆龄。

在留给国民党的遗嘱中，孙中山特别强调："现在革命尚未成功，凡我同志，务须依照余所著《建国方略》《建国大纲》《三民主义》及《第一次全国代表大会宣言》，继续努力，以求贯彻。"

孙中山的个人理论、学说与思想，主要体现在国事遗嘱中他特别强调"务须依照""以求贯彻"的《三民主义》与《建国方略》之中。

1905年，孙中山首次提出以民族、民权、民生为内容的"三大主义"；1906年底概括为三大革命——民族革命、政治革命、社会革命；后确定为三民主义，即民族主义、民权主义与民生主义。三民主义源于林肯的"民有、民治、民享"，其意思，据孙中山的一次演讲阐释，"是要把全国的主权，都放在本族人民手内；一国的政令，都是由人民所出；所得的国家利益，由人民共享。"

孙中山的思想理论，有一个不断形成、发展、充实、成熟的过程。

三民主义学说，产生于民族主义，经过民权主义，完成于民生主义，三者互为条件、互相联系、互相作用。作为一个完整的体系，三民主义又有旧三民主义到新三民主义的过渡与发展。

前此曾经提及的民族主义，便由早期狭隘的"驱逐鞑虏"，推翻满清政府，到汉、满、蒙、回、藏等族共为一体，熔为一炉，铸成一中华民族，然后发展为反对帝国主义。

民权主义是三民主义的核心，孙中山认为："世界潮流，由神权流到君权，由君权流到民权；现在流到了民权，便没有办法可以反抗。"因此，"主张民权，就是顺应世界的潮流。"孙中山提倡的民权主义，最初含义是"建立民国"，即建立资产阶级民主共和国。但孙中山并不满足于西方民主国家的"三权分立"，他认为中国古代也有三权宪法，即考试权、君权、弹劾权。于是，便与西方资产阶级国家的立法权、行政权、司法权来了个中外融合，提出"五权宪法"以"救三权鼎立之弊"。

所谓的五权宪法，即立法权、行政权、司法权、弹劾权、考试权，他在《五权宪法之讲解》中指出："行政设一执行政务底大总统，立法就是国会，司法就是裁判官，与弹劾、考试同是一样独立的。"

为使政权真正掌握在人民手中，孙中山提出了"权能区分"的构想。政治权力包括政权与治权（即权与能），人民享有的直接民权为政权，授予政府的权力与职能，属治权。因此，"除宪法上规定五权分立外，最重要的就是县治，行使直接民权。直接民权才是真正的民权。直接民权凡四种：一选举权，一罢官权，一创制权，一复决权。"用人民的四个政权管理政府的五个治权，"人民和政府的力量，才可以彼此平衡。"孙中山"权能区分"的理论，是想造成一个完全属于人民使用，能够为人民谋幸福的"万能政府"。

为达此目的，鉴于中国民智未开的情形，孙中山又设计了军政、训政、宪政等三个循序以进的方法与步骤。实行军政，即以武力扫平群寇，清除障碍，奠定民国基础；训政即引导人民，实行地方自治；实行宪政，即为"建设完成时期"，以宪法为依据，解除军政府的兵权及行政权，然后由国民公举大总统，选举议员组织国会，一切政事按宪法办理。依孙中山的想法，完成此程序，以九年为期，唯有"国民循序以进，养成自由平等之资格"，才能奠定"中华民国之根本"。

民生主义是三民主义的一个重要组成部分。如果说民族主义、民权主义是为了解决迫在眉睫的民族独立与主权在民两大问题，那么民生主义则不仅是解决现实的生计问题，更着眼于欧美各国经济发达之后所带来的积重难返的社会问题，为中国未来的顺畅发展提前设计预防措施。孙中山早期的民生主义内容比较单一，唯有"平均地权"而已。辛亥革命后，增加了发展社会经济，"节制资本"等新的内容。概而言之，振兴实业是民生主义的物质基础；均富、同富，实现"自由、平等、博爱之境域"的大同社会，是民生主义的目标与理想；平均地权、节制资本，是实现民生主义的办法。

《建国方略》则由《孙文学说》《实业计划》《民权初步》三部分组成。

《孙文学说》又名《行易知难》，属心理建设范畴，孙中山以大量的事实，一反传统的"知之非艰，行之惟艰"以及王阳明的"知行合一"说，推出了自己的独特观点——行易知难，对广大民众进行科学、民主、理性的启蒙，分阶段循序进入民主共和。

《实业计划》属物质建设方面的内容，孙中山提出了涉及交通、农业、矿业等方面在内的六个庞大的实业发展计划，每一计划都有十分详尽的规划方案及具体的建设措施，形成一幅中国未来社会宏伟的经济发展蓝图。这些计划，虽然大多流于设想，但其广阔的胸襟、超迈的视野、富于远见的卓识实在令人钦佩不已，对今日中国的社会发展与经济建设仍具有一定的参考价值与指导意义。

《民权初步》一章，则提出了中国的社会建设问题，集中宣传他的政治启蒙思想，对民权作了明晰的表述，视集会自由、出版自由、思想自由为基本的人权。《民权初步》于学理的探讨不多，内容主要是对召集会议、选举代表、发言表决、提议附议等方面的规定与说明。千里之行始于足下，孙中山的目的，是想在民众中培养一种民主集会的习惯。集会是民主最起码的基础，他认为搞"民权"的第一步就是懂得如何开会，会中如何决议，决议后如何施行。

孙中山的三民主义与建国方略，并非凭空想象，而是基于中国现实，综合古今中外文明成果的结晶。受社会时代与个人认识的局限，我们不难发现，孙中山对现代西方民主政治的了解不够系统，研究也不够深入，其思想理论的逻辑性尚不够严密，某些方面带有理想主义乃至虚幻空想的成分，也不乏粗陋失误之处；但就总体而言，孙中山的论述大多富于创见，闪耀着真理的火花，予人以借鉴启迪，许多内容永远也不会过时。

孙中山能够超越常人，就在于他不仅是一个革命活动家、社会实践家，更是一位理论家与思想家。无论知识结构，还是精神气质、思维方式，孙中山都不同于古代士人，也有别于近代知识分子。他的足迹遍及世界各地，融古今中外文明成果于一身，以高瞻远瞩、吞吐万象、富于创新的雄迈与气势，创立理论，规划未来，以理论指导实践，将理论付诸实践，将二者有机地结合在一起。所有这些，只有孙中山一人能够做到，这也是他得以超越中国古代历史人物的伟大之处。

《建国方略》完成后，孙中山继续创作《国家建设》，内容包括民族主义、民权主义、民生主义、五权宪法、地方政府、中央政府、外交政策、国防计划共八册，与《建国方略》前后衔接、相互补充。令人遗憾的是，陈炯明叛乱，军队猛攻观音山，总统府与粤秀楼被炮火夷为废墟，他已完成的《民族主义》一册，《民权主义》《民生主义》两册的大部分，以及其他各册的思想线索、提纲等"数年心血所成之各种草稿，并备参考之西籍数百种"，全部毁于炮火。

六

孙中山的一生，失败总是多于成功，他曾以一种乐观的口吻不无激情地说："我不善处成功，而善处失败；愈失败，我的精神愈焕发。"在近三十年的政治风雨中，他经历过十一次武装起义，三次建立革命政权，两次改组国民党，毅然举起护国战争、护法战争、北伐战争大旗，最后北上议政逝于北京。当我们回望近代历史，凝视这一成功与失败、希望与失望、大起与大落、悲剧与喜剧相互交织的复杂而独特的个体生命的人生轨迹时，分明窥见了一根贯穿始终，闪烁着炫目光彩的红线，那就是孙中山的人格魅力。

孙中山一生追求圣贤人格，以中外伟人自我勉励，特别推崇、景仰中国的远古明君汤武及美国开国总统华盛顿。他一辈子矢志不渝的革命事业，其中的"革命"二字便源于汤武；他学习华盛顿，在关键时刻功成身退，只是中国的情势，常迫使他不得不一而再、再而三地"出山"不已。他的人品之高尚，人格之伟大，哪怕政敌也不得不公认佩服。吴敬恒在致陈炯明书信中的一句话最具代表性："孙文从不记人之恶，几为古今中外少有。"事实也正是如此，哪怕令他痛心疾首至极的陈炯明，只要悔过，他也愿重新接纳，重归于好。但倔强的陈炯明拒绝了孙中山，两人最终未能握手言和。

孙中山鲜有私仇私敌，却有着无数公敌，但为了实现他的理想与目的，为了中国的前途与未来，他随时准备捐弃前嫌与之合作。除了必欲彻底推翻的清廷而外，他几乎与其政敌都有过一定程度的合作，比如康有为、梁启超、袁世凯、陆荣廷、莫荣新、沈鸿英、张作霖、冯国璋，等等。

长期的内外纷争给孙中山造成打击与伤害，其内部的矛盾与分裂，又在某种程度上甚于外敌。陈炯明自不待言，杨衢云、黄兴、宋教仁、章太炎、冯自由等人，都在一定程度上令他心酸。

杨衢云作为最早的社团——辅仁文社的首领，与孙中山的兴中会合并，无疑壮大了反清斗争的革命力量，但内部纷争也随之而来。一次，孙中山与杨衢云发生激烈争论，杨衢云一把揪住孙中山的辫子就要动武，孙中山只有隐忍不发。广州起义前夕，革命党人召开会议，推选一名"合众政府大总统"，以作为革命成功后建立国家政权之预备。最有资格当选的，唯有杨衢云与孙中山两人，但拥护他们的双方互不相让，争执非常激烈，几乎闹到翻脸大打出手的地步了。于是，孙中山只有主动谦让，事情才得以顺利解决。

黄兴在设计国旗、发动"二次革命"、改组中华同盟会等问题上都与孙中山意见不合；宋教仁在国体上力主建立内阁负责制，还在其他一些事情上与孙中山对着干；章太炎动不动就与孙中山过不去，在不明真相的情况下指责孙中山贪污挪用捐款，鼓动罢免孙中山的同盟会总理职务；老革命党人冯自由极力反对国民党与共产党合作，不满孙中山的容共态度，多次指责，并要求孙中山"向党员引咎道歉，以平多数党员之公愤"……

面对这一切来自内部明的暗的矛盾纷争，孙中山所采取的，总是不计前嫌，以其宽阔的胸襟——化解。他的身上，总有一个强大的磁场，吸附着一批又一批德才兼备的优秀追随者，"一往无前，愈挫愈奋，再接再厉"，前仆后继地完成他的远大理想与未竟事业。

革命需要宣传，信念需要传播，孙中山的思想学说日益深入人心，在某种程度上与演讲、宣传、辩论、言说等密不可分。演讲对传播思想，感染听众至关重要，孙中山极富革命宣传家的天赋与才华，无疑是一位极其出色的演说家。他认真阅读过纽约出版的《演讲修辞学》，对演讲作过细心的揣摩与研究。

林百克的《孙逸仙传记》对孙中山的演讲，有过相当生动的描述："中山说了几句开场话之后，向前面走几步，听众掌声雷动。他静默移时，再前进一步，掌声又起，夹杂一片欢呼声。他等了一等，将手举起，听众肃然，寂静无声。中山仍举手静默，屹立不动，乃开始演说。他演说时，差不多换了一个样子，骤然响朗的声音，中人如有电力。他的话句句真实，字字迅疾。他的声音，准确锋利像机关枪，高下徐疾，如合音节。他的演词平稳如流水，煞尾清楚，戛然而止。他依然静立在讲厅回声的中间，而他的话，已经深入听众脑筋里了。听众的欢呼声鼓掌声又起……"

孙中山每次演讲，都能控制现场，笼罩全局，感染听众，鼓动人心。章士钊对孙中山的口才也深为折服，据张奚若《回忆辛亥革命》所记，章士钊曾经说过："我每次去看孙中山，未进他的门以前，觉得他是不对的，可见了面听他的讲话时，又觉得他头头是道，确有道理，等到走出来之后，又觉得他还是错的。"

其实，一个人对另一个人的信赖与崇奉，有时真的就是一种感觉，一席谈话，孙中山就具有这种神奇的魅力。日人宫崎寅藏拜访孙中山，仅仅一次谈话，就对他佩服得五体投地，孙中山在他心目中的地位，一下子就上升为在日本、支那、东洋再也难以找到的思想高尚、见识卓越、抱负远大的伟人。宫崎寅藏在《三十三年之梦》中写道："从此时起，我已把希望完全寄托在他身上了。"一个异国人，以一次谈话为转折，此后的一生，便全心全意乃至倾家荡产地帮助孙中山进行中国革命，这种无私奉献的国际主义精神实属难得。

颇富传奇色彩的是，孙中山凭着他的口才与人格魅力，竟然好几次逃过暗探、想要出卖他的人及前来抓捕他的敌人士兵。

为了革命，孙中山不惜牺牲一切，但他又是一个有着七情六欲的凡人，他曾十分坦率地说过，他一生最爱，除了革命，就是读书，然后是女人。这种直言，不仅没有影响他形象的高大，反而让人感到他的率真与丰富。

人格魅力是个人综合素质的集中体现，是道德、品格、胸怀、无私的一种自然袒呈与流露，是模仿、伪装不出来的。比如宋庆龄对孙中山的真挚爱情，说到底，也是他人格魅力的一种焕发与吸引。爱上一位比自己年长二十七岁，且长期称为"叔叔"的长辈，别说外界阻力，仅个人的内心障碍，就难以消除。

其实，在宋庆龄之前，也是作为孙中山英文秘书的姐姐宋霭龄，也对孙中山产生了一种亲密而特殊的恋情。父亲宋耀如从大女儿对孙中山随员流露出的颐指气使，以及她注视孙中山时，那种无法掩饰的脉脉含情，及时发现了宋霭龄的内心秘密，赶紧派出他认为非常单纯的二女儿宋庆龄，接替大女儿的工作，人为地制止了一场单相思。令宋耀如没有想到的是，宋庆龄比她姐姐陷得更深，走得更远，竟然冲破重重阻力，置家庭及革命党人内部的强烈反对于不顾，毅然决然向这位父亲的好友与"革命之父"表示："我愿做你的妻子，永远帮你做革命工作。革命是不管年龄和世俗成见的。"

孙中山平易近人，没有官僚脾气，从不打官腔摆架子；他为人率直天真，极易轻信他人，所以常常受骗；他不吸烟不饮酒不喝茶，生活非常朴素；他博览群书，手不释卷，一辈子如饥似渴地吸收新知识；他从不为个人、亲友谋取私利，在所题字幅中，孙中山写得最多的就是"博爱""天下为公"。

兄长孙眉是孙中山早年人生转折的关键，但他对孙中山的叛逆思想极其不满，时时加以管束，并将他送回国内，兄弟二人差点反目。后来，孙眉在孙中山的影响下，先是同情革命，后是捐款资助，最后则亲自组织武装起义。广州光复后，为支援革命倾家荡产的孙眉回到国内。1912 年 2月，广东党政军各社会团体，一致要求孙眉出任广东都督，时任教育总长的蔡元培也表赞同，但孙中山却以家兄质直过人，不适于政治予以拒绝。孙眉对此十分不满，孙中山道："你是我大哥，家里的事，我可以听你的，国家的事，可就不能随便。"

孙中山的成功，很大程度上是其人格魅力的成功，他的身上透着一种众望所归的天生的领袖气质，其真挚诚恳、乐观主义、献身精神感染着每一个正直的中国人；而他的失败，则由于中国专制统治的积淀过于深厚，以及民族的劣根性过于顽固。

辛亥革命胜利，孙中山、黄兴等人不图权位、功成身退，这在中国的历史上，真像一道奇特耀眼的光芒刺破茫茫黑夜，西方民主政治的曙光，仿佛就要照临古老的中华大地了。然而，令人沮丧的是，孙中山、黄兴的辞职不仅没有成为表率，形成一种"榜样的力量"，改变人心历史，反而使得独裁统治得以顺利施行，最终落得个军阀大战的混乱局面。也就难怪有人因此而责怪孙中山与黄兴，说他们没有负起善始善终的责任了。

最可笑又让人不可理喻的是，孙中山下达"剪辫令"后，不肯剪辫的不是满清贵族，而是以张勋、辜鸿铭等人为代表的，一大批以忠臣自居的汉人。所有保皇党人，都不是满人而是汉人。辛亥革命后，图谋恢复满清复辟的，也是以康有为、张勋等为首的汉人。

孙中山在《北伐宣言》中写道："观于袁世凯之称帝，张勋之复辟，冯国璋、徐世昌之毁法，曹锟、吴佩孚之窃位盗国，十三年来，连续不断，可知其分子虽有新陈代谢，而其传统思想则始终如一。"这里的"传统思想"，自然是指腐朽的帝王思想与专制思想。面对民国招牌有名无实、民国政治比满清更为腐败、官僚军阀无恶不作的冷酷现实，1924 年春，孙中山不禁愤慨万分地说："欧美代议政体的好处，中国一点都没有学到；所学的坏处却是百十倍……"他由此认为"外国的民权办法不能做我们的标准，不是为我们的师导"，所以目光转向苏联，"以俄为师"，以党治军，以党治国，加强集权。

孙中山的一生，以二次革命为界，可分为前后两个部分。前半生以民族主义为己任，终于推翻了满清王朝。后半生以维护民主共和制度为目的，欲将这一外来的政治体制，建立在有着两千多年帝王专制的土壤之上，总是遭到深层的社会文化心理的排斥与拒绝。于是，他不得不一次又一次地发动起义，武力护法，率军北伐。

然而，就在这长期不断的革命过程之中，为统一号令、加强纪律、壮大力量，孙中山不得不一再集权，一再要求部下对他效忠。宋教仁、谭人凤、陶成章、章太炎等人在论及孙中山时，都认为他有着很强的权欲与领袖权，且民主素养不足，常常露出专制、不择手段的习性。固执已见，难以采纳不同的意见，极喜他人恭维，这些常人难以避免的缺陷，孙中山身上也时有流露。陈其美曾当面赞颂孙中山说："你是最伟大的人，由你统治中国是天经地义的事，无论在中国还是在日本，哪有你这样的人？"孙中山回道："陈其美是最了解我的人。"

按照孙中山循序以进的"军政""训政""宪政"三个发展时期，"军政"时期的执行者与"训政"时期的所谓训练者，往往高居于国家与民众之上。就中国政治的发展走向而言，孙中山以追求民主自由为目标，没想到却背离了英美民主宪政，为国民党的党国集权模式，为蒋介石成为执掌军政大权的独裁者提供了可能。孙中山晚年曾公开提出个人不能有自由，只能讲国家的自由。其结果是在国民党的集权暴政统治下，广大民众像对待帝王一样对待党，对待主义，成为没有个性只有共性、没有思想只有奴役的顺民。短暂的共和曙光在东方的天空刚刚破晓，就被死灰复燃的国民党一党专制、集权与独裁所吞没。

孙中山领导的民主革命，确乎突破了中国两千多年来改朝换代换汤不换药的历史怪圈，但又进入了另一种他没有预料到的新的怪圈之中；或者说挣脱历史怪圈之后的他，仍拖着一条长长的没有完全进化的"尾巴"。比如孙中山的归葬，为他修建的墓地叫中山陵，所谓的"陵"，便是中国古代帝王坟墓的称谓；将他的灵柩由北京移往南京，被称为"奉安迎柩"，停灵公祭称为"奉安大典"，所谓"奉安"，是古代对帝后安葬及神主迁庙的一种尊称；中山陵共三百九十二级，近三十层楼那么高，民众瞻仰孙中山，一步一步地往上攀爬，真有一种朝圣般的感觉……这些，与他毕生所追求的民主主义，与他倡导的自由平等，确乎大相径庭！

孙中山的革命成功于南京，他在南京就任临时大总统，最后又葬于南京；他生于广东，以广东为革命根据地，在广州就任非常大总统，但心中一直想着的，却是离开广东；他对北京的皇权统治深恶痛绝，正当他走向北京极有可能在各界的拥戴下成为正式大总统之时，却身患重病撒手人寰，哪怕死后，也不愿再待在这块专制皇权笼罩着的地盘，而以南京紫金山为最后的归宿之地，"因南京为临时政府成立之地，所以不可忘辛亥革命也。"

写到这里，我不禁想到了孙中山儿时常以自诩的"洪秀全第二"，他"从来不说太平天国不好"，其反抗的底色，革命的基调，一辈子也没有改变——就某种情形而言，孙中山还真有点洪秀全第二的味道：他们俩都起于广东，而葬于南京；洪秀全建立拜上帝教实现人间天国，与孙中山的三民主义、党国模式多少有些类似；洪秀全北伐未能成功，建立的只是以南京为中心的一块南方根据地，孙中山也曾北伐，建立了一块以广东为中心的南方根据地……

难道，这就是历史的宿命？

尽管如此，孙中山毕竟后来居上，在很大程度上显然超越了洪秀全：洪秀全未能推翻满清统治，他做到了；洪秀全建立的是畸形的虚幻天国，孙中山始终着眼于社会现实与中华大地；洪秀全的个人腐败、穷奢极欲，是以广大民众谋福利为宗旨的孙中山所全然没有的；洪秀全的思想，吸取的只是断章取义的西方宗教糟粕，而孙中山吸取的则是西方文明的精华，且从不排斥传统，总是以传统文化为根基，比如他设计的中山装，前襟四个口袋，便象征着"国之四维"——礼、义、廉、耻；洪秀全最后归于彻底失败，太平天国过后，留下的是"白茫茫一片大地真干净"，孙中山的革命则获得了成功，他改变了近现代的中国历史，其影响延及今天，仍将深刻地作用于未来……

孙中山是一位受到国共两党爱戴与敬重的革命领袖，国民党尊称他为"国父"，共产党给他以"革命先行者"的荣誉；他将世界主义作为一个遥远而崇高的目标，又享有"世界公民"的美誉。但由于孙中山本人的丰富与复杂，所以不同的政治派别，不同的风云人物与研究者，都按各自的需要去理解他、塑造他。过去曾有过人为的拔高，将他视为一尊完美无缺的神灵；现在则有人故意哗众取宠，肆意贬低攻击，说他是一位机会主义者、冒险主义者，说他迷信武力、出卖国家主权，等等。其实，这样正反两种极端的评价与态度都不正常，应回归客观与理性，还其历史的本来面目：他是人，不是神；他有缺陷，但无大过；他给历史带来过一定的负面影响，但主观愿望及个人品德无可指摘。

无论我们怎样对待、研究、评价孙中山，有一点却是毋庸置疑的，那就是不管什么时候，不论何种情形，孙中山都是中华民族的历史伟人。于是，不由得想起了郁达夫曾经说过的一段话："没有伟大人物出现的民族，是世界上最可怜的生物之群；有了伟大人物，而不知拥护、爱戴、崇仰的国家，是没有希望的奴隶之邦。"

1916 年 9 月，孙中山为杭州钱塘江潮那汹涌澎湃、惊心动魄的宏伟气势所震撼，在给浙江海宁乙种商科职业学校题词时，不禁挥毫写道："世界潮流，浩浩荡荡，顺之则昌，逆之者亡。"但愿每位炎黄子孙铭记中山先生这一政治名言，并以此自励。

正是从他编练的新军中，走出了四个民国总统（袁世凯、冯国璋、徐世昌、曹锟），六个民国总理、陆军总长（段祺瑞、王士珍、段芝贵、唐绍仪、张怀芝、靳云鹏），三十四个督军，这不能不说是袁世凯的功劳，也是他创造的一个不大不小的近代奇迹。

袁世凯：挥之不去的专制与皇权

一

若论念书学习，袁世凯天资平平，但就个人素质与智慧才华而言，他还真是一位常人难与为匹的人物。有人说他不学有术，此话半点不假。袁世凯生就的性格，好动不好静，于舞枪弄棒、骑马驰骋、习拳弄武格外醉心，而一提读书，他就头疼没劲。志向不在读书，所以在这方面给人的感觉，就显得较为愚笨。

在近代重量级人物中，袁世凯别说与学贯中西的严复、康有为、梁启超、孙中山及国学深厚的曾国藩、林则徐等人相比，即使与学问素养并不怎样的李鸿章、洪秀全也不在同一档次。但生于"家世为儒"的大户之家，又不得不在父辈的督责下刻苦攻读，堂叔袁保恒将他安排在北京念书时，仅聘请的老师就有三人，分别教袁世凯作诗、写字、习八股文。

在他人的逼迫与外界的压力下，做自己半点也不喜欢的事情，可想而知，袁世凯该是多么地压抑与痛苦。因此，他两次参加科考，两次落第，也就不足为怪了。后来，他与张之洞联名上书取消科举制度，这虽是清末新政的一种需要与先声，属其中的一项重要改革举措，但与他早年这段刻骨铭心的痛苦经历，应该说也不无关系。

1905 年，慈禧以光绪帝名义发布上谕，宣布停止科举考试。袁世凯将其视为一生中最为得意之事，很是高兴了一番，以后还常挂嘴上屡屡提及。

袁世凯不喜念书，不等于他无视功名。其实，他的自尊心极强，一心想着出人头地。他早年的几首诗中，都透着一股建功立业、志向远大的非凡气度。比如《雨花台怀古》："我今独上雨花台，万古英雄付劫灰。谓是孙策破刘处，相传梅锅屯兵来。大江滚滚向东去，寸心郁郁何时开？只等毛羽一丰满，飞下九天拯鸿哀。"再如《感事》："眼前龙虎斗不了，杀气直上干云霄。我欲向天张巨口，一口吞尽胡天骄。"两次科考落第，袁世凯又羞又愤地说道："大丈夫当效命疆场，安内攘外，焉能龌龊久困笔砚间，自误光阴耶？"他将儒家典籍束之高阁，将应考诗文付之一炬，开始寻求其他猎取功名的腾达之途。

在一个以科举考试获取功名为正途的社会，其他方式不是为人不齿，就是难之又难。袁世凯先是准备捐官，生母刘氏、嗣母牛氏，拿出好不容易积攒起来的私房钱，让他进京谋职，结果被他挥霍得一干二净。后到上海谋事，也混得不甚如意。这时，正在山东登州帮办海防的淮军庆字营统领吴长庆，写信给袁世凯，"招其往学军旅"。吴长庆何以主动给一位名不见经传的后生写信？原来他与袁世凯嗣父袁保庆是拜把兄弟，两人情同手足，袁保庆逝世，吴长庆不忍见世侄如此落魄，想拉他一把。袁世凯自是求之不得，于是，1881 年 5 月的一天，他离开上海，前往山东吴长庆帐下投笔从戎，正儿八经开始了他的军旅生涯，迈出了跻身仕途的第一步。

初到吴营，吴长庆想好好培养培养，让他跟着幕府名流张謇、周家禄学习历练。据张謇回忆，若对袁世凯"课以八股，则文字芜秽，不能成篇。謇既无从删改，而世凯亦颇以为苦"，但只要让他"办理寻常事务，却井井有条，似颇干练"。事实证明，袁世凯不喜读书，不善文字，但对实务不仅勤奋努力，且极具天赋，办事效率极高，常能于紊乱的棼丝中抽出主线，抓住实质，使得不少难题迎刃而解。

袁世凯能办实事这一优点与特长深得吴长庆的好感与信任，不久便委任他为庆军营务处帮办（相当于今军训处、作战参谋之职）。

个人的追求喜好、天赋才干一旦找到合适的土壤，也就意味着向成功迈进了一大步。一个我们不得不承认的事实是，袁世凯于正途之外脱颖而出，一步一步地向上攀爬，最后终于登至顶峰，除了机遇而外，更多的，则是凭着他的实力与努力。

袁世凯最早的发迹之地，恐怕连他自己也没有想到，竟在清廷的藩属国朝鲜。

1882年7月，朝鲜爆发了士兵起义、贫民响应的"壬午兵变"。为帮助朝鲜平定内乱并防制日本，清廷令丁汝昌率海军三舰、吴长庆率淮军六营在七日之内赶赴朝鲜。军情紧急，时间仓促，吴长庆成立前敌营务处，袁世凯负责军需物质供应及勘定行军路线。限令六天之内完成的事情，他三天就办得稳妥齐全。他带领前敌营务处数人率先在朝鲜登陆，在选定大军登陆地点、勘探进抵汉城的行军路线，及营务料理等方面，办得有条不紊。

吴长庆率部抵达朝鲜南洋港，令某营为先锋次日登陆，该营管带以士兵连日劳累、不习航海、多数晕船为由，请求稍缓。吴长庆大怒，立撤其职，令袁世凯代理。袁世凯受命后在两个小时之内就完成了所有登陆准备，干练的才华一时显露无遗。

袁世凯虽然科举不中，但长期的应考诵读，打下了一定的基础，这就使得他不同于过去的八旗、绿营等旧式军人。他胆量极大,但又不是那种一味蛮干的莽夫,称得上有勇有谋。

无论从戎治军,还是后来的从政治国,他一直惯用的手法,便是软硬兼施:一手拿刀子,一手拿票子。拿刀子就是杀人,他生就一副敦实的五短身材,腰粗腿短,但一眼望去,却有不怒而威之状,特别是双目圆睁时,透出一股咄咄逼人的杀气,令人悚然生畏。他杀起人来从不心慈手软,朝鲜是其最初的"练刀"之地。庆军刚入朝鲜时,军纪败坏,常入民宅骚扰,影响极坏,袁世凯予以严惩,当即斩首七人,撤办数人,一时名声大振,就连投身军中的吴长庆本家亲故,也无不畏服。此后,袁世凯更是以杀人不眨眼立威扬名。

而一手拿票子,就是不惜重金收买有用之人。袁世凯记忆力极强,哪怕一面之交,数十年后仍能准确地说出对方的姓名与籍贯,这也为他广泛结交、笼络他人带来了不少好处。更多时候,袁世凯则是两手齐出,恩威并施,控制他人为其所用。

1882 年 8 月 28 日凌晨,庆军应朝鲜国王李熙之请,出兵镇压壬午兵变。袁世凯率领一支清军配合行动,杀死了几十名参与者。战斗中,袁世凯一路放枪,带头冲在最前面,他的坚毅勇敢感染了部下,起义很快得以平定。于是,吴长庆在给清廷的呈报中将他好好地赞赏了一番,说他"治军严肃,调度有方,争先攻剿,尤为奋勇",报以首功。年仅二十三岁的袁世凯,就这样以"平叛英雄"的姿态,先后进入了李鸿章及光绪皇帝、慈禧太后的视野。李鸿章以其"治军严肃,剿抚应机",荐以同知补用,赏顶戴花翎。清廷准奏,袁世凯一下子跃升为朝廷五品官员,后又吉星高照,接替回国的吴长庆,奉命总理营务处,兼会办朝鲜防务,统带庆字营。

从 1882 年随军入朝,到 1894 年离开,袁世凯在朝鲜一干就是十二年(期间曾两次回国)。由一个无名小卒到朝鲜为之依赖、清廷为之倚重的监国大臣,袁世凯在朝鲜的确办了不少实事与大事。

　　他久居军营，用心揣摩，渐渐地就有了一些个人练兵、带兵心得。他主动为朝鲜编练亲军，不到一年，就"成效大著"，"其技艺娴熟，步伐整齐，堪称劲旅"，不仅博得朝鲜君臣赞赏，就连西方洋员，也颇为称道。

　　1884年，朝鲜开化党人在日本的指使下发动甲申政变，挟持国王李熙，杀害大臣，组建新政府。袁世凯闻讯，不待清廷指示，当机立断，冒着生命危险率军攻打王宫。支持政变的日军开始反击，经过一番激战，袁世凯终于救出朝鲜国王，一举粉碎了甲申政变与日本趁中法战争之机谋取朝鲜的企图。

　　袁世凯在政变的关键时刻采取果断行动，这也是近代中日军事较量的最后一次胜利。他也因此而得罪了日本，日人"撼之刺骨，百计排陷之"。怨仇一旦结下，此后便不停地找他的岔子，不断给他添乱，直至洪宪复辟时期，日本对其帝制自为先是认同，尔后突然反对，在其背后予以致命的一击。

　　袁世凯在朝期间，虽有过一定的挫折打击与心灰意冷，但总的走势呈上扬态势。以实权为重的他很少关注道家学说，对抱阴守阳、韬光养晦不感兴趣，不怎么懂得藏拙守雌、适可而止的道理。甲申事变平定后，袁世凯一得势就趾高气扬、居功自傲，很快成为众矢之的，受到方方面面的谴责、反对与攻击，陷入窘境的他不得不托词母病，请假回国。

　　不久，清廷欲将软禁在保定的朝鲜大院君李昰应释放归国，加以利用。李鸿章拟让袁世凯护送，经其保奏，清廷委任他为"驻扎朝鲜总理交涉通商事宜"的全权代表，并以道员升用，加三品衔。返回朝鲜，袁世凯阻止俄朝结盟，禁止朝鲜谋取独立活动，维护华商及清廷在朝利益，在巩固、强化中朝宗藩关系方面，可谓尽心尽力。但是，他锋芒毕露，一点都不讲究策略，不仅没有吸取上次教训，反而变本加厉，摆出一副监国大员、太上皇的架势，遇事直入王宫，态度傲慢，颐指气使，咄咄逼人。结果伤害了朝鲜君臣的自尊心，激起他们的强烈不满，一方面要求清廷派员替换，一方面加速背离清廷。与此同时，袁世凯对朝鲜内政外交的过分控制，阻碍了西方列强特别是日本的染指，也遭来他们的一致忌恨。

1894 年，朝鲜东学党起义，日本利用朝鲜君臣急欲脱离清朝的心理，趁机大举进攻。袁世凯多次恳请日本大使谈判的和平努力受挫，只有求助李鸿章派兵增援。李鸿章对敌强我弱的中日实力了如指掌，不想骤然开战，一心指望俄、英出面调停，也就未派援兵。日军布列朝鲜要津，以重兵包围袁世凯使署，扬言派兵将他押送出境。孤立无援的袁世凯无奈之际，只好给李鸿章连连拍发电报，托病请辞回国。经人再三讲情，李鸿章好不容易才予同意。李鸿章同意了，而清廷又不批准。经过一番周折，清廷总算也同意了，袁世凯如释重负，正当他收拾行装准备离开时，突然得到一个相当可靠的秘密情报：朝鲜东学党人经过一番严密策划，准备在他归国途中寻机行刺。袁世凯得报，不得不改装易服，在手持刀枪的武装护送下，夜半时分从英使馆出发，悄然离开汉城，变更原定路线，经仁川搭乘平远舰返回国内。

就在袁世凯平安逃回天津的第三天，即 1894 年 7 月 25 日，日本海军突然袭击中国军舰及运兵船只。8 月 1 日，中国被迫对日宣战。

二

于中日甲午战争的爆发及其失败，袁世凯负有不可推卸的重要责任。然而，这一切又非他一人所能扭转改变。袁世凯置身其中，不过一个道具罢了，或者说仅仅扮演了一个"替罪羊"的角色而已。

日本对入侵朝鲜蓄谋已久，只是早晚的事情，并非袁世凯所能左右。自 1868 年明治维新之后，日本就确立了占领朝鲜，进而侵略中国的大陆政策。以 1875 年迫使朝鲜签订《江华条约》为标志，日本势力开始渗入朝鲜。

其实，袁世凯对日本的野心早就洞若观火且有所警惕。他对朝鲜君臣的刻意压制适得其反，惹得曾经因平定壬午兵变，对他感恩戴德的国王李熙与他反目为仇，使得中朝关系日趋恶化；他极力排斥日本势力，击败日军、挫败亲日派发动的甲申政变；他同意朝鲜请兵助剿东学党起义，结果被日人利用……所有这些，不过让日本找到了可资利用的"借口"与"渠道"而已。

然而，作为驻扎朝鲜的全权代表，袁世凯也有不少失误失策之处，比如他轻易透露了清军即将出兵助剿东学党起义的计划；对日本出兵朝鲜，没有充分而清醒的认识，使得清廷未能及时备战。当然，即使袁世凯极富预见性地做好了他应该做的一切，也无法改变甲午战争的最终结局。

战争是交战国之间综合实力的较量，清廷的积弱与腐朽，决定了这是一场无法获胜的战争。作为朝鲜的监国大臣，袁世凯处置失当，回国后没有受到任何惩处，只因他在危急时刻曾多次急电李鸿章请求派兵增援，这也说明清廷对日本的蓄意开战多少有所认识。

纵观袁世凯一生，大致可以分为四个重要阶段：驻军朝鲜，出任清廷驻朝全权代表，个人才华得到了一定的展示，引起了朝野的广泛关注；小站练兵，成为威震一方被维新派看重的新建陆军统帅；投靠慈禧太后，出卖康有为、谭嗣同等维新党人，借此获取晋身之资，一跃而为直隶总督兼北洋大臣，再授外务部尚书、军机大臣；罢官回籍后东山再起，先后出任清廷内阁总理大臣，民国临时大总统、正式大总统，直至帝制自为、黄袍加身，自己将自己逼上众叛亲离的绝路。

袁世凯人生的每一重要阶段，都有着一些呈螺旋状循环上升的经历与曲线轨迹：凭借勤奋努力，利用时势机缘，一点一点地往上爬；当爬到一定的高度时，突然悬空一脚掉下；然后进入另一新的阶段，继续步步攀升；再次掉落，等待时机再次攀爬……他就这样不懈地坚持着，一直爬到不能再爬的峰巅。而不懂适可而止的他朝前又是一脚，结果堕入万劫不复的地狱与深渊，背上无法洗清的千古罪名。

　　袁世凯在朝鲜差点小命难保，好不容易积累起来的一点资本，几乎输得一干二净，落魄逃归，在天津散居了一段时间。当然，他并不甘心于自己的失利与失败，已尝到权力滋味与甜头的他，以其特殊而敏锐的政治嗅觉，正紧张地观察、分析着时局的发展与走向。

　　如果从道德角度衡量，袁世凯的个人品质令人非议之处着实多多。为了功名与升迁，他会挖空心思、不择手段地抓住关键人物加以利用。一旦可资利用的价值不多，"余热"有限，就会马上抛弃对方，甚至落井下石，反目为仇。他曾拜张謇为师，随着地位的上升，袁世凯对张謇的态度也起了变化，变得不甚尊重、不以为然了，称呼也由过去的老师变为先生，后又改为某翁、某兄，"愈变愈奇"。作为江南名流的张謇，何曾受得这等闷气，恼怒之际，不禁与其他幕友联名写了一封数千言的长信，说他小人得志、忘恩负义，如此之类的话语送了一大堆，将他好一顿臭骂。袁世凯也被深深刺痛，两人于是断交。

　　如果没有吴长庆的主动接纳与栽培举荐，袁世凯何去何从，命运还真难逆料，其发迹更是难以想象。应该说吴长庆不仅是他的世交长辈，也是他的大恩人。然而，当他径直攀缘上另一棵"大树"李鸿章，拥有一定的资质，声望逐渐提高后，便"露才扬己"，说吴长庆生性胆小，难图大事，开始有意夺权，两人关系日渐疏远。

　　袁世凯能引起光绪皇帝、慈禧太后的注意并不断升迁，与李鸿章的赏识与多次保奏密切相关。李鸿章对他的称赞可谓绝无仅有："环顾宇内，人才无出袁世凯者。"刚开始，他对李鸿章的知遇之恩感激涕零，但一到关键时刻，就做出不利于李鸿章的事情。袁世凯对中日两国实力、军力深有了解，甲午战争爆发，他料定清廷必败，那么李鸿章必将因此而失势。于是，袁世凯急欲改换门庭，寻找新的晋身之阶。甲午战争还在进行之际，他便秘密进京，遍访好友，散布不利于李鸿章的真情内幕，如李鸿章对日交涉如何软弱，两次调回吴长庆军队如何失算，与伊藤博文所订条约如何错误，他本人在日处理朝鲜问题时李鸿章如何掣肘，淮军纪律如何败坏，等等。为表白洗刷自己，袁世凯还将自己与李鸿章之间的往来电文摘要抄录数十份，呈送京城意欲投靠的要人，如军机大臣李鸿藻、军机大臣兼户部尚书翁同龢、兵部尚书荣禄、庆亲王奕劻等人。

这些权贵大多与李鸿章有着方方面面的错综复杂的矛盾纠葛，为博取他们的欢心，以图东山再起，袁世凯便以这种贬损李鸿章的方式，来迎合他们极欲"摧折"他的心理。本已处境不妙的李鸿章遭此一击，更是大受诟病，一时间弹章四起，言路纷乘。他在幕僚面前不禁叹道："至一生事业，扫地无余……此中苦况，将向何处宣说？"一番"紧锣密鼓"的活动很快就见成效，正是这些新靠山的联合保奏与举荐，光绪帝下旨，任命袁世凯为新建陆军督办大臣。

当然，袁世凯此次获得成功，出卖李鸿章只是其"系统工程"的一个有机部分而已。为巴结这些达官权贵，他动用一切关系四处活动、八方经营，如拜李鸿藻之门，是经好友徐世昌介绍；与翁同龢结识，走的是堂兄袁世勋的路子。拜师托请拉关系，"走后门"只能混个脸儿熟，贬损李鸿章也只能获得他们的一点好感，而要让他们站出来真正说话办事，袁世凯凭借的，还是自己的才能与实力。

甲午一败，清军的衰弱腐朽暴露无遗，朝野上下，自然出现了一片强军御侮的呼声。袁世凯"独具慧眼"，一下子就抓住了问题的核心与要害，及时拿出了一个整顿旧军、改练新军的计划，包括拟建新式陆军的营制、饷章，聘请外国军官的合同等，上呈督办军务处。他还根据自己的治军经验写了一本名为《治兵管见》的军事专著，被凡见过此书的人"目为奇书"。袁世凯久居军营，在朝鲜有过编练新军的经验，对中、日双方军队也算得上知己知彼，理论与实践兼具一身，加之具有日军加害于他的深仇大恨，内心涌动着一股强军兴国的澎湃激情，因此，本来就对袁世凯已经认可的李鸿藻、翁同龢、荣禄、奕劻等人，对他的才华也就格外地赏识。

在他们的共同举荐下，袁世凯受到了光绪皇帝的召见。不过就当时的情形而言，文韬与武略、理论与实践兼备的合适人选，除了袁世凯，一下子还真的找不出第二个。

1895 年 12 月 16 日，袁世凯奉旨前往距天津六十余里，离北京三百里许，素有京津南大门之称的小站，接管定武军，督练新建陆军。

袁世凯的人生，也因此而进入了第二个重要阶段。

清军由八旗、绿营，经曾国藩的湘军、李鸿章的淮军，已发生了重大变化。由早期的弓、矢、刀、矛等冷兵器，发展到鸟枪、火铳，然后又配以洋枪、大炮等新式军械，其发展趋势，已由中世纪的原始军队，向近代化军队日渐过渡，且战斗力也在不断提升，湘军超过八旗、绿营，淮军又超出湘军之上。但就总体而言，清军之编练，并未达到真正近代化的程度。特别是中日两军对垒，清军简直可以称得上不堪一击、一触即溃、一溃千里。

袁世凯投笔从戎置身庆字营，已深刻认识到淮军之不足。因此，他在编演朝鲜亲军时，在淮军勇营的操练之外，又采用了英美装备与德式操法。而小站练兵，他更是全盘更新：聘请了十多名德国、日本、美国军事教官；武器装备由德国进口，清一色的曼利夏步枪、马枪、手枪和格鲁森速射炮，包括电台、手表、帐篷、雨衣、雨帽、毯子等，全部都是洋货；他成立新建陆军督练处，下设参谋、执法、督操三个营务处，以及粮饷局、军械局、转运局、军医局、教习处等，订立各种章程，完善军队的组织制度；建制更是以德国和日本的近代化军队为准，分为步、炮、马、工程、辎重等五个兵种。

新建陆军（简称新军），以过去的四千七百五十名定武军为基础，后又在河南、山东、皖北、苏北、奉天等地招募了两千两百五十名，共计七千人。新军不像湘军、淮军那样私自招募组成，但袁世凯从曾国藩、李鸿章身上吸取养料，决心将其打造为一支替他效忠的"袁家军"。为此，袁世凯任命军官，多用自己亲信；还有一部分，则为陆军大臣荫昌与李鸿章推荐的军事骨干，他便通过拜把兄弟、收义子门生等方式，建立紧密牢靠的宗法式关系，让他们成为他的心腹死党。为让官兵效忠，新军各营都供奉有袁世凯的长生禄位牌，每日上操、下操集合之时，将领都要大声问道："咱们吃谁的饭？"所有士兵异口同声地回答："吃袁宫保（袁世凯曾被宫廷封为太子少保，简称'宫保'）的饭！"再问："咱们穿谁的衣？"再答："穿袁宫保的衣！"又问："咱们为谁出力？"又答："替袁宫保出力！"

如果说袁世凯发迹于朝鲜，那么他真正起家，便是小站练兵。在几千年的中国专制社会里，谁握有军权，谁就能够左右政局，主宰全国。历经十多年摸爬滚打，早已深谙官场之道的袁世凯，自然十分看重这支即将崛起的新军，几乎将所有心血付诸其中。他每天都要身穿军服，足蹬马靴，腰扎皮带，斜挂佩刀，白天观操，夜晚巡营。且军令如山，法纪严明，一旦发现违法乱纪者，严惩不贷。

比如一天晚上巡营时，他发现一名士兵偷偷吸食鸦片，当即抽出佩刀将其斩杀。袁世凯深知淮军克扣士兵饷银的陋习，为防止新军出现类似舞弊现象，每于饷银发放之时，他总是亲自监督，保证让每一分饷银如实发放到普通士兵手中，这也博得了士兵们对他的特殊好感。为让官兵效忠于己，打起仗来勇往直前，袁世凯不仅经常训话，要他们"公忠体国，深明大义"，"亲上死长"，还像曾国藩那样编了一首《劝兵歌》，让新军士兵扯开嗓门唱个不休：

"为子当尽孝，为臣当尽忠。朝廷出利借国债，不惜重饷来养兵。一兵吃穿百十两，六品官俸一般同。如再不为国出力，天地神鬼必不容。自古将相多行伍，休把当兵自看轻。一要用心学操练，学了本事好立功。二要打仗真奋勇，命该不死自然生。你若常记此等话，必然就把头目升。如果全然不经意，轻打重杀不容情。"

洋为中用，古为今用，将古今中外熔为一炉，袁世凯继曾国藩、李鸿章之后，将操兵、练军、治军简直发挥到了极致，进入到一个全新的层次。于是，他编练的这支新建陆军，仿佛横空出世，很快就成为一支国内最具战斗力的近代化军队。

袁世凯练军成功，同时也使得小站新军成为创练新军的模范样板，全国各地再度添练新军，必从小站抽调军事骨干担任教官。正是从他编练的新军中，走出了四个民国总统（袁世凯、冯国璋、徐世昌、曹锟），六个民国总理、陆军总长（段祺瑞、王士珍、段芝贵、唐绍仪、张怀芝、靳云鹏），三十四个督军，这不能不说是袁世凯的功劳，也是他创造的一个不大不小的近代奇迹。

三

小站新军是袁世凯的看家资本与起家基础，他能继续前行，一步步迈向权力的顶峰，自然得益于这支一手创建起来的新军。然而，新军在给他带来权力与荣耀的同时，也带来了危机与危险。袁世凯的最后失败与覆灭，也出自这支新军。

早在练军之初，袁世凯就被监察御史胡景桂参了一本，说他"徒尚虚文"，"浪费国帑"，克扣军饷，诛戮无辜。一般而言，只要被监察御史参奏，一旦查出什么纰漏，就会小命难保；哪怕没有什么问题，也会惹出一身臊，最轻也得撤职。因此，袁世凯闻讯，好似被人当头一棒，再度感到了官场的险恶，不觉"心神恍惚，志气昏惰，所有夙志，竟至一冷如冰"。幸而奉旨查办的荣禄，在观看编练只有三个月的新军洋操表演之后，对其焕然一新的军纪军容大为赞赏，"旌旗一色鲜明，颇有马鸣风萧气象"。

据有关资料记载，最令荣禄称奇的是，袁世凯居然能把军队练得像家养的鸽子一般，放收自如，一声嗯哨，曲尽其妙。因此，他不仅以查无实据、"毋庸置疑"复奏，还将袁世凯着实褒扬了一番，说他"血性耐劳，勇于任事"，是一个"不可多得"的将才。一桩坏事就此变成好事，袁世凯"扭亏为赢"，不降反升，虽仍专管练兵事宜，但已加官为直隶按察使。

小站练军初成，一时间令各方瞩目。维新变法期间，袁世凯因其手中拥有的资本与实力，再次被推到了"风口浪尖"。

当缺乏实力的维新派感到变法有异，即将遭到慈禧太后的残酷扼杀之时，他们的目光，不禁落在了身居小站、手拥兵权的袁世凯身上。加之袁世凯一度倾向维新，是强学会的发起人之一，并捐钱五千元，还提出过一套自己的改革变法方案。于是，康有为认为："可救上者，只此一人。"他想利用这支雄居海内的新建陆军进攻京城，保护光绪皇帝，保证变法持续长久地进行下去。在他的建议下，光绪皇帝两次召见袁世凯，夸他兵练得好，将其提拔为候补侍郎，许以专折具奏之权，告诉他以后可与荣禄各办各事。

只要稍具政治头脑的人，就可知道光绪的这种频繁召见所隐藏的真实含义。这自然引起了慈禧、荣禄的警觉，为防袁世凯被维新派所用，狡猾的荣禄，制造英俄两国在海参崴开战的谣言，趁机调动军队驻扎长辛店与天津陈家沟，切断新军由小站进入北京的必经之路。

一方倚重利用，一方早有防范，袁世凯就这样被置于帝党与后党两派势力并不对等的夹缝之中。

眼看光绪不保，戊戌变法即将失败，维新派领袖无计可施，只有将最后的赌注押在袁世凯身上。康有为道："往袁处明言之，成败在此一举。"于是，就有了见诸各种史书的谭嗣同夜访袁世凯，要求他举兵诛杀荣禄，劫杀慈禧，发动军事政变的记载。

袁世凯在谭嗣同的一再追问下被迫表态，因慈禧与光绪有前往天津阅兵的计划，他流露出一副大义凛然的气概，说"诛荣禄如杀一狗耳"，但前提是"若皇上在仆营"，并表示马上返回天津加紧部署。

袁世凯虽未进入权力中枢，但对宫廷之争也有所耳闻，凭他敏锐的政治嗅觉，深知帝、后两党的矛盾已经不可调和，且摊牌在即。他似乎闻到了一股浓浓的血腥味道。光绪虽为皇帝，实权却握于慈禧之手，军权尽归荣禄。就荣禄当时掌控的军队而言，北洋其他各军四五万，淮、泗各军七十多营，京城旗兵数万。而袁世凯的小站新军虽为一支劲旅，但只有区区七千人，出兵最多六千，怎么也不可能在后党警觉防范的情况下攻入北京。因此，他趁阅兵之际，在自己的地盘上收拾荣禄与慈禧，看似托词，实则切实可行。这也说明袁世凯的确能够审时度势，不好虚放空言。但问题的关键是，事情并未拖到阅兵那一天慈禧就发动了宫廷政变，将光绪囚禁在南海瀛台，宣布重新训政。

过去的一致说法，都是袁世凯出卖了维新志士。但据近年来史学家的研究考证，事情似乎有了一定的变化，那就是慈禧发动政变在前，袁世凯告密在后。

以袁世凯的老奸巨猾，在没有最后角逐之前，他决不会轻举妄动，不论是帝党、后党，哪一方他都得罪不起。荣禄是袁世凯晋升得势的恩人，对追求实利不以道德为准绳的他来说，越过这层障碍并不困难，但只要他稍有异动，或者说稍有不慎，那将不是他"诛荣禄如杀一狗耳"，而是荣禄杀他"如诛一狗耳"。光绪是高高在上的皇帝，他也不敢得罪，尽管光绪无权，可要整治袁世凯这样的臣下，还不是分分钟就可搞定的事吗？

袁世凯被逼到了一根细细的钢丝上，并且不走还不行。可只要一迈脚，身子就会失去平衡，摔得粉身碎骨。

事实真相是，袁世凯将维新党人的"杀禄围园"计划藏在了肚里，当时并未告密，而是从北京匆匆返回天津。在天津的他得知慈禧发动了宫廷政变，心头真是又惊又惧。结局已见分晓，现在不是他杀荣禄与慈禧，而是荣禄与慈禧决定他的命运与生死了。他心里十分清楚，戊戌政变的起因在于权力之争，并非他与谭嗣同的密谋泄露，不然的话，他就不可能全身回到天津了。但是，密谋暂时没有泄露并不等于永远不被泄露。怎么办？

是将维新党人的计划继续深埋心中，还是向荣禄和盘托出？一时间，他彷徨无主，怎么也拿不定主意。不说吧，又担心维新党人有所招供。说了吧，对自己很是不利。

在一个有着几千年专制皇权的国度，出卖百姓崇奉的皇帝，毫无疑问将被置于全体国人鞭挞拷问的境地；况且慈禧已是风烛残年，年轻的光绪一旦重新执政，那时的他，必将死无葬身之地，招致诛灭九族之祸。并且就是说了，因有参与之嫌，且未及时告密，还有"马后炮"的投机之意，不仅难以博得慈禧、荣禄的欢颜，很有可能会加速他的灭亡。

那两天的袁世凯，可真是绞尽脑汁、左右为难。说，还是不说？于他而言，真与哈姆雷特"生存，还是死亡"的命题相似，有着同等重要的意义。

两相权衡，袁世凯最终还是选择了说！

他说了，尽管情况不妙，或许还有一条生路。而不说，只有死路一条。因为他不说，并不等于别人不说，维新党人是一个群体，不少机密属于"共享"，他可以相信谭嗣同不说，但难保那些被捕获且知内情的其他维新党人，面对严刑拷打时不会供出他。只要透出半点口风，他袁世凯哪怕有十条小命也将玩儿完。

于是，袁世凯先告密于荣禄，荣禄再呈于慈禧。谭嗣同在戊戌政变中根本就没有引起慈禧的注意与重视，这便是直到政变发生四天之后，才有捉拿他的通缉令发布的缘故。如果说谭嗣同死于袁世凯之手，那可真是半点也没有冤枉他。袁世凯的告密，并未直接造成维新变法的失败，但无疑起到了推波助澜的作用，致使包括"戊戌六君子"在内的大批维新党人，被捕被杀、被革被逐，所有维新变法的成果尽遭毁弃。

据说囚在瀛台的光绪不恨慈禧，说"我确实有对不起太后的地方，她把我拿下是应该的"；也不恨荣禄，说"他是太后的人，他为太后办事，这也是对的"；独有袁世凯，一直到死，都是他心头最为痛恨之人。他先是在纸上常常提笔写下"袁世凯"三字撕碎，犹不解恨，后来便画一只乌龟，在龟背上填写袁世凯姓名贴在墙上，用小竹弓一个劲地射击；一阵射击过后，再一把扯下，剪成碎片，"令片片作蝴蝶飞……凡以此为常课"。

就戊戌变法的结果及评价而言，康有为、梁启超等维新领袖及戊戌六君子，是人们心目中的变法英雄，光绪是人们同情的受害者，慈禧、荣禄是既得利益者，最倒霉的似乎只有袁世凯一人。政变发生第七天，有人对荣禄说："袁世凯奉诏杀你，既同谋又出首，此人首鼠两端，不是东西！"荣禄为他辩解道："袁世凯是我的人，无所谓首鼠两端。"决定袁世凯命运的关键人物还是慈禧，袁世凯虽然告密，但慈禧仍将他归于维新一党，且参与围园密谋证据确凿，"居心叵测"，加之并未主动自首，所以"欲置之重典"。这"重典"会有多重？在一个"人治"社会里，不论轻重与否，只要慈禧一句话，袁世凯的脑袋就得搬家。所幸荣禄出面，力保相救，总算将功折过，就此逃过一劫。而最要命的是历史评说，长期以来，袁世凯在戊戌变法中，都扮演着一个鼻梁涂白的不光彩角色，背上了"卖主求荣"的骂名。

就本质而言，袁世凯不仅同情维新，还真属维新一派，此后的事实将充分证明这一点。并且就维新变法这一事件本身而言，1914年，身为民国正式大总统的他，不仅追认"戊戌六君子"为先烈，还在京师建立祠宇，将事实宣付清史馆立传。当然，他这样做，也不排除对当年的出卖之举有忏悔与掩盖之意。

四

袁世凯简直像个魔术大师，眼看就要身败名裂，死无葬身之地，竟然摇摇晃晃地走过了那根细细的钢丝绳而安然无恙，除了投机取巧，也不能不归结于他运气不错。

将功补过，袁世凯的性命保住了，地位也保住了，走过一段人生的低潮期，他又开始升迁，进入了人生的第三个重要阶段。

1899 年 6 月 16 日，袁世凯升任工部右侍郎，年底署理山东巡抚。1900 年 3 月 14 日实授山东巡抚，正式成为实权在握的一方诸侯，这也是他由军权伸向政权而迈出的关键一步。这一年，以山东、直隶为中心的义和团运动爆发。如何对待在自己管辖的地盘上如火如荼的义和团，是剿，还是抚？于袁世凯来说，又是一场新的考验。做对了，就是继续晋升的资本；而一旦出错，人命关天，后果不堪设想。在讲究实利的袁世凯眼里，事情无所谓是非与对错，只要于己有利，就是错，也会勇往直前，否则，他会立时退避三舍。

在处置义和团事件上，他还真动了不少脑筋。义和团宣传"扶清灭洋"，能否"扶清"，一时难见分晓，但"灭洋"之论，对西方列强深有了解的袁世凯自然嗤之以鼻。义和团宣传的请神附体、刀枪不入，特别是神乎其神的表演，确实迷惑了不少官员百姓，袁世凯对此多少也有些疑疑惑惑。耳听为虚，眼见为实，崇尚实干精神的他，决定亲自检验一番。那些吹嘘刀枪不入的神汉，此前之所以多次表演成功，是因为买通关节、内外配合之故。而袁世凯则动真格的，在他的严格监督下，哪有什么刀枪不入的肉体？于是乎，一枪一个，两枪一双，中弹者当即毙命。神话就此破灭，所有的吹嘘在一瞬间化为泡影。

谎言一旦戳穿，袁世凯便毫不犹豫地举起了屠刀，对山东境内的义和团予以坚决镇压。据他自己所言，他在山东前后共杀拳民四千多人。

慈禧利用义和团剿灭洋人为己报仇，竟然丧失理智地向西方列强同时宣战，袁世凯则对辖内洋人洋教，施以有效的保护措施；清廷多次令他派兵驰援勤王，他就是抗旨不遵；部下主动请缨，他也不准允；后又积极参与到刘坤一、张之洞等人发起的东南互保运动之中……

袁世凯这样做，无疑保存了自己的实力，他不派兵勤王，也就避免了像其他几支武卫军那样在八国联军的打击下，几乎全军覆没。庚子之乱后，清廷五支武卫军，只剩下袁世凯这支保存得相当完整的武卫右军，袁世凯成为清末唯一拥兵自重的大臣。

但他违抗朝廷圣旨，如若惹恼生性多疑、手段残忍的慈禧，决不会有什么好果子吃。对待慈禧太后，他与其他封疆大吏一样，唯恐巴结不及、效命不够。每次觐见，总是诚惶诚恐，回话时战战兢兢生怕说错了什么，一场召见下来，由于紧张过度，以致全身都是汗水。因此，袁世凯走的又是一着险棋，但他又不能不这样做。他不能听凭拳民驱洋教杀洋人，造成混乱无法收拾，他更清楚地知道，以其编练的虽是国内一流劲旅的新军，对付强大的八国联军，无疑以卵击石，除了像其他四支勤王的武卫军那样遭到覆亡的命运外，不会有更好的下场。

事情既然做了，他只有尽快想法弥补，继续走荣禄的门子，向慈禧表达忠心。

北京陷落后，慈禧让他接济经费，他半点不敢怠慢，先后派人送去白银二十一万两，绸缎两百匹及大量食物。仓促逃亡的慈禧得了袁世凯接济，心头的感激自不待言。慈禧到达西安，他奉送大批军火以供保卫之用。和约将成之际，他作好迎接慈禧回銮的充分准备。袁世凯摸准老佛爷的脾性与心思，一年多的逃亡生涯，使她受足了气、吃够了苦，回京的她，需要的就是金钱、体面、豪华与排场。他献给慈禧的，首先是两座豪华的彩棚，一座扎在保定车站，一座落在北京城门，犹如"凯旋门"一样，让败逃而回的慈禧在灿烂的鲜花、亮丽的彩灯照耀下，产生一种虚幻的凯旋感觉，踏着虽老迈踉跄但自豪无比的步伐，回到她舒舒服服的安乐窝——颐和园。

其次，袁世凯献上的，是以巧取豪夺手段搜刮弄来的一百万两银子，在当时国库空空如也的情况下，一百万两白花花的银子，乐得慈禧太后笑眯了双眼。

最后，袁世凯别出心裁地准备了两只供太后赏玩的鹦鹉，当李莲英将鸟笼捧到离慈禧两三尺远的地方时，两只鹦鹉突然亮开嗓门清脆地叫道：

"老佛爷吉祥如意！""老佛爷平安！"慈禧见状，简直笑开了怀，一年来所有的窝囊委屈，随着鸟儿殷切的叫声顿时烟消云散。袁世凯发现，老佛爷是真正高兴了，直到这时，他心中的一块石头才终于落下。

于是，"众望所归"的袁世凯，被清廷正式任命为直隶总督兼北洋大臣，成为大清帝国的实际"宰相"。后又一身兼任督办商务大臣、电政大臣、铁路大臣等八个大臣之职，权势远远超过当年的曾国藩与李鸿章。

于是，清朝末期一个新的时代——袁世凯时代就此拉开帷幕。

这是一个被史家与大众忽略了的，多少算得上充满生机、焕然一新的时代，其中最亮丽的出彩之处，便是被称为"清末新政"的社会变革。清末新政无论就改革的广度，还是力度与深度，都超过了戊戌维新变法。慈禧为打消顾虑，清除镇压"百日维新"的负面影响，推动这场新的改革，赦免了康有为、梁启超、孙中山三人之外的，其他所有维新派、革命派党人。就实质及影响而言，清末新政的有力推动者、实际执行者，便是大权在握的袁世凯。一位采访过袁世凯的美国记者称他"素质全面"，具有"异常才智"，"虽然不是清国的改革之父，但他能让改革继续下去"，"清廷革创之政，几乎均出其手"。可见袁世凯是清末新政中名副其实的改革"旗手"。只因他后来称帝自为，一生中的诸多功绩被有意无意给抹杀殆尽。

具体来说，袁世凯的清末新政改革主要表现在以下几个方面：

一、增练新军。借助小站练军经验，袁世凯以"滚雪球"的方式扩练新军，使得北洋新军增至六镇八九万人，占当时全国新军总数一半以上，成为日后主宰中国长达二十多年之久的强大力量。他的计划，是要编练三十六镇新军。

二、创建巡警。袁世凯参照西法创设警务总局，开办巡警学堂。1902年8月接收被八国联军占领的天津时，因不准清廷在天津周围二十里内驻扎军队，袁世凯灵机一动，从北洋新军中抽调三千军人编为巡警，进行一番警务训练后，堂而皇之地开进天津，明知内情的外国人也无法干涉。不久，袁世凯又在所辖范围内建立起一个遍及城乡的警察网。后清廷设立巡警部，直隶经验成为样板推向全国。

三、改革司法制度。1906 年 9 月，清廷根据西方"三权分立"原则改革官制，改变传统的司法、行政不分状况。袁世凯在天津县率先改革试办，并设立专门学堂培养司法人才。他还改良监狱，制定监禁制度，对完善清末司法制度有着积极的推动作用。

四、推行地方自治。地方自治是西方民主政治的一种表现，清廷预备立宪，令直隶等省先行试办。袁世凯领命后马上创办自治局，成立自治研究所，开展普及自治教育活动，并严格按照西方的一套循序渐进，制订有关章程，开会讨论，完成选举，成立议事会等。这些能够体现西方资产阶级民主精神的程序制度，对铁板一块的帝王专制统治，无疑是一种强大的冲击与解构。

五、发展实业。袁世凯在这方面成效最为显著，他开办了银元局、官银号等金融机构；依靠各地商会，制定一系列经济法令八十多条，完善了市场机制；从盛宣怀手中接管全国最大的轮船招商局和电报局；创设了直隶工艺总局，兴建了机器造纸有限公司、万益有限公司、电灯有限公司、济安自来水有限公司、北洋劝业铁工厂、北洋烟草公司，及最著名的唐山启新洋灰公司、滦州煤矿有限公司，仅工艺总局出资助办的就有初等工业学堂、缝纫公司、造胰公司、牙粉公司、玻璃厂等一大批企业；他多方告贷筹措资金，排除各种干扰阻挠，督促修建中国历史上第一条由中国人自行设计、自筹资金、独立修筑的京张铁路。如果不是袁世凯慧眼识珠，委任詹天佑为总工程师兼会办路务，詹天佑的个人才华未必能够得到及时而充分的发挥。铁路开工时，他派幕僚给詹天佑送去一座自鸣钟以示关怀，后又写有《致詹天佑函》，以"修筑京张铁路，乃大张我国人志气之举"相勉励。我们在讴歌詹天佑的同时，也应该记得袁世凯在修筑这条铁路时所发挥的重要作用。一位美籍华人史学家在提及京张铁路时，曾客观地说：

"它是由袁发起、提出和取得的惊人成就。"

六、广兴教育。袁世凯多次领衔上折，奏请停止科举考试。科举制度废除后，袁世凯大办新式学校。据有关资料统计，直隶所办各类学堂及学生总数位居全国第二，而直隶学务资产则名列各省之首……

面对袁世凯取得的这些引人注目的新政业绩，就连曾经怒斥过他并与之绝交的张謇，也不由得叹道："颇觉袁为直督之能任事，此人毕竟与人不同。"又说："颇感袁世凯才调在诸督上。"

然而，袁世凯并不满足于此，他想继续前进，将这场改革运动推向极致——由器物而制度，实行君主立宪。他逢人便称："官可不做，法不可不改。"自告奋勇地提出将将直隶作为立宪的试点省份，面奏慈禧太后，说立宪应先组织内阁，从改革官制入手。

按袁世凯的改革方案，立宪最重要的是设立资政院与责任内阁。资政院为疏沥舆论的清议机构，责任内阁实质上就是架空皇帝，由总理大臣、副大臣代替皇帝行使职权。袁世凯的这一涉及制度的深层改革方案，虽能推动大清帝国的专制向西方民主政体转型，但也不乏个人私心。他想在拥有京津军警力量的同时，进京与庆亲王奕劻同时组阁，奕劻为国务总理大臣，他做副总理大臣，在控制朝政的同时，为自己预留后路——慈禧已是日薄西山，说不定哪天腿一蹬、眼一闭，光绪就会从瀛台走上前台，成为名副其实的皇上。他心里比谁都清楚，光绪对他的出卖定会不依不饶。而一旦架空皇位执掌朝政大权，哪怕慈禧故去，也就没有后顾之忧了。

袁世凯想象美妙的事情，做起来却遭到了来自方方面面的反对。宗族皇室得知袁世凯不让他们参与政事，醇亲王载沣拔出手枪抵住他的胸膛厉声叫道："尔如此跋扈，我为主子除尔奸臣！"幸亏奕劻及时赶来排解，载沣才没有扣动扳机；守旧派认为这种政治权力的重新分配会引起社会动荡，难以施行；立宪派认为袁世凯推行的只是"大臣专制政体"，而不是真正的君主立宪体制；听说袁世凯的改革方案中有一项是裁撤他们，于是，百余名太监趁他下朝之机将其拦住，百般谩骂围攻，又是奕劻出面劝解，担保绝不裁除太监，才给袁世凯解了一围。

要说这些都算不得什么，最关键的是，引起了慈禧太后的疑忌与不满，她担心责任内阁制成立后君权旁落。因此，袁世凯的立宪改革不仅没有成功，反被慈禧太后的另外两名宠臣——瞿鸿禨与岑春煊，借机参了一本（史称"丁未大参案"）。袁世凯几乎动用了所有看家本领，通过花钱打点、疏通关系、伪造假证等手段，好不容易才没有"翻船"。但仍被慈禧以明升暗降之法让他离开北洋新军，进京担任军机大臣兼外务部尚书。

该来的事情终于来了——慈禧太后病入膏肓，眼看就要死了，而光绪皇帝正年轻着呢。不过总算他命大，结果是光绪与慈禧在一天之内相继辞世。袁世凯正心惊肉跳地夜夜做着噩梦，光绪死在慈禧前面的消息让他吁了一口长气，也就难怪有人捕风捉影地放出谣言，说是袁世凯派人毒死了光绪皇帝。不过他的长气还未吁完，报应就从天而降了。宣统帝溥仪继位，其父载沣监国，为摄政王。早想一枪结果袁世凯性命的他，如今大权在握，加之要为同父异母的兄长光绪帝报仇，刚一上任就准备拿袁世凯开刀。

袁世凯躲得了初一，躲不过十五，又一次被推到了鬼门关。

好在张之洞极力劝谏，加之载沣担心处决袁世凯会引发新军闹事，也就手下留情饶他一命。但是，摄政王载沣仍给袁世凯以严厉的惩处——以"足疾"为由，罢免他的一切军政大权，将其开缺回籍。

在此要稍加提及的是，辛亥革命成功，载沣被迫退位后的四十个春秋里，心头常常追悔莫及的事情，就是当年罢了袁世凯的官而没有干脆利落地将他杀掉。

五

袁世凯的性命是保住了，但他又从顶端跌落在地，从京城回到河南安阳洹上村，成为一介无官无职的平民，仿佛回到了人生最初的起点。

刚回河南安阳的日子，他垂钓、下棋、看戏、吟诗，过得十分悠闲。历经险恶风浪、大起大落的他，也真想就此隐居算了。读者见得最多的袁世凯"名照"，可能就是那张身穿蓑衣、头戴斗笠、手执钓竿的"闲云野鹤"照。这是一张他曾寄往上海报纸发表过的照片，以示淡泊名利，再也无意于政事。其中虽不乏作秀成分，但多少也反映了袁世凯当时的心境。他还为此题诗道："百年心事总悠悠，壮志当时苦未酬。野老胸中负兵甲，钓翁眼底小王侯。思量天下无磐石，叹息神州持缺瓯。散发天涯从此去，烟蓑雨笠一渔舟。"有人认为这是袁世凯一生中写得最好的诗，事实上这首诗无论是意境，还是气韵，也确属上乘之作，绝非一介武夫所能吟出，其诗才、文采远高于此后的其他民国领导人段祺瑞、冯国璋、曹锟、张作霖，以及更后的国民党领导人蒋介石、李宗仁。

然而，"曾经沧海难为水"的袁世凯，终归不是一介普通草民，他一手训练起来的新军，用心培植的党羽仍忠心于他。他们时不时地前来洹上村问计"请安"，袁世凯的心境实在难以安静、悠闲下来，不得不关注外面时局的发展。为此，洹上村专门设立了一个电报处，那看不见的频频电波，又慢慢唤起了袁世凯心中沉睡的欲望。自信随着欲望也在不断地增长，他认为自己不会久处困境，总有一天将龙腾虎跃，再度出山。

机会说来就来，只是没有想到这机会竟由革命党人为他带来。武昌首义一声枪响，袁世凯又被送到了历史的前台，成为世人瞩目的焦点。他的人生，也因此而进入第四个，也是最后一个重要时期。

这是一段人们十分熟悉的历史。

革命党人占领武汉三镇，清廷命陆军大臣荫昌率北洋新军前往镇压，可这些袁世凯的旧部停停走走、走走停停，就是不听荫昌指挥。怎么办？唯有请出袁世凯，问题才能迎刃而解，就如李鸿章让他护送大院君返回朝鲜时所说的那样："今如演戏，台已成，客已请，专待汝登场矣。"而袁世凯也不是那么好请的，他以"足疾"未愈为由推辞不出，既是对载沣的当初开缺予以报复，也是继续要挟，增加出山筹码。直到被清廷由湖广总督改任为内阁总理大臣，提出的召开国会、组织责任内阁、解除党禁等六项条件被全部接受之后，"足疾"也就霍然痊愈了。

想当初，袁世凯不过想捞一个内阁副总理大臣，就差点栽了跟头，如今则由清廷将内阁总理大臣的头衔拱手送上门来，他还要故作姿态地拿捏一番，也真算出够了气，玩足了味儿。

袁世凯毕竟是袁世凯，刚刚走马上任，北洋军队就一口气攻下了汉口，接着又拿下了汉阳。稍微鼓气，就可攻下武昌，收复武汉三镇。然而，袁世凯在占领汉阳后却主动叫停，以英国驻华公使朱尔典为中间人，开始与革命党人谈判。他审时度势，觑准了这一谈判的有利机会：武昌岌岌可危，留而不攻，算是给了南方革命党人一个大大的"人情"，在对他袁世凯产生好感的同时，必将生出新的希望——让同是汉人的他反戈一击，取代满清，达到恢复中华的目的。

是的，袁世凯是这么想的，也是这么做的，他可不愿继续充当清廷鹰犬，像他的前辈曾国藩、李鸿章那样，永远让清廷玩弄着当枪使。不，他不能这样，他要向清廷报仇！所谓的以"足疾"对"足疾"，不过开开玩笑，小试牛刀而已。这些年，他袁世凯真是受够了清廷的鸟气，好几次在鬼关门前徘徊复徘徊。而这次，他再也不能继续低声下气当走狗了！同僚曾笑他，说他老袁不仅孝敬满清王爷，就连太监也要巴结，给他们塞钱不说，见了李莲英，还得单腿下跪呢。是的，袁世凯真的给这位太监总管下跪过，可这是他心甘情愿的吗？不是，是残酷的现实逼的，逼他袁世凯比太监还要太监。这样的窝囊气他早就受够了，他不能再忍了，他要做主人，要取而代之。如今机会来了，稍纵即逝，他要紧紧地抓握在手。他留下武昌不攻，也可就此威胁、要挟清廷，以达一箭双雕之效。

事情一步一步地往他设计、预想的方向发展。南北双方派出代表，经过多次正式的及私下的谈判，双方条件渐趋一致，最后归结为两点：国家采何种体制，民主共和还是君主立宪？以及袁世凯在新体制中的位置。若行君主立宪，肯定还得保留满清皇帝。这，不仅袁世凯不愿，革命党人更不会答应，驱逐鞑虏、恢复中华是其首要任务，连最起码的这一点都做不到，那还叫什么革命？袁世凯心中，或许闪过直接由他接替皇帝的念头，可面对关山重重般的艰难险阻，也只能是想想而已。因此，南北议和最后达成的双方能够接受的条件，只能是实行民主共和制，并允诺由袁世凯出任大总统。

正在这时，孙中山由海外回国，被推选为中华民国临时政府的临时大总统。1912年1月1日，孙中山在南京宣誓就职。

袁世凯突然被孙中山斜插了这么"一杠子"，他的如意算盘被打乱，不禁恼羞成怒，马上指使北洋四十多名主要将领联名通电，以强硬的态度赞成君主立宪，反对民主共和。孙中山反应迅速，马上致电袁世凯，只要逼清帝退位，便让位于他。袁世凯不信，一面制造舆论"收拾大局非袁莫属"，一面加紧备战。孙中山毫不示弱，自任总指挥，出兵六路北伐。然而，孙中山此举很快就遭到列强的威吓及内部反对派的掣肘，如与袁世凯之子袁克定结为拜把兄弟的革命党人汪精卫，就公开指责孙中山贪恋总统之位，破坏和议。于是，孙中山不得不停止北伐，在致伍廷芳电中要他转达北方代表，第三次强调，"如清帝实行退位，宣布共和，则临时政府决不食言，文即可正式宣布解职，以功以能，首推袁氏。"

总统之位有了保证，袁世凯仿佛吃了一颗定心丸，开始回过头来对付清廷，加紧逼宫。

其实，袁世凯满可以用武力解决问题，但他不愿背上欺负"孤儿寡母"的骂名，便以软硬兼施的手段，迫其主动让位。作为一名由中国专制社会脱胎而出的典型官僚，袁世凯每做一件名声不怎么好的事情，总要弄出一副冠冕堂皇、俨乎其然的样子。哪怕正事、好事，也不直截了当地明言，而是道出一些含含糊糊的话语，做出一些转弯抹角的样子，让部下去揣摩、领会、迎合。善用机谋、惯耍手段，是袁世凯的人生策略与信条之一。

早在清末新政时期，袁世凯首次接受外国记者采访时，这位名叫托马斯·F.米拉德的美国记者，就以其敏锐的嗅觉得出一个结论：袁世凯将满怀自信地登上权利的顶峰，与此同时，也将面临危机四伏的险境。他认为，袁世凯"不但十分明了这些危险的源头所在，而且也知道这些危险在他前进的道路上可能会发生怎样的作用"。

事实也正是如此，每当袁世凯向权力中心迈进一步，便会伴随大祸临头的凶险。就在他加紧逼宫之时，革命党人已将其列为暗杀的头号目标，死神又一次向他露出了狰狞的笑脸。

1912年1月16日，约莫中午时分，袁世凯入宫议事后打道回府，途径王府井丁字街时，进入了革命党人的第一道伏击圈。严伯勋首先发难，奋力投出一颗炸弹，将袁世凯乘坐的马车炸翻，卫兵长袁金镖等十多人当场死亡。奇怪的是，浓浓的硝烟中，袁世凯居然毫发无伤。由军营中崛起的他，自然知道怎样保护自己，只见他赶紧从翻倒的马车中爬了出来，猛然跃上马背，折入路南的一条胡同，不顾一切地向前奔窜。没想到正好闯向第二道伏击线，早已守候在街口酒楼的革命党人黄芝萌和张先培推开窗户，准备再次投弹。就在这时，军警出现了，弹未投出，两人束手就擒。紧接着，埋伏在安东市场门口进行第三道袭击的革命党人杨禹昌因自我暴露，也遭逮捕。面对革命党人密谋策划得相当严密的三道伏击线，袁世凯仿佛冥冥中有神灵护佑似的，竟然连闯三道鬼门关脱逃，平安回到家中。

刺杀虽然没有成功，但将袁世凯吓得魂飞魄散，不敢随便走出府中。想想也真够后怕的，当时要不是马车驶得太快，炸弹扔得稍稍滞后，他早就一命呜呼了。袁世凯能够一步步地攀升获取成功，除了坚忍不拔，上天眷顾，更有常人难以企及的机灵与智慧——他特别善于利用机会，将坏事变成好事，转危为安，变祸为福。

　　暗杀事件发生后，袁世凯称病不朝，借机要挟清室退位，否则他将辞职。隆裕太后眼见袁世凯都遭刺杀，一个没有多少胆子与主见的妇人更是吓得不行，也就准备接受《优待皇室条例》退位。但是，一批宗室亲贵成立宗社党，发表宣言，坚决反对共和。关键时刻，又是革命党人帮了袁世凯的忙，彭家珍冒死刺杀宗社党首领良弼成功，满清贵族闻风丧胆，纷纷逃离京城。与此同时，袁世凯对奄奄一息的清室，再下一剂"猛药"，在他的鼓动下，原先反对共和的北洋新军突然转向，四十六名将领联名致电清廷，反对立宪，赞成共和。清室四面楚歌，走投无路，隆裕太后无奈之际，只好以宣统皇帝溥仪的名义，颁发三道诏书，第一诏宣布退位，第二诏公布退位后的优待条件，第三诏劝谕臣民。

　　皇权社会的每一次改朝换代，无不以皇族成员的血腥屠杀为代价，达到改姓易主的目的。清廷迫于压力下诏退位，国家权力以和平的方式交接更替，这在中国历史上是第一次，也是唯一的一次。当然，这也不是传统的易代，不是由一姓交给另一姓的家族统治。清廷的退位，也意味着中国皇帝从此退出了历史舞台。此后，哪怕有袁世凯的洪宪帝制，有张勋的拥清复辟，有"满洲国"的群魔乱舞，不过回光返照耳。

　　南北和谈成功，清廷和平让位，不论袁世凯为了实现个人野心如何玩弄手段，但在客观上避免了一场大的战乱，使得生灵免遭涂炭。以前的相关史书，特别是教科书，总将袁世凯称为"窃国大盗"。在民族与历史的转折关头，袁世凯的确有乘人之危、趁火打劫之嫌，但他也是中华民国的开国元勋，算得上盗亦有道。如果我们不带任何偏见，用"居功厥伟焉"加以形容，其实也不为过。

　　1912 年 2 月 12 日，也即清室下诏退位的当天晚上，袁世凯在外交部大楼，亲自动手剪掉那根拖在脑后、被汉人拖了二百六十多年的屈辱长辫。他一边剪，一边哈哈大笑。这恐怕是平日刻板、少有笑容的袁世凯，一生中最为高兴的时刻。他怎能不高兴呢？他不仅让多次欲置他于死地的清廷干脆彻底地死掉，也替汉人大大地出了一口怨气，更为美妙的是，清廷那高高在上的位置，将由他取而代之。虽然共和了，不称皇帝了，可他就是实际上的皇帝。大总统与皇帝之间，其实是可以划上一道等号的，只是叫法不同而已。

底地死掉，也替汉人大大地出了一口怨气，更为美妙的是，清廷那高高在上的位置，将由他取而代之。虽然共和了，不称皇帝了，可他就是实际上的皇帝。大总统与皇帝之间，其实是可以划上一道等号的，只是叫法不同而已。

不过呢，袁世凯似乎也过于乐观了一点，要是想到日后的一些磨难与坎坷，他肯定就会笑不出来了，至少是笑得不会这么天真与开心。

本来要实行美国的总统负责制，只因不信任他袁世凯，革命党人便弄出一个内阁总理制，以限制总统之权，其实就是限制他袁世凯的权力。又提出不少要他接受的苛刻条件，比如建都南京，实际上就是让他离开自己的势力范围，将其架空，成为一个傀儡。

若论谋略手段，孙中山为首的革命党人，与他简直不属同一档次。这些，老谋深算的袁世凯不仅一眼洞悉，且能施展计谋一一化解于无形。不过也有让他难受的紧箍咒，那就是民国《临时约法》。1912 年 3 月 10 日，袁世凯在北京就任临时大总统，孙中山第二天就在南京公布《临时约法》。这是一个由革命党人单方面制定，并未经过他参与同意，而又一厢情愿地非要他接受执行的宪法。孙中山此后多次发动的护法运动，护的就是这个《临时约法》。

袁世凯在《临时约法》所规定的总理内阁制下，开始行使总统职权，作为一个在清廷专制制度中执掌国家大权、实权的旧官僚，他几乎每办一件事，都要经过内阁审议，议员副署。而内阁与议员们之所以设立，为的就是限制总统的权利，所以他每动一议，每办一事，都深感掣肘。过去在军队，在朝廷，不论干什么，除了皇帝、太后而外，他袁世凯一言九鼎，谁敢说上半个不字？而当上了相当于皇帝的大总统，反而没有以前的权威了，反而不能像以前那样发话办事了，袁世凯先是想不通，大发牢骚，说所谓的大总统，连一个省的都督都不如。在专制政体下做惯了官的他，自然无法适应民主政体。既不适应，以袁世凯的枭雄本色，肯定不会削足适履，不会去给谁当"小媳妇"，必然想着突破既定的体制。

于是，与内阁的矛盾冲突势不可免。军权、政权在握的袁世凯要想打破"游戏规则"，玩出一些新花样，还不是分分钟就可搞定的事吗？对待内阁与议员，他使出的杀手锏与小站练兵无异，也是一手拿票子，一手拿刀子，先是收买，收买利诱不成，继之以血腥镇压。

就民国初年的政治格局而言，推举临时大总统一职的主要人选有四位：孙中山、袁世凯、黄兴、黎元洪。四人中呼声最高的当数袁世凯，他为当时各方政治势力所接受。十七省代表投票，袁世凯以多出孙中山一票的"大满贯"，全票当选为第二届民国临时大总统。

众望所归的袁世凯，相当于一只"绩优股"被普遍看好，哪怕发生了刺杀宋教仁的案件顺藤摸瓜地追查幕后凶手结果拎出袁世凯与之有染。孙中山发动"二次革命"，袁世凯尽管无法洗刷"宋案"罪责，但国内势力大多仍倾向于他。当时的云南都督蔡锷，在"二次革命"中也是站在袁世凯一边的。民众爱好和平不愿战争是一个原因，而更主要的，是袁世凯在当时的确具有统摄一切的威望。民心的向背与战争的实力，都在袁世凯一边，所以"二次革命"爆发不到两个月，孙中山领导的革命党人便告彻底失败。

前面我们曾经指出，袁世凯的性格中有着一个难以克服的致命弱点，那就是一旦得势，便沾沾自喜，飘飘然不知东西南北，不谙节制之道，不懂韬光养晦，继续一个劲儿地向前向前再向前，非将事情做绝不可，直至事与愿违地走向反面。

随着议员的不断被收买或遭迫害，控制了内阁的袁世凯仍不知足，先是下令解散社会党和一切"煽乱"的政党，不久又下令解散国民党，后来干脆解散国会，停止议员职务。他由临时大总统到正式大总统，又成立专门机构修改约法，出台《中华民国约法》（俗称"袁记约法"），废除责任内阁制，改行总统制，还弄出一些规定，使自己由任期总统成为实际上的终身大总统，并可传嗣子孙。

名有了，利有了，权有了，一时间，袁世凯可谓高高在上，万民景仰，名义上是共和制的大总统，实则比古代的某些皇帝更加集权。可他仍不知足，一意孤行，要改共和体制为专制政体，改中华民国为中华帝国，要做名实双至的皇帝称孤道寡。

当袁世凯成为实际上的终身大总统时，就已经站在了山峰之巅。他忘了自己曾经认识到的，每前进一步必将伴随着的危险，他不知道仅能立足的峰巅四周全是悬崖峭壁，无论往哪个方向，只要向前跨出一步，全是万丈深渊。对此，以他的智力与资历应该深深懂得，可他偏偏进入了得意忘形的误区，以为上面还有高峰，还要不断地攀升。仿佛为了体验继续攀升的瞬间极度快感，袁世凯跨步朝前，"临门一脚"，只是这"门"不是生门，而是一道死门与鬼门。

由众望所归到众叛亲离，只有一步之遥；由胜利到失败，也只有一步之遥；由真理到谬误，仍然只有一步之遥……世上许多事物，从左到右，由上到下，从正到反，看似遥不可及，实则仅仅一步之遥。

六

袁世凯称帝自为，固然打上了个人的烙印，与其性格、心理等密不可分，但主要的还是当时的社会环境与传统的文化土壤所致。

袁世凯逼退清帝，对算命、风水、堪舆之类的东西更加迷信，在确定总统府居时，他请来了一位所谓的"青鸟大师"相度吉凶。这位风水大师卜了一卦，认为中南海居震、离两方，而震为雷，为龙，为玄黄，乃帝王之所，有百利而无一害。于是乎，袁世凯就这样在"青鸟大师"的指点下搬进了中南海居住。

自革命党人针对他的刺杀案后，袁世凯虽然侥幸逃过一死，但仍心有余悸，常怀杯弓蛇影之忧。住进中南海不久，又发生了一件恐怖案，不知是谁将一枚炸弹给扔进了府内，虽然是一枚没有爆炸的臭弹。但在袁世凯心头，又增加了一层恐惧的负担。此后一直到死，素有果敢勇毅之称的袁世凯，都深居中南海，只两次走出新华门——一次郊天祀孔，一次祭祀先圣。这是两次他非露面不可的重大活动，所以不得不撑着胆子亲自前往。

他住在中南海这个到处都是帝王遗迹的园子里，不做皇帝梦倒反而有点不正常了。这里的每栋楼宇、每棵树木、每块石头、每处墨迹，都是王者的符号与象征，似乎都在向他述说着皇家的霸气与帝王的梦想。袁世凯无时无刻不浸淫在这种浓浓的帝王氛围之中，他的身与心，也在这极度的诱惑中日渐膨胀。他学古代盛世君王，想将国家治理得井井有条、强盛伟大，所以他勤勉有加，每天都在中南海居仁堂办公。劳形于案牍之余，还让人呈进摘抄历代帝王政治言行的《居仁日览》，毕恭毕敬地捧读不已，以为借鉴。

那些与他同样居住中南海的家人仆人，也不断地为本已浓烈的帝王氛围"增光添彩"。袁世凯睡觉醒来必喝香茶一杯，一位茶童在送茶时，发现他还在鼾睡，下意识地朝床上望了一眼，一不小心，竟将朝鲜国王送他的一只上等碧玉雕刻茶杯给打碎了。于是，茶童就说刚才看见睡在床上的不是一个人，而是一条全身闪闪发光、正欲腾飞的大金龙。此言说得袁世凯疑疑惑惑、恍恍惚惚，以为自己真是一条神龙下凡尘。结果撒谎的茶童不仅没有受罚，反而得了一份袁大总统的赏赐。

茶童这样说，其他仆人也捕风捉影，总说深宅大院深夜常有游龙掠过，还有意制造出多起令袁世凯深信不疑的假象与征兆。儿子袁克定为了自己日后能够继承皇位，更是推波助澜，极力怂恿父亲推行帝制。他私自刻了一枚"大皇子印"的金印，那些溜须拍马的人称他"大皇子殿下"，他也安然受之。他走得最远做得最为过分的事情，是对袁世凯封锁消息，每天伪造日本人在北京办的中文报纸《顺天时报》送他呈览。本是一份反对称帝的日人报纸，结果让他弄得面目全非，全是一些支持、同意袁世凯改行帝制的文字。据袁世凯三女儿袁静雪回忆，一次，她吩咐一名回家探亲的侍女回来时买一些黑皮五香酥蚕豆。侍女将蚕豆用整张《顺天时报》包了带回来，袁静雪一边嚼吃一边看报，无意中发现侍女带回的这张报纸，竟与平时看到的假版《顺天时报》不一样。把戏被戳穿，袁世凯气极，挥舞皮鞭将袁克定打得跪地求饶，他一边抽打，一边大骂长子"欺父误国"。

如果说仆人、家人、亲属要他当皇帝尚怀一份个人私心，而外人众口一词，则让本来十分机敏的袁世凯不禁变得十分迟钝起来，不得不跟着将信将疑了。他深居内宫，部下纷纷呈文，要求改行君主制，希望他早日登基称帝。

"筹安会"六君子中，除严复确有勉强拉扯之嫌外，其他五人对复辟帝制全都不遗余力。特别是杨度，一直到死，都认为中国不适宜共和，"非君主不足以定乱，非立宪不足以求治。"据说有一次，杨度见两乞丐吵架，其中一人道："似你这等无法无天，都是因为共和民国没有王法的缘故，假使皇帝复生，决不会让你这等东西如此横行。"杨度一听，不觉大受刺激，原来乞丐也信仰帝制呵！广大民众的帝制基础，恐怕是支撑杨度长期主张君主立宪的动力与源泉。

洪宪帝制失败，主张君主立宪的首领遭到通缉，他们不是逃窜就是降服，唯有杨度处变不惊，继续坚持过去的观点。1916 年 5 月 1 日，杨度在一篇发表在京津《泰晤士报》上的文章中写道："政治运动虽然失败，我的政治主张绝无变更。我现在仍是彻头彻尾主张'君宪救国'之人，这四个字，一字不能增，一字不能减……我认为共和系病象，君主乃药石，人民讳疾忌医，实为国家之大不幸。"

在梁士诒、朱启钤、周自齐等一批京官的发动下，各省成立了人民请愿团，在北京还成立了军警请愿团、商会请愿团、学界请愿团、教育请愿团、人力车夫请愿团，最让人大开眼界的千古奇观，是这些人居然别出心裁地拉出了两个相当特殊的团体——乞丐请愿团与妓女请愿团。这团那团的目的只有一个，那就是敦请袁大总统顺从民意早日称帝，恢复中国自古就有的君主制，不要照搬什么西方的民主共和制，那是洋人的玩意儿，咱们中国人可学不来！为首的梁士诒之所以如此卖力，就因为他在五路借款时拿了回扣，其手下又吞款贪污，害怕他人揭发，便以拥戴袁世凯称帝，建立"殊世功勋"来赎罪。

作为一名专制体制的旧官僚，袁世凯一辈子与洋人、洋务打交道，与那些顽固派比较，思想并不保守，但就内心而言，他赞同、推崇的仍是君主立宪制，对共和、民主、平等、自由之类的概念不甚了解，也无法接受。不说他，就是长期生活在国外的孙中山，对其理解也不够深刻，特别是在执行的过程中，动不动就会露出以传统文化为背景与底色的专制的一面，难以进入真正的民主层面。美国人罗比·尤恩森在《宋氏三姐妹》中，一针见血地指出："不论是袁世凯还是孙中山，都不明白民主政府的真谛。对于腐败透顶的旧专制统治变为民主政治的种种问题，他们谁也没有做好思想准备。"

让一个旧官僚搞民主革命，也真是难为了袁世凯。他不懂民主，更不懂操作，也就无法容忍与民主有关的一切。当初赞成共和，并不等于他真的拥护共和，很大程度是为了当上大总统的一种权宜之计。他本人信奉君主立宪，部下及全国人民似乎全都拥护君主立宪，就在这时，连外国人也跑来凑热闹。美国人古德诺发表了一篇《共和与君主论》的文章，认为中国"大多数之人民智识，不甚高尚"，"中国如用君主制，较共和制为宜"。日本人贺长雄给袁世凯上了一道名曰《新式国家之三要件论》的条陈，条分缕析，认为中华民国不具备实行"新式共和"必须具备的"三要件"。美国是西方民主制度最为彻底的国家，日本是采取君主立宪制相当成功的国家，旁观者清，当局者迷，连美国人、日本人都认为共和制不适于中国，可见事实的确如此。

综合各方面的信息，以及自己的认识，袁世凯对恢复帝制深以为然。

一股鼓噪、拥戴、劝进、支持、怂恿的民意,如潮水般从四面八方汹涌而来,似乎他袁世凯不称帝,国家反而就要动乱不堪了。过去的袁世凯十分清醒,并非那么好糊弄,以办实事著称的他,除了自己的判断外,还会进行一番认真的调查研究。比如了解下情,他会派出两批互不相同的人前往调查,这两批人要么时间错开,要么互不认识。如果他们汇报相同,与他的个人推测、分析不甚离谱,他才确信获知了真实消息。如果两方的信息有出入,或是截然相反,他会再行派人调查,直到他认可为止。可自从进入中南海后,袁世凯的耳目就闭塞了,办什么事也不像以前那样派人实地考察了。况且这称帝的呼声是那样高昂激烈,那样众口一词,就是有人造假,也造不了那么多,维持得那么久呵!

　　专制与皇权长期凝结在中华上空,几千年板结的专制文化土壤,一时间难以长出民主的苗壮大树。在国民意识深处,人人都有帝王思想,只不过范围有大有小而已。一家之长的专制,各地大大小小的"土皇帝",割据地盘称王称霸的军阀……要么为主,要么为奴,就是难以民主平等。

　　拥护帝制,事实上也的确是广大民众的心声与反映。经历了几千年的皇权统治,他们实难适应一个没有皇帝的国度,不知道如何生存,不懂得如何行为。一个刚刚学会站立的人,别说跑步,即便走起路来,也会踉跄不稳。不唯普通民众,哪怕社会精英也是如此。比如康有为反对袁世凯称帝,并非反对君主立宪政体,而是反对袁世凯本人,他极力扶持的,是清室复辟。后来那些由袁世凯一手培养起来的北洋将领,也反对他称帝,并不是这些旧军阀们多么信仰共和赞同民主,而是袁世凯称帝后,以一姓之尊传位于子,他们不想侍候、跪拜一个曾是晚辈的新皇袁克定,还因为帝制堵塞了他们通向最高权力的途径,打碎了他们极有可能继任总统的梦想。

　　就在这时,又传来消息,远在河南项城的袁世凯亲生父亲袁保中墓旁,长出了一条长达一丈多,形似龙状的紫藤。袁世凯速派袁克定回乡查看真伪,袁克定到达项城,很快写了一封回信:"藤滋长甚速,已粗逾儿臂，且色鲜如血，或天命攸归，此瑞验耶！"天命所归的远不止于此，各地呈送的关于袁世凯乃真龙天子的各种祥瑞，实在是太多太多了，就连京城的一位天文学家，也呈文给袁世凯，说他夜观天象，发现一颗帝星高照某纬度，经勘测研究，帝星高照之地正是河南项城。今帝星正向北移，不久将抵达北京上空，照临袁大总统的皇帝宝座……

民意难违，天意更是难违！

事情到了这种份上，袁世凯就是不称帝，也不行了！当然，也有反对他称帝的，只是这样的声音过于微弱，简直可以忽略不计。

既然称帝成了他所面临的唯一选择，于是乎，袁世凯只有称帝。

严格说来，是我们脚下这块土地生长出来的各种动物，还有植物的共同努力，多方合谋，迫使袁世凯走了一步"臭棋"。只因这是他人生中的最后一步棋，所以连"翻盘"的机会也没有了。

其实，袁世凯也是华夏民族的一分子，他就是我们中间的一员，我们的许多基因不仅类似，且源于同一血脉。

一旦袁世凯称帝，革命党人就及时有力地喊出了《同盟会宣言》中的一句名言："敢有帝制自为者，天下共击之！"

而首先发难的则是袁世凯倚为栋梁的蔡锷。他将蔡锷从云南调来京城，可谓一石二鸟，既为了削藩，也预备着重用这位年轻有为的将军，付以兵权，委以重任，彻底改造北洋系。蔡锷对他也是感激不已，极愿服从袁大总统的领导。孙中山"二次革命"时公开支持袁世凯的蔡锷，在他准备恢复帝制时也没有表示反对。可当杨度请他当说客，以弟子的身份劝说梁启超支持袁世凯称帝时，蔡锷不仅没有游说成功，反被梁启超一夜之间给拉了过去，坚定地站在老师这一边，成为振臂一呼天下响应的反对袁世凯称帝的第一人。

当然，就凭蔡锷那几千缺少弹药、缺少粮秣、缺少后援的单薄兵力，袁世凯将其制服，根本不在话下。只因后院起火，过去的亲信、北洋部下纷纷倒戈，才在气恨交加的病痛中画上了人生的句号。

据诸多史料记载，"北洋三杰"之一的冯国璋，听说袁世凯有称帝之意，从南京前来拜望上司时，便问外面的传言到底是怎么一回事情。袁世凯说："我绝对无皇帝思想，袁家没有过六十岁的人。我今年五十八，就算做皇帝能有几年？况且皇帝传子，我的大儿子克定残废，二儿子克文假名士，三儿子克良土匪。哪一个能承继大业？你尽管放心。"

但袁世凯最后还是称帝了，冯国璋觉得，老头子对他这样的铁杆亲信也要说假话、行欺骗、耍计谋，真是出尔反尔、奸诈无比，因此，他背叛起袁世凯来，也就显得相当地理直气壮、问心无愧。北洋将领中，冯国璋第一个通电劝袁退位。

其实，就袁世凯一方而言，他当时说的也确是几句大实话。他极其担心自己像袁家的其他男人一样不到花甲而亡，一过五十六岁，袁世凯就心虚气短地念叨着，常将这样的话挂在嘴边，事实上他也真的没能迈过六十岁这道坎。身体那么强壮，精力那么旺盛的一个人，竟被尿毒症打倒，说死就死了，终年五十八岁。

冯国璋问话的时候，袁世凯还真没打定主意要当这个皇帝，至少是当时不想当。后来决定要当了，也并非完全出于私心，他死后的传位遗嘱里，内定的三位继承人依次是黎元洪、段祺瑞与徐世昌，便没有三个儿子中的任何一位。

所谓墙倒众人推，树倒猢狲散，恢复帝制转瞬间成为一场闹剧，由众口一词、潮水般涌来的劝进，突然转为夜以继日的来自全国各地的劝退、迫退、乞退乃至斥退。弥留之际的袁世凯，算是真正体会到了一种无以言说的悲哀与凄怆，什么奋斗、名誉、金钱、权力等等之类的东西，此时此刻，已变得全然没有意义。

临终前，他向侍疾榻畔的徐世昌说道："他害了我！""他"是谁？是儿子袁克定，还是"筹安会"六君子之首杨度，抑或另有所指？长期以来，这个"他"一直被人猜测不已。今日看来，袁世凯心中的"他"，应该说是一个泛指，凡是有着帝王思想的人，都是他所指的这个"他"。同时，袁世凯这不责己而怨人的临终之言，也从另一角度表明，其实他十分清楚帝制不可为，继续走下去危险莫测，只是被"他"牵制，受"他"所害，才极不情愿地，或者说迫不得已地迈出了这一步。

"绝怜高处多风雨，莫到琼楼最上层。"这是袁世凯二儿子袁克文的诗句。真是一娘养九子，九子九个样，一心想继承皇位的袁克定，与淡泊名利的"假名士"袁克文，还真是两个截然不同的类型。袁克文所写，便是乃父称帝后的真实写照。

袁世凯一生拥有四顶"高帽"——"窃国大盗""大独裁者""卖国贼""复辟狂"。关于"窃国大盗""大独裁者""复辟狂"，我们多多少少有所论及，下面就"卖国贼"的历史真相，稍作还原与澄清。

袁世凯被指为"卖国贼"，是说他为了换取日本政府赞同复辟帝制的行为，不惜出卖国家主权，与日本签订"二十一条"。其实，他在"二十一条"的谈判中，已尽了最大努力，将国家的损失减少到最低限度。袁世凯"耗尽了日本人的耐心"，日本政府向他发出最后通牒，逼他立刻签约。他不愿接受条约，但又不敢拒绝。如果拒绝，日本人肯定会再次发动一场新的大规模侵略战争。以疲弱的国力与强寇对垒，甲午之败的惨祸又将重演。条约虽然签下，但袁世凯却有意让秘书将其内幕透露出去，希望国际组织加以干涉。西方列强正困于第一次世界大战无暇东顾，狡猾的日本政府也正是趁此机会强下毒手。袁世凯的目的没有达到，而条约的秘密却为国人所知，举国上下，顿时一片震惊、愤怒与斥骂。1915年5月8日，袁世凯在条约签字前一天通电全国，说不得已受欺，是国人的奇耻大辱。签约后他发布两道密谕，定"五·九"签字日为国耻日，望各省文武官员不忘国仇，要求"凡百职司，日以'亡国灭种'四字悬诸心目"，并"申儆人民，忍辱负重"。

其实，袁世凯早年在朝鲜与日人结仇，他一直耿耿于怀，从未有过消解。没想到旧仇未报，又添新恨，他为此神志不宁、郁闷愤恨不已。乃命丁佛言撰写《中日交涉失败史》，印刷五万册，秘密存放在山东模范监狱。他常对左右说："日本是中国最大的敌人，我们总有一天要打败他们。那时候，这部书就可以问世了。"

如果真有什么密谋，袁世凯称帝，日人就不会出尔反尔地在他背后猛插一刀了。只因刚与日本签订"二十一条"，接着马上称帝，让人将两件事情联系在一起，便想当然地推测幕后必有什么见不得人的肮脏交易。袁世凯病逝之日，有人在其书案发现他亲笔写下的一副用以自挽的对联："为日本去一大敌，看中国再造共和。"

诸多事实表明，所谓袁世凯与日本签订"二十一条"换取复辟帝制的承诺，纯属子虚乌有。

蒋廷黻在《中国近代史》中评价袁世凯，说："他不过是我国旧环境产生的一个超等的大政客"。就某一角度来说，此言可谓一语中的。袁世凯脱胎于中国传统文化，但他所吸取的，多是阴柔与负性的一面。他手腕灵活，计谋高超，纵横捭阖，善于把握时机，玩弄权术，专任私党，排斥异己，深谙官场哲学之精髓，且无师自通，有着非凡的政治天赋。他做事从不受道德的约束与羁绊，而是以实利、效果相权衡。若拿他与孙中山比较，他们两人一个最大的区别，就在于道德、人格与理想。袁世凯无所谓道德人格，只想一个劲地往上爬，追求功名利禄，心中没有什么伟大的理想，更不会弄出什么主义出来要求他人也要为之奋斗乃至献身。他虽不沉湎于酒色，但妻妾成群，还不避讳地常常出入妓院，所娶一妻九妾，就有大姨太、六姨太、八姨太等三人属妓女出身。

表面看来，袁世凯将钱、权、名、利看得十分重要，而实际上，他却什么也没有捞到手。他一个劲地捞钱，花起钱来出手大方，从不吝啬，比如他出任督抚后专门设有筹款局广敛钱财，执掌北洋期间，接手了李鸿章

留下的八百万两银子，其实这些钱财，并未用于个人挥霍享受，也不置办私产，而是作为幕僚的开支，以及贿赂、收买与进贡。他不住地抓权，在掌权的过程中又不得不分权与放权，以致一手编练出来的新军，被手下的主要将领控制、利用，最后成为反对他的工具，真有点搬起石头打自己脚的味道。他不时地充当赢家，不断地获取成功，其实每走一步都十分艰难，仿佛在钢丝上玩魔术般艰难滑行。而名对他而言，不仅在其身前的每一重要阶段都遭人诟病，死后，在一部中国近代史上，他也是挨骂最多的一个，几与古代被视为恶贯满盈的秦始皇、曹操、隋炀帝等人"比肩而立"。

只因下了一步复辟"臭棋"，当了八十三天皇帝，袁世凯便身败名裂，英雄顿时成为奸雄与狗熊。

于是，他生前的业绩被淹没，缺点被放大，成为千夫指，成为"打倒在地，再踏上一只脚，永世不得翻身"的败类，成为近代历史上坏得不能再坏的人物。如果说当年投票选举临时大总统时，其得票数超过孙中山，赢得一个"大满贯"，那么在挨骂这一点上，他也超过了挨骂挨得最厉害的"老妖婆"慈禧太后，几乎可以拿一个"挨骂冠军"了。因为至少清朝的那些遗老遗少，不会痛骂慈禧，只有他袁世凯，哪一方都不讨好，得遭受所有人的斥骂：被他逼退的清室要骂，康有为、梁启超等维新党人要骂，孙中山及他身后的国民党要骂，普通老百姓在他人的宣传鼓动下得跟着骂，就连那些一手栽培起来的曾经跟着他风光不已、获利多多的亲信部下、北洋将领在表白自己的时候也会跳脚大骂……

袁世凯就这样被人骂着一直骂到今天，估计一时难有翻身出头之日，往后还得继续被骂下去，遗臭万年。这可真是应了老祖宗留下的一句话——一失足成千古恨。

由直接杀手、间接杀手、幕后杀手、真正
杀手等一系列大的小的、明的暗的、有形的无
形的、伪善的狰狞的杀手们所组成的庞大的杀
手集团，杀死的不仅仅是宋教仁个人，而是中
国的民主政治！

宋教仁：走向民主的挫折

一

　　暗杀宋教仁的那声沉闷枪响，常使我们产生一种恍兮惚兮的时空错乱
之感，虽过一个世纪了，但仿佛就发生在昨日抑或今天，又似乎离我们十
分遥远，远得像一个遥不可及的传说。

　　1913 年 3 月 20 日晚 10 点 45 分，上海沪宁火车站，一辆开往北京的
列车升火待发，月台上人影幢幢，旅客如潮。应袁世凯急电相邀，北上共
商国是的国民党代理理事长宋教仁，在黄兴、于右任、廖仲恺等友人陪同
下，从车站特设的议员休息室出来，大家有说有笑地向检票口走去。突然
间，一颗子弹向宋教仁射来。沉闷的枪声中，他当即弯下腰来，捂住中弹
的肚子，对近旁的于右任痛苦地说："我中枪了。"送行的人们一面七手八
脚地将他扶上汽车，送往就近的老靶子路沪宁铁路医院急救，一面呼喊巡
警抓捕凶手。

距宋教仁仅几步之遥的凶手，在第一枪击中目标后，为防追捕，赶紧趴伏在地，又接连朝左、向右放了两枪，有意制造混乱与恐怖。随着两声清脆而刺耳的枪声呼啸掠过，凶手一跃而起，箭一般地迅速逃窜。奇怪的是，往日夜班车必有警察巡逻的车站，此时却找不到半个巡警的身影。凶手身材矮小，逃跑中在光滑的地面摔了一跤，马上爬起，跑不多远，又沉沉地跌倒在地，他顾不得疼痛，又迅速爬了起来，飞也似的朝站外狂奔而去……

子弹由宋教仁右腰射入，伤及小腹与大肠，适近心脏，伤势十分严重。医院组织医术高明的医生全力抢救，实施手术，取出枪弹。术后虽注射了止痛药，但宋教仁仍痛不欲生，辗转呼号，惨不忍闻。他自认为"从未结怨于私人"，实在想不出遭到何人暗算，呻吟中不由得连声叹道："罢了，罢了！惜凶手在逃，不知误会吾者为何许人。"疼痛稍止，便授意黄兴代拟致民国临时大总统袁世凯电文一封：他自感伤势过重"势必至死"，只是"今国基未固，民福不增，遽尔撒手，死有余恨"，因此，希望袁世凯"开诚心布公道，竭力保障民权，俾国得确定不拔之宪法，则虽死之时犹生之年，临死哀言，尚祈鉴纳"。

当夜伤势渐重，便血不止。第二日清晨，宋教仁神色惨变，危险万状。医生检视后说道："病人肠脏已损，亟应开割，方有生望。"下午2时再行手术，修补肠脏，除去血块，注射吗啡。然病情更重，唯一息尚存。1913年3月22日凌晨4时48分，宋教仁因抢救无效与世长辞，年仅三十一岁。死前留有三事相嘱：一、以书籍赠南京图书馆；二、请故人抚恤其家，善待其母；三、嘱同志勿生悲观，宜奋力国事，复兴民族。

宋教仁遇刺殉难，举国震惊，群情激愤，纷纷要求尽快缉拿凶手，特别是黄兴、陈其美等同仁志士，更是怒发冲冠，发誓报仇雪恨。

这一激起全国强烈反响的谋杀案究系何人所为，不仅宋教仁本人，社会各界也陷入迷惑，纷纷猜测不已。有人认为此案因党争而起，矛头指向其他党派；有人推定此乃宗社党所为，企图通过这种残暴手段恢复满清皇权统治；也有人猜测与袁世凯有关，可袁世凯刚一接到宋教仁被刺消息，就义愤填膺地说道："岂意众目昭彰之地，竟有凶人敢行暗杀，人心险恶，法纪何在？"并大骂刺客"何物狂徒，施此毒手"，当即通令全国"重悬赏格，缉凶归案"。

凶手在逃，真相不明，整个案情以及隐藏在案情背后的一切，顿时变得扑朔迷离。

同为肉体之躯的生命，某些个体的存在与失去，犹如一粒尘埃的飘浮与落地，显得极其微不足道；而另一些重要人物的健在与离世，会给某一群体、民族、国家造成巨大的震撼与深刻的影响，甚至改变某一时段的历史进程与发展走向。

不论凶手是谁，宋教仁的被刺身亡，对当时的第一大党——国民党来说，是一个无可挽回的重大损失；而对正在急剧转型的中国而言，则严重阻碍了民主的发展与进程，使得本可脱胎换骨的古老国度，失去了一次千载难逢的机会，只有无可奈何地依然背负沉重的专制盔甲，蹒跚前行，离本真意义的民主政体与法治国家愈来愈远……

二

出生于湖南桃源县的宋教仁，对陶渊明的《桃花源记》从小熟稔于心，文中所记，便是他故乡的风景、风情与风物，桃源县也因此而得名。

宋教仁曾在一篇文章中写道："湖南之民族，坚强忍耐，富于敢死排外性质之民族也。"也许是楚先民遗传基因的作用及楚文化的熏陶，自号渔父的他，虽置身山青水碧、风景秀丽、偏远宁静的故乡，但心中所向往的，却是外面广阔而喧闹的世界。宋教仁祖父曾著有宣传反清复明思想的《腹笥草集》一书，受家庭环境影响，自幼便有机会接触《扬州十日记》

《嘉定屠城记》之类的反满作品，一颗复仇救国的种子深埋心中，萌芽，终于长成远大的志向与抱负。

他一生追求并实践着的社会理想，实与陶渊明笔下平和而宁静的"桃花源"有着异曲同工之妙：人人享有自然的天赋人权，有"良田美池桑竹之属"，有平等，有自由，过着一种"怡然自乐"、幸福美好的生活。

宋教仁不到五岁便入私塾，诵读之书，无非孔孟，可他对儒家中规中矩、文质彬彬之类的说教不感兴趣，而专心于时事、军事、地理等方面的著述。

1899年，十七岁的宋教仁进入湖南漳江书院就读，除继续研习四书五经外，还接触了数学、地理等新科目，特别爱好兵、刑、名、法等其他诸家学说，"尤酷好历史舆地、许氏说文及古今政治诸书"，对天下山川形势，了如指掌。心怀大志、满腔激情的他，常与同学纵谈国家大事，每至动情之处，便如江河般倾泻而下、滔滔不绝。为此，大家便以"狂生"名之，一般同学担心受到牵连，不敢与他走得太近。可宋教仁毫不在乎，依然我行我素，常与三五志同道合的朋友相邀，遨游聚会，饮酒赋诗，高谈阔论。

作为一名政治家的宋教仁，却又是一位典型的性情中人。政治常与心机谋略、沉稳冷静、残酷无情、出尔反尔、巧取豪夺连在一起，某位名人就一针见血、直言不讳地说过，好的政治家不应该是性情中人。宋案发生后，就有报纸认为宋教仁"不是天生的政治家，而是天真的政治家"。他这种热心、率真、坦直、任性，也即"天真"底色的形成，实与漳江书院四年就读的经历密不可分。

一个初秋的傍晚，宋教仁与几位同窗好友走出校园，登上桃源县城城头。极目远眺，但见秀美的山河大地笼罩着一片夕阳残照的红光，肃穆、雄伟与壮丽之中，透着一股难以掩饰的萧索、沉重与悲凉，宋教仁不由得喟然长叹：最辉煌灿烂的时刻，往往是陨落毁灭的刹那，人生何尝不是如此！

年轻的他，竟有如此感慨，在其生命的深处，是否对自己的命运与归宿早有预感？

如果说四年漳江书院学习生活，宋教仁的反清革命思想尚属自发的感性认识阶段，那么当他于1903年春以第一名的优异成绩考入武昌文普通中学堂后，接触到大批革命志士与先进思想，特别是结识黄兴之后，更是眼界大开，见识大增，此时的宋教仁，反清救亡思想已上升到自觉的理性阶段，开始积极投身于革命实践活动之中。

1904年末，因策划发动推翻清廷的湘鄂起义失败，宋教仁不得不逃亡日本。留学东京期间，他对日本仿效西方，经过明治维新实行君主立宪后的迅速崛起，感触特别深刻。追本溯源，宋教仁以敏锐的目光与感知，透过纷繁的表象，关注社会肌理与组织结构，对西方资本主义的民主政体、法律制度、财政制度、议会政治、组织形式等产生了浓厚的兴趣，花费大量时间与精力进行认真细致的研究，并先后翻译了《日本宪法》《俄国之革命》《英国制度要览》《各国警察制度》《澳大利匈牙利制度要览》《美国制度要览》《比利时澳国俄国财政制度》《德国官制》《普鲁士官制》等多部政治制度著作。

社会政体的类型，根据主权者人民将政府权力所赋予的不同对象，可分为君主制、贵族制与民主制：如果将权力交给一个人掌控，就是君主制；赋予少数几个人进行操作，形成贵族制；如果人民既保有立法权，又掌握着行政权，便是民主制。就当时世界民主制度而言，主要有两种类型，君主立宪制与共和制。君主立宪制又分两种，一种是以议会完全取代王权的英国模式，另一种是分割王权的日本模式；共和制也有两种形式，美国式的总统负责制与法国式的责任内阁制。不论何种类型，民主制皆以"三权分立"作为国家政权的组织原则，立法权、司法权、行政权虽然你争我夺，在不同的民主国家此消彼长、有强有弱，但三权不仅分开，而且保持着相互制约、彼此均衡的发展态势。

反观中国两千多年来一以贯之的君主专制政体，三权分立闻所未闻，所有权利集于皇帝一身，皇帝是所谓的天之子，是唯一的主宰，可以凌驾于全体人民及一切物事之上，享有至高无上的决定权与处置权。

随着视野的开阔、研究的深入与认识的提高，宋教仁一方面继续民族主义的抗清斗争，另一方面，则以西方民主政治制度改造并取代中国君主专制政体为目标奋斗不已。在日期间，他因出色的组织才能与精湛的理论修养，深得留日同学赞许，被认为"非徒有破坏力且有建设力"。排满反清是"破"，建立资产阶级民主政体是"立"。不破不立，打碎与毁灭不是目的，只是过程与手段，关键在于构建一种先进的秩序，建设一个理想的社会。宋教仁努力追求的目标没变，胸怀与认识却在不断变化、提升与超越：活跃在辛亥革命前后的宋教仁，既是运筹帷幄、折冲尊俎的革命家与组织家，也是一名宣传民主、推行宪政的理论家与政治家。

1905 年 1 月，宋教仁作为主要发起人，成立了"二十世纪支那社"，创办《二十世纪支那》杂志，以研究学术为名，号召所有留日学生打破省区界限，实现广泛的团结与联合，为"树二十世纪新支那之旗于支那"而奋斗。不久孙中山抵达日本，与黄兴就兴中会与华兴会联合成立中国同盟会之事进行协商，宋教仁被举为同盟会章程起草人。1905 年 8 月 20 日，中国历史上第一个资产阶级政党——中国同盟会在东京正式成立，宋教仁被推为司法部检事，《二十世纪支那》杂志改组为同盟会机关报——《民立报》。

自中国同盟会成立之始，宋教仁的声望便不断上升，地位日益突出，"在当时实是国父的左右手，党中有名的健将"。

由于认识、性格、观念等各方面的差异，加之反清起义多次失败，同盟会的主要领导成员孙中山、黄兴、宋教仁、章太炎、陶成章等人相互之间产生了不可避免的矛盾与分歧。于宋教仁来说，主要是思想见解与孙中山有着一定的出入。鉴于同盟会倾全力在南方边远地区发动起义惨遭失败的事实，宋教仁痛定思痛，不断反思，于1910年提出了调整、变更反清计划的建议，这便是著名的"上中下三策"：上策为中央革命，一举占领北京，号令天下；中策设立中国同盟会中部总会，长江流域各省同事举事，然后北伐；下策在云南、两广、东北等地起义，占据边远地区，再图发展。下策屡次损兵折将事业无成，上策难度最大一时无从下手，唯有中策最为切实可行。为此，他提议道："发难宜居中，不宜偏僻；战期宜缩短，不宜延长；战区宜缩小，不宜扩大。"谭人凤、陈其美等同盟会主要领导及多数会员纷纷支持这一倡议，1911年7月，同盟会中部总会在上海成立，宋教仁当选为总务会干事，分掌文事部。

宋教仁及时调整起义方略，为推翻满清统治带来了新的转机。时值四川保路运动进入高潮，他抓住这一有利机会，迅速派遣要员前往长江流域八省设立分会，各分会皆受上海总部指挥，以联成一气，协同发展。

"能争汉上为先着，此复神州第一功。"长江流域八省各分会机关相继成立，在筹划具体行动方案时，宋教仁将武汉列为重中之重。他的目光，放在了早有革命思想的新军身上，促请谭人凤前往武昌，力劝共进会、文学社两派合并，相辅而行，伺机发动武装起义。其实，早在1904年华兴会策划湘鄂起义时，宋教仁就特别属意于武昌新军，认为"能够运动新军参加，枪杆子与军队就有了，而且革命之火，一经点燃，由新军来占领汉阳的兵工厂、楚望台的军械局，也比较容易多了。能夺下这两个地方，就不怕少枪缺弹了。这叫做'向敌借兵，就地取粮'，省钱省事……"

事实证明，正是同盟会中部及各地分会的成立与推进，才促成了武昌首义的爆发与长江流域各省的迅速响应，然后波及全国各地，取得了辛亥革命的最后胜利。

三

武昌首义爆发时，同盟会主要领导没有一人身在武汉——孙中山在海外，黄兴在香港，宋教仁在上海。举义仓促，群龙无首，革命党人只有临时推举原清军协统黎元洪为湖北军政府都督。

其实，宋教仁是最有可能出现在武昌领导起义的同盟会领袖。起义爆发半月之前，即 1911 年 9 月 25 日，湖北分会负责人居正奉命抵达上海，详细汇报了湖北革命条件已经成熟，武昌新军跃跃欲试的情况，催请黄兴、宋教仁、谭人凤，迅速前往武汉主持大计。同盟会中部总会决定率先在武汉发动起义，南京、上海两地同时响应，宋教仁、谭人凤两人赶赴武汉，同时派人至香港速请黄兴。正在这时，谭人凤突染重病住院，关押在武汉监狱的宋教仁密友胡瑛派一学生前来上海，痛哭流涕地叙说湖北条件尚未成熟，力劝不要提前发难。准备成行的宋教仁不禁犹豫起来，后因武汉事急，决定于 10 月 6 日动身。正待启程，又因《民立报》事情难以抽身。10 月 8 日，谭人凤带病出院，独自一人前往武汉，船到九江，武昌新军起事，进攻督署，清军弃城而逃，武昌由是光复，首义获得成功。被突如其来的革命声势吓得躲在床下的黎元洪，在革命党人的"逼迫"下，不得不出任湖北军政府都督一职。

没有及时赶往武汉，宋教仁追悔莫及，引为终生遗憾。谭人凤也因此而将一些始料不及的祸事怪罪于他："推原祸始，则皆宋钝初（宋教仁字）之迁延有以致之也。不然，当时内地同志，对于海外来者实有一种迷信心，安有黎元洪？无黎元洪，又安有此数年来之惨剧？"

谭人凤之言虽有夸大其词之嫌，但武昌首义爆发之时，倘若宋教仁在场，就不会有黎元洪极不情愿之"出山"，倒也是实情。此后，宋教仁为将黎元洪拉下"马"来，简直费尽心机，也没有成功。比如他组织各省留沪代表举行会议，推举黄兴为大元帅（或大总统）负责筹组临时政府，就是担心武昌成为中央政府，黎元洪成为政府首领，于同盟会不利，才不得不如此而为，结果遭到了湖北集团以及在武汉的各省都督府代表的强烈反对，甚至有人认为他是在扮演"一幕滑稽戏"。武昌起义两个半月，也没能产生一个全国性的中心机构，给清政府带来许多可乘之机，究其主因，当与同盟会不信任湖北军政府，担心黎元洪坐大密不可分。

起义爆发不到半月，宋教仁还是匆匆赶到了武昌。只是机会稍纵即逝，一旦错过便永不再来，好些事情也无法挽回。历史老人有时大方得不着边际，有时又吝啬得不近情理。1911 年 10 月 28 日，宋教仁与黄兴一同抵达武汉。清军压境，汉口危在旦夕，黄兴一心所系，是打退清兵，先立战功，再作其他打算。而宋教仁的着眼点则在"立"，他力主组织中央临时军政府，以取得交战团的合法地位。一番努力没有成功，便转向以建设新国家为宗旨的立法活动，以其精湛的法学知识及长期充分的积累准备，在短短的时间之内起草了《中华民国鄂州约法》。

《鄂州约法》是中国第一部以自由、平等、博爱等天赋人权为思想基础，以三权分立为理论基础的大法，它以法律的形式否定了君主专制政体，确立了人民的民主与自由权利，具有划时代的开创意义。

"驱除鞑虏，恢复中华，创立民国，平均地权"，乃同盟会的四大纲领，满清政权被推翻，前两条业已完成，接下来的任务当是"创立民国，平均地权"。而当时的情形，正如蔡元培所言："会员大率以'驱逐鞑虏'为唯一目的，其抱有建设之计划者居少数。抱此计划而毅然以之自任者尤居少数，宋渔父先生其最著也。"事实的确如此，从《鄂州约法》的草创，到此后《中华民国临时约法》的制定，以及民国初期国会的运作，宋教仁都是中心人物，贯穿其中的，便是一个大写的"立"字——创立、成立、树立与建立。

同盟会核心领导成员中，孙中山与黄兴、宋教仁之间，存在着一定的矛盾分歧。黄兴总是以其豁达的胸怀，不计前嫌，弥合裂痕，与孙中山尽可能地在思想上完全认同，行动上步调一致。而宋教仁却怎么也做不到，他也想毫无保留地听命于孙中山，可内心深处却有另一个声音在拼命地阻止他。宋教仁与孙中山目的一致，其分歧主要出于不同的思想认识，以及具体的行动计划，绝对没有半点争权夺利的意思。

辛亥革命前，他们的分歧在于发动反清起义的具体地点，孙中山一直着眼于边远地区，宋教仁则留意于中部长江流域。辛亥革命成功，共和国建设迫在眉睫，1911 年 12 月 25 日，孙中山从欧洲回国，立即讨论组织临时政府问题，他主张采取美国式的总统负责制，而宋教仁则主张法国式的内阁负责制。孙中山认为："内阁制乃平时不使元首当政治之冲，故以总理对国会负责，断非此非常时代所宜"。这一看法有着十分充足的理由，专制政体刚刚推翻，人们已经习惯了几千年高高在上的皇权统治，皇帝垮台，而总统又形同虚设，国家一时间极有可能陷入混乱不堪的境地。其实，宋教仁此前也赞成总统制，包括不久前由他亲自起草、主持制订的《鄂州约法》《临时政府组织大纲》便取美国总统负责制。现在之所以反对总统制，极力主张推行法国式内阁负责制，主要是因人而设，从防范袁世凯的角度出发。

南京临时政府就要成立了，孙中山即将当选临时大总统，但这一切都得附加"临时"二字。早在孙中山回国之前，南北和议代表谈判，订立草约五条，其中就有"先推翻清政府者为大总统"；据传黄兴也在一封电文中说"袁能令中国为完全民国，决举为大统领"；而民众渴求和平，以为满清政府推翻，只要战乱平息，汉人中谁当总统都是一样。眼见袁世凯即将坐收渔人之利，对他素无好感的宋教仁决计早为制约之计："内阁不善而可以更迭之，总统不善则无术更易之，如必欲更易之，必致摇动国本。此吾人不取总统制而取内阁制也。"宋教仁的真实意思不便明说，所以提议无人理解响应，因责任内阁制设立总理，宋教仁遭到其他党人反对不说，还被误解为争权夺利，想当总理。

误解也好，反对也罢，宋教仁仍拼全力争取。经过反复磋商，他终于说服了孙中山，决定采取内阁制，孙中山就任总统，黄兴出任国务总理。

临时更改政体模式，不得不对取总统制的《鄂州约法》与《临时政府组织大纲》中的相关条款进行修改。《约法》已成过去，而《大纲》则为即将成立的南京临时政府蓝本，修改须征得各省代表同意。为此，宋教仁宴请各省代表，发表演说，陈述修改理由，而应者寥寥。加之宋教仁想当总理的谣言愈传愈盛，《临时政府组织大纲》后虽作了一定修改，但只承认增加副总统、国务员的位置，责任内阁制并未出现。

1912年1月3日，仿照西方资本主义共和模式的南京临时政府成立，标志着两千多年君主专制政体在中华大地的结束，至少是形式上的最后终结。

1月13日，宋教仁被任命为法制院院长，受孙中山委托起草《中华民国临时政府组织法草案》。宋教仁力主坚持责任内阁制，规定临时大总统权公布法律及政令，须经阁员附署，明确限制总统权力。不久，又以《鄂州约法》《临时政府组织大纲》为基础，制订了《中华民国临时约法》。3月11日，由孙中山以临时大总统名义正式公布。

《中华民国临时约法》对国家政治体制作出规定：中华民国以参议院、临时大总统、国务员、法院行使其统治权，并实行立法（参议院）、行政（临时大总统、副总统及国务员）、司法（法院）三权分立原则。立法制约行政，法官独立审判，不受上级官厅干涉。

《临时约法》摒弃了孙中山一贯主张的民主共和模式，采取了宋教仁式的自由共和理论框架——责任内阁制，"采法国制，参议院为最高之机关，而国务院为责任之主体。"具体而言，责任内阁制通常设有内阁（中国称国务院），由总理和总长组成；内阁由议会产生，并由议会中占多数席位的一个政党组成，或几个政党联合组成；内阁对议会负责，受议会监督，议会可决定内阁去留。总统虽然代表政府总揽政务，但其权力受到严重制约，公布法律、发布命令须经国务员副署才能生效，不同意则可驳回。国务员由参议院任免，因此国务员只需对参议院负责，而不必听命于总统。可见责任内阁制下的总统，是一名不负实际行政责任的国家元首。

平心而论，这种视人立法的随意性手段，置国家大法为政治工具的做法，实在有失西方立法精神的客观与公正原则。此外，就已经施行此种制度的法国而言，内阁制极容易造成政府频繁更替，导致政局动荡不稳，这点也被革命党人有意无意间给忽略了。

表面看来，宋教仁的责任内阁制，可以有效地控制他所认为的"其人不学无术，其品更恶劣可鄙"的袁世凯，但其内里隐藏着一个难以克服的误区与罅漏：内阁之权如何得到社会力量的保障？如果手握军权的袁世凯干脆将其一脚踢开，以武力解散内阁，看似设计完美的民主政体，又将走向何方？

四

《中华民国临时约法》一旦确立，革命党人无不以为中国民主建设大功告成。

孙中山表示，卸任后将致力于中国的铁路实业建设，黄兴常对人言"难可自我发，功不必自我成"，皆不再汲汲于功名权力之争。1912 年 9 月 16 日，孙中山、黄兴又与袁世凯协商，就民主共和政体的许多关键性问题，如行政与立法的关系，国会与政党的地位，军队国家化等方面达成一致意见，制定了八项《政治纲领》。袁世凯表现出的开明通达，令一直有着防范心理的孙中山与黄兴相当满意。该做的似乎都做了，于是，也就放心地将国事完全交给了袁世凯。然后，孙中山成立了一家铁路总公司，准备实现他花十年时间修二十万里铁路的诺言；黄兴则辞去南京留守，交出兵权，解甲归田。

　　一般而言，从君主专制脱胎而来的人物，难免留下旧社会的痕迹与烙印，而孙中山与黄兴却以一种功成身退的全新风姿，出现在新旧交替的中国近代历史舞台，其高风亮节为中国民主事业的建设与发展，起到了垂范千秋的表率作用。

　　同盟会主要领导人物中，唯有宋教仁还在为政治、为国事呼号奔走，以达"巩固共和，实行平民政治"之理想。责任内阁制的核心在议会政治，而议会政治的重心在于政党制衡，因此，宋教仁将组织政党视为民主共和的头等大事。原来的同盟会属秘密武装暴动的革命会党，带有一定的草莽气息。宋教仁决心"毁党造党"，以同盟会为基础，将其改组成一个带有建设性质的议会型政党——从暗处走到阳光之下，"从事于宪法国会之运动，立于代表国民监督政治之地位。"

　　早在 1901 年，清廷迫于各种压力，开始推行立宪新政。清末立宪新政虽然出于维护满清统治的目的，带有一定的欺骗性，但与历史上那些比附于古已有之的"三代遗意"以及"君民共治"的理想境界，以改善王权、美化王权的改革相比，一个最为显著的进步，就是顺应潮流，颁发了一道开放党禁的谕旨，为立宪党人的公开活动提供了政策保证。尔后又大量翻译外国法律、法学著作（清亡前达四百多部），通过一系列仿行宪政、预备立宪的措施，否定了专制的无限君权，确立了资产阶级的三权分立原则，在一定程度上为民国初年的民主运动奠定了基础。

　　君主立宪制下的政党，自然不同于中国古代的所谓朋党。国人对历史上那些"土生土长"的党派、帮派并无好感，常以"朋比为奸""结党营私"一言以蔽之。而对西方民主体制中政党的认识，也是通过与朋党的比较逐渐形成："政党者，以国家之目的而结合也；朋党也，以个人之目的而结合者也。"

　　有了清末十年开放党禁的立宪基础，辛亥革命成功后的民国初年，在实现西方民主政治的刺激与促进下，出现了一股组党、建党高潮。一时间政党林立，派系纷呈，活动频繁，正如时人所述："集会结社，犹如疯狂，而政党之名，如春草怒生，为数几至近百。"据有关资料统计，在 1911 年武昌首义至 1914 年国会解散的四年时间里，全国公开活动的各种会党多达六百八十二个，其中从事政治活动的党派为三百一十二个。除同盟会外，当时主要的议会型政党还有共和党、民主党、统一党、自由党、统一共和党、中华社会党、中华进步党、公民急进党、中华民国工党、中华民国自由党、民社、民国公会、国民协进会、国民共进会、中华共和促进会、共和建设讨论会，等等。

面对党派过多，混乱纷立的局面，宋教仁认为并不利于"和平竞争"，只有组成"强大真正之政党"，造成两大党对峙局面，才"合于共和立宪国原则"。其实，党派虽多，但宗旨纲领大同小异，无非以"民主共和""利国福民""振兴实业"等口号相互标榜。就其政治倾向而言，仅有同盟会派与非同盟会派之别，而有相当影响及号召力的，不过同盟会、共和党、民主党等十多个党派而已。宋教仁决心建立一个在议会中占优势的政党，控制多数席位，将实权揽在手中，以制衡他从来就没有信任过，将责任内阁制曲解为总统集权制的袁世凯。在他积极而艰苦的努力下，终于促成了同盟会与统一共和党、国民公党、国民共进会、共和实进会的联合，将其整合为一个新党——国民党。

1912 年 8 月 25 日，国民党在北京召开会议，正式宣告成立，孙中山到会发表演讲："全五大政党为一国民党，势力甚为伟大，以之促进民国政治之进行，当有莫大之效果。"9 月 3 日，孙中山被推选为国民党理事长，此时的他，虽不能说完全厌倦政治，至少是对政治不感兴趣了，诚如他在一封给宋教仁的信中所言："民国大局，此时无论何人执政，皆不能大有设施。盖内力日竭，外患日逼，断非一时所能解决。若只从政治方面下药，必至日弄日纷，每况愈下而已。必先从根本上下手，发展物力，使民生充裕，国势不摇，而政治乃能活动。"因此，他坚决辞去国民党理事长一职，委托宋教仁代理，"而专心致志于铁路之建筑"。

代理理事长宋教仁的兴趣与着眼点，全在实际政治。作为国民党的实际党魁，他在武汉的一次演讲曾慷慨激昂地说道："以前，我们是革命党；现在，我们是革命的政党。以前，是秘密的组织；现在，是公开的组织。以前，是旧的破坏的时期；现在，是新的建设时期。以前，对于敌人，是拿出铁血的精神，同他们奋斗；现在，对于敌党，是拿出政治的见解，同他们奋斗。"在奋斗方式的选择上，宋教仁将选举视为一剂灵丹妙药："我们要停止一切运动，来专注于选举运动。选举的竞争是公开的。我们要在国会里头，获得过半数以上的议席，进而在朝，就可以组成一党的责任内阁；退而在野，也可以严密的监督政府，使它有所惮而不敢妄为，应该为的，也使它有所惮而不敢不为。"

其实，约法也好，选举也罢，都是信奉资产阶级议会政治的革命党人所制订的一厢情愿的"游戏规则"。它们在世故圆滑的袁世凯眼里，都是一些可有可无的虚幻之物。高兴了，就拿这些规则往自己脸上"贴金"；不高兴了，便置之不理。作为一代枭雄，袁世凯对革命党人的所作所为，自然是心知肚明。

1912 年 3 月 10 日，袁世凯在北京就任临时大总统，第二天，孙中山便在南京公布《临时约法》，这是一部袁世凯并未参与制定却要他宣誓遵守的宪政大法。孙中山追求的建国理念是集权于总统的美国政体，同盟会的革命方略以普通百姓民智未开、民主未识，于制宪过程也有一个循序渐进的合理安排，那就是分军法之治、约法之治、宪法之治，三期九年完成宪政。而《临时约法》不仅要求袁世凯马上实行宪政，还以内阁负责制处处束缚他的手脚。《鄂州约法》是一回事，后来出台的《临时约法》又是另一码事，袁世凯会不知道改总统制为内阁制就是专门针对他的吗？1913 年 12 月 19 日的《政府公报》刊有一篇《大总统训词》，袁世凯就曾说道："夫约法，乃南京临时参议院所定，一切根本皆在约法。而约法因人成立，多方束缚，年余以来，常陷于无政府之地，使临时政府不能有所展布。"惯于耍弄两面派伎俩的他，表面敷衍，暗地里则在寻找着相应的对策。

我们审视当年的民主改革进程，只要稍稍抱以客观公正的态度，就会觉出体制"因人而宜"的临时更改，显得相当草率，做得极不严肃。制度应该是对事不对人，不能说对孙中山就可以放心大胆地采用总统负责制，而对袁世凯就要约束架空。对此，袁世凯早就窝了一肚子火。后在执政过程中，袁世凯每发一议、每出一令都要经过内阁审议、议员副署，使他感到处处掣肘、极为不满。因此，尽管内阁总理唐绍仪与他有过"二十年深交，生死一意"，也是他当初认可的最佳人选，但两人仍很快反目为仇。唐绍仪被迫出走天津，旋即正式辞职，第一任内阁仅三个月便在袁世凯的强力压制下垮台。

宋教仁组建国民党，主张政党内阁，矛头直指袁世凯，他也是洞若观火。在与杨度的一次谈话中，袁世凯说无论孙中山，还是黄兴都好对付，"顶难驾驭的，只有一个宋教仁……以暴动手段，来抢夺政权，我倒不怕；以合法的手段，来争取政权，却厉害多了。"为摆脱日益困窘的境地，袁世凯使出了惯用的"杀手锏"——收买。他先是许愿，要让宋教仁当总理，孰料"不恋权位，只重政见"的宋教仁坚辞不就。当然，为了孜孜以求的民主政治，宋教仁并非不愿任职，只是总理之位，必须通过堂堂正正的竞争选举，组成纯粹的政党内阁，名正言顺地得之。封官许愿不成，袁世凯又施以物质金钱腐蚀，特地召见宋教仁，赠送价值三千元的貂皮外套一件，后又托人赠以高达五十万元可随意支取的存折一份。对此，宋教仁表现得光明磊落，全部退回不受。

收买不成，宋教仁在袁世凯眼里，便成了专与他过不去的政敌、异己与障碍。谭人凤曾言："国民党中人物，袁之最忌者推宋教仁。"

1912 年 10 月 15 日，宋教仁离京南下，回乡省亲。虽身居桃源，置身于陶渊明笔下那宁静澄澈的境地，而外部世界的喧嚣，却不时搅扰、打乱他的心绪。于是，他不得不告别故乡，顺江而下，在拥有广泛民意基础的"大本营"——长江中下游各地发表演讲，抨击时政，宣传政见。每到一处，都受到社会各界的热烈欢迎，刮起了一股凌厉的"宋教仁旋风"。

正在这时，国会议员选举结果揭晓，国民党初选告捷，不考虑跨党因素，国民党取得参众两院总议席八百七十名中的三百九十二个，高达百分之四十五。而统一党、共和党、民主党等三大党的参众两院席位相加，也不及国民党议席的三分之二。

宋教仁得知国民党在中国历史上属于第一次真正的国会选举中大获全胜，不由得欣喜异常地说道："自斯而后，民国政党，唯我独大，共和党虽横，其能与我争乎？"踌躇满志的他，不禁跃跃欲试，准备筹划组织第一届责任内阁，并考虑安排有关职位人选了。

五

一声沉闷的枪响，一颗罪恶的子弹，不仅中断了宋教仁的生命，也中断了中国有史以来最有希望纳入世界民主规范与轨道的进程，打碎了无数仁人志士美好的民主梦想。

无论出于何种目的，社会各方都希望尽快破获宋教仁被刺一案。案件发生时，孙中山正在日本访问，当即发出急电，"望党人合力查明此事原因，以谋昭雪"；黄兴与陈其美各方联络，致函上海公共租界总巡卜罗斯，悬赏万元缉拿凶手；江苏都督程德全、民政长应德闳通电全省各地官吏，协拿凶手，限期破案；沪宁铁路局认为凶案发生在火车站内，有损路局声誉，也主动拿出五千元赏金缉凶……

随着侦破工作的有力开展，原本扑朔迷离的案情真相，如剥笋般逐渐展现在世人面前：身材矮壮、满脸横肉的凶手，原清军武官、山西人武士英被抓，可他并不认识宋教仁，也不知道所杀为何人，只是流落上海生活无着，为了一千大洋赏金，按他人提供的照片，如此制造了震惊天下的"宋案"。一番审讯，武士英很快就供出了主使人——江苏驻沪巡查长、中华共进会会长应桂馨。应桂馨曾任南京临时大总统府庶务科长，孙中山发现他品性不佳，为人奸诈阴险、骄横跋扈，将其撤职后，他便来到上海谋职。紧急搜查位于法国租界的应桂馨住宅，在一无所获的情况下，一位名叫周南陔的警探灵机一动，以计谋骗得应桂馨一名小妾的信任，从一个藏在墙角洞穴中的小箱内，获得大量极其重要的信件与电报。

这些电报、信件令人吃惊地表明，宋案竟与北京政府有关，牵涉到国务总理赵秉钧、国务秘书洪述祖，此二人乃袁世凯心腹。事关中国政局，缉查此案的巡捕房不得不慎之又慎。但无可更移的确凿证据，都足以证明宋案确与国务院相连，且临时大总统袁世凯也有推脱不掉的责任与无法洗清的嫌疑。比如1913年3月12日，应桂馨在给洪述祖的密信中写道："若不去宋，非特生出无穷是非，恐大局为扰乱。"3月13日，洪述祖致电应桂馨："毁宋酬勋位，相度机宜，妥筹办理。"3月21日，也即宋教仁被刺第二天，应桂馨致电洪述祖："匪魁已灭，我军无一亡，堪慰，望转呈报。"而此前的一封电文中，还有"来函已面呈总理、总统阅过，以后勿通电国务院"等语。

消息传出，举国哗然。孙中山再也无法安心开办实业修造铁路了，宋教仁遇刺，凭直感，他当即觉得此案与袁世凯有关，马上结束日本访问行程提前回国。3月25日抵达上海，当天召开国民党高层干部会议，认为"事已至此，只有起兵。因为袁世凯是总统，总统指使暗杀，则断非法律所能解决，所能解决者只有武力"。宋教仁遇刺时，黄兴正在现场，当时一气之下，就想以同样方式予以回击，用暗杀手段对付袁世凯。后来冷静下来，觉得已是民国时期，国家进入法治时代，不能轻易动用武力，应按法律程序解决。4月16日、17日，应桂馨、武士英两犯由租界引渡到中国上海司法当局，所有与案情有关的证据全部移交。在黄兴、陈其美等人坚持下，上海地方法庭决定于 1913 年 4 月 25 日公开审理宋案。

然而，就在开庭审理前一天，凶手武士英竟在严密的监护下中毒身亡。凶手目的昭彰，显系杀人灭口，以掩盖真相，干扰司法。本已明朗的案情急转直下，再次陷入迷雾与僵局之中。4 月 25 日深夜 12 时，程德全、应德闳将宋案案情侦查情况及相关证据通电公布。《民立报》《国风报》《国光新闻》等全国报纸闻风而动，纷纷发表文章，称北京政府为"万恶之政府"，抨击"政府杀人，政府暗杀人"。一时间，全国各地因刺宋案激发，变得动荡不安。

对如何妥善处理、解决刺宋一案，国民党内部分歧很大，出现了两种截然不同的意见。此时的孙中山，可谓完全看清了袁世凯集权独裁的真实面目，认为靠法律无济于事，只有迅速组织军队，通过武力夺取政权，才能解决根本问题。他说："若有两师军队，我当亲率北上问罪。"以黄兴为首的大多数国民党人认为一旦开战，列强会乘虚直入再次瓜分中国，况且国民党实力与袁世凯的北洋军队相比，实力远远不及。会议一次次地召开，双方认识不同，各执一端，也就无法制定具体而有力的应对反击措施。

时至今日，当我们从袁世凯的角度揣摩分析，就会觉得他似乎没有暗杀宋教仁的必要，至少不必如此匆匆忙忙地下手。

国民党选举获胜，宋教仁组阁，大不了出任总理。其实，袁世凯早就想让他担任这一职位了，对此，他有什么值得害怕的，且非欲置之死地而不可呢？如果说南方是宋教仁与国民党的势力范围，那么北京则是他袁世凯的地盘，他想做什么，还不是分分钟就可搞定的事情？宋教仁前来北京组阁，此等"送货上门"，不是正好将他控制软禁在手吗？如果宋教仁能量大实在约束不了，再来惩治也不迟，在自己的地盘制造一两起暗杀行为，弄出一些迷惑他人的假相，于袁世凯而言，还不是"小菜一碟"？难道擅长阴谋诡计的他就真的不明白，急煎煎地在上海火车站刺杀宋教仁，不仅要冒极大风险，且无论结果如何，都有惹火烧身之嫌？

也有人认为袁世凯之所以要将行刺地点选在上海，是为了嫁祸国民党，让他们互相猜疑，陷入分裂与内讧。此说十分牵强，经不起半点逻辑推敲。

要说对宋教仁最为忌惮的，当数国务总理赵秉钧。国民党获胜组阁，他的地位眼看就要泡汤，作为一名将权力看得比生命更加重要的旧式过渡人物，他能不害怕吗？因此，虽没有直接确凿的证据表明宋案由赵秉钧指使，但他具有充分的作案理由。

当然，如果我们继续往下就一些内在的秘密及本质性问题进行分析，又会觉得，袁世凯有着深层的作案动机。

宋教仁在长江中下游刮起了一股"宋教仁旋风"，在武汉、上海、杭州等地的演讲中，抨击北京政府在财政、外交上的措置失当，认为袁世凯实权在握过于强悍，准备提议罢免，推举"最为愚呆脆弱之黎元洪"为新一任中华民国大总统，推行名副其实的内阁负责制。对黎元洪与袁世凯的认识，宋教仁也经历了一个巨大的转变。

武昌首义爆发，黎元洪掌权，宋教仁千方百计制约他、架空他，后来发现有着"黎菩萨"之称的他能力不足，野心不大，为人和善软弱，态度也就起了变化。南北议和时，宋教仁曾作为"迎袁"专使之一，与袁世凯打过多次交道，对他素无好感。然而，在涉及国家大局的稳定时，宋教仁却站出来为袁世凯"说话"了。当时，同盟会中一派不愿与袁世凯真正和谈，主张黄兴以迎袁为名，统兵北上，顺便扫荡北洋军阀与专制残余势力。说者十分轻松，一切的一切，在革命党眼里，仿佛都不在话下。宋教仁当即反驳，认为如此大事非同儿戏，切不可轻易而行。话没说完，马君武就大声斥责他出卖南京政府，是袁世凯的说客，并伴以肢体动作，"以掌击宋面"。孙中山当场喝令马君武住手，要他赔礼道歉。宋教仁在马君武怒不可遏的一记强击之下，左眼受伤，流血不止，住了几天医院才得以痊愈。

昔日"拥袁"受到误解，只因"倒袁"条件尚不成熟，一旦事有所为，宋教仁便亮出了"底牌"。

尽管内阁负责制处处束缚手脚，袁世凯毕竟还是堂而皇之的大总统，而一旦要他下台，由黎元洪取而代之，他肯定不会善罢甘休，也会像宋教仁一样亮出自己的"底牌"。阳光人物怎么也想象不出，险恶小人如何躲在阴暗的角落里，咬牙切齿地违规操作，宋教仁虽为政治家，却显得格外天真，似乎半点也不懂得中国几千年来一以贯之的黑暗的官场之道，以为公开选举、一纸约法就能使国家、民族真正走上民主的正确轨道。即使退一万步说，袁世凯没有直接授意赵秉钧下令刺杀宋教仁，但也有过一定的暗示或默许。不然的话，他就不会为赵秉钧开脱辩解，认为凭着电文中的某一可疑之处，"欲指赵君为主谋暗杀之要犯，不合法理"，还说"近一二年来谋二三次革命者，无不假托伟人为嫁祸之谋，故需邀集法学家将各项证据详细研究"。

直接凶手武士英已死，供出的幕后主使人应桂馨万般抵赖，与应桂馨电函往来的洪述祖逃入青岛租界，一时间又找不到赵秉钧授意暗杀的充分证据，刺宋一案极有可能不了了之。

事实也正是如此，洪述祖在青岛发了一个通电，说与应桂馨的联系是假借中央名义，只想毁坏宋教仁名誉，并无谋杀之意。赵秉钧便以洪述祖通电为据，将宋案推得一干二净，对上海地方检察厅组织的特别法庭的传讯，更是置之不理。不久，就连关押在上海监狱的应桂馨也被人劫狱救出，躲入了青岛租界。

法律无法解决，剩下的唯有动武一途了。

老谋深算的袁世凯似乎早就做好了动武准备，他一生所崇奉的，一是贪诈，二是武力，贪诈不能解决的，便用武力。宋教仁倒下了，并不等于国民党的瓦解与臣服，他知道孙中山、黄兴等人一定不会善罢甘休。战事必不可免，同时他也想乘此机会，一举征服国民党控制的南方各省，以达一劳永逸之效。4 月 26 日，即宋案证据通电宣布第二天，袁世凯不惜以五厘高息，与英法德日俄五国银行团签订了两千五百万磅的巨额借款合同，作为动兵及贿买各方的备用资金。

国民党主要领导人中，孙中山、李烈钧始终坚持兴兵讨袁，或反对、或游移的黄兴等人在袁世凯的步步紧逼下，观点不断改变，态度也在动摇，但意见仍未达成最后一致。直到袁世凯调兵遣将，军事部署完毕，撕破脸皮向国民党人摊牌发出通牒，并在 6 月份罢免李烈钧、胡汉民、柏文蔚三位都督之后，国民党内部才完全统一，仓促应战，发动"二次革命"。

六

自"二次革命"爆发直到今天，长期存在着一种质疑的声音："二次革命"是否合法？有否避免的可能？

有人认为，在法律解决的空间依然存在、国会尚未停止运作的情况下动用武力，属于非法。而就当时的实际情况而言，想用法律制裁赵秉钧、问责袁世凯，无疑痴人说梦。

又有人言，"当诉诸国民全体，先以国民全体之名义迫袁退位，倘若恋栈，乃兴民军，未为晚也。"这一说法固然有理，看似可行，可由谁来诉诸国民全体？如何组织操作？社会各界是否认可？只要稍加分析，就会觉得此说并无实际操作之可能。

还有人认为，"临时总统，即将告终……则将来选举，相约不投袁票，亦未尝不可。"而事实则是当时的国会已处于袁世凯的操纵之下，议员们失去了自由投票的权利与可能。

如若"二次革命"避免，国民党人于宋案唯有不闻不问，一切听凭袁世凯处置，还得拱手交出南方事权，由他纳入"全国一盘棋"的专制集权范畴之内。

法律解决不成，又受袁世凯强力威逼，国民党才迫不得已奋起抗争。从1913年7月12日李烈钧在江西湖口宣布独立，至9月2日南京被北洋军攻占，9月11日熊克武在四川失败，不到两个月时间，"二次革命"便告彻底失败。

国民党在力量远远不及袁世凯，又没有充分准备的情况下仓促应战，失败早在预料与注定之中。只是没有想到惨败得如此之快，所造成的负面影响更是难以估量，为军队干预政治开了一个恶劣的先例，错失了一次千载难逢的整合改造当时各种武装集团，向军队国家化转轨的大好良机。当然，其主要罪责在袁世凯，但国民党也难辞其咎。

就因果报应而言，所有参与刺杀宋教仁的人最终都没有得到好下场。

武士英在狱中被毒药灭口；应桂馨虽被人劫狱逃过一难，但在"二次革命"后邀功请赏时惹怒袁世凯，于1914年1月19日为他派出的京畿执法处侦察所杀；赵秉钧得知应桂馨结局，不免兔死狐悲，无法掩饰对袁世凯的不满情绪，为除后患，袁世凯乘赵秉钧生病之际，派人送去毒药逼其服下，1914年2月27日，赵秉钧在其任职的天津督署中毒身亡。赵秉钧之死，更加证实了袁世凯与宋教仁被刺有着无法洗清、难以摆脱的重大干系。袁世凯本人的结局众所周知，1916年6月6日，在众叛亲离的忧虑、全国民众的唾骂与讨袁巨潮的惶恐中命归黄泉。死得最晚的要数洪述祖，宋案爆发五年后，被宋教仁年仅十五岁的儿子宋振吕及宋教仁的秘书刘君白在上海外滩发现，两人当场将他痛打一顿，又扭送至法院，后移交北京，被判无期徒刑。洪述祖不服判决，一再上诉。审判延续到1919年春，此时已是"五四运动"前夕，在全国民众的强烈要求下，洪述祖的申诉不仅没有成功，反被加重惩处，于1919年4月5日处以绞刑，临刑现场惨不忍睹。

若从国家与民族、民主与宪政、政治与法律等角度而言，刺杀宋教仁这一悲剧所造成的严重缺憾，所带来的一系列恶果，直到今天也无法弥补，难以消除。

刺杀的恶例一开，此后便不可收拾。民主选举中，暗杀、威胁、动武、辱骂、拉拢、操纵、欺骗、收买、利诱、贿赂等层出不穷，虽手段各异，但本质归一。直到后来，类似的丑行不断上演。

因宋案引发的"二次革命"失败不到一月，1913 年 10 月 6 日，国会选举临时大总统袁世凯为正式大总统。11 月 4 日，袁世凯以参与"构乱"为由下令解散国民党。而在两年之前，他还视政党政治为救国良方，清廷请他"出山"镇压武昌起义，他提出六项措施作为条件，其中一项就是解除党禁。可他一旦当选民国大总统，就出尔反尔，倒行逆施了。此后，袁世凯更是偏离民主建设轨道，在专制复辟的道路上越走越远：1914 年 1 月 10 日强令解散国会，1915 年 12 月 12 日改民国为洪宪元年，上演了一出称帝闹剧，着实令人不齿。

宋教仁被刺一案既促成了袁世凯迅速垮台，也造成了中国民主政治的倒退以及反动势力的更其猖獗。毫不夸张地说，宋案乃中国近代一大转折，标志着 17 世纪以来欧美国家广为采用的资产阶级议会政治在中国的破产，象征着近代中国与世界民主潮流接轨的努力归于失败。

在此，我们有必要将笔墨作一延伸，对此后中国政治的发展走向稍作描述。

"二次革命"失败后，国民党人员逃散，组织一片混乱。孙中山总结经验教训，认为此次失败"非袁氏兵力之强"，"乃同党人心之涣散"，决定重组中华革命党。鉴于过去内部号令不一，孙中山反复强调："此次立党，特主服从党魁命令，并须具誓约。"规定凡入党者必须宣誓绝对服从孙中山一人，"如有二心，甘受极刑"，并按指模。这些做法，无疑使一个议会政党退回到旧式会党的落后水平，打上了宗派主义的烙印。同时，孙中山对政党功能也进行了重新定位，先是"一党革命""以党建国"，然后则"以党训政""以党治国"。

1916 年 6 月 6 日，袁世凯在内外交困中忧惧而逝，北洋军阀各自为主，各自为政，互不买账，中国陷入没有休止的军阀混战。孙中山为革命呼号、奔走几十年，组织会党，发动起义，可长期以来，没有一支属于自己的正式军队。辛亥革命以前，主要是运动新军反正。辛亥革命以后，则是借助一派军阀势力反对另一派，而这些军阀没有理想信仰，唯以利害关系为重，向背无常，弄得孙中山一败再败，好几次差点被逼到走投无路的地步。当陈炯明发动叛乱炮轰总统府后，他才真正认识到"只有革命党的奋斗，没有革命军的奋斗"，无法完成革命大业，建设一个新国家。

于是，孙中山下决心组建一支属于自己的军队。他向西方资本主义国家求援，可他们置之不理，长期以来，西方列强给予孙中山的帮助实在是少之又少。失望之余，十月革命胜利后的苏联向他伸出了橄榄枝。犹如一个溺水之人抓住一根救命稻草，孙中山很快便与苏联达成有关协议。1923年秋，派蒋介石等人赴苏联考察红军的组织与训练，仿照苏联模式，在广州黄埔岛上创办了中国国民党陆军军官学校，即后来人所共知的黄埔军校。苏联派来军事顾问，运来武器弹药予以实质性的帮助与支持。在组建黄埔学生军时，孙中山采取苏联红军的党代表制，创建了中国历史上从未有过的"党军制度"——党凌驾于军队之上，军队成为政党的工具，牢牢控制在党的手中。这种党军制度很快便以其坚强的意志、严格的服从、铁的纪律使得国民党武装力量在政治、军事素质等方面完全超过了军阀武装力量，由黄埔学生军推行于驻扎在广东的其他革命军队以及北伐时的国民革命军，确保了国民党东征北伐的一系列军事胜利。

先是施行"党军制度"，党掌控军队；然后是"将党放在国上"，"完全以党治"。中国国民党"一大"以后，孙中山将提高党权，加强中国国民党的领导作用视为推动国民革命的关键，倡导以党治军，以党治政，党权高于一切，"一切权力属于党"。

可见短暂的民主化实验失败之后，政治精英们已经失去了建设宪政民主制度的信心与耐心。

当然，在此我们应该看到，孙中山推行以党治国，并非一党治国，而是"联俄、联共、扶助农工"。

然而，当中国国民党结束北洋军阀统治，完成全国统一大业，于1928年成立南京国民政府，党国体制取代民国宪政制度之后，中国的民主化进程就此完全中断。

南京国民政府彻底篡改了孙中山"以党治国"的本原思想，抛弃了他的"三大政策"，建立的是中国国民党一党专政的治国政治体制，施行的是"领袖集权"的主席制。其中心内容为"一个主义、一个政党、一个领袖"：以实行"三民主义"为借口，反对共产主义与资产阶级民主主义；曲解"以党治国"含义，实行国民党一党专政，反对共产党及其他一切民主党派、团体；为"一个统帅"大造声势，确保蒋介石的个人独裁。

自1901年清廷推行君主立宪，到民国创立，乃至北洋军阀统治时期，中国的新闻出版自由、言论自由还是基本上得到了保证；不同政见的政党，其活动也属合理合法；公共人物特别是那些握有实权人物的言行，无时无刻不受到大众传媒的跟踪与监督。而国民党一党专政之后，言论自由受到压制，书刊被查封；除国民党外，视其他政党为非法，监禁其领导人，各民主党派失去了存在与发展的空间……

中国国民党一党坐大、一党专制的结果，完全走向了孙中山一辈子追求的民主政治的反面，特别是为夺取政权而建立的"党军制度"，更使得民主宪政最起码的基础——军队国家化成为泡影。其实，早在中华民国成立之初，孙中山就对"一党专制"的危害有所预见，在改组同盟会时，就曾力图避免一党专权。他认为："政府之进步，在两党之切磋，一党之专制，与君主之专制，其弊正复相等。"又说："文明各国不能仅有一政党，若仅有一政党，仍是专制政体，政治不能有进步。"可一连串的失意与失败，使得他"急火攻心"，一心执着于打倒北洋军阀，夺取革命政权，却疏于对一党专制的防范……

一切的一切，仿佛又回到了原来的起点，集权政体、顽固愚昧、专制恐怖如沉沉乌云笼罩在中华大地，民主与自由，成为只可追忆、无法抵达的美好梦想。中国民主之发展，真可谓一波三折，进一退二，正如蒋梦麟所言："胜利的狂欢不久就成为过去，庆祝的烛光终于化为黑烟而熄灭。"

宋教仁之死，对中国民主进程的冲击实在太大，所造成的影响太深刻了。由直接杀手、间接杀手、幕后杀手、真正杀手等一系列大的小的、明的暗的、有形的无形的、伪善的狰狞的杀手们，所组成的庞大的杀手集团，杀死的不仅仅是宋教仁个人，而是中国的民主政治！

无论个人，还是群体，乃至一个民族，只
有冷静客观地正视自身，正视历史，才是一种
成熟的表现，才能扔掉包袱很好地走向未来。

跋：历史的杠杆

很长一段时间，我视野里的中国近代史，是教科书里的近代史，是强势媒体笼罩下的近代史。这是一部血与火的历史，是遭受西方列强侵略、压迫、剥削的历史，是一段晦暗、屈辱、压抑、丧气得令人喘不过气来的历史。我不愿提及，不愿涉足，害怕所引起的苦痛使我难以忍受，害怕那片黑暗的天空将我吞没，我尽可能地，有意无意地回避着。然而，由于种种原因，却又不得不浸淫其中。特别是近年来，更是耗费了我大量的时间。令我意想不到的是，进入越深，了解越多，特别是触摸到一些鲜为人知的事实真相与局部细节之后，对近代史的认识，竟发生了较大改变。

一部中国近代史，在很大程度上是被遮蔽了的历史。

重读、深读、细读的过程，也是去蔽与还原的过程。

"这是最好的时代，这是最坏的时代，这是才智的时代，这是愚昧的时代，这是充满了希望的春季，也是失望的冬季。"狄更斯在《双城记》中对 18 世纪法国大革命的评述，同样适合于中国近代史。

一部中国近代史，既是封闭的，又是开放的；既是专制的，又是民主的；既是愚昧的，又是科学的；既是落后的，又是进步的；既是黑暗的，又是充满光明与希望的；既是中国有史以来最好的时代，也是一个腐朽败

坏的时代……古与今、中与西、新与旧，以前所未有的态势汇集一身、纷纭复杂、交错并存，它们在对立中统一，在冲突中转化，在涅槃中新生。

而教科书与过去的宣传告诉我们的是，以鸦片战争为肇始，由于西方列强的入侵，推行残酷的殖民统治，干涉、禁锢、遏制了中国的进化，从而导致了近代中国的落后、愚昧、腐败、积贫与积弱。一句话，中国近代史上的几乎所有灾难，全由帝国主义一手造成。

然而事实并非如此！

学贯中西，早年推崇西方文明，晚年又回归孔孟的严复认为，中国的病症并非要由帝国主义负主要责任，其困境与落后百分之七十来自"内弊"。

严复的这种认识，无疑相当清醒而深刻。

鸦片战争的炮火打破了中华几千年铁板一块的封闭状态，国人随着林则徐那渐渐睁开的双眼，透过弥漫的硝烟，开始窥视、打探、了解外部的世界—— 一个与中华传统文明迥然相异的从未了解的难于想象的世界。

不错，鸦片战争是屈辱的，我们以失败者的身份不得已签下了条约，打开了国门。但同时也应该看到，随着中国的积贫积弱、老迈僵化，我们的文明已失却了往昔的博大、恢宏、开放、引进、拿来等基因与成分。华夏民族五千年前就有了原创的先进文明，而五千年后的传统文明，却并不先进了。自春秋战国以降，中华原创文明每况愈下，由争鸣的诸子百家到独尊的唯一儒家，再降为儒家中的理学流派，又降为理学流派中的分支朱子学。道路越走越逼仄越狭隘，原本充满智慧、富有活力的文明，成为一种知识与材料的累积，沦为一种区域性文明。

黑格尔说："中国的历史从本质上看是没有历史的，它只是君主覆灭的一再重复而已。任何进步都不可能从中产生。"此言虽不无偏激之嫌，但的确道出了中国社会、传统、历史中的诸多事实、本质与真相。中西文明是两种体系与结构截然不同的文明，中华文明不论如何发展进化，其内里怎么也诞生不了西方"船坚炮利"式的异质文明。也就是说，如果没有外部迫不得已的推动力量，没有鸦片战争的爆发，没有西人的来华，没有西方文明的介入，没有一种新的文明体系作参照，古老的帝国将没有危机，没有改革，没有断裂，没有变异，仍处于封闭自敛、静止循环、自我陶醉的状态，仍是长辫、裹脚、皇帝、太监、宫女、磕头、奴才之类的与专制皇权相适应的糟粕，仍走着千百年来一以贯之的轨道，在晚风的夕阳中唱着一首古老的歌谣，一直晃晃悠悠地唱到今天。

是鸦片战争打破了大清帝国的封闭，开启了一个崭新的时代。国门一旦打开，哪怕只是"犹抱琵琶半遮面"似的仅仅拉开一条缝隙，推开一扇窗户，打开一道窄门，就再也无法关闭回到当初。中华文明在与西方文明的交流、碰撞中，舞台更为广阔，内容更其丰富。当然，伴随着的，也有深广的忧愤，不懈的求索，无边的血泪，连续的受挫……犹如分娩时的阵痛，不论何时，中华民族都难以逃脱这一冥冥中的劫数，不过时间或迟或早罢了。开放越早，就越能图强自存；越迟越顽固，则失去的机会越多，付出的代价越大；如果完全拒绝开放与进步，则如那些至今仍生存于原始森林、孤僻荒岛的部落居民，面临全面失语、整体终结的悲惨命运。

一个不争的事实是，如果我们全面开放，力求进取，顺应潮流，早就融入世界文明体系，成为一个先进、自由、民主、强盛的国度了。

令人悲叹的是，受制于专制传统文化，我们步履蹒跚。悠久的历史、灿烂的文明反而成为民族前进的包袱，成为抗击西方文明的利器，成为回避先进文明的遁词与隐居所。历史的惰性如铠甲般坚硬厚重，在儒家教条文化的笼罩下，要想达到预期的收效与进步，真是难之又难。对此，费正清在《伟大的中国革命》一书中写道："中国有一种深藏不露的文化优越感。当然，正因为这样，他们在现代落后状态中受到的耻辱感觉，也就格外强烈。总而言之，中国要现代化不得不比多数国家走得更远些，改变得更多些，就是因为它停滞不前为时太长了。结果是有一种强大的惰性扼制力，使中国的革命性变革有痉挛性，有时内部抑制住了，有时还带有破坏性。"

拿破仑有一句非常经典的名言常被我们自豪地加以引用："一旦中国醒来，世界都为之震动。"可我们却忽略了另外一名长期担任中国海关总税务司，对中国国情有着深刻了解的英国人赫德的一段论述："这个硕大无朋的巨人，有时忽然跳起，呵欠伸腰，我们以为他醒了，准备着他做一番伟大事业，但是过了一阵，却看见他又坐了下来，喝一口茶，燃起烟袋，打个哈欠，又蒙眬地睡着了。"

一部中国近代史，由被动挨打，到观望审视，而主动变法，仁人志士真是殚精竭虑，想尽一切办法，用尽一切心机，追寻一切可能，付出一切代价，探索一切道路，可谓百药尝遍——林则徐禁烟、洪秀全造反、李鸿章洋务、康有为改良、孙中山革命……每次运动虽然都没有获得真正成功，但它们一环紧扣一环，新陈代谢，下环连着上环，循序渐进，一步一步地推动着中国社会朝着更加理性、更趋先进的方向呈螺旋状上升发展。由器物的引进与模仿，到制度的学习与更替，发展为文化的变革与创新，器物——制度——文化，三个层次互相渗透，因缘共生，不断推进，最后的落脚点便是国民性的改造。如果广大民众没有从心理、思想、态度、行为等方面向近代化、现代化转变，没有"全人格的觉悟"，则器物的效率得不到充分的发挥，建立的制度将扭曲变形面目全非，一切美好的理想与设计，不过水中月、镜中花而已。

"给我一个杠杆，我将撬动整个地球。"如果我们将古希腊哲学家、科学家阿基米德两千多年前发出的声音类比于中国近代社会，那么"杠杆"无疑就是西方文明，"地球"则是古老而板结的传统社会。有了杠杆，还需一个强有力的支点，才能达到事半功倍之效。杠杆固然重要，如果没有支点的话，将是无用之物。支点在哪里？其选择具有多种可能性。从理论上而言，最佳的支点只有一个，其余的则为佳、较佳、一般、较差、差、最差。没有最佳的支点，难以用力"发功"，杠杆哪怕再好，也无法撬动地球，无法改变铁板一块的中国专制统治社会。

无数仁人志士追求真理、改革社会、改变中国的过程，也是寻找杠杆，更是寻找最佳支点的过程。杠杆找到了，而落脚的支点，实在不敢恭维。当然，这并非仁人志士之过，而是历史给予的选择空间有限，传统局限了他们的视野，现实束缚了他们的手脚。

系列文化历史散文《千古大变局》，便从"杠杆"的角度，切入一段距离我们并不遥远的历史——中国近代史。《千古大变局》不仅在时间上与我另一部以中国古代历史为内容的系列文化历史散文《历史的刀锋》相连接，创作体例也一脉相承。在鸦片战争至五四新文化运动这一时段内，以林则徐、洪秀全、曾国藩、李鸿章、张之洞、严复、慈禧太后、康有为、梁启超、孙中山、袁世凯、宋教仁等近代关键性历史人物为载体，兼及魏源、徐继畬、郭嵩焘，从而探究、剖析、描述、反思中国近代历史的方方面面。

整个创作过程中，我一个最强烈而深切的感受，便是近代历史人物大都被漫画化、脸谱化了——不是被拔高神化，就是被矮化鬼化。之所以出现这种情形，实与历史赋予的使命密切相关。近代所面临的任务，一方面要抵御西方列强的渗透与侵略，维护国家的主权、独立与尊严；另一方面，则要除旧布新，改变原有的社会运行机制，促使中国摆脱羸弱与困境，走向繁荣与富强。抵抗侵略、维护主权的英雄通常被推崇为道德与理想的楷模，比如林则徐就是；而另一类精英，既要经受自我认识、自我嬗变、自我转型的痛苦煎熬，还得改革旧有传统，触及广大民众认可的固有观念，触犯某些集团的既得利益，遭到方方面面的误解反弹、无端掣肘、谩骂指责乃至猛烈攻击，在一种起而哄之的情绪化氛围中，被"妖魔化"地贴上"汉奸""买办""卖国贼"之类的标签，比如郭嵩焘、曾国藩、李鸿章就是。当然，还有另一种情形，那就是政治与宣传的需要。

因此，《千古大变局》的创作过程，很大程度上也是去魅、去惑、去蛊的过程，为近代人物正视正听、正名正身，去掉"神化"或"鬼化"的外衣，还原为七情六欲的真实的"人"。

中国近代史只有七八十年光阴，不过一个短暂的过渡期而已，与几千年漫长的古代史相比较，就时间而言，简直可以忽略不计。然而，它却是中国历史长河中一个极其重要的转型阶段，其内容远比中国古代史更为丰富、复杂与深厚。

《千古大变局》是我创作耗时最长的一部作品。除了不断地阅读，不断地吸收新的研究成果，不断地思索，不断地深化外，一个最大的问题，就是无法冷静。我时常处于或激动愤慨，或郁闷消沉的状态。于是，就强迫自己停下笔来（严格地说是停止电脑的敲击），待情绪平静，复归正常后"再续前缘"。无论个人，还是群体，乃至一个民族，只有冷静客观地正视自身，正视历史，才是一种成熟的表现，才能扔掉包袱很好地走向未来。因此，我必须保持一种客观的态度，既深入其中又超乎其外，不能被某种情绪、某一观点左右。我不得不再三再四地对自己说，要尽可能地客观一些，公正一些，公平一些，留一份清醒与真实，还历史以本来面目。尽管如此，当敲完最后一篇的最后一个字时，我仍然情不自持，热泪盈眶……

我们生活在历史之中，逝去的一切无时无刻不以或深或浅、或显或隐的方式作用于我们，影响着我们。我们从历史中获得生存的定位与行动的立足点，获得理性的思索与人生的启迪。与此同时，我们的一切，也将凝为具有无数诠释方式与可能的永恒历史。

正是从这样的角度与意义来看，孙中山的遗言不仅适合于近代和现代，也同样适合于我们今天："革命尚未成功，同志仍须努力。"